U0939995

2013年度国家法治与法学理论研究项目结项成果
本书获得首都经济贸易大学学术出版基金的资助

大气污染联防联控法制研究

高桂林　陈云俊　于钧泓　著

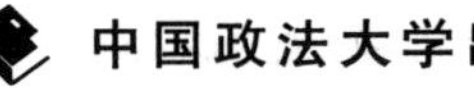

2016・北京

2013年度国家法治与法学理论研究项目一般项目（编号：13SFB2045）

课题组成员简介

主持人：

高桂林，首都经济贸易大学法学院教授，法学博士

主要成员：

陈云俊，首都经济贸易大学法学院，法学硕士

顾世华，内蒙古民族大学政法与历史学院讲师，法学硕士

于钧泓，中国人民大学法学院，法学博士

侯佳儒，中国政法大学民商经济法学院教授，法学博士

李晓安，首都经济贸易大学法学院教授，经济学博士

周序中，首都经济贸易大学法学院教授，法学硕士

高　雁，首都经济贸易大学法学院副教授，法学硕士

白贵秀，北京市法学会应用法学研究中心主任，研究员，法学博士

姚银银，首都经济贸易大学法学院，法学硕士

徐　岭，北京石油化工学院副教授，经济学博士，法学博士后

张天玉，北京交通大学法学院，法学硕士

CONTENTS ▶▶▶

目录

第五章 大气污染联防联控专门立法研究
CHAPTER 5

第六章 大气污染联防联控立法协调研究
CHAPTER 6

第七章 大气重污染应急管理制度研究
CHAPTER 7

第八章 大气污染公益诉讼制度研究
CHAPTER 8

第九章 生态环境损害责任终身追究制法律研究
CHAPTER 9

第十章 大气污染治理的法经济学研究
CHAPTER 10

第一章 大气污染联防联控概述

第一节 大气污染联防联控的基本概念

一、大气污染的概念

国际标准化组织（ISO）将“大气污染”定义为：“所谓大气污染通常是指由于人类活动和自然过程引起某种物质介入大气中，呈现出足够的浓度、达到足够的时间，并因此危害了人体的舒适、健康和福利或污染了环境。”〔1〕此外，部分欧美国家之间缔结的《远程越界空气污染公约》也对“空气污染”作了明确定义。其第1条规定：“空气污染是指人类将有害的物质或能量直接或间接地引入空气，以致造成危害人类健康、损害生物资源和生态系统、损坏物质财产、减损或妨碍环境优美以及环境的其他正当用途等有害影响。”〔2〕目前，国内法学界对大气污染的认识比较一致，其中得到广泛认同的观点是：所谓大气污染是指由于人类的生产活动和其他活动，而向大气环境排入有毒、有害物质，改变大气的物理、化学、生物或者放射性等特性，从而导致生活环境和生态环境质量下降，进而危害人体健康、生命安全和财产损害的现象。〔3〕从上述概念不难得出以下结论：人类的各项活动都与大气污染之间存在着因果关系，人类是污染大气的主要实施主体，而大气污染则是人类向外界排放各种废弃物质的恶性结果之一。

众所周知，资源作为能够满足人类特定需求的物质，一般是有限的，如煤炭、石油、天然气等。从我们的日常生活以及实践活动来看，空气取之不

〔1〕 魏文静：“中国城市大气污染现状及综合防治措施探析”，载《天津科技》2009年第6期，第23页。

〔2〕 龙隆：“论跨界环境污染损害赔偿责任”，吉林大学2011年硕士学位论文，第12页。

〔3〕 蔡守秋主编：《环境资源法教程》，高等教育出版社2004年版，第221页。

竭，看似无穷无尽，所以很少有人把空气当作一种有限资源。但从法经济学视角来看，清洁空气是具有稀缺性的，是一种资源，它关涉多链条、多环节、多维度内的各种主体间的利益关系。同时，清洁空气也不具有排他性，可以供多人同时使用，属于典型的公共物品。从法经济学角度，我们不妨对大气污染作如下定义：大气污染是经济人为实现自我财富最大化，依据自己的偏好，采取有利于自己的方式进行活动的额外产物。大气污染会将企业、居民的内部成本外部化，损害社会的整体环境效益，从长远看还会降低生产效率，进而破坏国民经济。随着我国工业化、城市化和交通现代化进程的加快，我国频繁地出现了雾霾、光化学烟雾、扬尘、粉尘等严重的大气污染问题。

二、大气污染的类型

根据污染物种类和构成的不同，大气污染可以被分为以下四种类型：一是氮氧型大气污染，是指由机动车发动机排放的氮氧化物造成的大气污染；二是煤烟型大气污染，是指由燃煤产生的烟尘、一氧化碳、二氧化硫和氮氧化物等引起的大气污染；三是石油型大气污染，是指由使用、生产、燃烧石油化工产品造成的大气污染；四是混合型大气污染。传统的混合型大气污染通常是指介于煤烟型和石油型之间的大气污染，主要是工矿企业的废气和粉尘造成的，而近年来扬尘污染也逐渐成为主要的混合型大气污染。[1]

另外，按照污染源存在形式的不同，大气污染可以被分为两种：一是移动污染源污染，主要是指由机动车辆造成的污染；二是固定污染源污染，主要是指由工业污染和饮食服务业以及居民生活用炉灶产生的大气污染。按照污染范围的不同，大气污染还可以被分为全球污染、高空污染和低空污染。需要说明的是，虽然现实中不存在“纯粹”的某一种类的大气污染，但是对大气污染进行分类有助于国家针对不同情况采取不同的政策方针，这对环境政策和环境立法的制定具有重要意义。

三、大气污染联防联控的时代背景

大气污染从来都不是一个简单的环境问题，而是一个涉及政治、经济、

---

〔1〕 高桂林、刘向宁、李珊珊主编：《环境法：原理与案例》，知识产权出版社 2012 年版，第 164 页。

文化、环境等诸多方面的复杂问题，同时也是一国工业化进程中虽可预见但无法避免的棘手问题，我国亦然。中国的工业化建设正在加速发展，大气污染已由过去的点源局部性污染转向区域综合性污染。〔1〕区域大气污染在长三角、珠三角、京津冀地区以及武汉及其周边、山东、成渝、长株潭、海峡西岸、山西中北部、辽宁中部、陕西关中、甘宁、新疆乌鲁木齐城市群等区域频频发生，已成为当前亟须解决的问题。〔2〕

按照《环境空气质量标准》评价，2014 年，京津冀、长三角、珠三角等重点区域和直辖市、省会城市及计划单列市共 74 个城市中，海口、拉萨、舟山、深圳、珠海、福州、惠州和昆明 8 个城市的细颗粒物（PM2.5）、可吸入颗粒物（PM10）、二氧化氮（NO_2）、一氧化碳（CO）和臭氧（O_3）等 6 项污染物年均浓度均达标，其他 66 个城市都存在不同程度的超标现象。2014 年空气质量相对较好的前 10 位城市分别是海口、舟山、拉萨、深圳、珠海、惠州、福州、厦门、昆明和中山；空气质量相对较差的前 10 位城市分别是保定、邢台、石家庄、唐山、邯郸、衡水、济南、廊坊、郑州和天津。〔3〕

京津冀区域 13 个地级及以上城市，空气质量平均达标天数为 156 天，比 74 个城市平均达标天数少 85 天，达标天数比例在 21.9% ~86.4%之间，平均为 42.8%，与 2013 年相比，平均达标天数比例上升 5.3 个百分点。重度及以上污染天数比例为 17.0%，高于 74 个城市 11.4 个百分点，与 2013 年相比下降了 3.7 个百分点。超标天数中以 PM2.5 为首要污染物天数最多，其次是 PM10 和 O_3。京津冀区域 PM2.5 年均浓度为 93 微克/立方米，12 个城市超标；PM10 年均浓度为 158 微克/立方米，13 个城市均超标；SO_2 年均浓度为 52 微克/立方米，4 个城市超标；NO_2 年均浓度为 49 微克/立方米，10 个城市超标；CO 日均值第 95 百分位浓度为 3.5 毫克/立方米，3 个城市超标；O_3 日最大 8 小时均值第 90 百分位浓度为 162 微克/立方米，8 个城市超标。北京市达标天数比例为 47.1%，与 2013 年相比下降 1.1 个百分点，PM2.5 年均浓度为

〔1〕常纪文：“域外借鉴与本土创新的统一：《关于推进大气污染联防联控工作 改善区域空气质量的指导意见》之解读（上）”，载《环境保护》2010 年第 10 期，第 8 页。

〔2〕王金南等：“改善区域空气质量 努力建设蓝天中国——重点区域大气污染防治‘十二五’规划目标、任务与创新”，载《环境保护》2013 年第 5 期，第 18 页。

〔3〕“去年空气质量较差前 10 位城市出炉 京津冀区域占 8 席”，载中国新闻网：http://www.chinanews.com/gn/2015/02-02/7024864.shtml，访问时间：2015 年 2 月 2 日。

85.9 微克/立方米，与2013 年相比下降4.0%。

长三角区域25 个地级及以上城市，空气质量平均达标天数为254 天，比74 个城市平均达标天数多13 天，达标天数比例在51.6% ~94.0%之间，平均为69.5%，与2013 年相比，平均达标天数比例上升5.3 个百分点。重度及以上污染天数比例为2.9%，低于74 个城市2.7 个百分点，与2013 年相比下降3.0 个百分点。超标天数中以 PM2.5 为首要污染物天数最多，其次是 O_3 和 PM10。长三角区域 PM2.5 年均浓度为60 微克/立方米，24 个城市超标；PM10 年均浓度为92 微克/立方米，22 个城市超标；SO_2 年均浓度为25 微克/立方米，25 个城市均达标；NO_2 年均浓度为39 微克/立方米，11 个城市超标；CO 日均值第95 百分位浓度为1.5 毫克/立方米，25 个城市均达标；O_3 日最大8 小时均值第90 百分位浓度为154 微克/立方米，10 个城市超标。

珠三角区域9 个地级及以上城市，空气质量平均达标天数为298 天，比74 个城市平均达标天数多57 天，达标天数比例在70.2% ~95.6%之间，平均为81.6%，与2013 年相比，平均达标天数比例上升5.3 个百分点。重度污染天数比例为0.4%，重度及以上污染天数比例低于74 个城市5.2 个百分点。超标天数中以 O_3 为首要污染物天数最多，其次是 PM2.5 和 NO2。珠三角区域 PM2.5 年均浓度为42 微克/立方米，6 个城市超标；PM10 年均浓度为61 微克/立方米，1 个城市超标；SO_2 年均浓度为18 微克/立方米，9 个城市均达标；NO_2 年均浓度为37 微克/立方米，3 个城市超标。CO 日均值第95 百分位浓度为1.5 毫克/立方米，9 个城市均达标。O_3 日最大8 小时均值第90 百分位浓度为156 微克/立方米，4 个城市超标。

环保部表示，自《大气污染防治行动计划》实施1 年来，在各级各部门的共同努力下，大气污染治理工作初显成效，与2013 年相比，74 个重点城市空气质量总体得到改善。一是达标城市比例和达标天数增加。74 个重点城市平均达标天数为241 天，与2013 年相比，达标天数比例由60.5% 提高到66.0%，达标城市数量由3 个增加到8 个。二是主要污染物浓度下降。74 个重点城市中，主要污染物浓度与2013 年相比均有不同程度的下降。三是重污染天气发生频次和强度均降低。与2013 年相比，74 个城市重度及以上污染天数比例由8.6%下降为5.6%，下降了3 个百分点。

但是，我国的大气污染形势依然严峻，主要体现在以下几个方面：一是三大重点区域仍是空气污染相对较重区域。京津冀区域13 个地级以上城市中，有11个城市排在污染最重的前20位，其中有8个城市排在前10位，区域内PM2.5年均浓度平均超标1.6倍以上。二是复合型污染特征突出。传统的煤烟型污染、汽车尾气污染与二次污染相互叠加，部分城市不仅PM2.5和PM10超标，O_3污染也日益凸显。三是重污染天气尚未得到有效遏制。2014年全国共发生两次（2月和10月）持续时间长、污染程度重的大范围重污染天气过程，重污染天气频发势头没有根本改善。

我国区域性大气污染的出现与地方经济发展方式粗放、能源结构不合理、区域污染物相互影响密切相关。各级地方政府“各自为战”，没有形成区域间的合力，这也是不可忽视的重要原因。[1]在这样的时代背景下，有关区域联防联控的研究和实践就应运而生。大气污染联防联控是指区域内地方政府基于对区域整体环境利益所达成的共识，以大气环境功能划分区域，组织运用区域内各种资源以打破固有的行政区域界限，让区域内各省、市从区域整体出发，共同规划、统筹安排、协同实施大气污染防治方案，相互协调、相互监督，最终实现解决区域综合大气污染、共享大气环境治理成果与重塑区域整体优势的目标。[2]

目前，欧盟、美国、加拿大等后工业化国家或者地区已经建立起了发达和完善的大气污染联防联控制度和机制，[3]并对本国的区域性酸雨、雾霾天气、细颗粒物超标等大气污染问题起到了显著的治理效果。我国环保部等九部委借鉴国外的成功立法经验，早在2010年便共同制定了《关于推进大气污染联防联控工作、改善区域空气质量的指导意见》（以下简称《指导意见》）。《指导意见》指出：“国内外的成功经验表明，解决区域大气污染问题，必须尽早采取区域联防联控措施。”白驹过隙，我国的大气污染联防联控已经走过五个春秋，实践效果却不尽如人意。

在今后相当长的一段时间内，我国环境与资源的矛盾将更加集中。与此

---

〔1〕“推进大气污染联防联控工作 改善人民群众生活环境质量——环境保护部副部长张力军谈《关于推进大气污染联防联控工作 改善区域空气质量的指导意见》”，载《中国环境报》2010年6月22日。

〔2〕柴发合、云雅如、王淑兰：“关于我国落实区域大气联防联控机制的深度思考”，载《环境与可持续发展》2013年第4期，第5～6页。

〔3〕常纪文：“集区域合力 破区域难题——对比国外立法看我国如何推进大气污染联防联控”，载《中国环境报》2010年6月17日。

同时，环境公共管理也正进入新阶段，更加强调可持续发展和转变经济增长方式，亟须建立新的环境保护工作机制。此外，《指导意见》提出“到2015年，建立大气污染联防联控机制”。新修订的《大气污染防治法》虽设专章规定了大气污染联防联控制度，但可实施性不强。现在重点研究大气污染联防联控问题是解决既有问题、实现“拨乱反正”并转变环境管理模式的最佳时机。

四、建立大气污染联防联控法律制度的必要性

（一）大气污染的流动性和区域性

由于大气本身是一个循环流动的整体，因而以大气为载体的大气污染不仅是一地的空气污染问题，也是影响周边地区的空气质量问题。在相邻的自然地理区域内，大气污染呈现出相互影响的特点。过去，很多国家会根据本国的自然地理特征和环境污染扩散状况将本国划分为若干个区域单元，并对每个单元制定不同的环境治理目标。仅从大气污染的角度来看，有必要重新调整环境区域单元，并根据每个区域单元的大气污染实际情况制定不同的空气质量改善目标。

在大气污染中，雾霾的区域性尤为明显。从我国可吸入颗粒物（PM2.5）的大气污染指数来看，高值区分布于东北、西北和华北地区，并呈现出两个重污染区：一个位于西安、兰州及周边地区，另一个位于京津冀及周边地区。而我国地势总体西高东低、自东向西呈三大阶梯状的地形结构，决定了西部的大气环境质量影响着东部乃至全国的大气环境质量。因此，大气污染治理不是一个县、市乃至一个省能够单独解决的问题，要想有效防治大气污染必须进行大气污染的联防联控，合力治霾。

（二）区域经济一体化的要求

目前，我国各地的大气污染程度与经济发展水平之间存在着一定的相关性。例如，京津冀地区是我国经济实力比较强的地区，同时也是我国大气污染特别严重的地区。随着我国市场经济体制的不断深入以及世界经济一体化的发展趋势，我国以省级区划为基础的传统经济发展格局将逐渐向区域经济协同发展模式转型。一些经济联系比较密切的地区已经开始打破固有的行政区划限制，整合各自的区位优势、产业优势、资源优势等，形成了一批新型

经济区域。[1] 如我国目前已经形成了长三角、珠三角和黄渤海三大城市群，且这些城市群内部的环境污染比较严重。有研究表明，城市化与生态环境之间具有明显的耦合关系。[2] 区域经济的一体化决定了区域合作治理大气污染的重要性。

（三）区域大气环境整体性的要求

随着跨区域间的大气污染防治、自然资源开发利用等方面纠纷的频发，愈发凸显出我国大气环境保护在区域行政协调机制方面的缺失。大气资源具有生态完整性、多元性和跨区域性等特征，而其自然生态功能区域与我国现行的行政区域划分之间往往无法重合。“一方面，环境资源被行政区划分割为不同的管辖范围，由不同的主体分别行使管理权；另一方面，环境生态系统并不因为行政区划而改变其发展规律。”[3]

（四）区域大气环境合作治理的要求

区域大气环境具有关联度高的特点，因而区域大气污染治理涉及多个地方政府和若干相关职能部门，而单个地方政府或单个职能部门是无法独自解决的。在同一区域内，各地方政府关起门来“各自为战”，很难独善其身。基于区域大气污染治理的现实需要，需要区域内的横向地方政府在跨行政区大气污染治理中走向协作。

（五）法律作为社会规范的要求

目前，我国地方政府之间在环境保护领域开展的合作依然是一种倡导性的、非制度性机制，许多区域环境治理共识缺乏法律的强制性和稳定性。[4] 我国最新修订的《环境保护法》第20条第2款也只是规定：“跨行政区域的环境污染和生态破坏的防治，由上级人民政府协调解决，或者由有关地方人民政府协商解决。”

考察我国在大气污染联防联控领域已颁布的规范性文件和已开展的实践可以发现，目前联防联控大气污染还是依赖政策助推，法制未能获得足够的

---

〔1〕 牛睿：“加强区域立法协调”，载《理论界》2007年第8期，第16～18页。

〔2〕 李英：“加强环境合作与可持续发展法制初探”，载《法学家》2007年第2期，第132～136页。

〔3〕 吕忠梅：《环境法新视野》，中国政法大学出版社2000年版，第253页。

〔4〕 韩志红、付大学：“地方政府之间合作的制度化协调——区域政府的法治化路径”，载《北方法学》2009年第2期，第123～124页。

重视。虽然政策具有宏观指导性和调整灵活性等优势，但与法律相比，它的明确性不够、稳定性较差、强制力不足。国内外的实践表明，大气污染的防治需要综合运用政策、法律、市场等手段，单一的政策手段难以实现防治目的。因此，为了实现控制大气污染总量、改善区域空气质量的目标，有必要完善大气污染联防联控法律制度。

我国当下的大气污染防治体制主要建立在属地责任的基础上，即地方的环保法规、环境规划、政策措施等对应地方的属地管理权限，并由地方政府作为环境考核的责任主体，对管辖区域内的大气环境质量担责。〔1〕受管理权限的属地限制，本地政府对影响本地的外来大气污染源往往无法主动采取积极的控制措施；同时，区域内的不同城市在规划、法规、监测、标准、执法等方面的不统一，也容易导致区域内的大气污染排放源从治理严格地区转移到治理宽松地区，而区域内的整体大气污染排放总量却没有减少。因此，有必要通过法律手段在区域内建立统一的大气污染联防联控行动目标和行动准则。

从我国现有的几个“大气污染联防联控”典型案例来看，它们虽都表现出了良好的治理效果，但它们的产生均以特定时期的重大活动为背景，属于为保障短期内的区域空气质量达标而开展的“运动式”区域重大执法活动。虽然以重大活动为契机仓促建立起的区域联防联控机制具有标志性意义，但时间的局限性使得重大活动一旦结束，原有的机制便很难延续，大气污染不久就会出现反弹。如此之现象促使人们开始反思：以重大活动为契机，区域联合出台大气污染临时防治措施的思路，并不利于大气污染联防联控工作的持续进行和对长效机制的建设。《指导意见》出台后，各省市都在逐步推进各自的大气污染联防联控工作，但相应法律、法规、政策的研究却相对滞后。我国现行的大气环境保护法律体系主要针对以往的煤烟型大气污染末端控制所制定，而在应对我国现阶段不断向复合型、区域性转变的大气污染问题时显得非常乏力。法律政策的缺位会使大气污染联防联控工作在实践中没有相应的约束力，城市之间的协作举步维艰，出现问题时容易相互推诿。

仅就目前而言，我国跨区域大气环境利益的实现与保护任务以政府部门

---

〔1〕 万薇、张世秋、邹文博：“中国区域环境管理机制探讨”，载《北京大学学报（自然科学版）》2010年第3期，第24页。

的主动干涉为前提并依赖行政权力的协调来实现，这往往会引发大气环境保护的滞后问题。鉴于大气环境保护的重要性和广泛性，如何将现有的区域大气环境行政协调机制上升为法律要求，并在法律层面上构建较为完善的大气环境行政协调机制，已经成为环境法学界的一个重要研究领域。

五、大气污染联防联控的基本内涵

随着我国工业化、城市化和交通现代化进程的加快，我国频繁出现了雾霾、光化学烟雾、扬尘、粉尘等严重区域性大气污染问题。我国区域性大气污染的频发与经济发展方式粗放、能源结构不合理、大气污染物交错影响密切相关。各级地方政府“各自为战”，没有形成区域间的合力，这也是不可忽视的重要原因。[1] 在这样的时代背景下，有关区域联防联控的研究和实践就应运而生。本书认为，大气污染联防联控是指区域内地方政府基于对区域整体环境利益所达成的共识，以大气环境功能划分区域，组织运用区域内各种资源以打破固有的行政区域界限，让区域内各省、市从区域整体出发，共同规划、统筹安排、协同实施大气污染防治方案，相互协调、相互监督，最终实现解决区域综合大气污染、共享大气环境治理成果与重塑区域整体优势的目标。[2]

就大气污染联防联控而言，“联”主要有两层含义，一是立法制度层面，区域内的各地方政府需加强区域立法协调工作，明确领导主体，建立应急机制，统一监测、处罚标准等；二是行政执法层面，区域内的地方政府及环保、气象、工商、公安等相关职能部门依照各自的职能分工，负责本区域内的大气污染物防控工作。“防”指预防，“控”指控制，防控结合就是要从源头到末端实现区域内的大气污染全过程防治，以保证良好的大气污染治理效果。

从大气污染联防联控的概念出发，大气污染联防联控机制主要包括四个方面的内容，分别为：主体机制、目标机制、运行机制和保障机制。主体机制解决的是如何确定区域大气污染的联防联控主体和谁是区域大气污染联防

---

〔1〕“推进大气污染联防联控工作 改善人民群众生活环境质量——环境保护部副部长张力军谈《关于推进大气污染联防联控工作 改善区域空气质量的指导意见》”，载《中国环境报》2010年6月22日。

〔2〕柴发合、云雅如、王淑兰：“关于我国落实区域大气联防联控机制的深度思考”，载《环境与可持续发展》2013年第4期，第5～6页。

联控领导主体的问题。目标机制是指在联防联控过程中各方主体所预期的、有效的、一致的合作目标。运行机制是指联防联控主体为实现共同目标所达成、制定的规章、制度、协议、程序以及其他要素，强调区域大气污染联防联控的可行性和有效性。保障机制是指为保障联防联控工作的长效稳定运行而建立的一整套技术和制度保障体系。

六、大气污染联防联控的法理基础

（一）共同受害

大气污染问题是全国上下共同面临的问题，大气污染具有跨区域性的特征，很难将其控制在一个区域内。以京津冀地区为例，该地区位于华北平原，具有相同的地缘因素和气候特征。区域内一地排放的大气污染物超标，不仅会恶化当地的空气质量，也会对区域内的其他地方造成危害。基于大气污染的流动性以及地缘因素和气象作用的双重影响，京津冀区域在大气污染治理上呈现出“一荣俱荣、一损俱损”的特点。

（二）连带义务

就北京市大气污染而言，其污染源不仅来自本地，也来自周边地区，因此，大气污染治理措施也不能仅限于本地治理。以机动车为例，北京早在2012年就率先执行了“国五”标准，2013年3月起又开始实施第五阶段机动车排放标准，而相邻的河北省却在2013年才开始淘汰“黄标车”。基于现代交通和物流的迅猛发展，每天数以万计的来自全国各地机动车穿行在北京及其周边地区，这些排放标准不一的机动车（大多低于北京市的机动车排放标准）排放了大量高含硫量的尾气，而这些尾气正是机动车污染物排放总量难以下降的主要原因。除此之外，包括天津、河北诸多港口产生的大气污染物排放，以及区域内各大机场航空器污染物的排放，共同作用于京津冀地区。因此，京津冀区域内的各地方政府均有义务改善大气污染的现状。

（三）法与效率

为容纳更多的生产力，实现成本-收益最大化，法律确认、保护和创造更有效率的经济运行模式。共同受害促使区域内各主体均有治理大气污染的需求，但以往的“各自为战”模式却容易造成投入资金浪费与治污项目重复建设。采取大气污染联防联控，可在全面掌控区域内雾霾构成及来源的基础上，制定合理的大气污染治理措施，全面规划区域功能，科学分配治污资金，实现区域内大气污染治理“有的放矢”，进而形成最有效率的联防联控模式。

七、大气污染联防联控的基本特征

大气污染联防联控主要利用横向关系上的行政区域内的经济、技术、人才、制度等资源综合实施大气污染防治措施。该机制始于国外的跨界大气污染防治和流域污染防治实践。我国在2008年的北京奥运会、2010年的上海世博会、广州亚运会以及2014年的北京APEC峰会等大型活动期间曾运用过大气污染联防联控机制，并取得了良好的效果。大气污染联防联控主要有以下基本特征：

第一，防治主体关系上的横向性。大气污染联防联控机制中的区域指在横向关系上不具有行政隶属关系的行政区划。我国比较典型的是长三角、珠三角和京津冀等区域之间的大气污染联防联控。上述区域内的大气污染联防联控机制突破了同一行政区内行政权力的垂直运行模式，防治主体关系上呈现横向性特征。

第二，防治客体的流动性。大气是一个循环流动的整体，所以大气污染的流动性在所有环境污染要素中是最突出的。一个区域内的大气污染会很快扩散到毗邻区域，灰霾天气中的细颗粒物可通过气流影响其所经过的所有空间。由于大气污染具有流动性，所以大气污染影响的范围往往会超出污染源所在的小范围空间，但它又不像流域污染那样具有明显的流域和路线，而是发散性地影响周遭多个区域。总体而言，大气污染常常会遵循一定的界限，某个区域的污染源排放的大气污染物并不会即时扩散到整个大气环境中，而是会在短期内只会污染局部地区的大气环境。因为空气中存在“空气分水岭”，这些“空气分水岭”将大气分割为多个彼此相对独立的气团，受这些气团覆盖和影响的区域就形成了特定的“空气流域”。正是由于“空气流域”的存在，使大气污染在空间分布上具有区域性的特征。[1]

第三，防治手段的综合性。大气污染产生的原因具有复杂性和复合性，若采取单一的防治手段很难取得成效。因此，大气污染联防联控在防治方法的选择上必须处理好市场与政府的关系，综合运用环境标准制度、环境准入制度、环境监测制度、生态损害责任终身追究制度等。

---

〔1〕 陈贻健：“治霾之道：构建区域联防联控机制”，载《中国社会科学报》2013年2月20日。

八、大气污染联防联控的区域界定

区域（region）也称地区，其所表示的空间不仅可大可小而且复杂多变，很难准确界定。从广义上讲，地球表面上任何一定面积的地理空间都可以被称为区域。区域概念的复杂性要求我们在理解和探讨区域环境问题时应具体把握其内涵与外延。其中，正在被讨论的区域一般都是为具体的语境所特定化的一定地理空间范围，其外部边界相对于边界外的其他区域而言是比较清晰、明确的，并且该区域也往往会被赋予特定的社会意义或人文情怀。〔1〕

依照不同的标准，区域可被划分为不同的类型。如按区域的性质，可将区域分为自然区域、文化区域和经济区域等，而且这些区域又可进一步被划分为更细致的区域。在实践和研究中，对区域的范围进行界定和类型划分几乎都是基于实践发展或理论研究的某种需要。

同样，法学研究中的区域也有着多种含义，且以不同的名称见诸各种法律文件。以我国的《宪法》为例，其关于区域的规定至少有四种含义：一是指民族区域。第 4 条规定，国家根据少数民族的特点和需要，帮助少数民族地区加速经济和文化的发展。各少数民族聚居的地方实行区域自治，设立自治机关，行使自治权。这里的区域是指少数民族聚居的地区，即民族区域。二是指行政区域。如《宪法》第 30 条关于我国行政区域划分的规定、第 89 条关于国务院有权批准省、自治区、直辖市和自治州的区域划分的规定。三是指特别行政区。特别行政区在我国享有特殊的独立地位，根据《宪法》第 31 条之规定，在特别行政区内实行的制度根据具体情况由全国人大以法律规定。四是指城市、农村的居民居住地区。居民委员会和村民委员会作为基层群众性组织，在我国也有独立的法律地位。除了《宪法》中对区域的上述四种规定外，其他部门法中也或多或少地存在着关于区域的规定。〔2〕

九、大气污染联防联控的技术方法

（一）联控区域划分方法

大气污染联防联控首先涉及联控区域的划分。大气污染联防联控主体由

---

〔1〕 赵胜才：《论区域环境法律》，光明日报出版社 2009 年版，第 43～45 页。

〔2〕 蔡秀锦："我国区域大气污染联防联控法律制度研究"，苏州大学 2014 年硕士学位论文，第 6～7 页。

区域内的“地方”根据经济合作纽带关系、地理区位关系、大气污染问题分布关系等因素组成。针对区域大气污染问题，主要有以下两种划分区域的方式：

1. 根据大气污染特征划分联防联控区域

例如美国最初的臭氧传输区域包括 O_3 污染严重的哥伦比亚区、缅因州和弗吉尼亚州。当前，中国针对 SO_2 与酸雨污染问题划出的“两控区”类似于此。根据我国《大气污染防治法》的规定，可以将已经产生、可能产生酸雨的地区或者其它 SO_2 污染严重的地区，划定为酸雨控制区或者 SO_2 污染控制区。一般来说，近3年来，环境空气二氧化硫年平均浓度超过国家二级标准的，划定为 SO_2 污染控制区，降雨PH值≤4.5的，划定为酸雨控制区。

2. 按照生态环境的地理特征——大气流动规律划分联防联控区域

如美国根据空气流动特征将大气流域作为区域管理单位的一个划分标准，将全国划分为若干个空气“流域”进行管理。空气流域常见的定义有：第一，由于地形、气象和气候的原因而共享空气的地区。第二，由于地形构造和气候条件的限制，使得空气进出量较小的地区。第三，大气条件和气象特征类似，其结构特点也相同的地区。基于此，大气污染联防联控区域的划分需要考虑以下两个因素：第一，气象因素，如日照、风向、洋流、混合层。第二，地形因素，如山脉阻隔的空间位置。以“空气流域”概念为基础的大气污染联防联控区域划分方式，通常会将原本完整的行政区域分隔得支离破碎，必须加以协调，以便兼顾现有的行政管理体系，进而解决区域性、复合性的区域大气污染问题。[1]

（二）污染控制技术路线

在城市化的发展过程中，一方面，高强度的工业生产和高密度的人口聚集导致城市间的污染传输缓冲距离减少；另一方面，大气污染物排放量的急剧增加导致原本属于单个城市的大气环境问题演变为区域性大气环境问题。区域性大气环境问题至少应具有两个特征：第一，主要大气污染物同时以高浓度存在，并会发生复杂的物理、化学作用；第二，大气污染过程具有区域性特点，即区域内主要城市的空气质量变化趋势呈现一致。在污染现象方面，区域大气环境问题表现为大气能见度显著下降和空气质量恶化趋势向区域整

---

〔1〕 王金南、宁淼、孙亚梅：“区域大气污染联防联控的理论与方法分析”，载《环境与可持续发展》2012年第5期，第6~7页。

体蔓延；在污染本质上表现为主要污染物间的相互交错、污染过程的耦合作用以及对生态系统的阻抗效应。现阶段区域大气污染主要包括酸雨、雾霾、细颗粒物和臭氧超标，需要重点控制 NO_x、VOC_s、SO_2、PM2.5 和 PM10 等 5 种污染物，具体控制路线如下：

1. 综合控制 NO_x 和 SO_2 排放，解决酸雨问题

区域酸雨问题中，电力行业高架源排放的污染物跨区域远距离传送对酸雨问题的贡献比较大。因此，要解决区域酸雨问题，应以控制电力行业的 NOx 和 SO_2 排放为主线，以区域总量控制为着力点，严控新污染源，并逐步削减现有污染源的排放。

2. 协同控制 NO_x 和 VOC_s 排放，解决光化学烟雾问题

光化学烟雾作为典型的次生大气污染问题，是城市群亟待解决的重大环境问题。光化学烟雾主要是由发电厂、机动车等排放的 NO_x 在光合作用下的化学过程中形成的，醛、酮、酸、O_3 等二次污染物是其主要污染物。结合西方国家控制光化学烟雾的成功经验，我国城市群现阶段应以联合削减 NO_x 和 VOC_s 为策略，优先控制 VOC_s 排放。鉴于机动车、发电厂是 NO_x 的主要排放源，机动车、石化业、建筑业和锅炉的使用是 VOC_s 的主要排放源。因此，在控制酸雨和细颗粒物的基础上，要重点控制机动车、发电厂、石化业、建筑业和锅炉使用行业的污染物排放，尤其是机动车的污染物排放。

3. 全程控制 SO_2、NO_x、VOC_s 和 PM2.5 的排放，解决灰霾问题

灰霾污染不仅会造成大气能见度下降，而且会严重危害人体健康。大气复合型污染是灰霾污染的关键内因，因此，灰霾问题的解决需要通过控制 SO_2、NO_x、VOC_s 和 PM2.5 的排放来实现。其中，机动车、发电厂、石化业、建筑业等行业是重点突破口。

十、地方政府合作治理大气污染的困境

第一，缺乏区域合作治理环境的观念。当下，环境执法区域分割，各自为政，环境治理合作困难。由于各地各管一段、各自为政，治理的难度大、成本高、效果差。粗放型的经济增长模式导致污染排放量居高不下，污染治理设施建设滞后，环境综合整治工作十分艰巨。

第二，环境治理法律法规分散。有的地方存在法律空白而有的内容又存在冲突，这是造成环境执法冲突和困难的重要原因。另外，规范和促进政府

协调合作的法律法规滞后。在我国环境治理工作中，政府协调很少以法规或规章的形式来确定，政府合作的制度化程度低，基本停留在各种会议的层面上，不具有可操作性。

第三，环境主管部门与其他相关部门协作困难。我国实行统管与分管相结合的环境管理体制，即各级环境行政主管部门对环境保护工作实施统一监督管理，各有关职能部门分工协作。在这种模式下，政府部门间仅有分工而少有配合和协调。由于大气综合治理关系区域经济结构、产业布局调整、节能减排等多方面，需要衔接的地方非常多。但从实践中看，基础设施规划、建设、管理等方面各自为政，缺乏横向和纵向的统一管理与协调，各市、各城镇基础设施难以相互衔接。

第四，上下环境行政主管部门间统一行动较难。目前，环保系统上下级之间只是一种工作上的指导关系，环境主管部门直接受同级政府领导。由于环保部门隶属于同级政府，上级环保部门对下级环保部门仅有业务指导权，而各级的监管标准尺度不一、执法宽严力度不一，严重制约了大气环境执法的整体效果。另外，在跨行政区的大气污染治理问题上，下级主管部门也存在缺位。

第二节　大气污染联防联控的研究现状

一、国外研究现状概述

西方国家进入工业化时代要比中国早得多，中国今天遭遇的雾霾悲剧也曾在他们国家上演过。国外最初的大气污染治理研究主要围绕对点的污染源进行控制，未能将大气污染物排放与区域整体大气环境之间的有机联系纳入研究范围。国外在此研究基础上开展的大气污染治理活动出现了污染物排放达标而区域大气环境质量下降的现象，促使各国探索和研究新的大气污染控制方法。随后，大气污染总量控制制度应运而生。国外的大气污染总量控制研究距今已有三十多年的历史，已探索出多种大气污染物总量控制方法。[1]其中，日本的大气污染总量控制历史最为悠久，对我国影响深远。1968 年，

---

〔1〕 W. W. Cooper et al, "Survey of Mathematical Programming Models in Air Pollution Management", *European Journal of Operational Research*, 1997, 96 (1), 1 ~35.

日本在其环境管理思想中率先提出了“污染物总量控制”理念，并确定对大阪、东京实施大气污染总量控制措施。1974 年，日本又在其大气污染防治法规中明确规定了总量控制条款。[1] 一些经典理论值得在大气污染联防联控领域学习借鉴。

“庇古理论”认为环境问题具有负外部性，须由政府制定相应的税费政策，而税费的数值等于污染治理的边际社会成本。庇古（Pigou）[2] 认为，政府可以决定负外部性的社会边际成本并转换成一定的货币数额，但这是庇古理论遭人诟病的地方，因为社会成本几乎是不可能被衡量的。科斯（Coase）[3] 认为，所有的社会成本在本质上可以互惠，一旦设置了某种税，该税就不能被轻易改变。因此，在科斯看来，“庇古税”在理论上是完美的，但因为决策者无法掌握完全的信息，实际与预期会产生较大的偏差。赫尔穆特（Helmuth）[4] 等研究了如何用税收手段解决跨界污染问题，并分析得出了在完全合作和部分合作情况下的排污税税率的“纳什均衡解”。目前，排污税政策在欧美国家得到了广泛应用，如美国、意大利、法国、瑞典等国都征收含硫燃料税和氮氧化物排放税。

科斯学派主张，只要“产权明确”，私人之间的市场交易即可解决外部性问题，而无需政府的干预，政府所要做的只是“明确产权”。在交易费用为零且产权明确界定的情况下，市场机制能最优配置资源。20 世纪 60 年代末，美国的戴尔斯（Dales）[5] 应用科斯的产权理论，首次提出了排污权交易的概念。克罗克（Crocker）[6] 详细研究了大气污染控制方面的排污权交易理论。蒂坦伯格（Tietenberg）[7] 则研究了不同的环境保护措施，并主张用排污权交易系统来代替政府的直接管制系统，以节约环境治理成本。开展大气污染

---

[1] 孙强编：《环境经济学概论》，中国建材工业出版社 2005 年版，第 191 ~ 192 页。

[2] A. C. Pigou, “Some Aspects of the Welfare State”, *Diogenes*, 1954, 2 (7), 1 ~ 11.

[3] R. H. Coase, “The Problem of Social Cost”, *Journal of Law and Economics*, 1960, 3 (1), 1 ~ 44.

[4] C. Helmuth, F. Gahari, “Environmental Taxation, Tax Competition and Harmonization”, *Journal of Urban Economics*, 2004, 55: 21 ~ 45.

[5] J. H. Dales, *Pollution*, *Property and Prices*, Toronto: University of Toronto Press, 1968.

[6] T. D. Crocker, *The Structuring of Atmospheric Pollution Control System*, *The Economics of Air Pollution*, H. Wolozin, New York: W. W. Norton & Co, 1996.

[7] T. H. Tietenberg, *Environmental and Natural Resource Economics*, Harper Collins Publishers Inc., 3nd Edition, 1992.

治理领域的排污权交易研究一直是国际研究的热点，欧盟、美国等国家和地区广泛运用排污权交易方法来治理大气污染。以美国为例，其1990年通过的《清洁空气法（修正案）》率先使用排污权交易手段来削减大气污染物的排放总量。到21世纪的第一个10年末，美国通过排污权交易机制已基本控制了氮氧化合物的排放。如洛杉矶的“区域清洁空气激励市场”由三百多家工业企业参与，该项目先向参与企业分配二氧化硫和氮氧化物的排放配额，然后允许参与企业通过排污权交易来履行自身的减排义务。此项目取得了极大成功，不仅使洛杉矶地区的二氧化硫和氮氧化物总排放量明显下降，而且参与企业的减排成本也在其可承受范围之内，因此洛杉矶地区的整体经济增长也没有受到明显冲击。此后，洪（Hung）和肖（Shaw）[1]以区域为对象，研究得出交易比率系统（Trading－Ratio System，TRS），并提出了非均衡污染物排污权交易理论。但排污权交易机制的有效实施是建立在健全市场体系的基础上的，在发展中国家推行该项制度的难度比较大。因为在市场化不完善的经济体中，单凭市场机制的自由调节以实现资源的最优配置需要经过漫长的时间和复杂的过程。因此，“科斯理论”在市场体系还不是很健全的经济体中的实际效果并不是很理想。

“合作博弈理论”在大气污染治理方面也起过一定的作用。哈科斯（Halkos）[2]研究了基于博弈理论的跨界酸雨问题，他在信息完备和不完备的不同假定下，分别建立了合作和非合作均衡情况下的显式和隐式模型。乔根森（Jorgensen）等[3]设计了能促进两国长期合作的效用转移激励机制，并建立了控制两国污染的微分博弈模型。过去的研究一度认为大气环境保护的成本能被附加收益所抵消。但卢特尔（Lutter）[4]等的研究指出这些附加收益意味着碳交易市场中的碳排放价格可能会远远高于控制碳排放所增加的社会成本，而这个差别可用来判断市场干预是否具有合理性。基于全球的存量污染

---

〔1〕 M. F. Hung，D. Shaw，“A. Trading－Ratio System for Trading Water Pollution Discharge Permits”，*Journal of Environmental Economics and Management*，2005，49（1）：83～102.

〔2〕 G. E. Halkos，“Incomplete Information in the Acid Rain Game”，*Empirica*，1996，23：129～148.

〔3〕 S. Jorgensen，G. Zaccour，“Time Consistent Side Payments in a Dynamic Game of Downstream Pollution”，*Journal of Economic Dynamics and Control*，2001，25：1973～1987.

〔4〕 R. Lutter，J. F. Shogren，“Tradable Permit Tariffs：How Local Air Pollution Affects Carbon Emissions Permit Trading”，*Land Economics*，2002，78（2）：159.

物，杰曼（Germain）[1] 等建立了动态规划模型，并设计出了促进各方合作的效用转移机制。保利力（Paolella）[2] 等在分析美国和欧洲各国二氧化碳排污权交易市场的基础上，运用“GARCH 模型”来计算碳排污权交易价格。为了研究欧洲排污权交易市场中温室气体排放量的初始分配问题，维吉埃（Viguier）[3] 设计了“M－矩阵博弈模型”，算出了温室气体排放量的均衡解。彼得罗相（Petrosjan）[4] 等运用动态博弈方法计算出了国家联盟治污的特征函数值，并利用“沙普利值法”公平分配国家间的合作治污成本，从而构建出国家间合作治污的动态博弈模型。曹（Cao）[5] 认为，在缺乏安全、有效市场交易环境的经济体中，无论是排污权交易价格的确定还是排污权交易的实施都很困难。

近些年，金融期货理论在大气污染治理领域中也开始得到广泛运用。世界上第一家环境衍生品交易所是美国芝加哥的气候期货交易所。该交易所从 2003 年开始从事氮氧化合物的排污权期权和期货交易业务。克勒帕（Klepper）[6] 等模拟分配了全球碳排放权，研究考察了碳价格和交易量之间的竞争效应，进而证实了欧盟的碳排放交易体系是一个高效率、低成本的减排机制。米卢洛维（Milunovieh）[7] 等运用“持有成本模型”检验了欧盟碳排放权期货的市场效率，证明现货和期货市场之间存在着双向的波动性溢出和信息传递关系。卡莫纳（Carmona）[8] 则采用“风险中性简化模型”来研究

---

[1] M. Germain, et al. , “Transfers to Sustain Dynamic Core Theoretic Cooperation in International Stock Pollutant Control”, *Journal of Economic Dynamics and Control*, 2003, 28: 79～99.

[2] M. S. Paolella, T. Luca, “An Econometric Analysis of Emission Allowance Prices”, *Journal of Banking & Finance*, 2008, 32: 2022～2032.

[3] L. Viguier, “Fair Trade and Harmonization of Climate Change Policies in Europe”, *Energy Policy*, 2001, 29: 749～753.

[4] L. Petrosjan, G. Zaccour, “Time Consistent Shapley Value Allocation of Pollution Cost Reduction”, *Journal of Economic Dynamics and Control*, 2003, 27: 381～398.

[5] H. Cao, S. Ikeda, “Inter－zonal Tradable Discharge Permit System to Control Water Pollution in Tianjin, China”, *Environmental Science & Technology*, 2005, 39 (13): 4692～4699.

[6] G. Klepper, S. Peterson, “Marginal Abatement Cost Curves in General Equilibrium: The Influence of World Energy Prices”, *Re－source and Energy Economics*, 2006, 28 (1): 1～23.

[7] G. Milunovich, R. Joyeux, *Testing market efficiency and price discovery in European carbon markets*, Macquarie University, Department of Economics, 2007.

[8] R. Carmona, J. Hinz, “Risk－Neutral Modeling of Emission Allowance Prices and Option Valuation”, Technical report, Princeton University, 2009.

未来的碳排污权价格，该模型能反映出碳排污权价格在空间上和时间上的波动性。

在上述理论研究的基础上，西方国家在大气污染联防联控方面，开展了诸如“圣杰奎因峡谷空气质量研究 SJVAQS”（San Joaquin Valley Air Quality Study，Solomom，1994）[1]，“美国南部地区氧化物研究 SOS”（Southern Oxidants Study，Chameides and Cowling，1995）[2]，“南加州空气质量研究 SCAQS”（Southern California Air Quality Study，Lawson，et al，1995）[3]，“太平洋传输及化学演变实验 Trance－P”（Transport and Chemical Evolution over the Pacific 2001）[4]等一系列研究项目，这些研究都为开展区域大气污染联防联控积累了宝贵的经验。

目前，欧盟、美国、加拿大等后工业化国家或者地区的立法，已经建立了发达和完善的大气污染联防联控制度和机制[5]，并对本国的区域性酸雨、雾霾天气、细颗粒物超标等大气污染问题起到了显著的治理效果。

二、国内研究现状概述

20 世纪 70 年代，我国开始了大气污染防治研究，并确立了一系列制度，如“环境影响评价制度”“排污收费制度”“三同时制度”等。[6]20 世纪 80 年代末期，我国从日本引进了大气污染总量控制制度。在开展大气污染总量控制研究的同时，随着中国工业化、城市化和交通现代化步伐的加速，大气

---

〔1〕 P. Solomon（ed.），*Planning and Managing Regional Air Quality and Measurement Studies：A perspective Through the San Joaquin Air Quality Study and ASUPEX*，Lewis Publishers，Chelsea，Ml with Pacific Gas and Electric Company，San Ramon. CA，1994，SJVAQS.

〔2〕 W. L. Chmeides，E. B. Cowling，*The State of the Southern Oxidants Study：Policy－Relevant Findings in Ozone Pollution Research* 1988～1994，*North*，Carolina State University，Raleigh，NC. 1995，SOS.

〔3〕 D. R. Lawson，E. M. Fujita，J. R. Homes，“The Southern California Air Quality Study：a Prototype for Collaborative Research”，In：A. J. Ranzier，P. A. Solomon，（eds.），*Proceedings of the Regional Photochemical Measurement and Modeling Studies*，PA. 1995，3：1043～1063.

〔4〕 Duncan Fairlie et al.，“The Impact of Transpacific Transport of Mineral Dust in the United States”，*Atmospheric Environment*，2007，41：1251～1266.

〔5〕 常纪文：“集区域合力 破区域难题——对比国外立法看我国如何推进大气污染联防联控”，载《中国环境报》2010 年 6 月 17 日。

〔6〕 赵以忻、仲良喜：“关于强化城市大气环境管理若干问题的思考”，载《城市管理与科技》2000 年第 3 期，第 4～5 页。

污染已由过去的点源局部性污染转向了区域综合性污染。〔1〕我国有关区域大气污染联防联控的研究在这样的时代背景下应运而生。王奇等研究认为，鉴于大气污染的外部扩散性，区域大气环境的保护需要区域内的各城市一体化联动。〔2〕刘洁等通过中美大气环境跨区域监管的比较研究，提出我国的大气环境区域监管现阶段仍处于污染控制阶段，缺乏全局性的大气污染区域联防联控规划。〔3〕刘大为利用“CALPUFF 大气扩散模型”，对关中城市群的大气相互影响特征进行了研究，并根据研究结果校正了“十二五”SO_2 的减排任务。〔4〕王金南等在《区域大气污染联防联控的理论与方法分析》一文中，探讨了大气污染区域联防联控的理论基础，并着重讨论了我国实施大气污染区域联防联控的技术与方法。〔5〕丁雪飞认为，以行政区划为单位的法律调整方法已经不能有效地解决区域大气污染问题，需要使用区域性法律调整方法，以行政区域为单位，来解决区域间大气环境保护问题。〔6〕蔡秀锦研究认为，环境治理跨行政区的“碎片化”消解了整个区域环境的价值和效用，跨区域大气污染治理政策最终应走向法制化。〔7〕任丽丹运用“要素裹赋理论”“博弈理论”和“外部不经济理论”，提出建立京津冀大气污染联防联控长效战略机制，即在主体机制、目标机制、运行机制和保障机制方面进行优化。〔8〕陈青祥认为，我国应建立国家层面的大气污染控制组织机构和区域协作机制。〔9〕

〔1〕 常纪文：“域外借鉴与本土创新的统一：《关于推进大气污染联防联控工作 改善区域空气质量的指导意见》之解读（上）”，载《环境保护》2010 年第 10 期。

〔2〕 王奇、胡晓路、张远航：“关于区域大气环境保护一体化的思考”，载《环境保护》2010 年第 9 期，第 16 页。

〔3〕 刘洁等：“中美跨区域大气环境监管比较研究及启示”，载《四川环境》2011 年第 5 期，第 132 页。

〔4〕 刘大为：“区域大气污染联防联控研究——以关中地区为例”，西北大学 2011 年硕士学位论文，第 42 页。

〔5〕 王金南、宁森、孙亚梅：“区域大气污染联防联控的理论与方法分析”，载《环境与可持续发展》2012 年第 5 期，第 5 页。

〔6〕 丁雪飞：“大气污染区域区域协调法律机制研究”，中国海洋大学 2013 年硕士学位论文，第 18 页。

〔7〕 蔡秀锦：“我国区域大气污染联防联控法律制度研究”，苏州大学 2014 年硕士学位论文，第 34 页。

〔8〕 任丽丹：“京津冀大气污染联防联控路径研究”，河北大学 2014 年硕士学位论文，第 38 页。

〔9〕 陈青祥：“我国大气污染防治法律制度研究”，山西财经大学 2015 年硕士学位论文，第 29 页。

高婧研究认为，雾霾防治区域联动法律机制的构建需要重点完善联动监测预警应急制度、政府防治雾霾担责制度、区域联合执法等制度。[1]

三、国内外研究现状总结

第一，欧盟非常重视大气污染联防联控的科学研究。例如，EMEP（欧洲监测和评估计划）作为独立的第三方机构，监测并收集了大量的欧洲跨境空气污染数据，并利用“区域酸雨沉降模拟方法”，使区域内各国对自身的空气环境污染状况有了客观的认识；结合空气环境影响评价结果，提供了相应的解决方案，竭力促使区域内各国达成环境行动规划共识。我国在大气污染联防联控方面的科学研究还很薄弱，尚无法支撑我国建立大气污染联防联控方面的长效机制。

第二，国内外学者正在实现从定性到定量、从平面到空间的思维方式转变。对大气污染联防联控过程中面临的大气环境问题的定性分析已经远远不能满足发展的需要。在战略高度的基础上，联防联控对空气质量要素的影响机制、影响水平、影响格局等研究正成为新的研究热点和重点。

第三，在研究内容上，国内外研究经历了从单一大气污染要素对单一城市空气质量要素的影响分析，到复合大气污染要素对单一城市空气质量要素的影响分析，再到区域大气污染联防联控机制研究的阶段，取得了显著的成果。

第四，国内外现有研究大多侧重从技术层面或具体制度层面来完善大气污染联防联控机制，只有少数学者基于区域立法协调的角度来研究大气污染联防联控机制。尚无学者从中央立法层面、专门立法层面来论述大气污染联防联控。

国内外学者研究大气污染防治的很多，发表的研究成果更是多如牛毛，但大气污染联防联控还属于较新的研究领域。本书系统、翔实地论述了大气污染联防联控法律机制，国内尚属首次，在一定意义上填补了该领域的研究空白。

---

[1] 高婧：“雾霾防治区域联动法律机制探究”，山西财经大学2015年硕士学位论文，第23页。

第二章 大气污染联防联控的基础渊源

第一节 大气污染联防联控的基本理念

一、大气污染联防联控的宏观理念

在宏观层面，大气污染联防联控须要坚持以下基本理念：

（一）绿色增长的理念

1. 绿色增长的概念

所谓“绿色增长”，是指通过绿色技术、清洁能源开发以及绿色革新，最小化地使用资源和能源，减少环境污染和气候变化，确保经济增长动力，创造就业机会，实现经济、环境和社会和谐相融的增长方式。通过产业结构的调整、升级和优化以实现可持续发展的目标是绿色增长的本质内涵。从长远来看，各国经济发展乃至人类未来的生存都将依赖于可持续的绿色增长，这也是世界各国普遍重视绿色增长，甚至将绿色增长作为本国主要发展战略的一大原因。[1] 绿色增长已被认为是可以有效实现可持续发展战略的新的发展模式。

2. 绿色增长理念的形成与发展

GDP 即国内生产总值，是指一定时期内（一个季度或一年）一个国家或地区的经济生产所产出的全部最终产品和劳务的价值，常被认为是衡量一国在一定时期内经济状况的最佳指标。但 GDP 只是一个简单衡量经济产出的指标，它既没有把人类对自然资源的开发利用作为经济生产过程中的投入来看

---

〔1〕 韩国于 2009 年 7 月 6 日发表了“绿色增长国家战略及五年计划”。韩国政府的战略目标是在 2020 年以前发展成为世界七大绿色强国之一，并在 2050 年以前发展成为世界五大绿色强国之一。韩国借此希望将本国应对气候变化的能力、绿色技术和有关产业、能源独立以及绿色竞争力等推向世界领先水平。

待，也没有把人类不合理的开发和利用方式对环境所造成的损害以及为恢复环境所付出的昂贵代价计入生产成本。因而，GDP没有包括环境质量，不能正确反映出在环境资源有限这一约束条件下一国经济发展和环境保护之间的关系。

1993年，联合国统计机构出版了《综合环境与经济核算手册》，简称SEEA。手册中正式提出了生态国内产出的概念即绿色GDP。绿色GDP以SNA核算体系为架构，以传统GDP为基础，对自然资源因素加以考虑进而得到的新GDP。1992年6月，在里约热内卢召开的联合国环境与发展会议，通过了以可持续发展为核心的《21世纪议程》《里约环境与发展宣言》等纲领性文件，标志着可持续发展理念已在世界上得到广泛认可，成了人类的共同行动纲领。可持续发展就是在经济和社会发展的同时采取合理开发与利用自然资源、保护环境的方针，为人类提供适宜的环境质量，同时考虑把经济利益和环境利益、局部利益和整体利益以及眼前利益和长远利益结合起来，最终实现经济与环境保护的可持续发展。

可持续发展是绿色GDP产生的重要前提。二战后，经济增长决定论认为社会发展的核心指标是国民生产总值的增长，“有了经济就有了一切”是这一思潮的代名词。“经济增长决定论”适应了战后世界各国发展本国经济的强烈需求，在一段时期内成了战后世界各国发展思潮的主流理论。在这一理论的指导下，20世纪五六十年代以日本、德国、美国为代表的世界经济出现了空前的增长。但随着各国经济的快速增长，各国相继出现了不同程度的生态环境恶化、资源能源短缺等问题，人类遇到了自工业革命以来的最重大的挑战。使用GDP来衡量一个国家或地区的经济增长与社会发展存在的明显缺陷开始暴露出来，一些学者意识到GDP无法保证经济、生态与社会的可持续发展，要实现三者的可持续发展就必须改进现行的核算方法，他们强烈呼吁纠正现行的以GDP为核心的国民经济核算方式的缺陷。

20世纪70年代初，会计学界提出了“绿色会计理论”〔1〕，它以货币为主要计量单位，以相关法律法规为依据，计量、记录环境开发、环境污染、环境防治的成本费用，同时对环境的开发和维护所形成的效益进行合理计量

---

〔1〕 1971年，比蒙斯（F. A. Beams）在《会计学月刊》上发表了《控制污染的社会成本转换研究》；1973年，马林（J. T. Marlin）在《会计学月刊》第2期上发表了《污染的会计问题》，从此绿色会计的研究和发展逐渐进入人们的视野。

与报告，从而综合评估环境活动和环境绩效对企业财务的影响。由此，绿色GDP的雏形便产生了。特别是在1992年里约热内卢召开的联合国环境与发展会议后，可持续发展理念在世界上得到了广泛认可，人们对经济发展的关注越来越集中在环境问题上。可持续发展理论是绿色GDP的理论基础，它意味着在不损害后代人同等福利的前提下创造当代人的最大福利。

绿色GDP是可持续发展的重要保证。通过总结历次全球范围内经济危机的经验教训，我们不难得出经济的健康增长关键在于制度的结论。因此，要实现经济的健康增长，就必须构建相应的绿色经济制度，从制度层面上对传统的经济发展理论和政策进行反思，规范和激励人们去探索保障经济健康发展的绿色运行机制和绿色增长模式，从而升华传统的经济发展理论，促进经济、社会和生态的可持续发展。经济可持续发展机制的构建是一项极其复杂且涉及范围十分广泛的系统工程，非一朝一夕可以完成，当务之急就是要在绿色GDP上下功夫。

绿色GDP是衡量一国真实国民财富总量的科学核算标准，其扣除了生态环境损失。我国应改变传统、落后的GDP增长观念，在经济发展过程中推行绿色GDP的经济增长衡量标准。绿色GDP能够反映我国经济发展的真实状况，对于环境保护来说是一种重要的预防手段。评判地方经济发展水平的高低，应将环境保护作为一项重要的考核因素。2006年9月7日，国家环保部和国家统计局联合发布了《中国绿色GDP核算报告2004》，这是我国首份也是迄今唯一的一份绿色GDP报告。该报告指出，2004年我国环境退化成本（即因环境污染造成的经济损失）为5118亿元，占GDP的3.05%。其中，水污染的环境成本为2862.8亿元，占总成本的55.9%；大气污染的环境成本为2198.0亿元，占总成本的42.9%；污染事故造成的直接经济损失为50.9亿元，占总成本的1.1%。可见，推广绿色GDP不但可以减少我国环境污染防治成本，而且还可以促使我国转变经济增长模式，实现经济、社会和生态的可持续发展。

3. 绿色增长——我国经济发展的未来之路

中国经济发展的未来之路在于绿色增长。首先，改革开放三十多年来，我国虽然创造了经济增长的奇迹，但这三十多年来的经济增长模式较为粗放，经济发展的代价是环境的严重污染和能源的低效率消耗，这已逐渐成为我国经济可持续发展的瓶颈。就全球范围而言，气候变化、能源枯竭等制约因素的存在，也极大地缩小了粗放模式下我国经济增长的空间。

其次，我国虽已成为世界第二大经济体，但要想实现经济可持续增长以及2020年第二个经济增长翻两番的目标，必须争取足够的发展空间。今后，我国如何应对包括气候变化、碳减排等在内的一系列重要国际议题，其实践成功与否，不仅会对我国的国际地位和国际形象产生重要影响，而且也会影响到全人类应对气候变化和保护环境的能力。

因此，中国经济发展面临着调整产业结构和转变经济增长模式的挑战，其未来发展之路无疑是如何实现绿色增长。为此，政府应尽早出台绿色增长政策，以新兴绿色产业为支撑，推动产业调整和技术创新，促进资本的有效流动，带动清洁能源、低碳技术的发展，以实现绿色低碳产品市场的规模化、健康化发展。有鉴于此，绿色、低碳、节能、环保产业将成为我国今后经济发展的重要支柱力量。

（二）环境优先的理念

1. 环境优先的概念

环境优先理念是处理经济发展与环境保护关系的一项重要理念。目前，国内学者对环境优先理念的理解基本趋同，只是表述不同。王树义教授认为，环境优先理念，是指在环境治理活动中，应将环境保护放在优先考虑的位置，当社会的生态利益与其他利益发生冲突时，应优先考虑社会的生态利益。[1]曹明德教授认为，在处理生态保护与经济增长关系的问题上，应当确立生态保护优先的法律地位，并作为调整社会生态关系的一项准则。[2]本书认为，环境优先理念是指当经济发展的规模和速度超过环境承载力时，经济利益应让位于环境利益，也就是说环境优先理念要求经济发展的规模和速度要控制在环境的承载力内。

2. 环境优先理念的形成与发展

环境优先理念源于人类环境伦理观念的成熟。自第一次工业革命以后，人类在人与环境相处模式的认识上，经历了从狭隘的人类中心主义伦理观到非人类中心主义伦理观再到可持续发展伦理观的演变。[3]最早的人类中心主

---

〔1〕王树义：《俄罗斯生态法》，武汉大学出版社2001年版，第213页。

〔2〕曹明德：《生态法原理》，人民出版社2002年版，第211页。

〔3〕杨群芳："论环境法的基本原则之环境优先原则"，载《中国海洋大学学报（社会科学版）》2009年第2期。

义伦理观导致人类掠夺式地开发自然环境，进而引发了严重的环境危机，如“马斯河谷烟雾事件”〔1〕“洛杉矶光化学烟雾事件”〔2〕“多诺拉烟雾事件”〔3〕“伦敦烟雾事件”〔4〕等。作为对人类中心主义伦理观的修正，非人类中心主义伦理观并未改善日益恶化的环境状况，甚至还将人类引入了纯自然主义的泥潭。人类逐渐意识到自己对自然环境应承担一定的责任与义务，“可持续发展伦理观”便应运而生。“可持续发展伦理观”最早可追溯到1972年6月由联合国召开的第一次世界环境大会，该会通过的《人类环境宣言》首次发出了世界环境已陷入危机的警告，可持续发展理念由此萌芽。1980年，IUCN（世界自然保护联盟）、UNEP（联合国环境规划署）、WWF（野生动物基金会）共同发表的《世界自然保护大纲》明确提出了可持续发展概念，呼吁全世界“必须研究自然的、社会的、生态的、经济的以及利用自然资源过程中的基本关系，确保全球的可持续发展”〔5〕。布伦特夫人被公认为是世界上第一个完整提出可持续发展概念的人，她在1987年的《我们共同的未来》报告中，对可持续发展概念做了系统阐述。可持续发展是指“能满足当代人的需要，又不对后代人满足其需要的能力构成危害的发展”〔6〕。该概念从伦理上明确了经济发展与环境保护之间的相互联系、互为因果的关系。1992年6月，在里约热内卢召开的联合国环境与发展会议，通过了以可持续发展为核

---

〔1〕“马斯河谷烟雾事件”发生在比利时马斯河谷工业区。在这个狭窄的河谷里有炼油厂、金属厂、玻璃厂等许多工厂。1930年12月1日到5日的几天里，河谷上空出现了很强的逆温层，致使13个大烟囱排出的烟尘无法扩散，大量有害气体积累在近地大气层，对人体造成严重伤害。一周内有六十多人丧生，其中心脏病、肺病患者死亡率最高，许多牲畜死亡。

〔2〕“洛杉矶光化学烟雾事件”发生载美国西海岸的洛杉矶市。该市250万辆汽车每天燃烧掉1100吨汽油。汽油燃烧后产生的碳氢化合物等在太阳紫外光线照射下引起化学反应，形成浅蓝色烟雾，使该市大多市民患了眼红、头疼病。后来人们称这种污染为光化学烟雾。1955年和1970年洛杉矶又两度发生光化学烟雾事件，前者有四百多人因五官中毒、呼吸衰竭而死，后者使全市3/4的人患病。

〔3〕美国的宾夕法尼亚州多诺拉城有许多大型炼铁厂、炼锌厂和硫酸厂。1948年10月26日清晨，大雾弥漫，受反气旋和逆温控制，工厂排出的有害气体扩散不出去，全城14 000人中有6000人眼痛、喉咙痛、头痛胸闷、呕吐、腹泻，17人死亡。

〔4〕自1952年以来，伦敦发生过12次大的烟雾事件，祸首是燃煤排放的粉尘和二氧化硫。烟雾逼迫所有飞机停飞，汽车白天开灯行驶，行人走路都困难，烟雾事件使呼吸疾病患者猛增。1952年12月那一次，5天内有四千多人死亡，2个月内又有八千多人死去。

〔5〕叶文虎、万劲波：“环境社会系统控制与科学发展观”，载《科学》2004年第4期。

〔6〕黄光宇、陈勇：《生态城市理论与规划设计方法》，科学出版社2003年版，第24页。

心的《21世纪议程》《里约环境与发展宣言》等纲领性文件，标志着“可持续发展理念”已在世界上得到广泛认可，成为人类的共同行动纲领。5年后的联合国特别会议重新回顾了可持续发展的重要意义。“可持续发展伦理观”摒弃了人类中心主义伦理观反自然的特性，摆脱了“非人类中心主义伦理观”纯自然主义的束缚，强调了代际发展机会的公平。基于此，人类开始节制自身对快速发展经济的欲望，有了建设生态文明和谐社会的尝试，并力求“做出困难的伦理上的努力，在实践中实行自我控制”〔1〕，以防自食环境恶果。

20世纪50年代至70年代初期，日本相继爆发了“水俣病事件”〔2〕“骨通病事件”〔3〕“米糠油事件”〔4〕等严重的环境污染事件。在此大背景下，20世纪70年代日本率先在其环境白皮书中提出环境优先这一理念。由于世界各国普遍将重心放在经济发展上，除日本、美国等少数国家在其环境立法中体现环境优先理念外，这一理念在当时并未在全球范围内受到重视。1982年联合国大会通过的《世界自然宪章》首次明确了环境优先理念的基本内涵，并要求各国最大限度地避免那些可能会对自然环境造成不可挽回的损害活动，在进行可能会对自然环境造成重大危险的活动之前，这种活动的倡议者应彻底调查并证明预期收益超过自然环境可能受到的损害，如果不能完全查明活动可能造成的环境损害，则不能从事该活动。自此之后，环境优先理念开始引起世界各国的广泛关注，一些国家的环境基本法和相关法律法规陆续引入了环境优先理念，并在实践中起到了立竿见影的积极作用。

---

〔1〕［英］A. J. 汤因比、［日］池田大作：《展望21世纪——汤因比与迟田大作对话录》，荀春生等译，国际文化出版公司1985年版。

〔2〕日本熊本县水俣镇一家氮肥公司排放的废水中含有汞，这些废水排入海湾后经过某些生物的转化，形成甲基汞。这些汞在海水、底泥和鱼类中富集，又经过食物链使人中毒。当时，最先发病的是爱吃鱼的猫。中毒后的猫发疯、痉挛，纷纷跳海自杀。没有几年，水俣地区连猫的踪影都不见了。1956年，出现了与猫的症状相似的病人。因为开始时病因不清，所以用当地地名命名。1991年，日本环境厅公布的中毒病人仍有2248人，其中1004人死亡。

〔3〕镉是人体不需要的元素。1955～1972年，日本富山县的一些铅锌矿在采矿和冶炼中排放废水，废水在河流中积累了重金属“镉”。人长期饮用这样的河水，食用浇灌含镉河水生产的稻谷，就会得“骨痛病”。病人骨骼严重畸形、剧痛，身长缩短，骨脆易折。

〔4〕1968年，先是几十万只鸡吃了有毒饲料后死亡。人们没深究毒的来源，继而在北九州一带有13 000多人受害。这些鸡和人都是吃了含有多氯联苯的米糠油而遭难的。病人开始眼皮发肿，手掌出汗，全身起红疙瘩，接着肝功能下降，全身肌肉疼痛，咳嗽不止。这次事件曾使整个西日本陷入恐慌中。

3. 环境优先理念的主要内容

环境优先理念的主要内容有以下三个：

第一，人类对大气环境的开发利用行为不得超过大气环境的自身承载力。大气即空气，是由氮、氧、氖、氩、氦、氙、氪以及二氧化碳、水蒸气等多种物质组成的混合物，是维持地球生命所必需的基本条件之一。人类对大气中某些物质的开发利用不应当超过大气环境的自身供给能力，针对大气环境的开发利用行为，应控制在大气环境所能承受的范围之内，否则会破坏大气环境系统的自身平衡，而大气环境系统的失衡又会影响地球环境的整体平衡。

第二，人类向大气环境的排污行为不得超过大气环境的自净能力，即人类向大气环境排放的废弃污染物应当在大气环境的容量范围内。所谓大气环境容量，是指在单位时间内，在人类的生活、生产以及大气环境本身不受到损害的前提下，按照大气环境质量指标的要求，大气环境所能够容纳的污染物的最大载荷。[1] 正常情况下，大气环境自身拥有很强的自我净化能力，人类在单位时间内向大气环境排放的废气污染物只要低于大气环境容量，大气环境通过自身循环的方式可以将废气污染物净化掉，此时不存在大气污染问题，但如果废气污染物排放量超过了大气环境容量，则会引发大气环境污染问题。

第三，当经济发展的规模和速度超过环境承载力时，经济利益应让位于环境利益。自人类社会步入工业文明时代后，工业生产为人类创造了巨大的经济利益，彼时的经济发展是以牺牲环境为巨大代价的，工业生产向大气环境排放的废气污染物使大气环境遭受了前所未有的破坏。根据现代环境保护的基本理念，人类的生存、发展离不开生态环境安全这一基础，若是人类赖以生存的大气环境严重失衡，经济再腾飞人类也必将走向灭亡。所以，当经济发展的规模和速度超过环境承载力时，经济利益应让位于环境利益，并坚持经济发展与环境保护相协调原则，在协调中优先保护大气环境。

（三）生态补偿的理念

1. 生态补偿理念的内涵

生态补偿本身不是一个法学概念，而是由环境学、生态学与经济学交叉研究而形成的。从现有的文献来看，国外学者在研究生态服务功能的过程中

---

〔1〕 降为钰、陈方林主编：《资源环境法词典》，中国法制出版社 2005 年版，第 207 页。

率先提出了生态补偿理念。生态补偿最初源于自然生态补偿，指自然生态系统对干扰因素的恢复能力，后来演变成促进环境保护的经济手段和法律机制。20世纪90年代以前，生态补偿往往被作为生态环境加害者承担赔偿的代名词。此后，生态补偿开始更多地指对生态环境保护者、建设者的一种利益驱动机制和协调机制。〔1〕今天，生态补偿不再是单纯意义上的仅对生态环境负面效益的一种否定性评价，也包括对生态环境正面效益的补偿，涉及的补偿范围也由过去单纯的项目建设扩大为生态保护、区域规划、政策执行等多个方面。

一般来说，生态补偿是指为了维护社会公平和环境正义，对致使生态系统服务功能减损的开发利用者征收税费，并给予为保护、维持或改善生态系统服务功能做出牺牲者一定的经济或非经济形式的补偿。尽管生态补偿至今尚无统一的定义，但环境外部成本内部化原理作为生态补偿的基本理论来源之一得到了公认，该原理的目的是为了解决环境资源与自然能源开发利用的外部性问题，以使环境资源与自然能源能被可持续地开发、利用和建设，进而实现经济发展与环境保护可持续发展的终极目标。

国际上没有生态补偿这一概念，比较通用的概念是“环境或生态服务付费”（payment for environmental/ecological services），其内涵与我国的生态补偿概念并无本质区别，生态服务功能是目标，付费是调整手段，保护者与受益者之间的环境利益关系和经济利益关系是调整内容。

2. 生态补偿的主要类型

按照补偿主体的不同，生态补偿主要有以下三种类型：

（1）国家生态补偿。国家生态补偿主要由政府完成，是指国家对致使生态系统服务功能减损的开发利用者征收一定的税费，并给予为保护、维持或改善生态系统服务功能作出牺牲者一定的经济或非经济形式的补偿。国家进行生态补偿的方式有很多，如可以直接进行实物补偿，由政府直接补偿生态建设者或生态受损者一定的实物；可以支付生态补偿金，由政府直接支付给生态建设者和生态受损者生态补偿金；可以进行间接生态补偿，由政府对生态建设者和生态受损者给予技术援助、就业培训、税收减免等；还可以进行

〔1〕毛显强、钟瑜、张胜：“生态补偿的理论探讨”，载《中国人口·资源与环境》2002年第4期。

生态移民，为恢复生态系统的服务功能，必要时政府可以对生活在生态脆弱地区的居民进行生态移民，并支付一定的搬迁补偿金。此外，国家生态补偿金的来源也可以多样化，可以来自财政转移支付、国家征收的排污费、环境税等，也可以来自生态破坏者支付的赔偿费，还可以来自社会捐赠。[1]

（2）利益相关者生态补偿。利益相关者生态补偿是使环境外部成本内部化的必要补充，生态受益者与生态破坏者主要利用市场机制通过市场交易活动来实现生态补偿。其补偿方式也是多样的，可以以实物、货币的形式直接补偿，也可以由受益地区提供投资、技术等对受损地区进行间接补偿。关于利益相关者生态补偿，我们应重点关注地区间的生态补偿。地区间的生态补偿主要包括上下流域之间的生态补偿、污染输出地区和污染输入地区之间的生态补偿、生态受益地区和生态保护地区之间的生态补偿等。

（3）社会生态补偿。社会生态补偿是指非利益相关者通过一定形式的捐助与生态建设者、生态受损者之间建立惠益关系，包括国内、国外各种组织和个人的物质性捐助。

3. 生态补偿理念的应用启示

一是关注区域公平。随着大气污染联防联控工作的深入展开，生态补偿将引起更多的社会关注。地区间的生态补偿的费用和效益如何在区域内分配和承担将直接影响生态补偿的公平性和公众可接受性，并进而影响生态补偿机制自身的可持续性发展。因此，地区间生态补偿机制的设计应充分考虑地区间生态补偿双方的实际情况和利益需求，以激发生态补偿者和被生态补偿者保护生态环境的积极能动性。

二是联系社会实际。生态补偿机制的良好运行必须根植于社会经济发展实际：第一，生态补偿机制的运行要与地区经济发展相协调，既不能为生态补偿者设定过重的补偿义务，也不能剥夺生态受损者获得足额补偿的权利；第二，生态补偿机制要与区域发展政策、行业发展特点、生态破坏程度紧密联系，如重工业企业相比高新技术企业应承担更多的生态补偿责任；第三，关注经济发展模式对生态环境的影响，如粗放型、低效率的城市建设、交通建设和工业建设加速恶化了我国的生态环境。

---

[1] 王攀科：“论我国生态补偿法律制度的完善”，石家庄经济学院2014年硕士学位论文，第9页。

三是注重机制创新。应在分析资源消耗和环境污染的深层原因的基础上，将生态补偿理念的角度更多集中在各个主体之间的权利义务、相互关系上，关注经济发展与生态保护之间的平衡与协调。尤其是在市场经济条件下，应重视市场交易机制在生态补偿机制中的运用，在实现生态资源优化配置的基础上，强调环境正义的基础价值导向。“虽说市场不可能完全代替政府，但在可交换的自然环境资产使用和生态治理等公共服务领域，它可以帮助政府把工作做得更好。”[1]

二、大气污染联防联控的微观理念

在微观层面，大气污染联防联控须要坚持以下基本理念：

（一）政府主导的理念

1. 政府主导的概念

政府对社会公共事物的干预，一般有三种形式：不干预、包办和政府主导。所谓不干预形式，是指政府没有建立规范化、系统化的制度体系，对公共事务采取自由放任的态度；所谓包办形式是指政府以管理者的身份全面干预公共事物，扮演全能政府的角色。在现代社会，政府对于公共事务除了无力管理外，几乎不存在不干预的情形。政府主导介于不干预形式和包办形式之间，追求“有所为和有所不为”。具体到大气污染联防联控领域，政府主导的理念可以表述为，在大气污染联防联控工作中，各级政府组织、协调、引导各方面的力量有序参与，并在一定程度内决定了大气污染联防联控工作的基本模式和治理走向。

2. 政府主导大气污染联防联控的正当性

第一，空气具有纯粹公共性。在经济学意义上，空气是具有非排他性和非竞争性的公共物品。人类的生存离不开空气，自由呼吸是每个人的应然权利，任何人都无权非法剥夺。空气质量对公民的影响渗透在日常生活中。空气的流动性使得区域内的每一个公民，不论国籍、民族、信仰等，都会受到无处不在的空气的潜移默化的影响，任何人都无法拒绝。国外的治理实践证明，大气污染联防联控成效的取得，政府必须要把握空气公共性的特点，在联防联控中承担主要的治理责任并发挥主导作用。

---

〔1〕 刘丽：“我国国家生态补偿机制研究”，青岛大学2010年博士学位论文，第89页。

第二，政府主导我国大气污染联防联控工作具有现实需求。在工业化、城市化、交通化步伐不断加快的今天，大气环境面临着工业文明的冲击。如果只靠大气环境的自我净化，很有可能会再次上演“八大环境公害事件”〔1〕的人间悲剧。在这一严峻的形势下，如果再不迅速采取措施，加大治理力度，我国的大气环境将日益恶化。此外，我国还是一个幅员辽阔的国家，各地在经济发展水平、环境治理水平、环境污染现状、公众环保意识等方面存在着显著差异。因此，区域大气污染联防联控工作是一项兼具复杂性和艰巨性的工程，需要集中庞大的人力、物力、财力等才能得以实施。保护大气环境的重要性与紧迫性决定了需要一个强有力的组织迅速做出反应，采取治理行动，才能“力挽狂澜”。在我国，这个强有力的“组织”就是政府，政府具有天然的掌握社会资源的强大优势，能凭借人民赋予的权力调动人力、物力和财力以投入这项社会工程，这是社会组织或个人所无法比拟的。

第三，政府在大气污染联防联控工作中具有不可推卸的主导作用。国务院办公厅于2010年5月11日转发的环境保护部等九部委共同制定的《指导意见》明确了政府主导大气污染联防联控工作。其是国务院针对大气污染联防联控制定的首个综合性、管控型行政规章，标志着我国的大气环境保护工作进入了新的发展阶段。而它最显著的特色就是硬性导向与软性导向相结合，有利于发挥各地方的灵活性和积极性。2012年12月5日，环境保护部、国家发展和改革委员会和财政部联合发布的《重点区域大气污染防治“十二五”规划》（以下简称《规划》）提出了五项创新机制，即联席会议制度、环境影响评价会商机制、信息共享机制、联合执法监管机制、预警应急机制等，这些机制为发挥政府的主导作用提供了政策保障，具有突破性意义。〔2〕国务院又于2013年9月10日公开发布了《大气污染防治行动计划》（以下简称大气“国十条”），〔3〕提出治理大气污染要“突出重点、分类指导、多管齐下、科

〔1〕“八大环境公害事件”，是指20世纪在世界范围内，由于环境污染而造成的八次较大的轰动世界的公害事件，分别为：“马斯河谷烟雾事件”“洛杉矶光化学烟雾事件”“多诺拉烟雾事件”“伦敦烟雾事件”“日本四日市哮喘病事件”“日本水俣病事件”“日本骨通病事件”“日本米糠油事件”。

〔2〕严昊、葛熔金、吴志刚：“找回‘世博经验’：长三角大气污染协治机制最快写越启动”，载《东方早报》2013年12月27日。

〔3〕“国务院关于印发大气污染防治行动计划的通知”，载中国政府网：http://www.gov.cn/zwgk/2013－09/12/content_2486773.htm，访问时间：2014年8月25日。

学施策，把调整优化结构、强化创新驱动和保护环境生态结合起来，用硬措施完成硬任务，确保防治工作早见成效，培育新的经济增长点”。[1]上述文件以法律的形式确定了政府在大气污染联防联控工作中的政府职责，肯定了政府在大气污染联防联控工作中具有不可推卸的主导作用。

3. 政府主导理念的主要内容

政府主导理念的主要内容有以下几个：

第一，政府是保护大气环境的主要责任人。在现实层面，改革开放以来，我国经济发展迅速，取得了举世瞩目的成就。但近些年以雾霾为首的大气污染问题的出现让我们不得不重新审视环境保护问题。发展经济不应牺牲公众的环境利益，一国的经济发展应与本国环境保护相协调。我国地方政府一直存在着环保责任缺失的问题，突出表现为环境规制失灵。地方政府与当地企业之间存在着紧密的经济利益联系，在经济发展与环境保护面前，地方政府过去出于增加财政收入和个人政绩的考量往往会优先选择经济的发展。这是一种只顾眼前利益而牺牲长远利益的选择，最终必然要付出沉重的代价。无论是企业环保责任还是公众个人环保责任，该问题最终影响的是一国的和谐发展，政府仍将是最终的“买单者”。

第二，政府应转变防治观念服务公共利益。在理念层面，现代政府职能转变的方向是服务型政府，政府提供服务的出发点和落脚点都应是公众利益。当前大气污染问题严重，涉及社会公众的切身利益，政府作为公众利益的守护神，应解决好当前面临的严峻大气污染形势。发展经济固然重要，但发展经济的终极目的是为了广大人民生活水平的提高，大气污染问题与社会公众息息相关，政府应秉持以人为本、绿色发展的理念，处理好作为实现途径的发展经济与人们生活水平提高之间的关系，切不可本末倒置。在具体实践中，政府应自觉践行其承担的环保责任，在制定方针政策和行政执法过程中，在坚持发挥市场配置资源优越性的同时，要加强对大气污染问题的规范治理，增加环境保护在地方政府政绩考核中的比重。积极发挥政府在大气污染防治过程中的引导作用，建立符合我国经济发展水平的大气环境保护市场化运作机制，通过相关法律法规的外部规制将大气环境保护内化为企业追求合理利润的动力，对违法企业实行严格法律责任，对拒不履行限期整改的企业可采

---

〔1〕“国务院常务会议部署大气防治污染十条措施”，载《决策导刊》2013年第6期。

取递进式的处罚机制。

第三，政府应强化监管职责并设定正确的利益导向。在实践层面，雾霾污染是环境问题的一种，主要表现为大气环境遭受破坏和空气质量下降，究其根本原因是人类对大气环境的非理性使用致使过度的废气排放超过了大气环境的自净能力。雾霾的污染源多样，主要是由于人类的生产、生活活动造成的，如工业生产产生的废气，机动车排放的尾气，炉灶、炊具、供暖产生的废气等都是雾霾天气形成的原因。而这一系列原因背后揭示的是市场经济背景下交易主体环保意识的缺失和环境保护市场调节的失灵。清洁空气资源作为特殊的公共物品，无明确的产权人，这就使以利润为导向的市场交易主体为追求眼前利润最大化而无限度地消耗清洁空气资源。企业作为当今最重要的商事主体消耗着大量的自然资源，同时也是大气环境污染的主要责任人。可观的利润是企业从事生产的内在动力，在没有有效外部规制的情况下由企业自觉去履行大气环境保护责任在现实中显然行不通。因此，需要公权力的介入以改变经济发展过程中大气环境不断恶化的趋势。作为公权力的代表，政府既是一国经济发展的管理者，也是社会公共环境利益的维护者。市场调控失灵下企业不履行环保责任而出现的大气污染问题是政府规治不力的表现。大气环境问题涉及深层的社会公众利益，政府在大气环境监管方面是否有过错都应当承担不可推卸的大气环保责任。政府大气环保责任难以落实是政府大气环境监管乏力的重要原因，政府监管乏力的直接结果就是经济发展偏离了正确轨道，增加了人与自然的对抗强度。因此，大气污染问题是经济发展问题，是利润导向的市场经济自我调控失灵和政府大气环保责任缺失引发的恶果。建构完善的政府大气环保责任落实机制，强化政府大气环保监管职责，通过外部规制手段确保企业践行大气环境保护责任和提高公众大气环保意识是解决大气污染问题的重要途径。

（二）公众参与的理念

1. 公众参与的概念

“公众”的内涵和外延无法进行明确的界定，因而在不同的时间和地点具有不同的含义。早先，“公众”一词只是作为生活用语来使用，但随着民主社会和公民社会的不断发展，“公众”一词的使用范围也在不断扩大，甚至出现在了以严谨著称的法律条文中，具有了特定的法律含义。如 1991 年在芬兰缔结《跨国界背景下环境影响评价公约》首次在国际环境法中使用了“公众”

一词，该公约规定："公众是指一个或一个以上的自然人或法人"。此后，世界各国的环境法开始广泛使用"公众"一词。1998 年，联合国欧洲经济委员会第四次部长级会议签订的《公众在环境事务中的知情权、参与决策权和获得司法救济的国际公约》规定："公众是指一个或一个以上的自然人或法人，根据各国立法和实践，还包括他们的协会、组织或者团体。"〔1〕我国 2014 年新修订的《环境保护法》全文就多次使用"公众"一词。如今，"公众"通常是指具有共同利益基础的社会群体。"参与"是指一种外部力量向内部力量渗透并通过影响内部的意志使内部决定有利于外部的过程。"公众参与"由"公众"和"参与"组成，结合前面的分析，可以将公众参与定义为具有共同利益基础的社会群体通过对涉及公共利益事务的介入，以保护其共同合法权益的活动。

参与主体、参与对象和参与方式三个要素共同构成了公众参与。〔2〕参与的主体，即谁有权利介入社会公共事务。公众参与的主体可以是公民个人，也可以是公司法人，还可以是其他组织，公众通常不包括政府机关。参与的对象，是指公众可以介入并影响哪些社会公众事务。一般来说，只要涉及的社会公共事务与公众利益相关，公众均可以参与，如环境保护、卫生教育、社会保障、政府定价等。参与的方式，即公众如何参与社会公共事务，常见的参与方式有：咨询会、座谈会、听证会、检举控告等。

由于研究路径的不同，不同学者对环境保护的公众参与之内涵和外延的认识有所差异。根据现有的环境法理论研究，关于环境保护公众参与的定义可分为狭义说、相对狭义说和广义说三种。其中狭义说认为在环境保护领域里，公众有权通过一定的途径参与与环境利益相关的决策活动，以使该项决策符合社会公众的利益诉求。相对狭义说认为，公众及其代表有权参与各级政府及其职能部门的环境决策、环境经济行为的执行以及环境监管。广义说则认为，在环境保护领域里，任何单位和个人都有平等地参与环境保护所有环节的权利。

上述定义在参与主体和参与范围的界定上呈现出一定的差异性。狭义说

〔1〕马燕、焦跃辉："论环境知情权"，载《当代法学》2003 年第 9 期。

〔2〕周珂、王小龙："环境影响评价制度中的公众参与"，载《甘肃政法学院学报》2004 年第 3 期。

认为参与主体只能是与环境决策有直接利益关系的公众，参与的范围限定为环境决策；相对狭义说则将公众参与的范围扩大为环境决策、环境经济行为的执行和环境监管；而广义说则认为任何单位和个人均是参与主体，参与范围则包括环境保护的所有环节。本书比较赞同广义的公众参与说，认为环境保护领域的公众参与是指任何公众都享有并能平等参与环境决策、环境治理的权利。

公众参与作为环境保护领域的一项基本原则，已经被纳入很多国家的环境法中，甚至有很多学者将公众参与原则视为环境法的民主原则。[1]过去，我国的环境法学术界对公众参与原则有过多种表述，如依靠群众保护环境原则、公民参与原则、环境保护的民主原则等。[2]公众参与原则虽然早已成为我国环境法的一项基本原则，但原则作为软法只有抽象的指导作用，而没有直接适用的法律约束力。再好的环境法基本原则，如果没有相应的配套制度支撑，其实施效果必会大打折扣。我国现有的环境立法体系中虽有一些关于公众参与的条文，但这些条文大都只是规定了公众的末端参与，可操作性不强，且缺乏鼓励公众全程参与的规定。在我国大气污染问题依然严峻的时代背景下，应着力构建具有可操作性的我国大气污染治理公众参与法律制度。

2. 公众参与的功能

公众参与大气污染联防联控工作的首要功能是监督和制约政府权力的行使。“公共财产论”认为，政府既代表公民作为环境资源的管理者对环境资源行使管理权，同时又是市场秩序的维护者。一般情况下，政府在这两种身份之间自由切换。当然，这种选择不是非此即彼的，可以同时并存。但在市场经济的大环境下，政府的大气污染联防联控决策能否切实维护公民的环境权益，这一点是值得怀疑的。在监督机制缺位的情况下，政府的环境决策权力可能异化，从而造成公众环境权益的损失。

公众参与大气污染联防联控工作的另一重要功能是促进纵向利益方之间的合作。公众参与机制为纵向利益方之间提供了一个可以公平的法律平台，使公众能够平等、及时地表达利益诉求，是平抑大气污染引发的社会矛盾的有效手段。公众参与强调全程参与，契合环境法的预防与治理相结合原则。

---

〔1〕 肖晓春：“法治视野中的民间环保组织研究”，湖南大学2007年硕士学位论文，第56页。

〔2〕 赵正群：“得知权理念及其在外国的初步实践”，载《中国法学》2001年第3期。

我国现有的环境立法体系依然强调公害的治理，在环境问题逐渐改善的情况下，未来必然会转向“公害治理－环境保全”相结合的环境立法体系。在这个体系中，公众参与的合作与预防功能会愈加凸显。

可以说，有效的公众参与可以强化对环境决策权力的监督与制约，促使不同群体的环境权益获得有效的保障和实现，同时也是平抑社会矛盾、化解公众不满情绪的“安全阀”，从而实现大气环境的有效保护和社会的安定团结。[1] 现代民主政治国家中，公众参与机制是国家和公民之间的重要纽带，是民主和法治精神得以弘扬的重要桥梁。

3. 公众参与理念的形成与发展

环境保护领域的公众参与最早可追溯到20世纪30年代至60年代，当时陆续发生了举世震惊的“世界八大环境公害事件”。这些公害事件给人类带来了巨大的创伤，人类也在痛苦中开始觉悟，逐渐意识到环境污染已经严重威胁人类的生存与发展。公众的环境意识也因此发生了巨大转变，他们开始重视并参与到环境保护运动中。

美国1969年颁布的《国家环境政策法》最早将公众参与作为环境保护的一项基本原则，并首次明确提出公众享有参与环境事务的权利。1972年召开的联合国人类环境会议掀起了公众参与环境保护的高潮。1992年在里约热内卢召开的环境与发展大会率先将公众参与上升到战略高度。大会通过的《21世纪议程》明确指出：“实现可持续发展的基本先决条件之一是公众的广泛参与决策。”2002年，在可持续发展世界首脑会议上通过的《约翰内斯堡会议宣言》之第26条规定：“我们认为可持续发展需要长远的眼光和各个层面广泛地参与政策制定、决策和执行。作为社会伙伴我们将继续努力与各个主要群体形成稳定的伙伴关系，并尊重每个群体的独立性和重要作用。”[2]

环境的可持续发展是我国的基本国策之一，同时我国为公众参与环保事业提供了一系列法律依据。我国《宪法》第2条第2款规定：“人民依照法律规定，通过各种途径和形式，管理国家事务，管理经济和文化事业，管理社会事务。”这是公众参与环境保护的宪法依据。我国的环境基本法对公众参与

---

〔1〕 曹明德、王京星：“我国环境税收制度的价值定位及改革方向”，载《法学评论》2006年第1期。

〔2〕 常纪文、陈明剑：《环境法总论》，中国时代经济出版社2003年版，第148页。

环境保护也做了原则性的规定。如《环境保护法》第6条规定："一切单位和个人都有保护环境的义务，并有权对污染和破坏环境的单位和个人进行检举和控告。"此外，《国务院关于环境保护若干问题的决定》规定："建立公众参与机制，发挥社会团体的作用，鼓励公众参与环境保护工作，检举和揭发各种违反环境保护法律法规的行为。"国家环保总局于2006年发布的《环境影响评价公众参与暂行办法》是我国环保领域的第一部国家层面上的详细规定公众参与的规范性文件，在我国环保领域具有里程碑式的意义。

4. 公众参与理念的主要内容

（1）拓宽公民获悉大气污染联防联控信息的途径。如果缺少相关的大气污染联防联控信息，即使公众有了参与大气环保的意识也无从做起。长期以来，由于受"全能政府"和政治因素的影响，我国的大气环境污染防治信息一直处于一种半封闭的状态，笼罩着一层神秘的面纱。目前，我国公众主要通过以下几个途径了解大气环境污染防治信息：国家、各省市、区域或流域环境状况公报；直辖市、省会城市和重点城市空气环境状况周（日）报；企业环境信息公告；环境资源管理部门的网络工程。通过以上途径，公众的大气环境知情权有了一定的保障，但仍显单薄。随着公众大气环保意识的不断提高，对我国的大气环境信息公开途径也提出了新的要求，并应用过以下措施扩宽我国公众获悉大气环境污染防治信息的途径：第一，利用门户网站、即时通信工具、手机应用软件等为公众提供实时的空气质量信息。第二，鼓励社会组织监测和发布大气环境信息。第三，大气环境重点污染区域的政府环保部门定期通过短信、报纸、电视、广播、互联网等多媒体方式向公众发布细颗粒物（即PM2.5）、一氧化碳、挥发性有机污染物等主要污染物的信息。第四，政府环保部门可以建立一般公众发表意见的论坛，集思广益，加强政府部门与社会公众的直接交流与沟通。[1]

（2）建立公众参与大气污染联防联控的决策参与制度。决策参与，是公众参与大气污染联防联控的重要基础。在大气污染联防联控措施或规定制定之中和实施之前的阶段中，环境保护主管部门或相应的综合决策部门应通过一系列的制度构建以保障公民在大气环境保护领域的参与权，主动征询社会

---

〔1〕 高桂林、陈云俊："大气污染治理公众参与的法经济学分析"，载《广西社会科学》2014年第11期，第84页。

公众的意见，发挥社会公众的群策群力作用。可采取以下几种形式：问题研讨会、情况通报、社会问卷调查、公众听证会等。

（3）建立公众参与大气污染联防联控的过程参与制度。过程参与，是公众参与大气污染联防联控的关键，是公众对大气环境管理行为的监督。在大气污染联防联控规定或措施实施的过程中应纳入公众的参与并发挥公众的监督性作用。在这一阶段中，政府、企业要随时、认真并虚心听取公众意见，及时纠正和改进大气污染联防联控工作中的问题和错误，主动接受社会公众的舆论监督。对此可采用以下方式：完善大气污染有奖举报制度、完善大气污染有奖举报制度的奖励标准、开设环境信箱、设立环境热线电话、定期召开新闻发布会以征求公众意见。

（4）建立公众参与大气污染联防联控的末端参与制度。末端参与，是公众参与大气污染联防联控的保障。在大气污染联防联控措施或规定实施后或发生大气环境污染、破坏后，也应鼓励社会公众积极参与对有关污染责任人的检举、控告，使社会公众对大气污染联防联控的结果起到社会监督的作用，是一种救济性的参与。对于因大气污染联防联控而产生的纠纷处理、防治目的实现程度的验收，应充分听取、吸纳公众的意见和要求，对于大多数公众不认可的行政行为不应被作出。此外，应设立环境审判庭，优化司法资源的配置。最后，应完善我国的环境公益诉讼制度。

（三）科学有效的理念

1. 科学有效的概念

近年来，我国的大气污染联防联控实践虽取得了一定的成效，但仍暴露出了许多问题，突出表现为“三个不适应”：一是观念上的不适应，即当下的大气污染联防联控观念侧重于治理而轻视预防，这使得大气污染联防联控的脚步始终跟不上大气污染的速度；二是联动机制上的不适应性，主要表现为政府环境决策行为制约机制的缺位；三是方法上的不适应，即大气污染联防联控既有治理措施上的软弱性，又有治理方法上的不科学性，使得大气污染联防联控的实践步履蹒跚。以上“三个不适应”充分说明了我国的大气污染联防联控措施缺乏科学性，科学有效的理念就是在这样的背景下被提出来的。所谓科学有效，是指大气污染联防联控在治理方法上要体现科学性，在治理效果上要体现有效性。

2. 科学有效理念的应用启示

第一，要树立预防优先治理的观念。针对以往大气污染治理过程中存在的“重治理轻预防”“先污染后治理”的弊端，要转变陈旧观念，树立预防优先治理的观念，将区域大气污染事件始终控制在尚未发生的状态，以达到大气污染联防联控的最佳效果。

第二，大气污染联防联控的方法要体现科学性。大气污染联防联控在方法上要体现科学性，主要是要符合大气污染的自然规律。例如，根据《北京市大气污染防治条例》第 11 条规定：“市人民政府应当鼓励和支持大气污染防治科学技术研究，组织开展大气污染成因和防治对策分析，推广应用先进大气污染防治技术，提高大气环境保护的科学技术水平。”第 23 条规定：“各级人民政府应当加强大气环境保护宣传，普及大气环境保护法律法规以及科学知识，提高公众的大气环境保护意识。新闻媒体、居民委员会、村民委员会、学校及社会组织配合政府开展宣传普及，促进形成保护大气环境的社会风气。”上述规定体现了大气污染联防联控应当符合大气污染的内在自然规律，符合因果关系，这样才能实现治理方法上的科学性。

第三，大气污染联防联控的效果要体现有效性。大气污染联防联控的治理效果要体现科学性，主要是要建立一整套法律约束机制，并从严贯彻落实，这样才能实现预期的目的。一是要约束企业的违规排放行为。从以往的大气污染治理实践来看，企业违法排放废气的收益要远远大于违法排放的成本，这样就使得企业宁愿缴纳罚款也不愿进行污染治理。这种污染治理模式对于大气污染联防联控的效果而言收效甚微。所以，从制度上改变企业违法排放废气的收益大于违法排放的成本这一不合理的应对机制，是提升大气污染联防联控效果的关键所在。例如，《北京市大气污染防治条例》突出法律责任制度，有关惩罚性的规定达到 39 条，占整个条例的约 30%，严惩排污违法行为，以使违法者不能从违法行为中获利。二是要约束政府的环境决策行为。新修订的《大气污染防治法》关于大气污染联防联控的规定存在可实施性不强的严重问题。而国务院制定的《关于推进大气污染联防联控工作 改善区域空气质量的指导意见》属于管控型行政规章，立法层级太低，实际工作中法律约束力太弱，不能满足我国大气污染的影响广泛性带来的防治工作的全局性要求。即使大部分省（区、市）制定了落实《指导意见》的实施方案，但这些实施方案效力更低，没有上位法来统一规范、组织和协调，无法调动区域内的各方力量。因此我国大气污染联防联控立法呈现出纵向断层、横向失调的局面，现有法律对大气污染联防联控区域职能部门的职责定位不明确，基本无法律拘束力。

（四）严防严治的理念

1. 严防严治的概念

严防严治理念是大气污染防治领域中新提出的一种理念标准，有其自己的特色。之所以提出该理念，原因比较简单。近2年，我国局部地区遭遇严重的雾霾天气，浓雾造成严重的空气污染，多地的PM2.5值“爆表”。以北京为例，北京主城区的PM2.5值一度逼近1000。因雾霾引发的健康疾病、交通延误等一系列的连锁反应引发了公众对空气质量的强烈关注。钟南山教授在接受央视《新闻1+1》采访时曾指出：“灰霾不光是对呼吸系统，对心血管、脑血管、神经系统都有影响，但是首当其冲的还是呼吸系统。北京10年来肺癌增加了60%，应该说空气污染是一个非常重要的原因。”他同时强调，目前的流行病调查虽未证明雾霾与肺癌的直接相关性，但雾霾对人体的危害早已直接显现出来。雾霾会导致多种疾病，甚至是肺癌，绝不是耸人听闻。[1] 鉴于大气污染的严峻形势，全国各地将大气污染治理上升到一定高度并加以重视，严防严治的理念就是在这样的背景下提出来的。所谓严防严治，是指在大气污染的联防联控过程中，预防和治理的措施均应体现从严原则。

2. 严防严治理念的应用启示

第一，严防严治的目的就是要维持大气环境的既有秩序。环境系统是一个复杂而内含规律的系统，每一个环境要素都是自然生态的组成部分，在自然系统中发挥各自的作用。大气是自然生态的环境要素之一，对于整个生态系统而言，大气与其他环境要素之间形成了共生、和谐的生态秩序。单就大气环境这一单独系统而言，其中也包含了许多构成要素，如氧气、二氧化碳、氮气等要素。这些要素之间存在着比较稳定的比例关系，如氮约占78.1%、氧约占20.9%等。这样的比例关系构成了大气生态系统的既有秩序，若破坏既有的空气组成比例关系，大气环境的既有秩序就会被打乱，大气环境整体也将遭受损害。以雾霾现象为例，产生雾霾的原因之一是机动车辆、工业生产等向大气环境中排放大量的有害气体，致使这些有害气体在大气环境中的

---

〔1〕 罗燕倩：“霾劫”，载《东方早报》2013年11月30日。

比例突然提升。当大气环境在单位时间内无法自净这些有害气体时，这些有害气体在空气中短时间内聚集众多又得不到扩散，最终形成了雾霾天气。有鉴于此，大气污染联防联控应坚持严防严治的理念，首要目的便是要维持大气环境的既有秩序。

第二，严防严治的立足点是要建立严格的联防联控防御体系。大气污染联防联控的目标是要维持大气环境的既有秩序，而实现这一目标的前提则是要转变过去“先污染，后治理”的经济发展模式，取而代之的是建立严格的大气污染联防联控体系，将预防工作抓牢、抓实、抓细。因此，在宏观体系结构中，要建立大气污染共同治理、主要污染物总量控制、固定污染源污染防治、机动车和非道路移动机械排放污染防治、扬尘污染防治、大气污染法律责任等体系化模块，来规范排污者向大气排放污染物的行为。在微观体系结构中，每一制度都应建立配套的保障体系以及实施体系，以促进该制度的运行。这样就会形成横向条块分割、纵向树状延伸的大气污染联防联控体系化预防模式。将预防工作从严掌握，有利于逐渐消除“先污染，后治理”的经济发展模式所带来的弊端，从而实现维持大气环境既有秩序的目标。〔1〕

第三，严防严治的着力点是联控措施要严格。从以往的大气污染联防联控实践来看，联控手段单一，基本以罚款为主；联控时间短促，基本以“大运动”为主；联控力度软弱，基本以“皮外伤为主”，对污染企业的警示作用达不到使其伤筋动骨的程度。联防联控过后，企业仍会继续向大气排放污染物，破坏大气环境。在雾霾天气肆虐神州大地的今天，这样的大气污染联防联控措施显然难以满足大气污染治理的现实需求，需要更加严格的大气污染联防联控措施来规制。为此，《北京市大气污染防治条例》第5条规定：“大气污染防治，应当以降低大气中的细颗粒物浓度为重点，坚持从源头到末端全过程控制污染物排放，严格排放标准，实行污染物排放总量和浓度控制，加快削减排放总量。”该条例第45条规定：“本市在严格控制重点大气污染物排放总量、实行排放总量削减计划的前提下，按照有利于总量减少的原则，可以进行大气污染物排污权交易试点。具体办法由市人民政府制定。”此外该条例第88条规定：“本市严格控制矿产资源开采。在矿产资源开采过程中，

〔1〕 高桂林、于钧泓、罗晨煜编著：《大气污染防治理论与实务》，中国政法大学出版社2014年版，第29页。

应当采取措施防治大气污染。开采后应当进行生态修复。”因此，在大气污染联防联控领域贯彻严防严治理念，关键是要从严要求大气污染联防联控的措施。

第二节　大气污染联防联控的基本理论

一、可持续发展理论

可持续发展理论是绿色理论研究的重大突破，也是人类社会发展理念的重大变革。[1] 20 世纪 70 年代，对于经济发展与环境保护之间的关系，曾出现过两种截然相反的观点：一种观点主张优先发展经济其后治理环境污染，即以牺牲环境利益为代价来谋求短期内经济的快速发展；另一种观点提出“零增长”发展论，即为了保护环境而全面限制经济的发展。在这场争论中，人们开始重新审视“经济发展”的概念，从而为可持续发展理论的提出做了理论酝酿。可持续发展理论最早可追溯到 1972 年 6 月由联合国召开的第一次世界环境大会，该会通过的《人类环境宣言》首次发出了世界环境已陷入危机的警告，可持续发展理论由此萌芽。1980 年，IUCN（世界自然保护联盟）、UNEP（联合国环境规划署）、WWF（野生动物基金会）共同发表的《世界自然保护大纲》明确提出了可持续发展概念，呼吁全世界“必须研究自然的、社会的、生态的、经济的以及利用自然资源过程中的基本关系，确保全球的可持续发展”[2]。布伦特夫人被公认为是世界上第一个完整提出可持续发展概念的人，她在 1987 年的《我们共同的未来》报告中，对可持续发展概念做了系统阐述。可持续发展是指“能满足当代人的需要，又不对后代人满足其需要的能力构成危害的发展”。[3] 1992 年 6 月，在里约热内卢召开的联合国环境与发展会议，通过了以可持续发展为核心的《21 世纪议程》《里约环境与发展宣言》等纲领性文件，标志着可持续发展理念已在世界上得到广泛认

〔1〕 刘福智、刘媛：“绿色建筑与可持续发展理论的发展及概述”，载《沿海企业与科技》2005 年第 8 期，第 137 页。

〔2〕 叶文虎、万劲波：“环境社会系统控制与科学发展观”，载《科学》2004 年第 4 期，第 29 页。

〔3〕 黄光宇、陈勇：《生态城市理论与规划设计方法》，科学出版社 2003 年版，第 24 页。

可，成为人类的共同行动纲领。5 年后的联合国特别会议重新回顾了可持续发展理论的重要意义。我国也于 1994 年 3 月出台了世界上第一部国家级的“21 世纪议程”——《中国 21 世纪人口、环境与发展白皮书》，可持续发展战略首次被纳入我国经济和社会发展的长远规划中。

在国际社会不断强化对环境与发展认识的过程中，我国顺势提出了协调发展原则，该原则体现了可持续发展理论。1973 年，国务院在批转《关于全国环境保护会议情况的报告》的批文中强调“经济发展和环境保护，同时并进，协调发展”；同年，国务院颁布了《关于保护和改善环境的若干规定》，并明确规定“各地区各部门制定发展国民经济计划，既要从发展生产出发，又要充分注意到环境的保护和改善，把这两方面的要求统一起来，统筹兼顾，全面安排”。1979 年，我国制定的第一部《环境保护法》首次以法律形式确立了协调发展原则。1981 年，国务院发布的《关于在国民经济调整时期加强环境保护工作的决定》要求，制定国民经济和社会发展规划时必须把保护环境和自然资源作为综合平衡的重要内容，并把环境保护的目标、要求和措施纳入计划和规划。1983 年召开的第二次全国环境保护会议总结了我国以往环境保护的基本经验，提出“经济建设、城乡建设和环境建设同步规划，同步实施，同步发展，实现经济效益、社会效益、环境效益的统一”。〔1〕1989 年，修订后的《环境保护法》再次重申了协调发展原则，使该原则在我国综合性环境保护基本法中得到直接确认。此后，协调发展原则的地位得到不断巩固，内涵也在不断发展。2002 年颁布的《环境影响评价法》第 1 条规定：“促进经济、社会和环境的协调发展。”2003 年颁布的《行政许可法》第 11 条规定：“促进经济、社会和生态环境协调发展。”2005 年国务院颁布的《关于落实科学发展观加强环境保护的决定》进一步强调：“经济社会发展必须与环境保护相协调。”〔2〕

可持续发展理论的基本要求就是要实现共同发展。区域环境是一个综合、复杂的整体，局部地区面临的环境问题同时也是区域整体环境问题的一部分。可持续发展理论就是要协调整体与部分之间的关系，强调协同合作、共同发

〔1〕 高桂林、刘向宁、李姗姗主编：《环境法：原理与案例》，知识产权出版社 2012 年版，第 48 页。

〔2〕 高桂林、于钧泓、罗晨煜编著：《大气污染防治理论与实务》，中国政法大学出版社 2014 年版，第 39～40 页。

展。总的来说，可持续发展理论寻求区域整体的协调发展，归根结底就是要实现共同发展。

可持续发展理论在具体内容上可划分为经济、社会和生态的可持续发展三个方面，三者相互统一、缺一不可。它要求我们在追求经济发展的过程中，既要注重经济效益，又要兼顾社会公平，还要重视生态保护，以期实现三者的全面可持续发展。可持续发展理论不光强调环境保护，而且将环境保护、资源节约、能源清洁等与可持续发展相结合，从而形成可持续发展观。总之，在可持续发展观中，经济的可持续发展是物质保障，生态的可持续发展是基础条件，而社会的可持续发展是最终目的。

在可持续发展观的指导下，我国的大气污染联防联控工作应做好以下工作：一是要在可持续发展观的理论指导下，重新审核和评估现行的大气污染联防联控工作，以是否有利于实现全面可持续发展目标为评判标准，检查现有立法体系中与可持续发展观有直接关系的不明、漏洞或矛盾之处；二是指明与可持续发展直接相关和间接相关的大气污染联防联控法律制度应当有哪些，依急缓顺序、重要顺序和难易顺序列出需要制定的法律、法规和规章，并拟定具体的实施条件和配套制度。

二、环境经济学理论

随着20世纪中叶西方国家环境污染问题的加重，传统经济学理论的局限性开始暴露出来，经济学家开始扩展经济学的内容，他们把环境生态学引入到经济学理论体系中，于是环境经济学应运而生。环境经济学是在经济学和环境生态学的基础上研究如何实现经济发展与环境保护和谐共生的学科。此后，环境经济学的形成和发展不仅扩展了环境生态学的研究内容，在传统环境科学的认识上增加了经济分析范式，而且也增强了传统经济学对现实问题的解释力，为人类有效应对环境问题提供了帮助。[1]

环境经济学以经济学理论为基础，而新古典资源配置理论和科斯理论是其重要的两大理论支柱。新古典资源配置理论主要探究稀有资源的合理、有效配置问题，这是实现资源可持续利用的关键点。该理论假定在市场信息完备的情况下，所有的消费品都是私有的且在消费过程中不存在外部性。在这

〔1〕 王玉庆主编：《环境经济学》，中国环境科学出版社2002年版，第20页。

种理想的情况下，市场机制在理论上能够实现资源的合理配置和可持续利用。但在现实生活中，这些假定条件同时存在的情形显然过于严格且很难实现。所以，完全依靠市场机制来配置环境资源在现实社会中是行不通的，政府在环境资源配置过程中所起的作用是不可取代的。虽然新古典资源配置理论有其内在的缺陷，但不能否认其理论价值。正是在资源配置理论假设缺陷的基础上，人们开始关注资源配置的效率问题，并深入研究公共物品、负外部性等一系列相关问题，最终催生了环境经济学。

环境经济学的另一重要支柱——科斯理论——重点研究了产权问题。科斯定理认为，只要有明晰的产权并且交易成本为零，市场的调节功能就能实现资源的合理配置。在产权明晰且受法律保护的前提下，产权能够激励资源所有者有效利用资源，并且资源所有者会对投资资源、获得收益产生合理的预期。因此，在科斯理论中，市场合理有效配置资源的前提条件是产权受法律保护。环境资源自身的特性决定了环境资源通常是属于国家或集体的，但其使用者通常却是个体，所有权和使用权的分离导致了环境资源普遍被低效率地利用。因此，环境问题本质上也是因为环境资源的产权不明确。

环境经济学为大气污染治理提供了理论依据。在大气污染问题上，大气产权问题限制了大气资源的可交易性。大气属于典型的公共物品，其产权很难得到清晰的界定。人们在利用公共资源时，往往是以追求个人利益最大化为目标。根据科斯理论，当人们在大气资源的利用问题上产生冲突时就会发生交易，有交易就会产生相应的交易费用。当交易费用产生时，人们会衡量交易收益与交易费用的差距。例如，在大气污染与反大气污染的问题上，如果交易费用低于交易收益，那么反大气污染行为有可能发生；如果交易费用高于交易费用，那么大气污染行为有可能发生。鉴于大气资源的公共物品性，大气资源的交易费用相对比较高。在这场无形的博弈中，反大气污染的行为必然会影响人们的经济收益，所以很难自发地发生反大气污染行为。

在大气污染联防联控过程中，经济手段的利用应是多样性的，可与行政、法律等手段相结合，制定罚款、税收、碳交易等措施。在法律保障的基础上进一步约束企业的行为，唤醒社会公众的环境危机感和环保责任感，以实现经济发展和大气环境保护的和谐共生。

三、法律保留理论

19世纪初，德国行政法学之父奥托·迈耶最先提出了法律保留理论。法律保留理论是指，关于人民基本权利的专属立法事项必须由立法机关通过法律加以规定，行政机关不得代为限制，且行政机关实施的任何行政行为皆须有法律授权，否则，行政行为的合法性将受到质疑。

在法律保留理论的发展过程中，有侵害保留说、全面保留说、重要事项保留说等几种学说。侵害保留说认为基本权利是对公民个人自由的规定。通过对公民基本权利的明示或默示保留，以保证公民自由、财产以及其他权利的不可侵犯，除非法律对此做出规定才可以对公民的上述基本权利进行干涉。当时，社会发展还比较落后，公民的物质和精神生活还很匮乏，自身所享有的权利和自由是公民最看重的权利。因此，在自然法理论的影响下，公民对政府侵害其基本权利和自由非常敏感，在政府触及公民的基本权利时，必须要有法律的授权才可以从事干涉行为。所以，法律保留理论的上述要求符合当时的社会现实。

全面保留说认为行政机关做出的任何行政行为皆须有法律允许或法律授权。该学说要求对行政机关的所有行政行为进行限制，一方面可以促进行政机关依法行政；另一方面，当法律没有做出明确规定或限制时，行政机关能否做出能动行为就陷入了尴尬的境地。例如，当有的情况需要行政机关做出一定行为，但法律却没有相关规定时，行政机关就会对行为的内容和方向失去动力，行政也就无法发挥其应有的作用，结果造成行政机关不能及时、有效地处理社会事务、平抑社会矛盾、增进社会财富。在面对错综复杂的当代社会管理事务时，行政机关如果坚持全面保留说就等于自我束缚，会导致整体行政行为拘谨，也会丧失其灵活性，不能有效解决社会问题。

重要事项保留说认为立法者应对重要事项进行保留，并以法律的形式加以固定。该学说认为并不是所有的行政行为都需要法律授权，只有一定领域的行政行为才需要法律加以限制，该领域主要是指行政行为侵害公民自由和财产的领域。重要事项保留说中的“重要”是指某项规则对共同体的基础性、强度性和深远性等，“重要性”是指事务或行为对国家或公民具有基础性、深远性的意义。在重要事项保留理论的指导下，事关国家整体利益和公民基础权利的重要事务由中央立法予以保留，次重要的事项由行政立法保留，事关地方利益或公民一般权利的重要事项由地方立法予以保留，不重要的事项则不由法律予以保留。重要事项保留说涵盖了国家行政的重要领域，不仅克服了侵害保留说只能有限干涉行政领域的缺点，同时也避免了完全保留说可能导致行政行为僵化的弱点。

参照中外学者的学说观点，分权、民主和法治是法律保留理论的重要基础。现代民主宪政国家，行政权来源于人民权，行政权的行使不能超越人民的授权范围。在我国，各级人民代表大会及其常委会代表人民行使立法权力，并由立法机关产生行政机关、司法机关等。全国人民代表大会既是人民行使权力的最高权力机关也是最高立法机关，人民授权行政机关行使行政权并接受人民权的监督，行政机关的行政行为须在法律范围内做出。同时，行政权也要有一定的独立灵活性，在法律保留的范围外可以自主行事。

经君主立宪时期的侵害保留说，到议会民主制确立后的授权立法为常态，再到限制立法者权限的授权立法，法律保留理论的保留范围经历了从限制公民权利和自由的行政行为扩展至促进公民权利和自由实现的给付行政行为的变化。具体来说，法律保留理论从限制行政机关侵害公民权利到要求立法机关积极履行立法职能，法律保留范围从单纯行政立法变为立法保留，并且对立法机关提出了更高要求：立法机关对必要立法事务必须亲力亲为、切实立法，不能混淆职责权限，将属于自身的职责交由司法机关或行政机关完成。

大气污染联防联控的立法工作要遵循法律保留理论，如何确定法律保留的范围是重要且关键的问题。行政和立法界限的大小由法律保留范围来决定，保留范围超出正常限度不利于行政机关联防联控能动性的发挥，不利于其实现价值，这样等于否定了行政权的功能结构。相反，如果法律保留范围过小，对大气污染联防联控行政机构没有一个有效的约束，则不利于依法联控。所以说，法律保留范围就是要在发挥行政能动性与约束行政权之间寻求最佳的平衡点。据此，大气污染联防联控法律体系的完善也同样力图要找到大气污染联防联控行政能动性和约束性的均衡点。

四、公平与效益理论

公平与效益作为法律价值的形式，自法律现象产生之日起就出现了。公平与效益理论的基本主张是辩证统一。具体来说，公平促进效益，而效益保证公平。人类社会的发展史佐证了追求效益是人类社会活动的基本出发点，可以说任何社会活动都不能离开效益只谈公平。我国的《史记》中记载：“天下熙熙，皆为利来；天下攘攘，皆为利往。”但冲突与效益往往相伴而生，因追求利益而引发的冲突是世间纷繁斗争的根源。法律是规范人类活动的重要准则，而效益则是评价一部法的价值倾向的标准之一。有些法经济学家认为，法律存在的根本目的是创造社会财富和效益，所以当公平与效率发生冲突时，效益是首要的，公平是其次的。在全球都注重经济发展的时代背景下，追求效益是法律的价值，这样的世俗提法是可以理解的，但这种提法存在谬误。鉴于这样的时代背景，公平与效益理论应运而生。

法律上的公平与效益理论，是指因为法律对权利和义务的规定具有权威性，所以法律要准确界定权利和义务的界限并有效调整各方利益以减少因利益而引发的社会冲突。公平是法律的天然属性所在，也是法律有效实施的保证。从本质上来看，效益与公平都源于人类的自身需求，如果没有人类对于外部的各方面需求，对效益的追求和对公平的探讨也就不会出现。

当下，我国经济发展与资源利用、环境保护之间的冲突和矛盾日益严重，由此引发的大气污染问题也愈来愈突出。大气污染联防联控工作以公平与效益理论为其理论基础之一，基本出发点就是要完善一个符合公平与效益要求的大气污染联防联控法律体系。在这个法律体系中，要正确面对各方利益集团的诉求差异，清晰界定各主体的权力与义务，在追求联控效益的基础上，对各利益主体的利益诉求进行统筹规划，最大化地保证实质的公平，努力促进多源利益的共生和发展。选择公平与效益理论作为大气污染联防联控工作建设的理论基础既是制度本身的基础要求，也是大气污染联防联控机制能够充分发挥作用的基础保障。

五、外部不经济理论

大气是大自然提供的，属于典型的公共物品，具有非竞争性和非排他性。一般情况下，人们享受大气这个公共物品是无需付费的。在大气污染的治理过程中，容易出现“搭便车”的现象。同样，在大气污染联防联控中，也可能存在“搭便车”的情况。相邻城市采取措施治理大气污染使得空气质量得到改善，本市即使不采取相应的治理措施，本市的大气污染状况也会因相邻城市空气质量的改善而得到缓解。[1]

如果放任企业在生产过程中将各种废气排放到大气环境中，长此以往，企业生产行为的负外部性将会导致“公地悲剧”。“公地悲剧”是指一个村庄原本有一块很好的公共牧场，牧草资源丰富，村里的人可以自由到这块公共牧场放牧，村民因放牧而变得富有，为了获得更多的财富，村民不断增加公共牧场上牧羊的数量，牧羊越来越多，牧草却越来越少，最终牧草枯竭，牧羊饿死，羊毛没了，牧民也都破产了。“公地悲剧”是公共资源被过度使用进而枯竭的典型例子，解决“公地悲剧”的通常办法是将公共资源私有化，配以政府管制、税收调控等手段以减少对公共资源的消耗。[2]

凯恩斯最早提出市场需要政府的适当干预，因为市场也会有失灵的时候。经济学家认为，完全竞争的市场能够实现资源的最佳配置，但在实际的经济生活中并不存在完全竞争的市场。因为完全竞争市场理论是建立在一系列的假设前提下的，而实际的经济活动因受制于信息不对称、负外部性、资源垄断等因素，只靠市场机制来配置资源根本达不到“帕累托最优”状态，反而会陷入市场失灵的困境。社会成员在追求经济利益的过程中，忽略了大气环境这个公共物品的代价，才有了外部不经济的现状，仅通过市场机制这只“看不见的手”已无法破解眼下的困局，需要政府这只“看得见的手”进行适当的宏观调控。

外部不经济这个概念最早源于庇古的《福利经济学》，是指某些个人或企业因其他个人、企业的经济活动而受到不利影响，又不能从造成不利影响的个人和企业那里获得补偿的经济现象。例如，冶炼企业燃烧化石燃料，排放各种废气，造成大气污染，加剧周边地区的雾霾污染程度。造成这种现象的根源在于大气环境的不可分割性，使其产权根本难以界定，大气环境资源因此具有公共性。社会成员使用大气资源并不相互排斥，且这种行为通常不考虑全部社会成员共同使用大气资源的公正性。在外部不经济的情况下，社会边际成本（MCS）大于企业边际成本（MCP）。

外部不经济既是市场失灵的表现之一，也是造成大气污染联防联控效率

---

〔1〕 任丽丹：“京津冀大气污染联防联控路径研究”，河北大学2014年硕士学位论文，第13页。

〔2〕［美］N. 格里高利·曼昆：《经济学原理》（第5版），梁小民、梁砾译，北京大学出版社2009年版，第212页。

低的原因之一。环境污染造成的损失难以用货币来衡量，但环境治理的成本却可以物化。企业的天然使命是在既定的市场价格体系下追求利润最大化。在其他条件不变的情况下，当企业在生产过程中治理污染物时，只会增加企业的生产成本，不会增加企业的产品产量。消费者在质量相近的情况下往往会选择价低的产品，通常不会将企业生产该产品的污染物排放量作为是否购买的参考依据。因此，在企业的生产过程中，很少有企业主动投入资金应对环境方面的外部不经济性，此时政府的适当介入是很有必要的。政府主体在大气污染联防联控过程中，需要投入大量的人力、物力、财力等。以京津冀为例，一方治理大气污染将会给另一方带来大气环境收益。反过来，一方消极治理大气污染也会影响另一方的大气环境治理的效果。由于区域内的政府主体对治理区域大气污染愿意支付的成本代价是有明显差异的，这就造成了区域内大气污染联防联控问题的外部不经济性，因此在联防联控治理区域大气污染过程中如何协调地方政府间的利益关系至关重要。

第三章 我国大气污染联防联控法律制度的发展现状

第一节 我国大气污染联防联控法制及实践现状

一、我国大气污染联防联控主要的法律渊源

国务院办公厅于2010年5月11日转发了环境保护部等九部委共同制定的《关于推进大气污染联防联控工作 改善区域空气质量的指导意见》(以下简称《指导意见》)。该《指导意见》是国务院针对大气污染联防联控制定的首个综合型、管控型行政规章，标志着我国的大气环境治理工作进入了新的发展阶段。而它最显著的特色就是硬性导向与软性导向相结合，有利于发挥各地方的灵活性和积极性，将“增强区域环境保护合力”作为指导思想，以便到2015年构建起“五个统一”〔1〕的区域大气污染联防联控工作机制作为工作目标。它将为《大气污染防治法》修订时增设专门的区域大气污染联防联控条款做铺垫，同时也为今后在其它相关部门法中和地方法规、规章中增设符合我国以及地方大气污染防治现状的规范奠定基础。因此不可否认的是，“联防联控”制度的出现，在现阶段的确为在地方性法规或规章缺失的情况下治理大气污染提供了一个较为有效的方式。〔2〕

2012年12月5日，环境保护部、国家发展和改革委员会、财政部联合发布了《重点区域大气污染防治“十二五”规划》(以下简称《规划》)。《规划》提出了五项创新机制，即联席会议制度、环境影响评价会商机制、信息共享机制、联合执法监管机制和预警应急机制，这些机制为推动各省(区、

---

〔1〕“五个统一”指统一规划、统一监测、统一监管、统一评估、统一协调。

〔2〕王金南、宁淼：“区域大气污染联防联控机制路线图”，载《中国环境报》2010年9月17日。

市）迅速、有效地开展“联控”提供了政策保障，具有突破性意义。[1]

国务院又于2013年9月10日公开发布了《大气污染防治行动计划》（以下简称大气“国十条”），[2] 提出治理大气污染要“突出重点、分类指导、多管齐下、科学施策，把调整优化结构、强化创新驱动和保护环境生态结合起来，用硬措施完成硬任务，确保防治工作早见成效，培育新的经济增长点”。[3]

为贯彻落实《京津冀及周边地区落实大气污染防治行动计划实施细则》和《大气污染防治行动计划》，发改委、能源局、环保部于2014年3月24日发布了《能源行业加强大气污染防治工作方案》（以下简称《工作方案》），以期能促进能源行业与生态环境的协调与可持续发展，切实改善大气环境质量。[4]

我国新修订的《环境保护法》第20条明确规定：“国家建立跨行政区域的重点区域、流域环境污染和生态破坏联合防治协调机制，实行统一规划、统一标准、统一监测、统一的防治措施。前款规定以外的跨行政区域的环境污染和生态破坏的防治，由上级人民政府协调解决，或者由有关地方人民政府协商解决。”

2014年新修订的《大气污染防治法》设专章规定了大气污染重点区域实行联防联治，但基于其大气污染防治领域基本法的性质，许多大气污染联防联控领域内的具体且重要的问题仍未作明确规范，可实施性不强。

《指导意见》的出台为大气污染防治领域属地管理与区域协作的有效结合提供了政策方面的保障。《规划》则进一步明确了建立区域大气污染联防联控机制的具体要求。[5] 而大气“国十条”的公布，宣告了我国在大气污染防治问题上正在走一条属地管理与区域协作相结合、总量控制与质量改善相统

---

〔1〕严昊、葛熔金、吴志刚：“找回‘世博经验’：长三角大气污染协治机制最快写越启动”，载《东方早报》，2013年12月27日。

〔2〕“国务院关于印发大气污染防治行动计划的通知”，载中国政府网：http://www.gov.cn/zwgk/2013-09/12/content_2486773.htm，访问时间：2014年8月25日。

〔3〕“国务院常务会议部署大气防治污染十条措施”，载《决策导刊》2013年第6期。

〔4〕“关于印发能源行业加强大气污染防治工作方案的通知”，载国家发展和改革委员会网：http://bgt.ndrc.gov.cn/zcfb/201405/t20140516_611844.html，访问时间：2014年8月25日。

〔5〕陈靖：“陈健鹏：大气污染联防联控亟须提高环境监管有效性”，中国经济新闻网：http://www.cet.com.cn/wzsy/gysd/1186536.shtml，访问时间：2014年8月25日。

一的大气污染防治道路。《工作方案》为加强能源总量控制、保障清洁能源供应、转变能源发展方式奠定了制度基石。[1]《环境保护法》关于联合防治协调机制的规定是对大气污染联防联控的最新方向性指引。而《大气污染防治法》的修订则为大气污染联防联控的未来立法指明了方向。

二、《大气污染防治法》关于大气污染联防联控制度的主要内容[2]

新修订的《大气污染防治法》以法律的形式固化了大气污染联防联控实践中的一些工作机制，包括划定国家大气污染防治重点区域（第86条）；定期召开联席会议（第86条）；制定重点区域大气污染联合防治行动计划（第87条）；实施更严格的机动车大气污染物排放标准（第88条）；编制可能对国家大气污染防治重点区域的大气环境造成严重污染的有关规划（第89条）；新建、改建、扩建用煤项目的，实行煤炭的等量或减量替代（第90条）；建立国家大气污染防治重点区域的信息共享机制（第91条）；开展联合执法、跨区域执法、交叉执法（第92条）等。

尽管规定了许多落实大气污染联防联控机制的法律措施，但从可操作性的角度看，上述规定的作用有限，突出存在宣示性规定过多、可实施性不强等问题。从第86条到第92条的条文内容看，大致是沿着区域划定、联席会议、行动计划、排放标准、规划编制、煤炭替代、信息共享、联合执法的思路来设计大气污染联防联控制度的法律条款。但全章一共只有7条12款，每条都只是对大气污染联防联控的某一方面作一般性的框架规定，没有详细的路线图和具体的时间表。这样的规定虽体现了源头治理的要求，但过于原则，既无大错，也无大用，导致大气污染联防联控机制的可实施性不强。

例如，第86条规定："国家建立重点区域大气污染联防联控机制"，并对如何建立该机制做了一些制度上的安排。例如，划定重点防治区域、确定牵头的地方人民政府、定期召开联席会议、开展大气污染联合防治等。这些具体制度的有效实施需要跨区域的环境保护综合监管机构的统筹协调。目前，环保部下设了华北、华东、华南、西北、西南和东北等六大环境保护督查中

---

〔1〕"能源行业大气污染防治方案发布"，载《中国石油和化工》2014年第6期，第41页。

〔2〕高桂林、陈云俊："评析新《大气污染防治法》中的联防联控制度"，载《环境保护》2015年第18期，第43～45页。

心，后者主要负责监督地方执行国家环境法规、政策、标准的实施情况。六大环境保护督查中心目前还不属于行政管理主体，主要发挥的是环保督促职能，而环保监管职能较弱。建议未来立法一方面尝试进一步提升环境保护督查中心的环保监管职能；另一方面，在国家大气污染防治重点区域内建立隶属于环保督查中心的大气环境综合监管机构，并落实机构权责和人员配置问题，形成区域大气环境综合管理体系，统筹区域大气污染联防联控工作。

第88条第2款主要规定重点区域内的有关省级地方政府应实施更严格的机动车大气污染物排放标准，统一在用机动车的排放限值和检验方法，并供应合格的车用燃油。从条文内容来看，此款的规定是落实大气污染联防联控机制的重要举措，但具体路线图和时间表的缺失会使该项法律制度的实施成为一个难题。今后的相关立法应从路线图和时间表的视角完善第88条第2款之规定。此外，在我国经正规渠道出售的车用燃油都是“合格”的，符合国家燃油质量标准，只是我国的车用燃油质量标准滞后于国际标准。从立法目的来看，既然《大气污染防治法》对重点区域内的在用机动车采取的是一种从严要求的态度，那么重点区域内配套供应的车用燃油的标准也应该相应的高于国家标准。因此，建议今后的修法将重点区域内供应的车用燃油的标准由“合格”改为“国际标准”。

第89条第2款规定重点区域内的省级地方政府建设可能对相邻省（自治区、直辖市）的大气环境质量造成重大影响的项目时，应及时通报有关信息，进行会商。第3款紧接着规定，会商意见及采纳情况作为环评文件审查或审批的重要依据。该条款的可实施性明显不强，容易产生争议。这里的“重大影响”如何理解？建设项目环评申请前多少日通报才算“及时”？会商意见及采纳情况只是作为环评审查或审批的重要依据，而不起决定性的作用，相邻省份的大气环境权益如何保障？这些问题都有待后续的实施方案或部门规章作细化规定。

第90条规定：“国家大气污染防治重点区域内新建、改建、扩建用煤项目的，应当实行煤炭的等量或者减量替代。”煤烟型大气污染是大气污染的主要形式之一，该项制度的规定具有重要的促进作用，但该规定存在进一步修改的空间：第一，重点区域内的煤炭消费总量只有在不增加的情况下，实行煤炭的等量或减量替代才更有意义，建议在国家大气污染防治重点区域内制定严格的煤炭消费总量方案并向社会公布；第二，明确煤炭的等量替代方式，建议增加1款："国家鼓励和支持国家大气污染防治重点区域增加天然气供应、提高接受输出电比例、加大非化石能源利用强度"；第三，明确煤炭的减量替代比率，推广煤炭洗选、成型加工、煤炭气化、煤炭液化、烟气净化等洁净煤技术，今后的相关立法应对此进行深入规定。

根据第91条之规定，环保部应建立重点区域的大气环境质量监测、污染源监测等相关信息共享机制和社会公开机制。虽然大气污染联防联控的责任主体主要是政府，但公众参与的重要性毋庸置疑。联防联控机制的有效落实离不开社会公众的参与，今后的立法修订应纳入公众参与的内容，建立公众参与大气污染联防联控的决策参与、过程参与和末端参与机制。

第92条规定环保部和重点区域内的省级地方人民政府可以组织有关部门开展联合执法、跨区域执法和交叉执法。联合执法、跨区域执法和交叉执法可以整合区域力量，打破地方保护主义的桎梏，值得推广。但该条款属于倡议性规定，有权组织联合执法、跨区域执法和交叉执法的行政主体不作为怎么办？联合执法、跨区域执法、交叉执法过程中造成行政相对人的合法权益受损，如何进行司法救济？执法机关之间的责任如何分配？诸如此类的问题，《大气污染防治法》并没有作详细规定。此外，实践中大气污染联防联控领域的联合执法、跨区域执法和交叉执法多是由各地的环保部门开展，存在互相包庇、弄虚作假的情况。今后的修法是否可以考虑增加第三方监督者（如社会公众、专家学者、人大代表等），以保证上述执法活动的透明度和公正性。

法律和政策的最大区别就在于前者由国家强制力保障实施，大气污染联防联控经历了由政策到法律的蜕变，《大气污染防治法》中关于大气污染联防联控的规定不能流于形式，而应保证其实施效果。总体来看，今后的《大气污染防治法》的立法修订、实施方案或部门规章应吸取《环境保护法》修订的经验，并借鉴欧美发达国家的立法经验，将当下以原则性要求为主的大气污染联防联控机制扩充成为包含详细法律规定的一章，以增强该制度在实施中的可操作性。

三、我国大气污染联防联控的地方立法活动

自北京成功保障奥运会空气质量后，我国各地借鉴北京奥运会的成功经

验[1]以及美国、欧盟保障空气质量的有益措施，同时结合自身的实际情况，开展了大气污染联防联控方面的各项研究和探索。如：为保障世博会期间的空气质量，上海市环保局会同浙江、江苏两省环保部门，联合制定了长三角区域大气污染联合防控工作方案，确定了世博期间从机动车尾气污染控制、高架污染源控制、空气质量联合监测、应急保障等四方面进行区域大气污染的联防联控，以发挥区域联动效应，共同提升区域整体空气质量。[2]广东省把保障亚运会空气环境质量作为契机，以珠三角为试验田，以专项研究为支撑，以法制规划为保障，以“先行先试”为理念，以机动车污染控制为突破口，将多污染物联合减排作为主线，走出了一条具有广东特色的大气污染区域联防联控新路子。[3]江苏省出台了《江苏省关于实施蓝天工程改善大气环境的意见》，提出要建立覆盖全省的大气污染联防联控机制，重点加强对工业废气、城市扬尘、机动车尾气、秸秆焚烧及其他大气污染源的防治。[4]浙江省人民政府制定了《浙江省清洁空气行动方案》，提出了大气污染防治的总体思路与目标、重点任务和保障措施，还将各项重点任务进一步分解落实到其所辖市政府及有关部门。[5]陕西省环境保护厅起草了《“十二五”关中城市群大气污染联防联控规划》，规划了优化产业机构和布局、加大重点污染物与温室气体排放控制、加强能源清洁利用、重点企业环境监管、交通行业污染防治、能力建设等六大重点任务。[6] 2014年1月，长三角地区联合发布了《长三角区域大气污染防治协作小组工作章程》，标志着该区域空气污染预警标准的正式统一以及重污染天气预警平台的搭成。2014年7月，江西省发布了《昌九区域大气污染联防联控规划实施方案》，该方案明确提出昌九地区实行大气污染联防联控法律制度。

---

〔1〕 为确保北京奥运会空气质量达标，环境保护部与北京、天津、河北、山西、内蒙古、山东6省（区、市）以及各协办城市建立了大气污染区域联防联控机制，完全兑现了奥运环境承诺，并创造了近10年来北京市和华北地区空气质量最好水平。

〔2〕 “让‘蓝天白云’常伴世博”，载《解放日报》2009年12月3日。

〔3〕 黄慧诚：“珠三角大气污染治理由分到合”，载《中国环境报》2012年6月17日。

〔4〕 “江苏省采取严厉措施推进大气污染治理”，载中华人民共和国环境保护部网：http://www.zhb.gov.cn/zhxx/gzdt/201008/t20100819_193493.htm，访问时间：2014年8月25日。

〔5〕 “浙江省人民政府关于印发浙江省大气污染防治行动计划（2013～2017年）的通知”，载浙江省人民政府网：http://www.zj.gov.cn/art/2014/1/17/art_12460_134423.html，访问时间：2014年8月25日。

〔6〕 详见《“十二五”关中城市群大气污染联防联控规划（送审稿）》。

四、我国大气污染联防联控实践行动

（一）在二氧化硫和酸雨控制区实行分区域管理

在二氧化硫和酸雨控制区实行分区域管理是我国在大气污染联防联控领域实施的第一个典型案例。国务院于1998年1月12日批准了“两控区”划分方案，并提出了具体的控制目标和应对措施。“两控区”内的175个地级市为落实国务院关于“两控区”问题的批复，制定了各自的二氧化硫污染防治规划。国家电力公司和原国家煤炭工业局响应国务院的号召，也分别制定了二氧化硫污染防治规划。随后，国务院又根据社会发展和国民经济“十五”计划纲要，批复了《“两控区”酸雨和二氧化硫“十五”计划》，并系统提出了“两控区”污染防治的目标、方案和保障措施。[1]

（二）成立区域环保督查中心

我国自2002年至2008年以来，陆续在环境保护部下设了华南、西南、东北、西北、华东、华北等六大环保督查中心，这些环保督查中心代表环保部在地方履行环境监察职能，不仅具有较高的权威性，还具有超脱地方利益之外的独立性，可以在不受地方政府干预的情况下，督促地方政府和有关职能部门履行其环保责任，并为国家和地方环保部门提供执法支持。这六大环保督查中心标志着我国已初步构成了环保国家监察体系，它们也将为其它区域机制的建立奠定重要基础，例如六大环保督查中心的职能之一就是协调跨省跨流域的环境纠纷。但是，如区域环境规划、环境监测、环境准入标准等一些区域大气环境治理体系所需要的关键职能，并没有授权赋予各大环保督查中心。

（三）区域重大联防联控实践活动

我国具有代表性的大气污染联防联控实践活动包括在北京奥运会、上海世博会、广州亚运会和北京APEC会议等期间采取的大型空气质量保障行动。这些实战演练在短期内有效缓解了区域大气污染问题，在改善区域空气质量的同时，也为我国大气污染联防联控机制的构建和完善奠定了基础。

---

〔1〕宁淼、孙亚梅、杨金田：“国内外区域大气污染联防联控管理模式分析”，载《环境与可持续发展》2012年第5期，第17页。

1. 统一规划、协同部署，共促奥运蓝天

环境污染问题一直是北京申奥过程中的热点问题，一度遭到了竞争对手诟病。为此，北京奥运会申办委员会在《北京2008年奥运会申办报告》中承诺“2008年奥运会期间，北京将会有良好的空气质量，达到国家标准和世界卫生组织指导值。同时，北京市政府将继续致力于提高全年的空气质量”。为兑现申奥承诺，2007年初，经国务院批准，环保部与北京市、天津市、河北省、山西省、山东省和内蒙古自治区等六省区市政府以及解放军相关部门共同成立了北京奥运会空气质量保障工作协调小组，并在科学研究、实地论证的基础上，联合制定并实施了《奥运会残奥会北京空气质量保障措施》。决定借鉴其它奥运举办城市在奥运会举办期间保障空气质量的做法，并在实施第十四阶段控制大气污染措施的基础上，在7月20日至9月20日期间，通过实施“停止施工、工地部分作业，强化道路清扫保洁”“燃煤设施污染减排”“重点污染企业停产和限产”“加强机动车管理，倡导绿色出行”“减少有机废气排放”和“实施极端不利气象条件下的污染控制应急措施”等六大措施，对六省市有针对性地进行机动车升级换代，清洁能源替代，提前实施机动车Ⅳ号排放标准，燃煤锅炉高效脱硫除尘技术改造，油罐车和储油库的油气回收改造，淘汰小水泥、小锅炉、小钢铁等，以减少奥运期间的大气污染排放总量，保障北京及周边地区的空气质量。同时，六省区市的环境管理部门统一行动，加大执法监察力度，全面检查临时减排措施的落实情况，并对重点污染企业重点督查。严格的管理监察、有效的控制措施以及六省区市的通力协作有效保障了奥运期间的北京空气质量。据估算，整个奥运会和残奥会期间，北京市的大气污染物排放总量与2007年同比下降约70%，空气中的可吸入颗粒物、二氧化硫、二氧化氮等主要污染物浓度也平均下降了50%，完全兑现了申奥时的承诺，并创造了北京市空气质量近十年来的历史最好水平。[1]

2. 统一监测、预警联动，齐保世博晴空

上海位于我国长江三角洲地区，该地区是我国经济发展速度最快、经济总量规模最大、最具区域发展潜力的经济圈，同时该地区也是我国人口密度

---

〔1〕 柴发合、云雅如、王淑兰：“关于我国落实区域大气污染联防联控机制的深入思考”，载《环境与可持续发展》2013年第4期，第6页。

较高、能源消费紧张、区域复合型大气污染较为严重的地区。为向世界全方面展示中国改革开放以来所取得的成就以及最大限度地保障上海世博会期间的空气质量达标，环保部于2009年12月会同上海、浙江、江苏的有关部门联合召开了“上海世博会空气质量保障工作座谈会”。座谈会在详细评估上海市空气环境质量现状的基础上，提出加快解决上海市大气污染防治难点和重点问题，全力做好机动车环保标志管理，继续加快老旧“黄标车”淘汰进程和推进加油站油气回收工作，加大工业污染防治力度，彻底解决秸秆焚烧问题，大力控制工地扬尘和VOC污染等具体措施。此外，2010年4月，江浙沪九个重点城市的监测部门共同研发的长三角区域空气质量预警联动系统正式投入运行，该系统依托现有的空气质量监测平台，可实现监测数据实时共享，实时监控长三角区域的空气质量状况，科学预测大气污染的发生和流动趋势，及时预警高污染并为应急联动措施的实施提供依据。上海世博会前后，在长三角区域空气质量预警联动系统的支撑下，共进行区域会商五十多次，形成多达199份长三角空气质量日报和预报，并在上海市及其周边区域启动5次预警联动，通过采取有针对性的大气污染物减排措施，大幅削减了主要超标污染物排放量，主要污染物浓度也显著下降，世博期间的上海空气质量明显好转，最终全程确保了上海世博会空气质量目标的实现。[1]

3. 统一评估、有的放矢，同助亚运苍穹

2010年初，为保障亚运会期间的空气质量达标，并以此为契机，改善珠三角地区的空气质量，让亚运会大气污染治理效果惠及公众，广东省制定并组织实施了《珠三角清洁空气行动计划》。该行动计划在肯定广东省近年来大气污染防治措施比较到位、煤烟型大气污染得到有效控制的基础上，指出细颗粒物、雾霾和光化学烟雾是改善珠三角地区空气质量的首要问题，也是大气污染治理的重点任务，并拟通过大气环境监测预警项目、火电厂污染治理工程、大气污染治理科技支撑保障项目等八大工程，以期改善珠三角地区的空气质量。同年，广州市设立了亚运会空气质量保障工作协调小组，并制定了《2010年第16届亚运会广州空气质量保障研究框架方案》和相应工作计划，突破以往以单一城市和主要污染物末端治理为主的治理思路，在统一评

〔1〕柴发合、云雅如、王淑兰：“关于我国落实区域大气污染联防联控机制的深入思考”，载《环境与可持续发展》2013年第4期，第7页。

估的基础上，推进防、控、管、治等多方面相结合的大气污染复合治理策略。同时，根据珠三角各城市的空气质量情况和主要污染源构成以及污染物在相邻城市间的流动变化情况，明确各城市的主要治理对象。例如佛山小火电、陶瓷和水泥等行业的升级改造，中山市的机动车尾气强化管理，深圳市的电厂氮氧化物控制，以及其他城市的严格环境准入、加快淘汰落后产能和加大污染减排力度等。前期部署得当加上《行动计划》给力，促使广州市2010年的空气质量优良率达到97.81%，超过了亚运会空气质量保障全年达到96%的设定目标。其中，可吸入颗粒物、二氧化硫和二氧化氮的浓度分别下降30.3%、57.1%和27.4%。[1]

4. 凝聚合力、严格执法，合创“APEC蓝”

为保障APEC会议期间北京市的空气质量达标，北京及其周边天津、河北、山东、内蒙古等省区市采取了大量的临时治理措施：北京市内所有工地停工；河北省1700多处工地停工，1900多家企业限产，2000多家企业临时停产；京津冀机动车车辆同步限行；其它省区市也同步采取了相应措施。APEC会议期间，北京市颗粒物、挥发性有机物、二氧化硫和氮氧化物的排放量与去年同期相比分别减排了65%、35%、54%和41%；周边省区市上述四种污染物的减排比例也分别在40%、30%、30%和40%以上。联合减排措施对北京空气质量的改善效果非常显著。根据检测数据显示，2014年11月1日至12日，北京市空气质量优良天数为11天，总体良好；APEC会议期间（5日至11日），北京空气质量全部为优良，各项污染物浓度均创5年来的同期最低水平。与2013年同期相比，联合减排措施不仅使APEC期间的北京PM2.5日均浓度下降52%，也使周边地区的大气污染物浓度大幅度降低。例如，河北11个城市的PM2.5日均浓度平均下降了32%。此次空气质量联合保障行动中，重要举措主要包括以下几点：

第一，顶层设计，科学指导。党中央、国务院、北京市政府高度重视APEC会议期间的空气质量保障工作。国家领导人多次对空气质量保障工作作出重要批示，提出加强顶层设计。《京津冀及周边地区2014年亚太经济合作组织会议空气质量保障方案》（以下简称《保障方案》）将北京、天津、河

---

[1] 柴发合、云雅如、王淑兰：“关于我国落实区域大气污染联防联控机制的深入思考”，载《环境与可持续发展》2013年第4期，第7页。

北、河南、山西、山东和内蒙古等省区市确定为重点控制区；上述各省区市把保障 APEC 会议期间的空气质量作为一项重要政治任务，并由一把手亲自抓，细化保障方案，分解落实责任。研究结果表明，VOC_s 远距离输入和周边电厂等“高架源”对北京市的空气质量影响较大。对此，保障工作有针对性地加强了对石化企业和电力行业的污染控制，最大限度地削减了这两个行业大气污染物的排放量。此外，建立了国家、省级气象、环保部门和有关科研监测单位的会商机制，定期举行专家会议，以确保大气污染预报结果的准确性。APEC 会议期间，专家会商团队准确预测了大气重污染过程，这为提前采取应对措施提供了强有力的技术支撑。

第二，政府主导，部门协同。北京及周边省区市政府分别制定了各自的空气质量保障方案，明确了 APEC 会议期间各省区市的大气污染防治项目清单，细化了环保、交通、住建、公安等有关部门的职能分工。各职能部门也进一步细化了各自的实施方案，力求任务清晰、指挥顺畅、部署到位。如工信部门针对生产企业，发改部门针对燃煤电厂，市政、国土、园林及水务等部门针对各类施工工地，公安、交管部门针对机动车，农业、市容及城管部门等针对秸秆焚烧、垃圾焚烧和露天烧烤等，都落实了相应的控制措施。同时，各地环保部门充分发挥了监测预警、信息共享和技术支持的作用。

第三，统筹部署，协同行动。研究表明：北京市的 PM2.5 污染来源中，区域传输约占 28% ~36%。在保障 APEC 会议期间北京空气质量的过程中，北京市充分承担了主要责任，周边省区市政府和相关职能部门也积极配合和通力合作，最终确保了《保障方案》落实到位。APEC 会议期间，日限行机动车 1173 万辆（为限行区域机动车总数的 39.3%），累计停工工地 4 万余处，限产企业 3900 家，停产企业 9298 家。北京市组织实施了最为严格的减排措施，机动车实施单双号限行、各类工地停工、企业停限产。天津、河北和山东的部分城市分阶段启动了一级应急响应预案，并在《保障方案》的基础上，增加了停工工地和停限产企业范围，严控挥发性有机物和“高架源”排放。以太原为代表的山西五城市及时启动了一级应急减排措施。呼和浩特、乌兰察布、锡林郭勒、包头和赤峰等五个市盟在第一批停限产企业的基础上，主动增加了 1097 家企业实施停产或限产。

第四，加强监管，严格执法。APEC 会议期间，为严格落实各项措施，各地按照“全覆盖、明责任、严执法、零容忍、重实效”的原则，环保监督检查累计出动43.4万人次，检查工业企业6.1万家，以及其它各类污染源12.3万处。此外，环保部按照既定的督查方案，派出16个督查组对各地的保障措施落实情况进行了专项督查，共计检查施工工地250处、工业企业1286家，查获秸秆、垃圾焚烧、扬尘等各类大气污染问题369起。同时，还调用高分辨率卫星对秸秆焚烧和重点工业企业排污情况进行24小时实时遥感监测，为督查工作的顺利开展提供了技术支持。

第五，公众参与，共同行动。APEC会议期间，各地政府积极通过各种媒体渠道向社会公众宣传《保障方案》，实时公布空气质量监测数据，提前发布调休和机动车限行通知，及时曝光违法企业的排污行为和处理情况，引导社会公众积极参与保障工作，加强社会监督。社会公众也积极响应各地的空气质量保障方案。例如数据显示，北京市实施机动车单双号限行的第一天，99%的车主遵守了限行规定。此外，广大网民纷纷通过微博、微信、QQ等社交平台晒蓝天和转发相关新闻，"APEC蓝"一度成为网络热词，这对保障APEC会议期间北京的空气质量起到了积极的促进作用。[1]

5. 我国大气污染联防联控实践总结

从总体来看，我国当下的大气污染治理模式仍带有浓厚的属地管理色彩，职能部门分割，区域行政协调机制缺位。虽然部分经济带和城市群已经开始探索大气污染联防联控，但几个典型案例均属于以某项重大活动为契机而进行的"运动式"空气质量保障行动，当中一些值得借鉴、推广的措施和经验并没有被固化下来，更没有形成一种长效机制。

珠三角地区经济一体化程度比较高，该地区对区域大气污染治理机制进行了创新，初步确立了区域内各地方政府对大气污染负有"共同但有区别的责任"，并在互信互惠的基础上实现了区域大气污染协商治理。"协商治理"是指区域内的各地方政府为了共同防治区域大气污染问题、改善区域空气质量、提高区域综合竞争能力而实行的一种新型大气污染治理模式。相比传统的"属地管理模式"，协商治理模式具有协商统筹、权责对等、责任共担等特点；相比单独设置跨行政区管理机构的大气污染治理模式，协商治理模式具有制度成本低、短期内即可操作的优势，符合现阶段的我国国情。

〔1〕雷宇、宁淼、孙亚梅："建立大气治理长效机制 留住'APEC蓝'"，载《环境保护》2014年第24期，第36~38页。

值得注意的是，虽然珠三角地区已初步建立起统一规划、区域协调、合力协作的大气污染治理机制，但珠三角地区只涉及广东省的九个地级市，相比长三角和京津冀地区，其牵涉的行政层次较少且不涉及跨省问题，大气污染治理框架设计实施起来较为容易，无需考虑谁对跨省大气污染问题负责、谁来协调和监督跨省大气污染问题等。

第二节 我国大气污染联防联控现有法律制度的不足

目前，我国大气污染联防联控立法存在的问题主要表现在以下几个方面：

一、缺乏合宜的指导原则

《指导意见》明确提出大气污染联防联控工作要坚持三项基本原则，即环境保护与经济发展相结合原则、属地管理与区域联动相结合原则、先行先试与整体推进相结合原则。《重点区域大气污染防治“十二五”规划》指出，重点区域大气污染防治应坚持经济发展与环境保护相协调、联防联控与属地管理相结合、总量减排与质量改善相统一、先行先试与全面推进相配合等四项基本原则。《大气污染防治行动计划》在“总体要求”中提出大气污染防治新机制要坚持“政府调控与市场调节相结合、全面推进与重点突破相配合、区域协作与属地管理相协调、总量减排与质量改善相同步”。从《指导意见》到《规划》再到大气“国十条”，过去几年我国所开展的大气污染联防联控工作所遵循的基本原则基本上是一脉相承的，这些基本原则的确立对大气污染联防联控工作过去所取得的阶段性成果功不可没。

基本原则是法律制度的灵魂，大气污染联防联控制度的实施离不开基本原则的指导。然而，新修订的《大气污染防治法》无论是总则部分还是第五章均没有明确提出大气污染联防联控应坚持哪些基本原则，而是以一种指导思想的形式替代。即第2条规定：“防治大气污染，应当以改善大气环境质量为目标，坚持源头治理，规划先行，转变经济发展方式，优化产业结构和布局，调整能源结构。”这种做法至少存在以下问题：一，虽然新修订的《大气污染防治法》的第五章将大气污染联防联控规定为一项法律制度，但基本原则的缺失会使这项制度的实施效果大打折扣；二，《指导意见》《规划》和大气“国十条”虽明确了大气污染联联防机制应坚持哪些基本原则，但由于这些规范性文件的法律位阶较低，在《大气污染防治法》已修订的情况下，上述文本确立的基本原则效力难定；三，《环境保护法》作为我国环境保护领域的基本法，其基本原则更多的是起到一般性的指导作用，很难有效规范政府的大气污染联防联控行为。具体到大气污染联防联控领域，需要更具针对性的基本原则来指导该项法律制度的实施。建议《大气污染防治法》的法律条文吸取已有的成功做法，确立大气污染联防联控机制应坚持经济发展与环境保护相协调原则、区域协作与属地管理相结合原则、总量控制与质量改善相统一原则。[1]

二、《指导意见》及其实施方案尚未发挥应有的效用

中央出台了《指导意见》，各地为落实《指导意见》相继出台了实施方案，由此创设了很多建设性的制度，如优化区域产业结构和布局、加大重点污染物防治力度、加强能源清洁利用、完善区域空气质量监管体系、加强组织协调等制度，但上述制度并未发挥其应有的效用。主要是因为这些制度内容规定于《指导意见》和各省实施方案中，法律效力太低，内容也较笼统，无法指导大气污染联防联控的细节工作，最终只能流于形式而无法落实。

三、缺乏大气污染联防联控的专门立法

在大气污染防治领域的专门立法里，只有《大气污染防治法》是由全国人大常委会制定的，《指导意见》只是国务院针对大气污染联防联控制定的综合性、管控型行政规章。首先，新修订的《大气污染防治法》虽设专章规定了大气污染联防联控制度，但可实施性不强。而《指导意见》属于管控型行政规章，立法层级太低，实际工作中法律约束力太弱，不能满足我国大气污染影响广泛性带来的防治工作的全局性要求。其次，基于国情，大气污染联防联控工作将是我国的一项长期性的艰巨任务，是我们社会可持续发展的需求，因此大气污染联防联控立法应当属于全国人大常委会或者国务院授权立法的范围。最后，缺少一部大气污染联防联控专门立法，即使大部分省（区、市）制定了落实《指导意见》的实施方案，但这些实施方案效力更低，没有

〔1〕 高桂林、陈云俊："评析新《大气污染防治法》中的联防联控制度"，载《环境保护》2015年第18期，第42页。

上位法来统一规范、组织和协调，无法调动区域内的各方力量。因此我国大气污染联防联控立法呈现出纵向断层、横向失调的局面。

四、大气污染联防联控的主体机制不健全

虽然我国已经开始打破传统的大气环境治理“各自为战”的模式，开展了区域环境协作治理，但这很难满足大气污染联防联控之主体机制的需求，即大气污染联防联控在主体机制方面还存在一些待完善的问题。

（一）常态机构缺位

为了解决跨区域环境纠纷问题，环保部虽然下设了六大环境保护区域督查中心[1]，但这些督查中心的环境管理职能并不健全，其只能在污染发生后发挥协调功能。然而大气污染联防联控更强调通过达成区域行政协议来设置区域空气质量改善目标、解决区域空气质量统一规划、监测、预警等问题。故需要设立一个高层级的常态机构来组织区域行政协议的制定及协调实施过程中的利益纷争。

（二）职责定位不明确

当前，我国的环境管理机制具有非常强的属地特征，环境管理行政单位跟传统的行政区划具有高度一致性。这源于我国《环境保护法》第16条之规定，该条文规定了各级地方人民政府对其辖区内的环境负有采取措施改善环境的责任。由此可知，我国环境管理方式采用了传统的属地管理模式。区域大气污染治理实行联防联控就是要突破传统属地管理的固有局限，联动形成区域合力，以增强区域大气环境保护能力。但由于《指导意见》只是纲领性地提出要增强区域环境保护合力，并没有规定区域大气污染联防联控职能部门的职责分工问题。由此带来的问题是区域内大气污染治理政出多门、职责不清、联动乏力，常常陷入过去“各自为战”的不利局面。

（三）联席会议有缺陷

《规划》明确规定，在环保部联席会议制度下，定期召开大气污染联防联控区域联席会议，统筹协调区域内的大气污染防治工作。目前，我国已有京

---

[1] 为解决突出的跨界污染纠纷问题，原国家环保总局于2006年在南京、广州、西安、成都、沈阳等地设立环保督查中心，分别管理华东、华南、西北、西南、东北五大区域之后，又在北京设立环保督查中心，管理华北区域。

津冀、长三角、甘宁、成渝等区域响应《规划》的要求，采用联席会议的主体机制来运行大气污染联防联控机制。但《规划》中对联席会议的规定一方面不够细致，例如在哪些相关部门和人员可以参加联席会议这一块，《规划》中未作明确规定；另一方面，缺乏对联席会议制度下的工作小组之具体职能的划分，不利于联席会议工作效率的提高。

（四）区域大气污染科研机构缺位

许多实例都证明了科学研究对于大气污染防治的重要性。例如1970年，美国科学院在翔实调查统计的基础上，发明了隐形的清洁空气供求曲线，美国国会据此修改了《清洁空气法》，从而构建起了长效的清洁空气保障机制。〔1〕事实上，大气污染联防联控法律机制作为大气污染防治的重要组成部分，同样需要科学研究的支撑，甚至鉴于大气污染区域联防联控的复杂性，其对科学研究的需求更高。但我国尚未在各联防联控区域内设立专门的大气污染科研机构，导致在大气污染联防联控法律机制下，制定地方法规、设定排污总量红线等都缺乏有效的科学指引，进而影响了大气污染联防联控法律机制的科学运行。

（五）缺乏公众的参与

大气污染联防联控法律机制作为解决区域性大气污染问题的一种创新机制，其本质上仍是大气环境管理机制的一种调整与补充。〔2〕环境管理机制的终极目标便是改善空气质量、保障公众的环境权益，如果公众不能充分参与大气环境管理，何谈提升公众对空气质量的满意程度及实现对公众环境权益的真正保障。

五、大气污染联防联控的联动措施不完善

虽然“三区十群”已不同程度地在推行大气污染联防联控机制，但在实施过程中依然存在以下问题：

（一）合作措施不完善

一方面，我国大气污染联防联控区域内的各项标准不尽一致。例如，京

〔1〕杨小白、白志鹏：“雾霾天气的成因及其法律层面应对状况与操作层面政策建议”，载《中国能源》2013年第4期，第9页。

〔2〕陈贻健：“治霾之道：构建区域联防联控机制”，载《中国社会科学报》2013年2月20日。

津冀地区的有些地方执行机动车尾气排放“国五标准”，而有些地方依然在执行“国四标准”，这将使区域大气污染联防联控的效果大打折扣〔1〕。长三角地区的大气污染物治理标准也不尽相同，上海、江苏等经济发达地区重点治理PM2.5时，安徽只承诺针对PM10进行污染物减排，这在客观上会阻碍本区域大气污染治理的整体进程〔2〕；另一方面，区域空气质量监测存在问题。其中最突出的问题便是空气质量监测结果与公众实际感受不一致。而这种不一致会使公众降低对区域空气质量监测结果的信任度，进而降低公众对大气污染联防联控法律机制有效性的认可度，终将致使大气污染联防联控机制丧失群众基础。

（二）信息共享和预警标准不健全

首先，体现在大气污染联防联控法律机制缺乏信息共享平台。新修订的《环境保护法》中关于环境信息的规定仍停留在信息公开层面，尚无涉及环境信息共享问题。而信息共享是大气污染联防联控法律机制中诸如突发性大气污染预警联动等措施能够高效开展的基础，故信息共享平台的缺位会严重阻碍大气污染联防联控法律机制的运行效率；其次是区域突发性大气污染预警标准过于片面强调统一。大气污染联防联控预警标准需要强调统一，但盲目强调统一会忽视个体差异，出现“一刀切”的问题。以江苏省为例，在“统一标准”思想的指引下，江苏省制定的大气污染应急预案不仅将预警标准划分为红、橙、黄、蓝四个等级，而且对每一级做了具体规定，如当AQI>500时才可发布红色预警。而当AQI>400时，江苏部分城市完全有能力启动红色预警，可却为了遵循统一原则而片面统一限值。这样过于强调预警标准的统一，不仅有悖于应急预案的工作原则，而且也不利于大气污染联防联控法律机制最大限度地保障公民的环境利益。〔3〕

（三）框架协议缺乏约束力

大气污染联防联控法律机制运行中的重要一环就在于签署区域框架协议，该区域框架协议实质上具有区域行政协议的性质。目前，我国尚无法律明确区域行政协议的性质与效力，更没有基于此设置有效的法律约束方式，这难

〔1〕张铭贤：“区域大气污染联防联控期待‘拾级而上’”，载《河北经济日报》2014年4月8日。

〔2〕尹卫国：“联防联控关键要齐步走”，载《中国环境报》2014年4月25日。

〔3〕“雾霾预警标准该不该统一”，载《中国环境报》2014年3月7日。

免会导致大气污染联防联控法律机制在未来的实施中出现问题。基于大气污染的现状和国家有关政策的要求，各地方不得不参与到大气污染联防联控机制中，达成并遵守一定的区域行政协议。但当区域大气环境得到阶段性改善后，区域内的各地方政府难免会出现懈怠的情况，部分地方政府可能会再犯短视的毛病，即为了经济发展而忽视区域联防联控协议。而大气污染联防联控区域框架协议又缺乏相应的法律约束力，这很可能造成大气污染联防联控机制运行的突然中断，甚至导致整个机制的崩塌。

（四）缺乏区域利益平衡措施

联防联控区域内，各地方在经济发展程度、大气污染程度等方面存在差异性。为落实大气污染联防联控机制、实现区域空气质量的整体改善，区域内的高消耗、高污染城市必然要牺牲一些经济发展机会，逐步与区域内的其他城市实施统一的大气污染物减排标准。即大气污染联防联控机制的落实可能会使经济本就欠发达的城市承担较重的大气污染治理责任，这需要辅以配套的区域利益平衡措施加以弥合。现有的大气污染联防联控法律机制缺乏必要的利益平衡措施，严重阻碍了区域内各城市参与大气污染联防联控的热情。

（五）资金来源无保障

我国没有从法律层面对大气污染联防联控资金来源和配套保障进行规定。大气污染联防联控工作中的区域监测、调查评估、预警预报等阶段投入的人力、物力以及对专业人员的培训、对设备的维护等需要大量的资金投入。可以说，大气污染联防联控工作的每个阶段都离不开资金的投入。大气污染联防联控工作资金是由中央政府下拨还是由地方政府承担？区域内各地政府均摊出资还是比例出资？我国现有的法律法规、政策文件并没有对上述问题给出回答。由此，区域内个别地方政府消极应对大气污染联防联控的原因可想而知。

第四章
西方国家大气污染联防联控的经验及启示

第一节　美国大气污染联防联控经验借鉴

区域大气污染联防联控机制在美国发挥着越来越重要的作用，其在美国的运用可归结为：其一，区域办公室为国家环保部门及其主要职能部门提供行政支持；其二，联邦政府利用区域和分区域管理方法解决特定大气污染问题；其三，各州利用区域和分区域管理方法解决区域大气污染问题。[1]

一、环保署下设的区域办公室

美国环保署由时任总统尼克松提议设立，在获国会批准后于 1970 年底成立和运行。不久，国会又在全美组建了 10 个区域办公室，负责 10 个大的地理区域环境管理问题。这些区域按州界划分，也与普遍接受的社会经济区域相一致。区域办公室的主要任务是辅助联邦环保署诸多职能和措施的实施。例如，位于美国东南部的 4 区办公室拥有 15 个独立的科研和行政单位，负责区域大气质量、移动污染源许可、计划和执法等方面的工作。

环保署总部与各区域办公室之间保持着密切的联系。鉴于区域办公室比较了解区域大气环境问题，其通过与总部的密切合作，在国家大气环境政策制定中发挥了重要作用。此外，区域办公室还具有自己的灵活性，与各州尝试合作并把合作经验应用于国家环境政策中。区域办公室还为环保署培养了一批领导型人才和具有环境管理能力的专家型人才，增强了环保署应对环境问题的专业能力。

---

〔1〕 宁淼、孙亚梅、杨金田：“国内外区域大气污染联防联控管理模式分析”，载《环境与可持续发展》2012 年第 5 期，第 12 ~ 14 页。

二、联邦政府解决特定大气污染问题的区域管理

20 世纪 70 年代，美国环保署陆续发现一些棘手的大气污染问题，尤其是臭氧污染治理和能见度保护问题。这些大气污染问题只能通过区域机制加以解决，因此国会授权美国环保署构建了一系列的大气环境区域管理机制。

南加州海岸空气质量管理。20 世纪 50 年代起，洛杉矶城市群的大气污染问题一度非常严重，光化学污染〔1〕问题尤为突出，而常规的大气污染管理机制难以有效解决这些问题。为控制南加州南海岸地区的大气污染，1976 年，美国建立了南海岸地区空气质量分区管理机制——SCAQMD（South Coast Air Quality Management District）。〔2〕SCAQMD〔3〕作为实体的区域环境管理部门，有权进行立法、执法和监督活动，并通过一定的计划、监控、技术改造、宣传教育等辅助手段协调工作的开展。随后，SCAQMD 制定和实施了类似保障空气质量达标的蓝皮书——空气质量管理计划 AQMP（Air Quality Management Plan），借助公众参与、信息公开、排污许可、检查监测等具体措施来保障本地区的空气质量达标。此外，自 1993 年开始，SCAQMD 利用市场机制在区域大气环境管理中引入了排污权交易政策 RECLAM（Regional Clean Air Incentives Market）〔4〕，以规定排污上限取代原有针对每个排污源的排污控制和技术要求，这在成本控制和污染治理方面取得了显著的成效。

---

〔1〕“洛杉矶光化学烟雾事件”发生载美国西海岸的洛杉矶市。该市 250 万辆汽车每天燃烧掉 1100 吨汽油。汽油燃烧后产生的碳氢化合物等在太阳紫外光线照射下引起化学反应，形成浅蓝色烟雾，使该市大多市民患了眼红、头疼病。后来人们称这种污染为光化学烟雾。1955 年和 1970 年洛杉矶又两度发生光化学烟雾事件，前者有 400 多人因五官中毒、呼吸衰竭而死，后者使全市 3/4 的人患病。

〔2〕沈昕一：“美国大气污染治理的‘杀手锏’”，载《世界环境》2012 年第 1 期，第 24 页。

〔3〕管理区内设立法、执法和监测三个主要职能部门。立法部门每三年编制一次大气质量管理计划，确定改善大气质量的目标和措施。根据这一计划，还要对各种污染源制订具体的管理法则，各种法则经过管理委员会审议通过后即可实施。管理区执法部门主要是负责审查颁发许可证及对各企事业单位的环保计划和措施执行情况进行监察，对违规者给予处罚。企事业单位领取许可证时需要交费，另需每年交纳一定的年费，对污染企业也会收取排污费。目前，管理区近 90% 的日常运转费用由各类收费解决。监测部门的职责是负责对大气质量的监测分析。此外，管理区也做一些环保新技术的推广工作。管理区代理机构更多地采用非管制手段，例如基于市场的激励手段、许可证制度、商业援助和技术支持等。

〔4〕汪小勇等：“美国跨界大气环境监管经验对中国的借鉴”，载《中国人口·资源与环境》2012 年第 3 期，第 119 页。

臭氧污染区域管理。美国最早的臭氧污染控制措施是针对受害城市的重点污染源，治理效果一般。随后，科学家开始研究低层大气中的臭氧传输问题。研究发现，对单个地区进行臭氧控制难以取得成效，需要区域间的通力合作。1990 年的《清洁空气法案（修正案）》开始对臭氧污染进行区域管理，划分各大臭氧污染传输区域[1] OTR（Ozone Transport Region），并在臭氧污染比较严重的美国东北部（包括哥伦比亚特区与弗吉尼亚州、缅因州等 12 个州）建立了臭氧传输委员会 OTC（Ozone Transport Commission）[2]。该委员会作为管理机构，由美国环保署代表、各州行政长官以及主管空气污染控制的官员组成，负责开展美国东北部的臭氧形成及其传输影响研究，并为实现东北部各州臭氧达标之目标提出适用于本区域的更加严格的 NO_x 和 VOC_s[3] 控制措施。值得注意的是，美国针对臭氧污染实施的区域管理措施均是建立在充足的科学研究的基础上。例如 1995 年，美国环保署与东部、南部和中南部的各州构建了臭氧传输评估组织（Ozone Transport Assessment Group），该组织致力于研究臭氧的区域传输问题，并于 1997 年研究确认了美国东部哥伦比亚区和 22 个州排放的 NO_x 严重影响了东北部各州的臭氧达标，这直接推动美国环保署出台了“NO_x SIP Call 法案”。

臭氧污染传输区域 OTR 内的各州为实施某项臭氧污染控制措施，先签署谅解备忘录（menoranda of understanding）达成一致，然后由臭氧传输委员会向美国环保署提出申请。后者在收到申请后的 9 个月内出具是否批准实施该项臭氧污染控制措施的答复。在环保署批准的前提下，各州会将臭氧传输委员会制定的更为严格的臭氧污染控制措施纳入州执行计划予以实施。在过去

---

〔1〕 白韫雯、杨富强：“美国治理 PM2.5 污染的经验和教训”，载《中国能源》2013 年第 4 期，第 18 页。

〔2〕 OTC 主要通过以下三个方面来实现：其一，联合科研、企业等各种机构进行科学研究和综合评估，同时也参与其中的科学研究，通过对大气污染物的传输研究，为环保署制定控制臭氧长距离传输相关决策提供可靠依据；其二，OTC 成员州之间的约定。在 OTC 成员共同签署的理解备忘录指导下，各成员通过合作协议，相互合作、共同协商合作区域内流动污染源的控制；其三，联合机制。通过这个机制 OTC 成员州可以在某个事件上一致对外（其他州、产业、联邦政府等）。

〔3〕 VOC_s 是挥发性有机化合物（volatile organic compounds）的英文缩写。美国联邦环保署（EPA）将其定义为：挥发性有机化合物是除 CO、CO_2、H_2CO_3、金属碳化物、金属碳酸盐和碳酸铵外，任何参加大气光化学反应的碳化合物。室内空气中挥发性有机化合物浓度过高时很容易引起急性中毒，轻者会出现头痛、头晕、咳嗽、恶心、呕吐或呈酩醉状；重者会出现肝中毒甚至很快昏迷，有的还可能有生命危险。

的二十多年里，臭氧污染传输区域内的各州通过上述机制统一实施了机动车排放标准，提出了针对便携式燃烧器、发动机维修与更新、建筑与工业涂装等各类 VOC_s 排放源的控制要求，并制定了严格的 OTR 消费品 VOC_s 含量标准。此外，为减少区域内电厂、燃煤锅炉等大型燃烧源的夏季 NO_x 排放，OTR 区域内的各州通过三个阶段（1994～1998 年、1999～2002 年、2003 年以后）的总量控制计划，实现了区域内 NO_x 排放基准年降低 50% 的目标。在此过程中，还实施了 NO_x 预算交易项目（NO_x budget trading program），这极大地促进了夏季 NO_x 的减排。此外，臭氧传输委员会于 2005 年在《清洁空气州际法案》（CAIR）的基础上出台了强化计划（CAIR Plus），对区域内的电厂和大型锅炉执行更为严格的 Hg、NO_x、SO_2 排放总量控制要求。

能见度保护区域管理。能见度保护是美国应用区域管理的另一个典型案例。长久以来，对美国有重大意义的区域如自然保护区、国家公园等受到空气中细颗粒物（PM2.5）的影响，饱受能见度降低问题的困扰。鉴于环保署发现大气污染物的州际传输对能见度有重大影响，美国国会特别授权环保署划分能见度传输区域，并成立相应的能见度传输委员会。能见度传输委员会由环保署代表、受影响的各州州长以及相关机构如国家林业局、公园管理局、渔业与野生动物局等机构代表组成。该机构推动环保署于 1999 年制定了《区域雾霾法案》（Regional Haze Rule），要求各州实施联合控制策略，共同减少细颗粒物总量排放，进而实现 156 个国家强制性一类区的能见度改善目标。具体操作层面，环保署要求各州制定为期 60 年的战略规划，各州的第一期雾霾控制规划于 2003～2008 制定，之后以 10 年为周期确定下一阶段的改善目标。各州制定细颗粒物污染控制措施后，每 5 年向环保署提交能见度改善报告，10 年后再重新评估和修订战略规划。各州雾霾控制规划的制定得到了中大西洋/东北部能见度联盟、中部区域空气规划联盟、中西部区域空气规划联盟、西部区域空气联盟以及空气董事财团 5 个跨洲规划组织的技术支持。

其它跨区域空气污染管理。除了臭氧和能见度传输区域，《清洁空气法案（修正案）》还授权环保署针对其它受跨界污染排放导致空气质量不达标的州建立相应的跨州空气污染传输区域及其管理委员会。这些跨州空气污染传输管理委员会由环保署代表、环保署区域办公室代表、各州州长以及主管空气污染跨州管理的官员组成。其有权向环保署提出在该区域内实施更为严格的控制措施的建议，并要求环保署在 18 个月内进行答复。该机制有利于区域内的各州为应对空气污染的跨州传输及其影响，统一适用更为严格的空气污染控制措施。但截至目前，美国环保署尚未行使过该权利。

科学有效的大气污染联防联控措施大幅削减了污染物排放，例如美国2002年的大气中二氧化硫浓度较1983年同比下降了54%，硫酸盐沉降量下降了30%左右，氮氧化物排放量降低了15%。为进一步控制臭氧、氮氧化物和细颗粒物污染，美国环保署于2011年实施了更为严格的《跨洲大气污染规则》（Cross－State Air Pollution Rule），该法案要求艾奥瓦等5个州的氮氧化物削减应满足该法案的季节控制目标，并要求28个州遵守以臭氧、氮氧化物和细颗粒物年度控制为目标的季节排放量之有关规定。

三、各州采取的区域行动

在美国环保署不断利用区域办公室和区域机制的同时，各州也注重发挥其在改善区域空气质量方面的作用，于是彼此之间基于进一步提高区域空气质量的宗旨自愿组成了区域协会，他们还在按照美国环保署划分的10个区域的基础上组成了区域计划组织[1]（Regional Planning Organizations）。例如，美国东南部的8个州（包括17个重点城市）为就共同关心的问题开展更好的合作与交流，成立了区域计划组织。这个区域计划组织重点关注大烟山国家公园的能见度降低问题，因为能见度降低影响了大烟山国家公园的旅游收入。起初，所有的区域计划组织都是关注技术问题，后来，一些组织也拥有了政策制定的职能。例如，美国东北部的8个州成立了东北部各州大气协调利用管理组织（Northeast States for Coordinated Air Use Management），该组织对污染问题展开研究、评估和培训，并就能力建设问题提出政策建议，以期加强区域内各州之间的交流，实现大气环境的高效管理。

四、美国大气污染联防联控模式总结

通过对美国大气污染联防联控实践经验的分析，进而可以从区域划定、执行机构、人员组成、主要职能、合作机制等五大方面对其管理模式进行简单总结，如下表所示：

---

〔1〕 柴发合等："我国大气污染联防联控环境监管模式的战略转型"，载《环境保护》2013年第5期，第23页。

表4－1　美国大气污染联防联控管理模式〔1〕

	区域办公室	针对特定大气污染问题的区域管理	各州采取的区域行动
区域划定	按州界划分，并与普遍接受的社会经济区域相一致	环保署认为某些地区有必要或适合保持一定的大气质量标准，在与地方政府协商后，即划定为大气污染控制区	按州界划分，并与普遍接受的社会经济区域相一致
执行机构	国会成立的区域办公室	国会授权环保署成立的区域委员会	州政府自愿成立的区域计划组织或区域合作组织
人员组成	环保署派出人员	环保署代表、环保署区域办公室代表、各州政府代表以及其他利益相关方（NGO、专家学者、社会公众）	各州政府代表以及其他利益相关方（NGO、专家学者、社会公众）
主要职能	收集和分析大气污染数据、信息； 推动联邦政府的大气污染管理措施和政策； 指导和监督地方政府的大气污染管理； 将联邦政府对区域、州以及地方的投资进行优先排序； 各区域、州和地方对国家资金的使用通过区域办公室对国家负责； 为政府官员提供培训机会，以使后者发挥领导作用。	针对特定区域的大气污染问题制定行动计划； 监督区域大气污染治理行动计划的实施； 开展区域大气污染防治能力建设，并提供技术支持； 提供合适的培训。	加强区域内各州之间的交流； 模拟区域大气污染问题； 评估区域大气污染治理工作并向区域办公室提供改良建议； 提供合适的培训。

〔1〕　宁淼、孙亚梅、杨金田：“国内外区域大气污染联防联控管理模式分析”，载《环境与可持续发展》2012年第5期，第14页。

续表

	区域办公室	针对特定大气污染问题的区域管理	各州采取的区域行动
合作机制	纵向机构之间的主体管理；政策、措施建立在科学研究的基础上；主要依靠行政命令实现合作；信息公开，公众监督。	纵向机构之间的主体管理；政策、措施建立在科学研究的基础上；主要依靠行政命令实现合作；信息公开，公众监督。	横向机构之间的主体协作；关注区域大气环境问题模拟和其他技术问题；主要通过利益协商实现合作。

五、美国大气污染联防联控立法对我国的借鉴经验〔1〕

（一）设立跨区域的管理机构

大气污染的跨界性、流动性决定了不能采取分而治之的管理格局。总结美国的大气污染管理模式，其共同点是设立独立的、专门的且跨行政区域的机构来负责区域内的大气环境管理问题，且该机构能参与政府的环境决策和城市交通、产业等方面的规划，这一点值得我国借鉴。跨区域大气环境管理机构要在法律授权范围内行使权力、履行义务，依法和科学设立必要的组成机构，充分发挥其在跨行政区大气环境管理中的主导地位和全面协调的居中地位。我国目前尚未在这方面形成系统、有序、透明的法律体系框架，但针对跨界大气污染问题成立跨行政区域的管理机构是区域环境政策的共同点。机构成立初期可能赋予该机构的职能较为有限，但其提供的咨询、建议和利益协调功能可为将来多边环境管理体系中的机构设置开辟可行性思路，即成立跨行政区域的环境管理机构。初期仅提供技术服务，辅以针对特定环境问题进行检查和监督的权力。〔2〕成立一个跨行政区域的大气污染管理部门，统一区划、统一目标、统一规划、统一标准、统一监控、统一行动等，以实现大气污染的有效控制。〔3〕

---

〔1〕 汪小勇等："美国跨界大气环境监管经验对中国的借鉴"，载《中国人口·资源与环境》2012 年第 3 期，第 121～122 页。

〔2〕 秦天宝、郭明磊："北美自由贸易区和欧盟的区域性环境政策浅析"，载《上海环境科学》2000 年第 2 期，第 58 页。

〔3〕 柴发合："建议成立区域性大气污染管理部门"，载《环境》2008 年第 7 期，第 35 页。

（二）加强地方政府间的区域协调合作

政府在大气环境管理中起着绝对的主导作用，而我国现有的大气环境保护相关法律法规多是针对污染企业的管制。因此，加强地方政府在跨界大气环境问题方面的协调合作就显得非常必要。同时，通过行政协议、联席会议、信息共享等途径，加强区域内地方政府之间的联系和协调合作，积极开展交叉研讨会、培训会、示范项目等。

（三）加强技术手段的运用

技术手段是美国应对大气污染的一种强有力手段，无论是南海岸地区空气质量分区管理委员会还是臭氧传输委员会，都拥有一支强大的技术团队。例如，南海岸地区空气质量分区管理委员会通过开发、引进和鼓励等手段，既运用现有技术，又利用有待验证的技术扩大管理范围。臭氧传输委员会则通过科学研究进而弄清了主要污染物的远距离跨界运输机制，并以此作为相关法案的科学依据。因此，有必要加强政府对技术手段的运用，进一步提升企业在固定污染源和移动污染物控制方面的技术能力。

（四）加强公众参与

公众参与大气环境管理既是一种应然的权利，也是一种法定的权利。从美国的大气污染联防联控实践来看，无论是由国会制定相关法案还是由州政府制定大气环境政策，都需要来自社会公众的参与和配合。政府与公众合作的模式无疑有利于提高大气环境决策的有效性，并为决策的下一步执行提供便利。在不影响社会发展的前提下，大气污染控制措施的有效实施需要有足够的行政领导能力、国际社会压力，还要求有来自社会公众的内生诉求。

第二节　欧盟大气污染联防联控经验借鉴

无论是欧盟构建区域机制还是各成员国共同合作，欧盟分区域管理大气环境的实践历史都比美国要晚一些。由于欧盟各成员国自治的性质，虽然欧洲委员会在欧盟的大部分国家都设有行政办公室，但是欧洲委员会对大气环境的管理缺少一种类似美国的比较成熟的区域办公室体系。欧盟的大气污染

联防联控机制如下：[1]

一、签署国际条约推动大气污染联防联控

签署国际条约是欧盟实施大气污染联防联控的重要手段。例如，为加强国际合作来应对欧洲酸雨问题，1979 年 11 月在瑞士日内瓦召开的联合国欧洲经济委员会环境保护框架部长级会议制定了《远程越界空气污染公约》[2]。该公约制定了将政策与科学研究结合在一起的制度框架，是针对跨界空气污染问题而制定的第一个具有法律约束力的国际合作公约。框架纳入了空气污染预测模式（Regional Air Pollution Information And Simulation），该模式对酸雨的形成原因、过程、影响等方面进行了科学分析，从而成为政策制定时所普遍接受的科学参考依据。继《远程越界空气污染公约》之后，欧洲就大气污染减排问题达成了一些新的协议。1985 年《赫尔辛基协议》（Helsinki Protocol）的所有参与国承诺，要在 1993 年前将本国的二氧化硫排放量降低 30%。1994 年《奥斯陆协议》（Oslo Protocol）的所有参与国进一步承诺要减少本国的二氧化硫排放。最新的 1999 年《哥德堡协议》（Gothenburg Protocol）旨在 2010 年前再减少欧洲 63% 的二氧化硫排放，并且该协议在氨气、氮氧化物和非甲烷挥发性有机化合物的减排方面也规定了类似的目标。

《索菲亚协议》（Sofia Protocol）是欧洲针对氮氧化物减排的一个里程碑式协议，该协议要求所有的签署国在 1994 年前不能提高本国的氮氧化合物排放总量。签署国还必须承诺引入控制标准和污染治理措施（包括汽车废气的催化转化器），这些在当时的欧洲还是新兴事物。为减少挥发性有机化合物，1991 年的《日内瓦协议》（Geneva Protocol）具有重要意义，该协议要求签署国在 1988 年至 1999 年之间至少减少 30% 的挥发性有机化合物排放量。1998 年签订的重金属协议（Protocol on Heavy Metals）重点针对汞、铅和镉，要求签

---

〔1〕 宁淼、孙亚梅、杨金田：“国内外区域大气污染联防联控管理模式分析”，载《环境与可持续发展》2012 年第 5 期，第 14～16 页。

〔2〕《远程越界空气污染公约》是欧洲国家为控制、削减和防止远距离跨国界的空气污染而订立的区域性国际公约。1979 年 11 月 13 日在日内瓦通过，1983 年 3 月 6 日生效，有 25 个欧洲国家、欧洲经济共同体和美国参加缔约。公约规定：应通过资料交换、协商、研究和监测等手段，及时制订防治空气污染物的政策和策略；各缔约国就硫化物等主要空气污染物的控制技术、监测技术、对健康和环境的影响，社会经济评价以及传输机制的模型方面进行合作研究；在欧洲经济委员会环境高级顾问团内设立执行机构，以审查公约的执行情况。

署国将本国的汞、铅和镉排放量恢复到1990年的水平，并达成了一系列的干预措施。此外，1998年的《持久性有机污染物协议》（Protocol on Persistent Organic Pollutants）明确要求签署国应禁止使用16种物质以及限制使用一系列物质。

值得注意的是，欧洲的大气污染减排协议一般不对政策、措施进行具体说明，也没有相应的处罚措施，而是借助签约国之间的相互信任来协助承诺的履行完成。而且实际上各签约国都履行了各自的承诺并取得了一定的减排效果。此外，欧洲减排协议的制定均是建立在科学研究的基础上。1984年，欧洲建立的“远程大气污染传输监测和评估合作计划”（EMEP）以科学中心和区域空气质量管理委员会为运行机构，分别负责科学研究和环境决策，并将监测－评估－模型－对策等过程紧密地联系在一起，提供了合作解决区域环境问题的成功案例。EMEP的运行机制如下表所示：

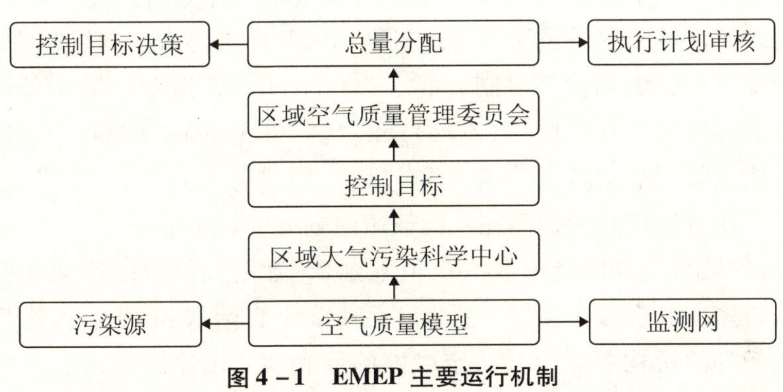

图4－1　EMEP主要运行机制

二、制定法规推进大气污染联防联控

欧盟推进大气污染联防联控机制的主要方式是制定法规，包括各种条约、计划、指令、决定等。这些法规主要是为了落实欧洲环境行动规划提出的治理目标。自1973年以来，欧共体（欧盟前身）及欧盟一共制定了6个环境行动规划[1]，这些行动规划既是指导欧盟各成员国进行环境协同管理行动的纲领，也是欧盟落实大气污染联防联控机制的主体法律框架。其中，2001年

〔1〕冯百侠、王倩楠、陈金：“发达国家大气污染联防联控的成功模式与启发”，载《河北联合大学学报（社会科学版）》2013年第4期，第7页。

的第6个环境行动规划明确要求欧盟制定空气质量方面的规划任务及对应的实施战略，但未赋予各成员国采取具体行动的义务，因此不具有法律层面的强制执行力。环境行动计划更多是欧盟成员国基于共同环境政策目标而达成的共识，因而需要进一步制定具体措施以实施环境行动规划。

目前，欧盟的大气污染联防联控主要以制定指令的方式来确保行动规划目标的实现，这些指令具体包括以下五类：[1]

（一）环境空气质量方面的指令

为了响应2001年5月制定的“欧洲清洁空气计划”（CAFE），以及在对欧盟及其成员国联防联控大气污染方面实践经验总结的基础上，欧盟委员会制定了《关于大气环境质量与欧洲清洁大气的2008/50/EC指令》。该指令是在成员国最新积累的实践基础上对已有的指令进行的实质性修订，清晰地表明了欧盟分区域管理大气环境的意图，目的是使指令更清晰，并提高大气环境管理效率。指令主要包括区域空气质量协调管理机制和大气污染协调控制机制两个方面。

区域空气质量协调管理机制方面。“2008/50/EC指令”第4条规定：成员国应在其领域内建立“区”（Zone）和“块”（Agglomeration），空气质量评价和空气质量管理活动应在“区”和“块”内进行。其中，“区”是指成员国为了空气质量评价和管理而在本国领域内划分的若干部分，“块”是指人口超过25万的城市组合区域以及人口虽不到25万但人口密度达到成员国确定的一定人口密度的区域。例如，意大利是由2个自治省和19个区作为空气质量评价与管理的机构，并由其认定境内的区和块。国家级的区、块由环保部联同环境保护与技术服务局等进行评价、管理。地方层面的区、块由省、市协同环境保护与技术服务局开展工作。区和块是欧盟成员国进行空气质量评价和管理的基本区域，同时也是欧盟成员国落实空气环境计划的基本区域。例如，该指令的第23条第1款规定：在一定的区或块内，空气中的污染物水平超过任何限值、目标值以及相关的容忍界限时，成员国应在这些区或块内确立空气质量计划。成员国必须向欧盟委员会报告并由欧盟委员会负责监督区和块的环境质量重要情况，包括区和块的定界与列表的改变。其中，列表是指污染物水平高于限值、目标值或临界水平的区和块的列表。

---

〔1〕 常纪文：“域外借鉴与本土创新的统一：《关于推进大气污染联防联控工作 改善区域空气质量的指导意见》之解读（上）”，载《环境保护》2010年第10期，第8~9页。

大气污染协调控制机制方面。2008/50/EC 指令的第 25 条规定：当任何限值、警戒阈或目标值以及任何相关的长期目标或容忍界限因重大空气污染或其污染物的跨界传输致使空气质量超标时，有关成员国应通力合作，适当时可协调空气质量计划或采取联合行动，目的是通过适当且必要的措施消除超值。该条款还进一步授权欧洲委员会在一级区域采取更多行动，以降低跨界大气污染的前驱物排放量。指令还要求成员国在发现其国界或附近地区的大气污染超标导致或有可能导致跨界污染时，须与其余成员国分享此信息。

此外，经 2008/50/EC 指令整合的指令主要包括了空气质量框架指令——《关于环境空气质量评价和管理的 96/62/EC 指令》及其第一指令——《关于环境空气中的二氧化硫、二氧化氮和氮氧化物、颗粒物和铅的限值的 1999/30/EC 指令》、第二指令——《关于环境空气中的苯和一氧化碳的限值的 2000/69/EC 指令》、第三指令——《关于环境空气中臭氧的 2002/3/EC 指令》以及欧盟理事会 97/101/ EC 指令。其中，97/101/EC 指令要求成员国相互交换各自空气污染网状监测系统和单独站点的信息与数据。此外，环境空气质量方面的指令还有第四指令——《关于环境空气中的砷、镉、汞、镍和多环芳烃的 2004/107/EC 指令》和《关于二氧化硫和悬浮颗粒物的空气质量限值和指导值的 80/779/EEC 指令》（后被 89/427/EEC 指令修订）。

（二）大气污染固定源排放方面的指令

一是《关于废物焚烧的 2000/76/EC 指令》；二是《关于限制大型燃煤工厂向大气排放特定污染物的 2001/80/EC 指令》；三是《关于综合污染预防与控制的 2008/1/ EC 指令》。

（三）易挥发有机化合物 VOC_s 方面的指令

一是《关于汽油储存和从配送站到加油站的 VOC 排放控制的 94/63/ EC 指令》；二是《关于降低某些液体燃料含硫量的 1999/32/ EC 指令》；三是《关于限制在某些装置和工作中因使用有机溶剂而引起的 VOC_s 排放的 1999/13/ EC 指令》。

（四）运输工具方面的指令

主要有《关于汽油和柴油质量的 98/70/EC 指令》以及关于修订 98/70/EC 指令的 2000/71/EC 指令和 2003/17/EC 指令。

（五）国家排放上限方面的指令

主要是《关于某些大气污染物的国家的排放上限的 2001/81/ EC 指令》。

欧盟成员国一般会将上述大气污染联防联控方面的欧盟指令先转化为国内法，通过国内法的具体措施来保障欧盟范围内的大气环境整体质量。如意大利为贯彻落实欧盟的96/62/ EC 指令，颁布了《执行关于空气质量评价和管理的96/62/EC 指令的 DL4/8/1999n. 351 法》。

不难发现，欧盟通过制定指令的方式推行大气污染联防联控机制，实质上是采取了强制管理模式。其中，欧洲委员会担负了主要的管理职责，有权对以某种借口不履行义务或直接违反大气污染联防联控指令的情况进行调查，发表相关的调查意见，提醒各方注意，并有权向欧洲法院就成员国的有关违法事项进行起诉，最后由欧洲法院就大气污染联防联控管理纠纷作出裁决。此外，专门成立的“空气环境质量委员会”负责协助欧洲委员会开展相关工作。欧洲环境局主要负责大气污染源的监测和有关数据库的建立，并收集、分析和发布欧洲大气环境信息，确保社会公众能有效获悉空气质量信息，以及帮助成员国及时采取应对措施。

三、欧盟大气污染联防联控模式总结

欧盟的大气污染联防联控实践经验表明其同时采取了纵向机构的主体管理和横向机构的主体协作两种模式。其中，《远程越界空气污染公约》是横向主体协作的典型例子，此类国际公约缺乏法律层面的强制执行力，因此签署国之间的相互信任和利益协调是该机制能成功的关键；而指令是纵向主体管理的典型例子，欧盟委员会作为跨行政区域的管理机构运用行政手段治理区域环境或对现有的跨界污染问题进行协同治理。欧盟的大气污染联防联控模式如下表所示。

表 4－2　欧盟大气污染联防联控管理模式〔1〕

合作机制	横向机构的主体协作	纵向机构的主体管理
有无强制执行力	无，通过利益协调达成共赢以实现合作	有，欧盟指令具有强制执行力能实现合作

〔1〕 宁森、孙亚梅、杨金田：“国内外区域大气污染联防联控管理模式分析”，载《环境与可持续发展》2012 年第 5 期，第 16 页。

续表

合作机制	横向机构的主体协作	纵向机构的主体管理
机构组成及其主要职能	科学中心：数据监测与收集；模拟区域空气质量；制定控制目标与减排方案 区域空气质量管理委员会：执行总量减排计划；决策控制目标；分配大气污染物排放总量	欧盟委员会：参与制定区域空气质量管理指令；监督区域空气质量管理指令的执行；调查违法行为，负责向欧洲法院提起诉讼 欧盟理事会：通过区域空气质量管理指令 欧洲议会：接受环境事务的申诉；调查区域空气质量管理中的失职、违法行为 欧洲法院：受理并裁决区域空气质量管理方面的纠纷 经济和社会委员会：由各方经济和社会活动代表组成，在一定场合可以发表意见 地区委员会：由地方机构代表组成，在一定场合可以发表意见 欧洲环境局：收集、分析和发布欧洲大气环境信息 环境空气质量委员会：成员国层面的职能机构，负责区域空气质量监测、分析、评价，协助空气质量保证规划
执行方式	由签署国自行决定具体的减排方法	指令中规定的减排任务对成员国具有约束力，但成员国可以决定具体的减排方法

四、欧盟大气污染联防联控立法对我国的借鉴经验〔1〕

欧盟在大气污染联防联控方面的上述立法，除了建立了与我国类似的排污申报制度、排污许可制度、排放权交易制度、环境影响评价制度、大气环境税费制度外，还创设了以下四项重要法律制度，值得我国借鉴和参考：

（一）区域空气质量监测与评价制度

2008/50/EC 指令对区域中一氧化碳、二氧化碳、二氧化硫、细颗粒物、氮氧化物、铅、苯以及臭氧的空气质量评价作出了具体规定。〔2〕取样点的设置与数目在空气环境质量评价中起关键性作用。为此，该指令建立了区、块监测制度。该指令的第 7 条第 4 款规定，欧盟委员会运监督成员国运用样点

〔1〕 常纪文："域外借鉴与本土创新的统一：《关于推进大气污染联防联控工作 改善区域空气质量的指导意见》之解读（上）"，载《环境保护》2010 年第 10 期，第 9～10 页。

〔2〕 常纪文："欧盟如何一盘棋治大气？"，载《中国环境报》2014 年 6 月 26 日。

挑选标准，以统一区域内的样点选取标准，保证区域空气环境监测的科学性。我国虽然也建立了类似制度，但仍停留在工作层面，标准化、规范化、协调化在法律层面上的体现还不够明显，需要修订有关法律法规予以统筹解决。

（二）国家排放上限制度

为了限制臭氧物质、富营养物质和酸化物质的排放，2001/81/EC 指令以 2010 年和 2020 年为基准年规定了国家排放上限，并在附件一中对氨、氮氧化物、二氧化碳和挥发性有机物最迟到 2010 年的国家排放上限也作了相应规定。指令还对中期环境目标、成员国的国家规划、排放名录和方案作了规定，并规定了相应的核查制度。即成员国每年应向欧洲环境局和欧盟委员会报告其排放名录及方案，欧盟委员会也应分别在 2004 年和 2008 年向欧洲议会和欧洲理事会报告中期目标和长期目标可能达到的程度以及各成员国排放上限的执行情况。和我国的总量控制制度和浓度排放控制制度相比，欧盟的国家排放上限制度无疑拥有更为完善的配套保障措施，如委员会报告制度、成员国报告制度、第三国合作制度等。违反指令具体规定的，成员国还要承担相应的法律责任。我国在完善环境保护法律体系时可以引进这些措施，建立省际报告制度、省际合作制度等。

（三）区、块管理制度

2008/50/EC 指令的第 4 条规定：成员国应在其领域内建立“区”（Zone）和“块”（Agglomeration），空气质量评价和空气质量管理活动应在“区”和“块”内进行。区、块还是成员国采取空气环境计划的基本区域。如根据 2008/50/EC 指令第 25 条的规定：当任何限值、警戒阈或目标值以及任何相关的长期目标或容忍界限因重大空气污染或其污染物的跨界传输致使空气质量超标时，有关成员国应通力合作，适当时可协调空气质量计划或采取联合行动。目的是通过适当且必要的措施消除超值。此外，当区或块内空气中的污染物水平超过任何限值、目标值以及相关的容忍界限时，成员国应在这些区或块内确立空气质量计划。成员国必须向欧盟委员会报告并由欧盟委员会负责监督区和块的环境质量重要情况，包括区和块的定界与列表的改变。欧盟的“区”和“块”遍及欧盟成员国领域范围内，而我国区域管理的范围目前还仅限于大气污染防治重点城市制度中的“重点城市”。两者比较不难发现，前者覆盖的范围更广。鉴于区域大气环境管理不是针对某个城市进行，而是针对区域大气环境整体开展的，因此前者的区域划分要更科学合理。我国在大气污染区域划分方面的缺陷，需要修订相关法律法规予以矫正。

（四）空气环境计划制度

2008/50/EC 指令还建立了欧盟的空气质量计划和短期行动计划制度。前者针对空气中的污染物水平超过任何限值、目标值或相关的容忍界限的区或块，后者针对空气中的污染物水平有超过警戒阈风险的区或块。依照该指令第 24 条第 2 款的规定，各成员国可依个案的不同提供不同的有效措施以控制、中止导致超过限值、目标值或警戒阈的活动。这些措施包括关于施工工程、工业厂房、汽车交通、停泊船舶等方面的措施。而我国目前在法律层面上，区域短期行动计划方面的制度还很不健全，需要进一步予以完善。

（五）信息报告制度

在向社会公众报告方面，根据 2008/50/EC 指令第 26 条第 1 款的规定，成员国应确保社会公众和有关组织如环保组织、消费者组织、卫生保健团体等充分及时地被告知特定事项，如附件 16 中规定的空气环境质量。2008/50/EC 指令第 28 条还规定，成员国应确保欧盟委员会在规定的时间内获得关于空气环境质量方面的信息。我国在环境信息通告方面，向社会公众、环保组织、敏感人群、消费者组织和相关卫生保健团体通报的制度不健全〔1〕，需要进一步完善。

〔1〕 常纪文：“域外借鉴与本土创新的统一：《关于推进大气污染联防联控工作 改善区域空气质量的指导意见》之解读（上）”，载《环境保护》2010 年第 10 期，第 11 页。

第五章
大气污染联防联控专门立法研究

过去，大气污染在我国并未引起政府和公众的足够重视。近三十年，随着我国城市化、工业化和交通现代化的迅猛发展，大气污染对社会经济发展和公众生命健康带来了严重的威胁，我国开始对大气污染联防联控问题展开深入研究。许多西方国家和地区，其中又以欧盟为代表，对大气污染联防联控的研究及实践比较成熟，建立了比较完善的大气污染联防联控法律体系并取得了显著的防治效果，其中的一些经验值得我们借鉴。

我国是世界上大气污染最频发、最严重的国家之一。国内外的成功经验表明，开展区域联防联控工作是必然的选择，完善大气污染联防联控立法是我们进行大气污染联防联控的最基本手段。我国的大气污染联防联工作已经走过五载春秋，实践效果却不尽如人意。目前我国大气污染联防联控立法建设仍处于初级阶段，存在诸多不足，难以应对我国大气污染联防联控工作面临的复杂情况。基于此，我国有必要构建一个行之有效的大气污染联防联控法律体系来指导和规范大气污染联防联控工作。

本章在对大气污染联防联控立法相关基础理论系统分析的基础上，梳理分析了我国大气污染联防联控的立法现状，并指出我国大气污染联防联控立法现状及实践过程中存在的问题。通过对欧盟大气污染联防联控立法体系的系统研究，结合我国自身国情，借鉴欧盟的成功经验，对我国大气污染联防联控立法提出了相关完善建议，以期能够对我国的大气污染联防联控工作有所裨益。

第一节　大气污染联防联控专门立法概述

一、大气污染联防联控专门立法的必要性

在各地纷纷出台大气污染联防联控具体措施的同时，以往的几次重要区

域大气污染联防联控行动由于缺乏保障行动持续开展的配套法律机制，都只是在一定时期内发挥过重要作用。这种治标不治本的短期行为，难以长期有效改善区域空气质量。[1] 若不从制度层面加以规范梳理，我国的大气污染联防联控建设很难纵深推进。欲构建我国长效的大气污染联防联控工作机制，本书认为，亟须尽快出台专门立法，进而发挥以下几点作用：

第一，有利于在制度化与规范化的层面上开展我国的大气污染联防联控工作。大气污染从来都不是一个简单的环境问题，而是一个涉及政治、经济、文化、环境等诸多方面的复杂问题。因此，大气污染联防联控机制要想全面发挥功效，会同时牵扯环境保护方式和经济发展方式的转变。如果仅靠单一的行政力量、短期的“大运动”[2] 来推动这一转变，后果是可想而知的。在一定时期内发挥效用的短期行为只有靠常态化的制度力量推动，才能转化为持久的正能量。在环境保护方式和经济发展方式转变的背后，我们必须清醒地认识到，这是对既存的根深蒂固的环保理念、增长方式、地域歧视乃至生活习惯的改变，这注定是一项长期的、艰巨的、渐进的工程。[3] 因此，确立大气污染联防联控的法律制度，其规范作用与社会作用 [4] 将是我国落实大气污染联防联控机制的基本抓手。

第二，有利于明晰大气污染联防联控工作过程中各方的权利与义务。全国上下都必须清醒地认识到，大气污染联防联控工作作为中央号召，不能光停留在口号呐喊上，而是要落实到每一个具体规范的联防联控行动中去。但凡是大气污染联防联控具体行动就会涉及相关各方具体权利义务的分配问题，尤其是毗邻地方政府的权利配置和责任承担问题。立法不仅可以将相关权利义务进行明晰、限定、固化 [5] ，而且可以组织和干预经济建设，并为国家

---

[1] 柴发合、云雅如、王淑兰：“关于我国落实区域大气联防联控机制的深度思考”，载《环境与可持续发展》2013 年第 4 期，第 7 页。

[2] 著名的“大运动”有北京奥运会、上海世博会、广州亚运会、北京 APEC 峰会等。

[3] 张梓太：“气候变化背景下我国低碳城市立法初论”，载《鄱阳湖学刊》2010 年第 4 期，第 44 页。

[4] 法的社会作用是指法通过规范人的行为以后进而广泛影响社会生活所预期达到或实际达到的社会效果，这种作用构成了法调整社会关系的内容或目的。

[5] 张梓太：“气候变化背景下我国低碳城市立法初论”，载《鄱阳湖学刊》2010 年第 4 期，第 45 页。

实施经济改革、参与经济活动提供法律依据。[1] 在确定的并由国家强制力保障、约束的权利义务面前，大气污染联防联控主体才会有持续性的防治大气污染的动力与压力。然而，过去的几年，我们一直是通过行政命令、指导意见和一些临时措施来配置大气污染联防联控领域的权利义务。这种制度设计决定了在短期内可能会有效果，但并非长久之计，必须立法取而代之。

第三，有利于进一步完善我国的大气污染联防联控机制。从目前来看，我国正在开展的大气污染联防联控工作依然是一种自上而下的、主要由中央政府主导的机制，即由地方政府具体实施由中央政府给出的、经过层层分解的指导性意见和约束性目标。这种自上而下的大气污染治理模式同其他单向政府管制模式一样，具有易于发动、便于垂直管理的优点。缺点则是缺乏足够的自主性与能动性——各级地方政府作为大气污染联防联控的实际义务主体会本着“各扫门前雪”的消极态度“遵循”中央政府的意愿去实施区域大气污染防治工作。地方政府的主动性与积极性不足，反过来又势必会影响大气污染联防联控的效用。我国的大气污染联防联控立法应以总量控制与质量改善相结合为主战场，通过合理配置权利与义务的方式，充分调动区域内的资金、技术、人才等各种资源为大气污染联防联控服务，同时发动各级地方政府的积极性与主动性，进而推动现行大气污染联防联控机制的补充与完善。

第四，有利于指导区域立法。我国的《立法法》并没有禁止区域联合立法，因此，大气污染联防联控区域立法是存在其合法空间的。正如前文所述，2015 年新修订完毕的《大气污染防治法》用专章创设了大气污染区域联防联控机制，届时势必会掀起一股新的地方区域立法潮流。而我国缺乏真正的大气污染联防联控区域立法经验，加之固有的属地管理模式，区域立法可能会存在立法失调问题。因此，有必要制定一部专门的大气污染联防联控法来指导区域立法并提供上位法依据。

二、大气污染联防联控专门立法的可行性

第一，可持续发展理论为我国大气污染联防联控立法提供了理论基础。可持续发展理念既是绿色理论研究领域的重大突破，也是社会发展理念的重

[1] 孙育玮、钱福臣：“论法的作用”，载《求是学刊》1994 年第 1 期，第 67 页。

大变革[1]。20世纪70年代，对于经济发展与环境保护之间的关系，曾出现过两种截然相反的观点：一种观点主张优先发展经济其后治理环境污染，即以牺牲环境利益为代价来谋求短期内经济的快速发展；另一种观点提出“零增长”发展论，即为了保护环境而全面限制经济的发展。在这场争论中，人们开始重新审视“经济发展”的概念，从而为可持续发展理念的提出做了理论酝酿。可持续发展理念最早可追溯到1972年6月由联合国召开的第一次世界环境大会，该会通过的《人类环境宣言》首次发出了世界环境已陷入危机的警告，可持续发展理念由此萌芽。1992年6月，在里约热内卢召开的联合国环境与发展会议上通过了以可持续发展为核心的《21世纪议程》《里约环境与发展宣言》等纲领性文件，标志着可持续发展理念已在世界上得到广泛认可，成为人类的共同行动纲领。5年后的联合国特别会议重新回顾了可持续发展的重要意义。我国也于1994年3月出台了世界上第一部国家级的“21世纪议程”——《中国21世纪人口、环境与发展白皮书》。该白皮书的出台标志着可持续发展战略首次被纳入我国社会发展和环境保护的长远规划中。我国大气污染防治现状及其存在的问题，已经让我们开始认识到大气污染联防联控立法的重要性，而可持续发展理论为我国大气污染联防联控立法提供了坚实的理论基础。

第二，国家有关大气污染联防联控的政策是我国大气污染联防联控立法的政策基础。国务院办公厅于2010年5月11日转发了环境保护部等九部委共同制定的《指导意见》。2012年12月5日，环境保护部、国家发展和改革委员会和财政部联合发布了《重点区域大气污染防治“十二五”规划》。国务院又于2013年9月10日公开发布了《大气污染防治行动计划》。为贯彻落实《京津冀及周边地区落实大气污染防治行动计划实施细则》和《大气污染防治行动计划》，发改委、能源局、环保部于2014年3月24日发布了《能源行业加强大气污染防治工作方案》。国家有关大气污染联防联控政策的相继出台，无疑为我国大气污染联防联控专门立法提供了有力的支持。

第三，我国环境法制建设的突出成就是大气污染联防联控立法的法律基础。自1989年我国第一部《环境保护法》颁布以来，经过二十多年的发展，

---

[1] 刘福智、刘媛：“绿色建筑与可持续发展理论的发展及概述”，载《沿海企业与科技》2005年第8期，第137页。

我国环境保护法制建设取得了长足进步，环境保护法律体系框架初步形成。在大气污染联防联控方面，虽然我国目前尚无大气污染联防联控专门法规，但大气污染联防联控工作已受到重视，如《指导意见》是国务院针对大气污染联防联控制定的首个综合性、管控型行政规章。新修订的《大气污染防治法》也增加了“大气污染联防联控”一章。自北京成功保障奥运会空气质量后，我国各地借鉴北京奥运会的成功经验以及美国、欧盟保障空气质量的有益措施，同时结合自身的实际情况，开展了上海世博会、广州亚运会、北京APEC会议期间的大气污染联防联控实践活动，并在规定时期内成功保障了区域空气质量的达标。上述种种都为我国大气污染联防联控立法奠定了强有力的法律基础。

第四，社会公众大气环境保护意识的提高是大气污染联防联控法律法规得以有效实施的保证。作为防治大气污染的一种法律手段，大气污染联防联控法律法规能否真正得到贯彻实施，进而达到防治大气污染的目的，关键是看该法律法规是否具有有效贯彻实施的社会公众基础。近年来，随着我国雾霾、扬尘、光化学烟雾等大气污染形势的日益严峻，广大社会公众的大气环保意识逐年提高，特别是由于清洁空气的功能与价值越来越受到公众的普遍关注，空气净化器的热销从侧面佐证了这一点。依法保护大气环境、改善空气质量的公众觉悟和愿望越来越高，这就为大气污染联防联控法律法规的有效实施奠定了充分的社会公众基础。

三、大气污染联防联控专门立法的重点问题

结合我国的基本国情，我国的大气污染联防联控专门立法要重点关注以下问题：

（一）基础理论研究问题

建立科学研究中心，加强基础理论研究。大气污染联防联控立法依赖于对大气污染问题的科学认知，应以现有的大气污染监控网为骨架，同时建立一批独立于省级、市级交通监控网络的监控点位作为区域大气污染科学监控体系的必要补充，确保监控数据能够更加客观、公正地反映区域大气污染情况，实现对区域大气污染的实时、无缝、综合监控与研究。在此标尺下开展的区域大气污染联防联控立法专项研究，将形成公正、客观、有效的产出和成果。为梳理大气污染机理，构建区域大气污染源头和过程控制技术体系，

建立区域大气污染监控、预报、预警和反馈机制提供理论支撑。在上述基础上开展的大气污染联防联控法律法规、政策标准的研究也将更加科学合理。可见，基础理论研究对于大气污染联防联控立法尤为重要。

（二）立法指导思想问题

设定明确的指导思想，转变思维方式。我国的大气污染联防联控立法应结合各地经济发展水平、空气质量现状和大气污染治理水平等要素，在“大气环境保护最优、防治成本最小化”的立法指导思想下，实现区域大气污染的差别化监管，构建我国“共同但有区别”的可持续大气污染联防联控监管和规划体系。一方面，大气污染问题具有区域性，区域内各地方政府对大气污染问题都负有治理责任。另一方面，区域内各地在经济发展水平、大气污染程度、污染治理水平等方面存在差异，要求各地承担完全相同的治理责任显然有失公平。各地政府在一系列相对公平的责任分配机制的基础上才会产生合作治理区域大气污染的意向。因而在区域大气环境整体得到改善的目标下，应设计一套相对公平的责任分配机制，明确区域内各地政府的大气污染治理任务，并根据其大气污染严重程度、自身经济承受能力等分配相应的责任，对受到损害的特定地区进行必要的生态经济补偿。

（三）立法基本原则问题

大气污染联防联控立法属于《大气污染防治法》的组成内容，而《大气污染防治法》是环境保护领域法律制度的一个分支。因此，《环境保护法》的基本原则对大气污染联防联控立法具有统领和指导的意义。从形式层面看，《环境保护法》的基本原则应是大气污染联防联控立法基本原则的理论渊源；从实质层面看，《环境保护法》的基本原则针对大气环境保护所赋予的特定内容，可以适用于大气污染联防联控立法；从表现形式上看，大气污染联防联控立法的基本原则又是基础性原则与衍生性原则的结合体。[1] 当然，大气污染联防联控立法应有其自身独特的特色，以区分于其他环境保护法规的基本原则，因而，大气污染联防联控立法的基本原则既有环境保护法域整体通用的基本原则，又有反映其特点的独有基本原则。明晰大气污染联防联控立法遵循的基本原则是一个值得思考的问题。

---

〔1〕 高桂林、于钧泓、罗晨煜编著：《大气污染防治法理论与实务》，中国政法大学出版社 2014 年版，第 31 页。

（四）立法模式选择问题

不同的立法模式选择，可能会导致两种截然不同的社会规制效果。我国的大气污染联防联控立法模式该如何选择呢？本书认为，应从如何实现大气污染联防联控立法同地方经济、政治、文化等的和谐以及法律关系内部的和谐这个基本点出发，梳理弄清两个问题：第一，厘清大气污染联防联控立法同现行立法的关系；第二，厘清大气污染联防联控立法同地方经济、政治、文化等的协调关系。

第二节　大气污染联防联控专门立法的指导思想

一、大气污染联防联控专门立法的立法性质

立法性质所要解决的是大气污染联防联控法的定位问题，即大气污染联防联控法属于一部什么样的法律。从大的范畴来看，大气污染联防联控法应属于环境法范畴。但我国的环境法体系包括自然资源法与污染防治法两大基本内容，前者以对自然资源进行科学开发利用为目的；后者以防治污染、消除公害和保障人类的生存环境安全为目的。二者在调整对象、价值选择等方面存在显著差异。大气污染联防联控法的归属划分应从其保护对象及保护目的来考察。从保护对象来看，大气污染联防联控法是在有效防治大气污染的基础上实现对特定区域整体大气环境的保护，此范围属于大气污染防治法领域；从保护目的来看，大气污染联防联控法更注重保护大气环境系统整体所具有的生态价值与社会价值，环境保护优先于经济发展，对正常的部分，经济开发活动也会加以限制。综合上述分析，大气污染联防联控法属于污染防治法范畴。

二、大气污染联防联控专门立法的指导思想

立法指导思想是为立法活动指明方向的理性知识，也是立法主体据以进行立法活动的重要理论根据。[1] 清洁空气具有不可替代的生态价值，大气污染联防联控法应以保护清洁空气的生态价值为根本目的，相应体现在立法指

〔1〕张文显：《法理学》，高等教育出版社2011年版，第198页。

导思想上，就是以大气环境保护优先的理念来指导大气污染联防联控的立法工作，并以此为立法的指导思想，保障清洁空气生态、社会以及经济效益的充分发挥，实现大气环境保护的可持续发展。具体而言：

（一）法律要明晰公权力主体的权力和义务，使社会资源配置达到最优

现代社会中，公民和法人普遍谋划长期经济活动、从事财富积累的两个前提：一是，公民和法人的所有权被社会持续稳定地承认和保护；二是，公民和法人的努力程度可获得与之相对称的预期效益。“产权（property rights）作为一种社会工具，其重要性在于它能在事实上帮助一个人在与其他人进行交易时形成可以合理把握的预期。”〔1〕在大气污染联防联控领域同样如此，治理大气环境既是各级人民政府的权力，同时也是他们的法定义务。大气污染联防联控实行权力（权利）、义务（责任）法定原则，既能有效增加大气环境治理联控工作的透明度，也能实现各级地方政府权力和义务的长期明确性。在法经济学视角下，实行大气污染联防联控主体的权力、义务法定化不仅可以降低联防联控的运行成本，而且可以提高大气环境的治理效率。一则是由于公权力主体的权力、义务内容明确，各方可以事先确定联防联控统一行动过程中的风险值，进而降低地方政府间的谈判成本；二则是公权力主体之权力、义务的种类和内容确定，能使社会公众对公权力的监督简便易行，进而降低实施过程中的监督成本。因此，法律应明晰大气污染联防联控公权力主体的权力和义务，使社会资源配置达到最优。

（二）法律供给要与社会对法律的有效需求相一致

鉴于今年新修订完毕的《大气污染防治法》用专章创设了大气污染区域联防联控机制〔2〕，届时势必会掀起一股新的地方相关立法潮流。然而，法律不是无源之水，任何一项立法要想成为良法都必须源于社会的实际需求。滞后立法或超前立法由于没有社会实际需求，均会导致守法成本远远超出私力救济和无法状态时的花费，此时法律的单位交易成本极高，超出了公众的承受力，人们对这项法律的需求便荡然无存，在法律实施效果上就会呈现出有法难依或有法不依的局面，立法必然以失败为结局，据此作出的司法判决

〔1〕［美］登姆塞糍：“关于产权的理论”，载［美］R. H. 科斯等：《财产权利与制度变迁》，刘守英译，上海三联书店1991年版，第97页。

〔2〕“大气污染防治法将修改”，载新浪网：http://news.sina.com.cn/o/p/2014-03-10/020129665579.shtml，访问时间：2014年8月25日。

也会成为一纸空文，进而滋生社会违法数量多和法律执行难等问题[1]。因此要想增加大气污染联防联控的法律消费量（执法和守法消费量），就必须降低守法的交易难度和法律供给的单位价格，以期实现大气污染联防联控立法的最优预期效果。从交易成本的角度来说，政府行政规制的成本要高于市场手段，“私法自治”比“强制执行”更便于公众消费。越采用能满足市场交易需求的方式制定行事规则，人们遵守法律行事的可能性就越大。故而大气污染联防联控立法的法律安排若能使人们付出的成本与其获得的环境利益越吻合，人们遵守法律行事的积极性相应就越高，大气污染治理的效果也就越明显。

（三）大气污染联防联控具体制度的构建应是为了节约治理成本、优化治理效果

归根结底，法律是一套从组织到行为、从静态到动态、从局部到整体用以降低交易成本、促进社会发展的制度系统。[2]由于法律具有一定的滞后性，意味着法律有时会与社会脱轨，落后于社会的发展。实践中，陈旧落后的法律规定的权利义务模式或特权会阻碍社会交易的发展。例如我国《环境保护法》第16条规定了以行政区划为特征的属地环境管理模式[3]，这种模式严重阻碍了大气污染联防联控工作的有效开展。为避免上述现象的发生，实践中有必要推动法律创新或构建更合适的法律制度，但不管是法律创新还是重新制定法律制度都要严格按照交易成本是否降低的标准。以大气污染联防联控机制的产生和发展为例。该机制最初的运用是作为解决区域性、复合型大气污染的创新机制，代替过去区域内各级地方政府普遍采用的以“各自为战”为显著特征的属地管理工作机制[4]，免除资源重复投入和“治标不治本”的风险，从而节约大气污染治理成本。然而，区域内各地在经济发展水平、环境资源容量以及大气污染程度等方面会存在差异。如果不设计一套

---

〔1〕 冯玉军主编：《法经济学》，中国人民大学出版社2013年版，第96页。

〔2〕 冯玉军主编：《法经济学》，中国人民大学出版社2013年版，第94页。

〔3〕 陆新元等：“中国环境行政执法能力建设现状调查与问题分析”，载《环境科学研究》2006年第S1期，第2页。

〔4〕 “推进大气污染联防联控工作 改善人民群众生活环境质量——环境保护部副部长张力军谈《关于推进大气污染联防联控工作 改善区域空气质量的指导意见》”，载《中国环境报》2010年6月22日。

相对公平的责任分配机制，就可能使整个大气污染联防联控工作无法在区域内的不同行政辖区间有效开展。因此，大气污染联防联控机制自其提出之日，便有学家、专家主张实行大气污染联防联控的区域内的各主体〔1〕要承担共同但有区别的责任。例如，中国社科院的常纪文教授便主张大气污染区域联防联控应实行共同但有区别责任原则。〔2〕本书认为，我国大气污染联防联控机制具体制度的构建应着眼于区域大气环境整体得到改善、治理成本不断降低，从而设计一套相对公平的责任分配机制，明确区域内各主体的减排任务，并根据其大气污染贡献程度、自身经济承受能力等分配相应的责任，对受到损害的特定地区进行必要的经济补偿。

（四）当交易成本过高、阻碍交易时，授权给最珍视大气环境的人

引用美国著名法经济学家科斯的观点，权利应让渡给那些能够最具生产性地使用该权利并能激励他们如是使用的人，而且应通过法律的清晰规定以维持这种权利的分配，能够使权利顺利让渡的法律要求也不应太繁重，而且权利让渡的成本应比较低。〔3〕这有助于加深我们对淘汰落后产能的认识，尤其是如何看待落后产能的价值替代问题。以北京市为例，为进一步推进北京市不符合其首都功能定位的高污染产业、生产工艺和设备的调整与退出，北京市 2013 年全年计划关停退出高排放企业二百余家。不可否认的是，淘汰落后产能不仅会涉及企业的资产损失、债务处理等直接损失，也会影响当地的财政收入，对职工重新就业和当地经济发展产生一定影响。〔4〕如果用短期的视角来衡量落后产能淘汰政策，我们会得出该政策不可取的错误结论。然而从长远的视角来看，国家淘汰了高污染、高排放的落后产能，不仅可以减少污染物排放，而且为节能减排和高新技术产业的落户提供地域空间，进而促进产业结构调整和升级。一般来说，节能减排和高新技术产业创造经济效益的能力要高于传统的“两高”产业，同样可以提供大量的就业岗位。节能减

---

〔1〕　根据《大气污染防治法》第 2 条和第 3 条之规定，这里以及下文中的“各主体”均指各级人民政府及其职能部门。

〔2〕　常纪文：“大气污染区域联防联控应实行共同但有区别责任原则”，载《环境保护》2014 年第 15 期，第 43 页。

〔3〕　［美］R. H. 科斯：“生产的制度结构”，银温泉译，载《经济社会体制比较》1992 年第 2 期，第 56 ~ 57 页。

〔4〕　苏汝劼：“建立淘汰落后产能长效机制的思路与对策”，载《宏观经济研究》2012 年第 5 期，第 81 页。

排企业和高新技术企业运行得越好，国家和地方可获得的税收也就越多。同样的空间资源如果由节能减排和高新技术企业占有不仅能够获得更大的环境效益和经济效益，国家和地方也可以相应获得更多的税收收入，何乐而不为?为深化大气污染联防联控机制，应着重做好以下两点工作：第一，当“两高”产业和高新技术、节能减排产业通过市场手段就退出、进入问题无法达成一致时，为克服过高的交易成本对市场交易的阻碍作用，政府应采取必要的行政手段和经济手段，赋予节能减排、高新技术产业优先发展的权利，弥补市场机制的不足。第二，假定区域内同级地方人民政府之间就同一大气污染问题所作的立法规定发生冲突，彼此间无法就协调问题达成共识又缺乏有效的上位法时，即发生在政府间的成本过高而阻碍了管辖权的交易时，应将管辖权授权给最珍视大气环境的地方政府。何谓“最珍视”，可从各自的经济发展程度、大气污染程度、污染贡献程度、公众参与程度等因素综合比较考量。

实践中，不是拥有了环境法律或者理论上能够促进环境保护工作的法律就能满足社会公众的法律需求。只有那些能契合社会公众的理性选择、成本最小化而环境利益最大化的法律，才会被公众自觉地遵守和践行。〔1〕法经济学的范式恰好为我们分析大气污染现象提供了一个全新的视角，在这一视角下分析探察我国大气污染联防联控立法的指导思想，可以梳理得出一些在纯法学理论体系中很难形成的观点认识。在大气污染形势日益严峻，强化大气污染联防联控机制作用已达成共识的今天，上述观点无论是否偏颇，实现“大气环境保护最优化、防治成本最小化”仍将是大气污染联防联控立法所要坚持的基本指导思想。此外，随着大气污染联防联控机制的发展，该领域的法经济学分析方法也将得到进一步发展完善。反过来，也会更好地指导大气污染联防联控立法工作。

第三节　大气污染联防联控专门立法的基本原则

大气污染联防联控立法属于《大气污染防治法》的组成内容，而《大气污染防治法》是环境保护领域法律制度的一个分支。因此，《环境保护法》的基本原则对大气污染联防联控立法具有统领和指导的意义。从形式层面看，

〔1〕 周林彬：《法律经济学论纲》，北京大学出版社1998年版，第318页。

《环境保护法》的基本原则应是大气污染联防联控立法基本原则的理论渊源。从实质层面看，《环境保护法》的基本原则针对大气环境保护所赋予的特定内容，可以适用于大气污染联防联控立法。从表现形式上看，大气污染联防联控立法的基本原则又是基础性原则与衍生性原则的结合体。[1]当然，大气污染联防联控立法应有其自身独特的特色，以区分于其他环境保护法规的基本原则，因而大气污染联防联控立法的基本原则既有环境保护法整体通用的基本原则，又有反映其特点的独有基本原则。

本书认为，我国的大气污染联防联控专门立法应坚持以下三项基本原则：

（一）经济发展与环境保护相协调原则

在一定程度上，发展经济与保护环境之间的矛盾决定了社会发展的模式。[2]当代社会，人们越来越意识到发展经济绝不能以牺牲环境利益为代价，因此提出了经济发展与环境保护和谐并进的理念，从而实现环境效益与经济效益相协调。

环境问题与人类的经济活动和社会发展具有密切的联系。对于经济发展与环境保护之间的关系，曾出现过两种截然相反的观点：一种观点主张优先发展经济其后治理环境污染，即以牺牲环境利益为代价来谋求短期内经济的快速发展；另一种观点提出“零增长”发展论，即为了保护环境而全面限制经济的发展。这两种观点都过于片面强调经济发展与环境保护之间的对立关系，抑或造成了严重的环境恶果，抑或在现实中无法推行。而经济发展与环境保护相协调原则，以可持续发展理念为理论基础，主张不能为了保护环境而阻碍社会发展和经济建设，也不能为了经济的发展而超出环境资源的承载力。该原则正确阐明了经济发展与环境保护之间对立统一的辩证关系，明确了保护环境资源、维护生态平衡的基础地位，将保护环境提高到与发展经济同等的地位，这是自然生态规律和社会经济规律的客观需要，也体现了可持续发展理念的要求，包括可持续发展理念中发展和限制两个方面的内容。[3]经济发

---

〔1〕 高桂林、于钧泓、罗晨煜编著：《大气污染防治法理论与实务》，中国政法大学出版社2014年版，第31页。

〔2〕 高桂林、于钧泓、罗晨煜编著：《大气污染防治法理论与实务》，中国政法大学出版社2014年版，第39页。

〔3〕 高桂林、刘向宁、李姗姗编著：《环境法：原理与案例》，知识产权出版社2014年版，第49页。

展与环境保护相协调原则在我国环境法的基本原则中居于统筹地位，目的在于实现环境保护、经济建设和社会发展之间的均衡与协调，促进人类社会的健康发展。既反映了当代环境法的内涵和价值取向，又符合环境法的发展趋势。[1]

正如前文所述，大气污染联防联控专门立法的基本原则是基础性原则与衍生性原则的结合体。在本书看来，经济发展与环境保护相协调原则应作为大气污染联防联控专门立法最基本的原则，该原则应贯穿于整个大气污染联防联控法治建设中，大气污染联防联控的立法、执法和司法活动都要以该原则为指导，进而正确处理发展经济与保护大气环境之间的关系，尤其需要重视以下几个方面：首先，加强经济发展与大气污染联防联控的综合决策。区域内的决策部门在进行大气污染联防联控重大决策制定时，必须对大气环境保护和经济、社会发展给予全方面考量，统筹兼顾，把大气环境资源和保护大气环境作为平衡协调的重要内容，将大气污染联防联控的目标、要求、任务和保障措施纳入国民经济和社会发展规划中，切实在政策、资金、人才等方面重视和支持大气污染联防联控工作，在整体上保障经济发展与大气环境保护之间的动态平衡与协调。其次，制定大气污染联防联控规划。只有制定切实可行的发展战略，采取先进的经济、技术政策和措施，建立科学的管理机制，把大气污染联防联控工作建立在现代科学决策、科学管理的基础上，才能实现大气环境、经济和社会的协调、可持续发展。[2]因此，中央及各地方应制定与各自国民经济总体规划相衔接的，能全面反映大气污染联防联控目标、任务和保障措施的联防联控规划，同时通过具体的技术措施和经济政策来支持和引导环保产业的发展，推广清洁生产，建立低碳社会，进而促进区域内的大气污染总量控制与质量改善。最后，把大气环境保护工作纳入有关部门的经济管理中，强化对大气污染联防联控工作的监督管理。我国当前的大气环境污染和破坏主要还是源于经济生产活动。因此，要把大气环境保护列入各部门的多种经济责任制[3]中，制定严格的大气环境保护指标，强

---

〔1〕 高桂林、刘向宁、李姗姗编著：《环境法：原理与案例》，知识产权出版社 2014 年版，第 49 页。

〔2〕 蔡守秋主编：《新编环境资源法学》，北京师范大学出版社 2009 年版，第 90 页。

〔3〕 经济法中的经济责任制，是指在公有制主导的经营管理中，企事业机关单位及其内部机构、成员因角色设置及其实现，而相互承担义务和相应地享有权益的经济法律关系或制度。参见潘静成、刘文华主编：《经济法》，中国人民大学出版社 2010 年版，第 103 页。

化政府的大气环境监督管理职能，建立翔实的考核指标和相应的监督检查制度。实行大气污染联防联控责任制，从微观上落实政府保护大气环境的应有责任，使大气污染联防联控规划得到真正落实。[1]

（二）区域协作与属地管理相结合原则

区域协作与属地管理相结合原则是大气污染联防联控专门立法的一项特殊基本原则。

目前，我国的环境管理机制具有非常强的属地特征，环境管理行政单位跟传统的行政区划具有一致性。[2]这源于我国《环境保护法》第16条之规定，该条文规定了各级地方人民政府对其辖区内的环境负有采取措施改善环境的责任。由此可知，我国环境管理方式采用了传统的属地管理模式，而世界各国早期普遍采用的也是以行政区划为特征的环境管理模式[3]，即：地方各级环保部门将其辖区内的所有环境问题通通纳入其管理范围内。大气污染源所在地的地方各级政府对于本地区的大气污染问题比较了解，具有天然的信息优势，因此属地管理是有必要的。与此同时，改善本辖区的大气环境既是地方各级人民政府的法定权利，也是他们的法定义务。现阶段，在建设大气污染联防联控机制的同时，也不应忽略属地管理的积极作用，应强化地方各级人民政府的大气污染属地管理能力，使他们能够有针对性地、科学地制定、实施和执行大气污染防治政策和措施。

所谓区域协作是指在大气污染防治的过程中，为实现治理效果的最大化，不同行政区域之间要加强协作联系，共同协商、合作治理大气污染。[4]大气污染联防联控要实现总量控制与质量改善的双重目标，离不开区域协作，原因较为简单。其一，这是由大气自身的特点所根本决定的。大气具有流动性，不像噪音污染、固体垃圾污染等具有地域性。一旦某一区域的大气遭受污染，很快就会扩散到毗邻区域。其二，政府控制环境资源、实现环境保护最优，

---

〔1〕 高桂林、于钧泓、罗晨煜编著：《大气污染防治法理论与实务》，中国政法大学出版社2014年版，第41页。

〔2〕 万薇、张世秋、邹文博："中国区域环境管理机制探讨"，载《北京大学学报（自然科学版）》2010年第3期，第449页。

〔3〕 陆新元等："中国环境行政执法能力建设现状调查与问题分析"，载《环境科学研究》2006年第S1期，第2页。

〔4〕 高桂林、于钧泓、罗晨煜编著：《大气污染防治法理论与实务》，中国政法大学出版社2014年版，第44页。

要建立在信息精确、规制有效、监督到位、行政费用为零等前提下。现实中，同时满足这些条件的情形几乎是不存在的，是假想的，甚至由于政府掌握的信息不完全，会出现“政府失效”等问题。大气污染问题作为一个公共议题，已经超越了任何组织、部门或政府层级的管辖权，单一地方政府已经不能单独解决好大气污染问题。[1] 因此需要不同区域之间联合协作才能有效治理大气污染。区域协作在《北京市大气污染防治条例》之第6条中有所体现，“防治大气污染应当建立健全政府主导、区域联动、单位施治、全民参与、社会监督的工作机制”。

纵观国内外的大气污染防治实践，保护大气环境，单纯依靠区域协作或属地管理很难实现控制大气污染总量、改善大气环境质量的复合目标。在现实世界中，区域协作与属地管理是相互依存、相互配合、相互推动的关系，而不是绝对的对立隔绝。如果说属地管理是大气污染联防联控机制的基石和基础，那么区域协作就是大气污染联防联控机制的助推器，区域协作的有效开展也离不开各级地方政府的有效配合和真正落实。

不可否认的是，属地管理与区域协作之间会存在诸多冲突问题，有必要做好以下几点：第一，统一机构。在大气污染联防联控领域会存在“平级”之间出现管理权限冲突、矛盾的问题。有鉴于此，在中央层面，可以成立由国务院、环保部与相关部门组成的国家大气污染联防联控工作委员会。在地方层面，由前者下设各区域联防联控工作委员分会。上述工作委员会或工作委员分会应分别具有高于各自对应的行政单元所拥有的环境管理的权责，进而可以直接调动区域内落实大气污染联防联控工作的相关部门和各方力量，并为各方提供一个公平对话的平台，采取统一治理行动，监督并督促区域内各主体在已达成有关共识的基础上落实大气污染联防联控行动。[2] 第二，公平担责。大气污染联防联控区域内的各级地方政府对大气污染总量控制与大气环境质量改善负有共同但有区别的责任。一方面，大气环境具有整体性，区域内各地对保护大气环境都负有责任。另一方面，区域内各地在经济发展水平、环境资源容量以及大气污染程度等方面会存在差异，不应该要求各地

---

[1] 汪伟全：“空气污染的跨域合作治理研究——以北京地区为例”，载《公共管理学报》2014年第1期，第55页。

[2] 柴发合、云雅如、王淑兰：“关于我国落实区域大气联防联控机制的深度思考”，载《环境与可持续发展》2013年第4期，第8页。

承担完全相同的责任。[1] 区域内各主体在一系列相对公平的责任分配机制基础上才会产生合作防治大气污染的意向。因而在区域大气环境整体得到改善的目标下，应设计一套相对公平的责任分配机制，明确区域内各主体的减排任务，并根据其大气污染贡献程度、自身经济承受能力等分配相应的责任，对受到损害的特定地区进行必要的经济补偿。第三，共享利益。区域内大气环境质量改善的环境效益应由区域内全体共享。在一定程度上，可以允许集中区域整体资源优先治理区域内部分地区的大气污染，但一定要确保最后是实现“由点到面”、实现区域整体大气环境优化的终极目标。此外，环境保护在一定意义上是一种成本支出，区域内各地由于经济发展不均衡；技术、工艺差异大，这导致各地防控大气污染的成本差异也很大，应努力推动信息、资金、技术等资源在区域内的流动、共享，从而促进区域内大气污染治理的总体社会成本最小化。第四，统筹协商。如前文所述，区域内各地间会存在诸多差异，应建立大气污染联防联控协商统筹机制，充分考虑区域内各主体的利益诉求，以期在区域大气污染联防联控整体目标上达成共识。

（三）总量控制与质量改善相统一原则

我国自1982年颁布实施首个空气质量标准《大气环境质量标准》起，大气环境管理模式逐渐转型，其管理重心也在不断调整与升级：早期的大气污染物达标排放阶段，中期的大气污染物总量控制阶段，如今向大气环境质量改善转型升级。[2]

我国的大气环境治理重心由总量控制向质量改善转型经历了一个逐渐发展的过程。“十一五”时期，我国的大气环境治理模式主要以污染物的总量减排为中心，“国家将主要污染物排放总量显著减少作为经济社会发展的约束性指标，着力解决突出环境问题”。[3] 在这种模式下，减排指标自上而下层层分解落实，主要污染物的总量减排在当时确实曾取得积极进展。随着大气环境形势的变化，雾霾、扬尘、细颗粒物、光化学烟雾等大范围、长时间肆虐

---

〔1〕 李杨勇：“论共同但有区别责任原则”，载《武汉大学学报（哲学社会科学版）》2007年第4期，第553页。

〔2〕 安彤：“浅论大气环境管理重心由总量控制向质量改善转型”，载《环境与可持续发展》2013年第1期，第40页。

〔3〕 “国务院关于印发国家环境保护‘十二五’规划的通知”，载中国政府网：http://www.gov.cn/zwgk/2011-12/20/content_2024895.htm，访问时间：2014年8月27日。

中国大江南北，公众对大气污染问题越来越关注，政府也越来越注重公众的主观感受。总量控制作为传统的大气环境管理重心亟待转型升级。《国家环境保护“十二五”规划》在其“指导思想”中明确指出：“……深化主要污染物总量减排，努力改善环境质量。”[1]虽然《“十二五”规划》依然强调深化主要污染物总量减排，但提出要努力改善环境质量，实施多种大气污染物综合控制。在其“主要目标”中更是指出，我国空气环境质量评价范围在“十二五”期间要由过去的113个重点城市增加到333个全国地级以上城市，且到2015年全国地级以上城市空气质量达到二级标准以上的比例要不低于80%，较2010年增长8个百分点。[2]“这是国家五年规划中首次提出定量的环境质量目标，标志着环境质量改善在我国环境管理中的地位日益提高。”[3]

大气污染联防联控专门立法坚持总量控制与质量改善相统一原则，既是日益严峻的大气环保形势对先进大气环境治理模式的迫切要求，也是最终迈向全民受益的大气环保新道路的必然选择。本书认为，为突破我国复合型、区域性大气污染这一影响社会经济发展的瓶颈，在遵循总量控制与质量改善相统一原则的基础上，应做好以下三点工作：第一，根据区域内各地产业结构的特点和大气污染排污总量的特征，统筹考虑区域内各地经济发展状况，着眼长期利益，分期、分批地制定总量控制与质量改善目标。大气污染严重以及对区域大气环境影响较大的子地区，应严格控制大气污染物排污总量，优先改善该地区的大气环境质量；第二，建立区域内的主要大气污染物排污权有偿使用制度，加快推进主要大气污染物排污权交易[4]；对挥发性有机物、城市扬尘、锅炉排放物实施排污收费；加快落后生产工艺和设备的淘汰，建立落后产能退出补偿机制，促进产业结构的进一步调整。[5]第三，灰霾、

[1] “国务院关于印发国家环境保护‘十二五’规划的通知”，载中国政府网：http://www.gov.cn/zwgk/2011-12/20/content_2024895.htm，访问时间：2014年8月27日。

[2] “国务院关于印发国家环境保护‘十二五’规划的通知”，载中国政府网：http://www.gov.cn/zwgk/2011-12/20/content_2024895.htm，访问时间：2014年8月27日。

[3] 安彤：“浅论大气环境管理重心由总量控制向质量改善转型”，载《环境与可持续发展》2013年第1期，第40页。

[4] 《国务院办公厅关于进一步推进排污权有偿使用和交易试点工作的指导意见》中明确提出：“建立排污权有偿使用和交易制度，是我国环境资源领域一项重大的、基础性的机制创新和制度改革，是生态文明制度建设的重要内容，将对更好地发挥污染物总量控制制度作用。”

[5] 刘大为：“区域大气污染联防联控研究——以关中地区为例”，西北大学2011年硕士学位论文，第11页。

酸雨、扬尘、光化学烟雾是当前最突出的大气污染问题，应根据总量控制与质量改善之间的相应关系，建立以大气环境质量改善为核心的总量控制方法，以期实现细颗粒物、VOCs、CO_2、SO_2 等多种大气污染物的协同减排。第四，电厂、石化、水泥、钢铁等生产项目对区域内的大气环境有重大影响，应探索建立重大项目环境影响评价协商机制。[1]

第四节　大气污染联防联控专门立法的重点内容

一、确立“地方立法为主、国家立法为辅”的立法模式

不同的立法模式选择，可能会导致两种截然不同的社会规制效果。我国的大气污染联防联控专门立法模式该如何选择呢？本书认为，应从如何实现大气污染联防联控专门立法同地方经济、政治、文化等的和谐以及法律关系内部的和谐这个基本点出发，梳理弄清两个问题：第一，厘清大气污染联防联控专门立法同现行立法的关系；第二，厘清大气污染联防联控专门立法同地方经济、政治、文化等的协调关系。

首先，关于大气污染联防联控专门立法同既存立法关系的协调问题。由于大气污染联防联控涉及面广，现有立法同大气污染联防联控密切相关的有很多，主要涉及以下几个领域：①环境保护法，包括《环境保护法》《大气污染防治法》《环境影响评价法》等；②气候法，囊括《气象法》《全国人民代表大会常务委员会关于批准〈联合国气候变化框架公约〉的决定》《全国人民代表大会常务委员会关于积极应对气候变化的决议》等；③建筑与规划法，包括《建筑法》《城市规划法》等；④能源法，包括《循环经济促进法》《节约能源法》《电力法》《可再生能源法》等；⑤行政规章，包括《指导意见》《规划》、大气“国十条”、《工作方案》《江苏省人民政府关于实施蓝天工程改善大气环境的意见》《浙江省清洁空气行动方案》《“十二五”关中城市群大气污染联防联控规划》等。以上这些领域的现有立法同大气污染联防联控专门立法的关系主要有两种选择模式。其一，对上述领域的一部或多部法律

[1] 安彤：“浅论大气环境管理重心由总量控制向质量改善转型”，载《环境与可持续发展》2013 年第 1 期，第 42 页。

法规根据大气污染联防联控建设的需要进行修订，将大气污染联防联控机制的基本原则和主要制度反映到这些已有立法中去。其二，制定一部专门的我国大气污染联防联控法，将大气污染联防联控建设的指导思想、基本原则、重点任务、保障措施等进行集中梳理统一，名称可以是“大气污染联防联控法”。当然，只要是选择皆会有利弊，应进行综合权衡考量。鉴于大气污染联防联控建设的时代紧迫性和我国中央立法资源的客观稀缺性，本书认为，除了在现行《大气污染防治法》中增设专门的大气污染区域联防联控条款外，从长远看，制定一部专门适用的大气污染联防联控法比较适宜。鉴于新修订完毕的《大气污染防治法》用专章创设了大气污染区域联防联控机制，在立法的位阶上，现阶段不妨考虑先由国务院制定一部专门的大气污染联防联控条例，待今后时机成熟时再上升为专门法。

其次，关于我国大气污染联防联控专门立法同地方经济、政治、文化等协调的问题。即使同一区域内的各县市，在经济、政治、文化等方面存在诸多共性的同时，也存在着很多差异，客观上需要大气污染联防联控专门立法能对差异问题和共性问题分别作出针对性的调整。具体到立法模式上就是：差异问题，如联席会议制度、标准制度、规划制度等，由各个大气污染联防联控区域以地方立法的形式进行针对性规范比较适宜；共性问题，如大气污染信息公开制度、排污权交易制度、环境影响评价制度、空气质量监测制度等，这些应当归国家立法统一规范。从总体上看，鉴于“一区一情”和“因地制宜”，大气污染联防联控具体制度的主要内容需要由各地方立法来规定。过去，我国分别以北京、上海、广州为首的三大城市群，制定了一系列大气污染联防联控地方立法，在实践中取得了很好的效果，分别保障了奥运会、世博会、亚运会期间的空气质量。[1] 基于国家和地方立法权限合理划分、发挥效能的视角，我国的大气污染联防联控立法体系采取特色立法、地方立法为主，统一立法、国家立法为辅的模式比较可取。

二、健全大气污染联防联控之主体

（1）成立大气污染联防联控工作委员会并作为常设机构。在重点大气污

---

〔1〕 柴发合、云雅如、王淑兰：“关于我国落实区域大气联防联控机制的深度思考”，载《环境与可持续发展》2013年第4期，第6~7页。

染区域内，“平级”之间可能出现管理权限冲突、矛盾的现象。美国大气污染联防联控的成功经验之一就是设置总领联防联控工作的常设机构。但美国的具体做法是设置跨区域的区域大气污染联防联控办公室。有鉴于此，在中央层面，我国可以成立由国务院、环保部、交通运输部以及其他相关部门组成的国家大气污染联防联控工作委员会；在地方层面，由前者下设各区域大气污染联防联控工作委员分会。上述工作委员会或工作委员分会应分别具有高于各自对应的行政单元所拥有的区域大气污染治理的权责，具有指导与协调各区域的联防联控工作、监督与考核各地方的大气环境质量改善情况、协调解决区域内各地方政府因联防联控工作产生的纠纷的功能，进而可以直接调动区域内落实大气污染联防联控具体行动的相关部门和各方力量，并为各方提供一个公平对话的平台，采取统一治理行动，监督并督促区域内各主体在已达成有关共识的基础上落实大气污染联防联控工作。

（2）建立明晰的层级划分。构建“国家级——重点区域级——地市级”三级多维立体、横纵联合的大气污染联防联控机制。其中，第一层国家级以解决涉及全国性的区域大气污染问题为主要目标，进行全国层面的居中调控，实现全国统一协调治理大气污染的总体架构。第二层重点区域级主要针对重点大气污染区域，如珠三角、长三角、京津冀以及其他重点大气污染治理区域。这些区域以雾霾、扬尘、光化学烟雾等相互交融为代表的现代复合型大气污染日趋严重，已经成为这些区域提升大气污染治理效果、改善居住环境空气质量的主要障碍。该层级的协调应全力针对雾霾、扬尘、光化学烟雾的跨界控制方面。第三层地市级需要在前两个层级的统领下开展具体行动，并将工作重点集中在强化对大气污染联防联控的协调职能方面。地级市交通部门作为真正的大气污染联防联控机制落实部门，为从根本上改变其现阶段普遍软硬件薄弱的局面，应加大对环保部门人力、物力、科研等方面的投入，以便更好地让环保部门投入到我国大气污染联防联控的工作中。

（3）明确区域联席会议下设协调小组。大气污染联防联控区域联席会议的协调小组应包括决策机构和执行机构两部分。决策机构建议由区域内地方政府的环保部门派员与分管环保的地方政府副职行政首长组成。这样的人员搭配出于两方面考虑：一是只有地方主管领导参与决策机构才能真正使区域经济政策与环境保护相协调；二是环保部门作为最对口的部门派员参与决策机构，可指导决策机构制定更为科学、合理的大气污染联防联控决策。此外，决策机构的负责人应由国务院直接任命，且其直接对国务院负责。为整合地方政府各相关职能部门合力治理区域大气污染，避免“九龙治水”和推诿责任现象的发生，建议协调小组下设执行机构，执行机构应以区域内地方政府分管环保的副职行政首长牵头与地方政府的环保部门、交通运输部门、气象部门、农业部门、工商部门、公安部门等成员共同组成。执行机构应直接对决策机构负责。这样，决策机构只在区域联席会议召开时才运行，只议事不执行，而执行机构作为决策机构的常设部门，贯穿于联席会议决策的执行，二者分工明确以期促进大气污染联防联控法律机制的高效运行。

（4）建立科学研究中心，加强基础理论研究。以现有空气质量监控网为骨架，同时建立一批独立于省级、市级空气质量监控网络的监控点位作为区域大气污染监控网络体系的必要补充，确保监控数据能够更加客观公正地反映空气质量，实现对空气质量的实时、无缝、综合监控与研究。在此标尺下开展的大气污染联防联控专项研究，将形成公正、客观、有效的产出和成果，为梳理大气污染联防联控机理，构建区域大气污染源头和过程控制技术体系，建立区域大气污染监控、预报、预警和反馈机制提供理论支撑。在上述基础上开展的相关法律法规、政策标准的研究也将更加科学合理。

（5）构建大气污染联防联控的公众参与渠道。可以从以下两方面着手，一方面，可以借鉴日本在大气污染区域联防联控实践中的成功做法，即将大气污染联防联控区域内政府有意引进的开发计划的大气环境影响评价报告公之于众，广泛征求和认真听取公众意见，并在公众意见的基础上重新审视是否引进该开发计划。〔1〕另一方面，现实生活中，公众对于空气质量的直观感受往往与政府的空气质量监测结果有很大出入。对此，我们可以借鉴欧盟的成功经验，即采用网格监测的方法来核查区域空气质量监测点位是否具有代表性。欧盟将区域空气质量监测范围划分为若干网格以实施监测，并将网格监测的数据与其所处区域原监测点位提供的数据相对比，以此来判断空气质量监测点位的设置是否具有代表性。〔2〕此外，还可以考虑引入第三方空气质量监测机构和公民空气质量满意度调查作为区域空气质量监测的必要补充。

---

〔1〕 李启家：“日本大气污染防治立法新动向探微”，载《环境导报》2000 年第 4 期，第 12 ~ 15 页。

〔2〕 宋国君、何伟、陈德良：“设计合理的城市空气质量评估模式”，载《环境经济》2013 年第 11 期，第 15 ~ 20 页。

如是的做法可以消除公众对于空气质量监测结果的信任危机，还可以广泛调动公众参与大气污染联防联控法律机制，切实保障公民环境权益的实现。

三、完善大气污染区域联动机制

（1）完善大气污染区域合作措施。针对我国大气污染联防联控机制在地方合作措施上存在的问题，应逐步统一区域内的各项环境质量标准，尤其是大气污染物治理标准与机动车尾气排放执行标准。区域内的各地方在经济发展规模、大气污染程度、大气治理水平等方面存在着一定的客观差异，虽然硬性要求区域内各项环境质量标准的统一有失公允，但区域整体空气质量能否达标甚至改善取决于区域内的短板。所以，欲要提升区域的整体空气质量，就不得不暂时牺牲区域内部分地方的经济利益。至于部分地区为大气污染联防联控付出的经济发展成本，可以通过区域生态补偿机制予以弥补，以实现实质的区域公平。

（2）健全区域联合预警与信息共享体系。首先，区域内各地方应设置统一的区域预警标准。在设置区域预警标准时应最大限度地衡量公众健康并根据实际情况及时修订。本书认为区域预警可统一划分为蓝绿黄橙红五个等级，每个等级对应的具体限值可由区域统一协商确定。其次，应构建专门的区域大气污染信息共享平台，以确保区域预警与应急联动能及时开展。区域信息共享平台应及时共享区域内各地方的空气监测实时数据、各地防治信息、重点企业污染情况等内容，让区域内各地能根据现实情况及时推进大气污染联防联控对策。[1]

（3）明确生态补偿机制为区域利益平衡措施。大气污染联防联控机制离不开区域利益平衡措施的保驾护航，其一方面是保障区域实质公平的重要调整手段，另一方面也是大气污染联防联控机制能够长效推行的重要保障。现阶段，生态补偿机制是可以引入大气污染联防联控机制以平衡区域内各方利益的有效措施。

大气污染联防联控生态补偿的主体即承担区域生态补偿责任的一方，一般应同时满足三个条件：一是本地区因大气污染联防联控机制而主要获益；二是为区域内经济较发达的地区；三是本地区承担的区域空气质量改善责任

---

〔1〕 蒋梦惟："京津冀一体化环保率先破局"，载《北京商报》2014 年 4 月 29 日。

过轻。例如，在京津冀地区，北京和天津应扮演大气污染联防联控生态补偿主体的角色。

大气污染联防联控生态补偿的客体即大气污染联防联控工作中的贡献者，其与生态补偿主体相对应，一般亦需同时满足三个条件：一是本地区因大气污染联防联控机制而主要损益；二是为区域内经济欠发达的地区；三是本地区承担的区域空气质量改善责任过重。例如，河北省便是京津冀大气污染联防联控中的补偿客体。有数据显示，2012 年，河北省的 GDP 总值位居全国第六，但烟尘、氮氧化物的排放量位居全国第一，且全省近 2/5 的县仍处于贫困县。〔1〕面对这一基本情况，若不为河北提供经济补偿，那么其将根本无力承担区域大气污染减排责任，京津冀区域的大气污染联防联控机制也将很难长期推行下去。

补偿标准是确定大气污染联防联控生态补偿数额的依据。理论界关于生态补偿标准的确定方法主要有机会成本法、市场理论法、生态系统服务功能价值法等。但现阶段我国缺乏构建市场理论法之理想市场的客观条件，又由于生态系统服务功能价值法不能确定生态补偿数额，故建议采用机会成本法来计算补偿数额。〔2〕例如，在京津冀大气污染联防联控区域中，北京和天津可根据河北为治理区域大气污染而损失的发展机会的替代成本，作为对河北生态补偿数额的计算依据。

而大气污染联防联控生态补偿资金的来源问题至少有两个解决思路：一是进行横向财政转移支付；二是设立大气污染联防联控生态补偿基金。具体来说，以京津冀为例，一方面，北京、天津可通过横向财政转移支付方式实现对河北的生态补偿；另一方面，区域整体空气质量的改善不仅有益于该区域，也使国家、公民从中受益，而根据“受益者补偿”的生态补偿原则，国家、公民也可归为大气污染联防联控生态补偿的责任主体，故可设立大气污染联防联控生态补偿基金以收纳这部分资金，作为大气污染联防联控生态补偿责任的补充。

（4）引入区域限批作为大气污染联防联控的约束制度。大气污染联防联

---

〔1〕 曹锦秋、吕程：“联防联控：跨行政区域大气污染防治的法律机制”，载《辽宁大学学报（哲学社会科学版）》2014 年第 6 期，第 32 ~ 40 页。

〔2〕 赵翠薇、王世杰：“生态补偿效益、标准——国际经验及对我国的启示”，载《地理研究》2010 年第 4 期，第 597 ~ 606 页。

控机制的顺畅运行离不开特定约束制度的保驾护航，而我国尚没有设置明确的大气污染联防联控约束制度。鉴于大气污染联防联控的区域合作性质，故建议以区域限批制度作为大气污染联防联控的约束方式。区域限批是《环境保护法》新确认的一项制度，是指当环保行政主管部门发现地区或企业频发环境事故，可停止审批本区域的所有项目，直至整改完成。大气污染联防联控引入区域限批制度需要作一些调整。

首先，区域限批实质是一种制裁手段，类似于行政处罚，故应对大气污染联防联控中区域限批的主体作出明确规范，以防止权力被滥用。本书认为大气污染联防联控中区域限批的主体应包含两部分：针对京津冀这样的跨省大气污染联防联控区域，区域限批的主体应为上文提及的大气污染联防联控工作委员会；针对省内的大气污染联防联控区域，区域限批的主体应为上文提及的大气污染联防联控省级工作委员分会。上述两种区域限批的对象均为不履行区域行政协议的地方政府。

其次，大气污染联防联控中区域限批的主要目的在于督促区域内各地方遵守已达成的区域行政协议，本质在于促进履约。在这一点上，大气污染联防联控中的区域限批与一般的区域限批尤为不同。本书认为，大气污染联防联控中区域限批的条件有三：参与大气污染联防联控的地方政府明示不遵守或已违反行政协议的约定，不履行该行政协议的主要内容；二是违反联防联控行政协议对公共利益已造成或可能造成严重的损害；三是经过大气污染联防联控工作委员会、工作委员分会的调解仍明示或默示不履行大气污染联防联控行政协议。因大气污染联防联控中的区域限批也具有行政处罚的性质，仅当地方政府完全满足上述三项条件时才可对其进行区域限批。

小　结

本章从环境保护与经济发展协调的基础上来对我国大气污染联防联控专门立法情况进行研究，以期为我国当今所面临的越来越严峻的大气污染形势提供有效的立法应对措施，实现大气环境保护与区域经济发展的协调共生，进而最终达到社会的可持续发展。在此基础上，我们在制定和修改法律法规、政策方针时，不仅要求大气污染联防联控专门立法必须将“大气环境保护最优、防治成本最小化”作为理念之一，而且配套法律法规、政策文件也要引入大气环境优先保护的规范理念并落实为明确的原则、制度及规范，以发挥法对社会公众的引导作用。

本章主要是从法学理论着眼，对欧盟先进的大气污染联防联控立法情况进行了比较深入的研究，总结并借鉴了欧盟先进的大气污染联防联控立法经验。通过分析研究我国目前大气污染联防联控立法中存在的问题及缺陷，及这些不足产生的原因，并为我国的大气污染联防联控专门立法提出了完善建议，指明了立法方向。

大气污染联防联控工作是一项与社会公众利益息息相关的复杂工作，大气污染作为一种工业化的额外产物将会长期存在于人类社会发展的长河中，各种大气污染严重威胁人类的生命健康和财产安全。在今后相当长的一段时间内，我国环境与资源的矛盾将更加集中，环境公共管理也正进入升级阶段，亟须建立新的大气环境保护工作机制。可见，我国大气污染联防联控专门立法工作作为解决大气污染问题的最重要组成部分，将是一个渐进而艰难的过程。在完善大气污染联防联控专门立法的基础上，还需要诸如气候变化法、生态补偿法、污染捐助法等其他法律法规作为配套和补充，以期最终形成具有我国特色的大气污染联防联控立法，为我国的大气污染联防联控工作提供理论和制度保障。只有这样，我国的大气污染联防联控工作才能真正纳入依法治污的轨道上来。

可见，我国的大气污染联防联控专门立法的完善与探索还有很长的一段路要走。

第六章

大气污染联防联控立法协调研究〔1〕

大气资源具有非排他性和非竞争性，是一种典型的公共物品。它可以同时被多人使用，但每个使用者都没有权利阻止其他人使用。因此大气资源权益的不公平分配会导致大气环境保护中出现“公地悲剧”〔2〕的现象。此外，大气还具有流动扩散的特点，会随着气流四处流动扩散，它的流动扩散性使得大气污染能够跨行政区划进行远距离的传输。虽受“空气域”的限制，全国范围内的大气污染的分布是不均匀的，但跨省市区的大气污染传递是客观存在的，且时常发生，因此大气污染出现了区域集中的新特点。在特定区域内，大气尤其是清洁空气资源的总量是有限的，它对于区域内的各行政主体而言是不可分割的，因此依靠单一城市的个体力量，以传统的行政区划为基本主体的法律调整方法已很难有效地解决区域性大气污染问题。

进入21世纪以来，我国京津冀、长三角和珠三角三大城市群在深入推进区域经济一体化的同时，三大城市群每年消耗的煤炭资源约占全国的一半，由此导致区域内的大气污染物排放相对集中，大气重污染事件在区域内时常发生。此外，辽中部城市群、长株潭城市群等由于城市密度较大、能源消耗集中，也不同程度地出现了区域性大气污染问题。

自北京成功保障奥运会空气质量后，我国各地借鉴北京奥运会的成功经

〔1〕 本章部分内容选自高桂林、姚银银：“大气污染联防联治中的立法协调机制研究”，载《法学杂志》2014年第8期，第26～35页。

〔2〕 1968年，英国学者哈丁在《科学》杂志上发表了一篇题为《公地的悲剧》的文章。哈丁在该文中设置了一个场景：一群牧民同在一块公共草场上放牧。为增加个人经济收益，每个牧民很想多养一只羊，虽然他明知公共草场上羊的数量已经饱和，羊的数目的增加将使草场质量下降。此时，牧民的选择至关重要。如果每个牧民都从私利出发，肯定会选择放牧更多的羊以获取收益，因为草场退化的代价会由牧民集体分担。所有牧民都如此选择时，“公地悲剧”就发生了——公共草场的质量持续下降，直至无法牧羊，最终所有牧民将破产。

验[1]以及美国、欧盟保障空气质量的有益措施，同时结合自身的实际情况，开展了大气污染联防联控方面的各项研究和探索。如：为保障世博会期间的空气质量，上海市、浙江省和江苏省的环保部门不仅联合制定了长三角区域大气污染联合防控工作方案，而且从机动车尾气污染控制、高架污染源控制、空气质量联合监测、应急保障等四个方面进行区域大气污染的联防联控。[2]广东省把保障亚运会空气环境质量作为契机，以珠三角为试验田，以专项研究为支撑，以法制规划为保障，以“先行先试”为理念，以机动车污染控制为突破口，将多污染物联合减排作为主线，走出了一条具有广东特色的大气污染区域联防联控新路子。[3]2014年1月，长三角地区联合发布了《长三角区域大气污染防治协作小组工作章程》，标志着该区域的空气污染预警标准正式统一以及重污染天气预警平台搭成。2014年7月，江西省发布了《昌九区域大气污染联防联控规划实施方案》，该方案明确提出昌九地区实行大气污染联防联控法律制度。

第一节　建立立法协调机制的必要性与可行性

近年来，大气污染日益严重，不仅造成了重大财产损失，阻碍了经济的发展，而且影响人们的正常生活，危害公众的身心健康。国务院于2013年9月发布了《大气污染防治行动计划》，这是继多部委联合发布《重点区域大气污染防治“十二五”规划》后的又一个更为严格的治理大气的规范性文件。《大气污染防治行动计划》对截至2017年京津冀地区大气污染治理指标提出了具体要求，对联防联控提出了建立法制协作机制的要求。2014年新的《环境保护法》中确立污染治理的联合协调机制，其第20条规定，国家建立跨行政区域的重点区域、流域环境污染和生态破坏联合防治协调机制，实行统一规划、统一标准、统一监测、统一的防治措施。由于大气污染分布区域与行政区划不同，因此，建立区域联防联控制度是治理大气污染的重要措施，而

---

〔1〕为确保北京奥运会空气质量达标，环境保护部与北京、天津、河北、山西、内蒙古、山东6省（区、市）以及各协办城市建立了大气污染区域联防联控机制，完全兑现了奥运环境承诺，并创造了近10年来北京市和华北地区空气质量最好水平。

〔2〕“让‘蓝天白云’常伴世博”，载《解放日报》2009年12月3日。

〔3〕黄慧诚：“珠三角大气污染治理由分到合”，载《中国环境报》2012年6月17日。

区域联防联控的运行则需要以区域之间立法的协调为支撑。

一、建立大气污染区域联防联控的立法协调机制的必要性与可行性

2010年5月，环保部联合国家九部委共同制定了《关于推进大气污染联防联控工作改善区域空间质量的指导意见》（以下简称《指导意见》），《指导意见》对重点区域和防控重点做了划分，提出优化产业结构的思路，加大重点污染物的防治，对推进清洁能源的使用提出具体措施，对机动车污染治理提出具体要求，对区域空气检测能力建设和保障能力建设提出对策，对组织协调能力提出要求。该意见为建立大气污染区域联防联控的协调机制奠定了基础。

（一）建立大气污染区域联防联控中的立法协调机制的必要性

立法协调机制的建立对于推动大气污染联防联控的重要作用毋庸置疑。立法的协调程度和协调效果不仅影响大气污染的治理，同时对区域经济、区域可持续发展起到了决定作用。

1. 构建立法协调机制是由大气污染的特征所决定的

大气污染与人类活动密不可分，良好的大气环境更与生态文明的建设息息相关。建立立法协调机制是由大气污染的特征所决定的，由于气体的流动性强，而不像其他污染物的治理按区域或者流域划分即可。一旦某一地区的大气遭受污染，随着大气的流动，很快会殃及周边甚至更广泛的区域，造成难以估量的损失。同时，由于不同区域大气污染程度差别很大，污染源的来源也多种多样，因此，必须对大气污染进行联防联控才能有效治理。大气污染源包括固定污染源与移动污染源，对于移动污染源，由于不同地区检测的标准、管制的程度、法律责任的认定等差异造成大气污染治理的效果良莠不齐。同时，不同污染源造成的大气污染不仅直接危害到污染源所在区域，而且对周边地区造成了损害，因此，大气污染的治理必须通过相关区域的联防联控。

大气污染治理的区域联防联控需要以立法的协调为保障，联防联控区域的划分是以污染治理为基础的。此划分与为寻求区域经济的发展而形成的区域经济一体化的区域划分有着不同侧重。区域经济一体化以区域经济发展为目标，污染治理等目标位居第二；大气污染治理中的立法协调机制则以区域间通过立法协调达成污染治理的首要目标，短期内会以限制经济迅猛发展换

取大气的治理。

2. 构建立法协调机制是由我国法制统一原则所决定的

法制统一是我国立法所遵循的基本原则与理念之一，它要求法律、行政法规、部门规章、地方性法规等法律法规的制定都必须遵循宪法的规定与理念，都不得与宪法相违背。其次是下位法不得与上位法相违背。构建大气污染联防联控的立法协调机制，正是由于在大气污染治理过程中，不同省市制定的地方性法规之间，以及地方性法规与环保部制定的部门规章之间存在冲突，此冲突属于同一位阶的法律之间的冲突。加之联防联控机制要求不同区域之间的法制协调统一，所以建立立法协调机制能有力地促进大气污染联防联控的进展，扫除联防联控过程中立法冲突的障碍。因此，立法协调机制的建立符合我国法制统一的要求，能从制度上克服法律冲突的阻碍，从而有效促进大气污染联防联控的实施效果。

3. 构建立法协调机制是符合成本与收益原则的

特定区域内的空气资源是无法被人为分割的，区域内的大气污染源不仅有来自区域内的，更重要的是来自周边区域的。由于空气资源在利用方面具有的“负外部性”和“非排他性”，现有制度下，一方面，单一主体非合理使用空气资源造成的损害后果往往由区域内的所有主体共同承担；另一方面，单一主体因保护空气资源而产生的环境利益会被其他主体无偿获取。这种不合理的情况导致环境保护的成本投入与经济收益不一致。传统控制策略下的大气污染物减排政策以行政区划为基本单位，已不能有效地解决跨区域大气污染问题。这需要我们在大气污染防治过程中构建立法协调机制，协同治理大气污染，将大大节省区域大气污染治理的成本，避免周边区域二度污染带来的成本投入，最终实现区域空气质量整体改善的目标。

4. 协调性对于联防联控中的立法本身具有重要意义

大气污染联防联控中立法的协调是根基，如果缺乏区域间立法的协调合作，单独区域采取的治理措施亦徒劳无功。原因有两点：第一，我国《宪法》和《立法法》未对区域立法做出明确规定，尽管区域立法并未违反我国当前立法体制的基本原则，但区域立法因缺乏明确的程序规定而降低了法律效力，因此，完善立法协调机制才能促进大气污染联防联控的有效实施。第二，立法协调不仅包括立法主体的协调，还包括立法所调整的对象、立法所调整的途径和方式的协调，即立法协调不是由某一主体所决定的，需要考虑主体因素、各方的利益和社会因素，这与通过联防联控最终达到大气污染治理目标的宗旨是相一致的。

（二）建立大气污染区域联防联控中的立法协调机制的可行性

大气污染联防联控的立法协调机制的建立不仅是必要的，而且是可行的。虽然目前没有法律对建立协调机制作出明确规定，但无论从法律的原则性规定或是最新出台的大气污染防治行动计划或是实践中已经逐步实施的联防联控措施，都证明了大气污染联防联控的立法协调机制的建立是可行的。

1. 理论依据

首先，国务院颁布的《大气污染防治行动计划》第八章对建立区域协作机制做了专章规定，明确区域治理是大气污染治理的指导思想。该规定明确了国务院和省级人民政府在治理大气污染工作中的具体分工与职责，要求国务院建立科学合理的考核办法来督促各省级人民政府大气污染治理目标的完成。对具体的责任追究机制作了明确规定，对因工作失职和虚报大气污染相关数据的，科以严厉的惩罚，使违法成本高于所获利益，实现法律的指引与强制作用，同时也为大气污染联防联控的立法协调机制的研究提供了理论基础。

其次，我国《宪法》对中央立法和地方立法做了原则性的规定，如下位法的制定不得与上位法相冲突，但具体的立法程序及冲突处理机制并未做具体的规定，这就为立法协调机制的建立提供了合法依据。[1] 由于《宪法》和《立法法》未对区域立法协调机制作出明确的程序性规定，但通过立法协调来达到大气污染治理的目的是符合立法理念的，有利于公众的利益。

2. 实践依据

首先，京津冀、长三角、珠三角的区域一体化为大气污染区域联防联的立法协调机制的构建提供了支持。长三角、珠三角的一体化进程比较早，为京津冀地区提供经验和教训。对区域大气污染联防联控的规划，必须转化为法律条文的约束，通过立法协调的运行，才能取得实质性的进展。目前，我国在区域协作发展中已经存在多种合作方式，如市长联席会议、城市框架协议、区域协作领导小组等模式，多方位的合作模式为大气污染联防联控提供

〔1〕 陈光："论我国区域立法协调的必要性和可行性"，载《齐齐哈尔大学学报》2009年第9期，第3页。

了保障和借鉴，也促进了立法的协调运行。然而，由于历史因素与文化传统，我国中央集权的理念根深蒂固，造成各地方通过谈判来实现法制的统一难度极大，不同区域合作与谈判的积极性也很低。因此，只有国务院出面协调，才能有效地促成不同区域的谈判协商的积极性。同时，通过国务院制定行政法规，对大气污染的相关排放标准、检测标准、惩罚赔偿等进行统一管理，才能通过强制性的手段督促不同区域完成大气污染治理的目标。

其次，大气污染联防联控与立法协调机制都需要“公众参与”机制的建立，大气污染联防联控的实施通过加强公民的环保参与，有效推进了公民对大气污染原理的理解、大气污染的相关法律法规的认知。立法协调机制的建立离不开公众的参与，立法要体现民主，立法要通过一定的程序关注可能受到此立法影响的群体的诉求。国务院作为最高国家行政机关，没有足够的人力、财力实现公众参与，而通过地方政府来实现立法符合广大人民的根本利益的方法是可行的，进而实现大气污染立法的公众参与。因此，大气污染联防联控与立法协调机制的建立有着共同的“公众参与”机制作为实践基础，有利于推动大气污染联防联控中的立法协调机制的建立。

第二节　国外大气污染治理立法协调的经验与借鉴

西方发达国家在20世纪中期遭受了多次大气污染事故后，开始日益重视大气污染防控的立法和政策研究，其在大气污染治理方面具有丰富的、成熟的经验，相应的研究成果也较为丰富，值得借鉴。

（一）美国

美国的区域法制协调机制主要有州际协定和行政协议，对于重大政治问题及敏感问题，主要由具有刚性约束力的州际协定解决，其他的则主要通过行政协议机制来实现立法的协调。

1. 州际协定

美国州际协定起源于英国女王特许状，后来，《联邦条约》正式承认了立法协调的必要性，并通过制定完善的程序机制确保州际协定的权威性和公正性。对于州际争端，联邦条约赋予美国国会最终的裁决权，但并非所有的州际协定都需要经过国会的批准。在一次上诉法院裁决案件中，确立对于涉及政治问题及相关重大敏感问题时，必须经过国会的批准，其他的则可以通过协商机制解决的规则，然而，此裁决并未搁置争议，因为对于哪些问题属于政治性及敏感问题，国会依然有权做出判定。[1]

2. 行政协议

州际协定是美国联邦体制下解决州际争端和区域纠纷的一项重要制度，由于州际协定能通过协议的方式解决多方面的问题且形成具有较强约束力的协定，因此，州际协定为美国解决州际经济发展、环境问题的冲突与协调做了重要贡献。[2]然而，随着经济的发展，区域之间流动性的增强，州际协定逐渐出现一些弊端，如达成州际协定的周期长、程序复杂、滞后性、不确定性。为了解决这些弊端，必须形成一种制度能够在短时间内通过简易的程序协商处理州际冲突，因此，行政协议制度应运而生。行政协议制度只需行政首长的意思表示达成一致无需经过国会的批准即可实施合作机制，因客观情况而发生的需要更改协议的问题也能得到高效的处理。行政协议的形式有正式的行政协议和非正式的行政协议，其中非正式的行政协议赋予行政官员更多的自由裁量权，因此更普遍的被使用，以有效的处理紧急事务。

（二）日本

在地方区域合作中，日本实行“广域行政”制度。广域行政制度指都道府县广域行政事务，推动市町村等行政区域合并，在都道府县及市町村行政区域不调整的情况下，通过合作推动广域行政。日本也是长期实行中央集权制的国家，区域之间也存在较大的差距，广域行政制度的创设使不同行政区域之间逐渐结合，实现很多资源的共享。同时，以广域行政制度为基础，逐渐创设跨区域协调制度，并通过对地方自治法的多次修订及相关产业、区域行政圈的规划，为日本跨区域协调制度提供法律依据。另外，日本除了有法律明文规定的跨区域协调制度外，还有自发性形成的社会团体、非政府组织等，能够很大程度上反映公众的需要并为政府提供建议。

（三）欧盟

欧盟在立法协调机制方面，有着明确的分工与详细的机制。欧委会享有立法的提交权，欧委会制定的法律提交到欧洲议会和部长理事会，欧洲议会

---

〔1〕何渊：“美国的区域法制协调——从州际协定到行政协议的制度变迁”，载《环球法律评论》2009年第6期，第87～91页。

〔2〕何渊：“论美国的州际协定”，载上海法学会课题研究报告《长三角法制协调》，第19～24页。

享有监督权、立法权和批准预算的权利。部长理事会是重要的决策机构，对重大事项如涉及政治问题及敏感事件的事项享有决定权，部长理事会的职能是协调、预算和决策。同时，欧盟存在两个决策咨询机构：经济社会委员会和区域委员会，两者分别由不同的群体组成，代表不同的利益，对欧委会的立法可以提出建议。因此，一方面欧盟在立法协调中构建了咨询、合作与共同决策的立法协调机制；另一方面，欧盟在立法协调机制中，采用了法院的裁决机制，此机制对解决欧盟立法的冲突有着重要作用。[1]

（四）国外立法协调模式对我国的启发

美国州际协定到行政协议制度变迁的经验对我国大气污染区域联防联治有着重要启发，大气污染的治理不是一蹴而就的，由于污染源种类繁多，区域涉及范围广阔。因此，在联防联治的立法协调中，需要“州际协定模式”和“行政协议模式”并驾齐驱，合理分工。对于涉及国计民生及经济发展长远利益的重大事项的处理需通过区域协定来完成，对于紧急事件及短期内的大气污染治理措施则可通过行政协议达到目的。

日本“广域行政”可启发我们在京津冀、珠三角等大气污染区域联防联治中划分大行政区，由内向外逐步扩散，最终达到共同治理的效果。欧盟的经验启发我们在立法初期，通过咨询、合作与共同决策减少不同区域立法的冲突，对涉及地方利益不能通过协商达成统一立法的，通过权威机构的裁决来达成立法的统一。

第三节　我国大气污染联防联控立法协调机制的困境分析

建立区域立法协调机制是一项复杂而艰巨的工程，我国建立完善的区域立法协调机制也需要漫长的过程。然而大气污染的治理迫在眉睫，区域联防联控方面的立法协调的建立不仅能致力于大气污染的治理，而且对区域立法的完善有着重要促进作用。不同区域大气污染治理的立法冲突对联防联控造成了制度性障碍，其背后亦有利益博弈。其面临的困境主要表现在以下方面：

[1] 本刊编辑部：“国外大气污染的区域协调机制”，载《环境保护》2010年第9期，第26～27页。

（一）大气污染联防联控立法协调经验的缺乏

大气污染联防联控的立法协调在我国尚未有明确的法律规定，随着大气污染治理的紧迫性，政府间加强了合作，但只有通过立法的协作才能从根本上保障大气污染治理的实施。美国很早就设立的州际协定和行政协议制度对解决联邦法律体制下的区域立法协调起到了积极作用，同时美国的《清洁空气法》进一步通过立法的形式构建其为治理大气污染而形成的立法协调。美国的《清洁空气法》对大气污染治理立法、执法与司法的合作提供了法律保障，并通过立法的形式鼓励各州之间的合作，为有效解决州之间的大气污染治理立法冲突提供法律对策。该法同时对各州的行政长官赋予鼓励环保部门进行合作的职责，以保证联邦政府内的所有合适的并且可以得到的设施和资源能够为联邦空气污染治理项目所利用。强调了联邦部门、机构之间的大气污染防治合作，为立法合作机制的建立奠定了基础。其第 3 款规定："在对于此类合同和协定的有效实施具有帮助的情况下，建立相应的机构、联合机构或其他组织。"这些规定有利于美国大气污染的立法协调机制的有效运作。然而，在我国，大气污染的联防联控近 2 年才引起重视，对于联防联控中的立法协调机制目前还尚未有明确的法律调整与成熟的实践模式。因此，大气污染联防联控中的立法协调机制还需要在实践中逐步完善。

（二）不同省市大气污染立法的冲突

由于缺乏立法协调机制的建立，不同省市在大气污染防治方面的立法出现很多冲突，主要表现在：第一，对于污染物排放总量控制和污染物浓度未形成统一的协调机制；第二，对于大气污染中有些关键性概念未达成统一的标准，如对清洁能源的划分，对大气污染检测的标准等；第三，对排污企业的行政许可审批标准不一致；第四，企业的大气污染法律责任的认定存在冲突和不合理之处。立法冲突的存在是由多方面的因素造成的，但这些冲突存在的本质原因如下：

1. 经济发展水平不平衡

各地的经济发展水平不一致将严重阻碍大气污染治理中的立法协调。如京津冀大气污染联防联控的过程中，北京作为首都及政治经济文化的中心，在污染治理方面投入多、力度大、监管严格、执法到位，但河北地区与之相比，在资金投入、监管规格、执法状况不如北京。这是由长期积累下来的经济发展水平不平衡导致的，也是客观存在的。在一定的时期内各地区经济发展水平不可能达到一致，但大气污染的治理可以通过立法协调机制的合理构建而实现。

2. 社会发展不平衡

由于历史原因、地理因素、政府政策导向等多种因素的影响，导致我国社会发展不均衡，具体表现在不同区域人口素质、就业问题、社会保障问题、文化差异等。这些因素都会对大气污染联防联控造成困扰，如城乡居民对环境保护与经济利益的观念的差异，城市居民物质生活达到了一定的水平后对居住环境要求较高，环境意识较强；而农村居民则以经济利益为中心，宁愿牺牲环境获取自身的利益。这是由于社会发展的不均衡造成的，农民收入较低，教育程度也普遍较低，要求其自发性的保护环境是几乎不可能的。因此，在大气污染联防联控的立法协调的建立中，要考虑到利用经济激励机制来平衡社会发展的差异，才能更好地实现大气污染的治理。

3. 地区利益的冲突

大气污染联防联控由于涉及不同省市，行政区域的划分促使各地市都在追求自身利益的最大化，而大气污染的治理往往以限制甚至牺牲经济发展为代价，因此为了地区利益不可避免的造成了利用公权力干预社会与经济的发展，或者是因政府的不作为导致的区域间政府的冲突。

为了追求地区利益的最大化，行政垄断与行政性扶持和保护仍然存在。例如在污染源的控制方面，由于缺乏统一的检测标准，对区域外的污染源设置比本地区更严格的监控标准，通过歧视性的检测技术对本区域的企业进行保护，从而阻碍本地区大气污染的有效治理。由于资源是有限的，区域的划分会形成区域间对比、区域利益的争夺，从而滋生地方保护主义，成为大气污染联防联控立法协调机制建立的阻碍。[1]

4. 传统政绩考核制度不合理

改革开放以来，经济发展是各级地方政府的一项重要任务，官员的政绩与当政地区的经济发展直接相关，公众亦以所在区域经济发展的状况评价执政者的能力。新的《环境保护法》突出强调政府环境质量责任、责任监督和

---

〔1〕 易凌、鲁永睿："经济一体化背景下的区域环境保护法规冲突与协调——以长三角为例"，载《生态安全与环境风险防范法治建设——2011 年全国环境资源法学研讨会（年会）论文集》（第 3 册），第 1262 页。

法律责任，强化了地方政府对于环境质量的责任；在上级政府机关对下级政府机关的监督方面，加强了地方政府对环境质量履责的考核；在发挥人大监督政府环境保护责任方面做出了新规定；增加了对政府责任人的追责，政府责任人“引咎辞职”制度。北京、天津、广州、上海等多个城市的市委市政府会议上强调将环境治理成果作为官员的政绩考核标准之一，然而由于传统惯性思维的影响，无论是官员还是公众还需要时间逐步适应新的理念。

（三）大气污染联防联控立法协调模式的选择

美国的州际协定和行政协议制度的实施有助于其区域立法协调，虽然美国的联邦体制与我国的单一制体制存在重大差异，但其在大气污染治理方面经历了起草统一法、示范法、建立磋商机制等漫长的过程，积累了丰富的经验。而欧盟的欧委会提交立法、经济社会委员会与区域委员会提供咨询、欧洲会议和部长理事会决策的机制对我国立法协调机制的建立有重要启发。通过将大气污染立法协调的理念运用到我国的立法中会缩短我国探索大气污染治理的历程，国外的治理理念和模式是值得我国借鉴的，如平等自愿的协商模式与理念；建立专门的协调机构；发挥示范法的作用；资源共享、信息交流制度等。

如何通过借鉴国外长期积累下来的经验构建我国的立法协调模式，并结合我国大气污染现状和法治现状构建立法协调机制是大气污染治理的重大挑战。在立法协调机制的构建过程中，要因时制宜，由于我国长期是中央集权制的国家，而行政区域的划分形成了地方保护主义。因此，靠地方协商达成立法统一的难度很大，对关键性问题的立法还需各地方调研论证，最终统一由共同的上级机关做出协调或裁决。

第四节 构建我国大气污染联防联控立法协调机制的建议

上文对大气污染联防联控立法协调机制构建的必要性、可行性及现状问题进行了分析，结合美国、日本、欧盟的经验，对构建我国大气污染联防联控的立法协调机制提出以下建议：

（一）构建适合我国法制现状的大气污染联防联控立法协调机制

通过美国立法协调经验的分析，立法的协调离不开适当处理纵向管理关系与横向协调关系。纵向管理关系和横向协调关系是对立统一的，大气污染联防联控的立法协调机制需要处理好二者的关系，当横向协调关系能达成相互间立法的统一时，只要不违反纵向管理关系即可；当横向协调关系难以达成立法的统一时，需要通过纵向管理关系加以解决。在大气污染联防联控的立法协调中具体表现为：在划定的特定区域内，不同区域在治理大气污染的标准、治理理念、执行力等方面达成统一；各区域的立法符合上位法的规定，在区域立法相冲突时，能够通过共同上级机关的裁决得以解决。

关于区域立法协调机制的构建，目前学界在不变更宪法框架与行政区划的前提下有两种观点，第一以王春业博士提出的设立区域行政立法委员会为代表，即在特定划分的行政区域内，通过设立区域行政立法委员会来完成不同区域的立法；第二以叶必丰教授提出的构建和完善行政契约机制为代表，即不必设立专门的立法机构，各省市立法主体直接通过磋商协调，签订行政协议，达成立法的统一。〔1〕对于王春业博士的观点，由于区域行政立法委员会的建立缺乏法律依据，无法通过法定程序保障此立法委员会人员产生、资金保障、法定职责、监督制约等问题，因此在现行法律体制下，区域立法协调委员会的设立存在很大的障碍。而叶必丰教授的观点可以应用于横向协调机制的建立，各省市间的横向协定应注意以下几个方面：首先，大气污染行政契约内容应该具体明确，并且不得违反相关法律的规定；其次，行政契约各方应该履行契约规定的义务，违约的应该承担相应的违约责任；另外，行政契约的签订不得损害行政区划、税收等强行性法律规定。〔2〕

纵向管理关系需要建立能够统一各地区的立法机构，通过制定效力更高的基本法律，使各省市人大和政府制定的地方性法规和政府规章不违反上位法的规定。从这个推论来讲，只能由全国人大制定的法律才有这个效力，但由于全国人大为非常设机构，将大气污染相关立法协调交由其制定，难以应对大气污染治理的急迫性。国务院环保部制定的部门规章与地方性法规可能会存在冲突，虽然《立法法》规定部门规章与地方性法规相冲突的，由国务院裁决，国务院认为应该适用地方性法规的适用地方性法规，认为应该适用部门规章的，提请全国人大裁决，但这是立法后冲突的解决方式。

---

〔1〕 叶必丰："我国区域经济一体化背景下的行政协议"，载《法学研究》2006 年第 2 期，第 57 ~ 69 页。

〔2〕 张玉洁、李红丽："论山东半岛蓝色经济区的立法协调机制"，载《山东青年政治学院学报》2012 年第 2 期，第 107 页。

对于大气污染联防联控立法协调机制的纵向约束方面，由全国人大及其常委会授权给国务院进行大气污染联防联控的立法协调机制的构建是最为恰当的处理方式。首先，大气污染的治理由国务院环保部主管，环保部对污染治理有着丰富的经验，对污染状况与相关治理措施也有深入认知，将其作为法律授权的对象是合适的。其次，全国人大作为最高国家权力机关，作出的立法授权与其本身的立法具有相同的法律地位。决定权和立法权之间的区分是相对的，二者关系是相互补充的。[1]最后，此授权的目的是为了大气污染治理的立法协调，是为了克服联防联控中的法律冲突。

国务院被授权制定大气污染联防联控区域协作立法后，由国务院牵头对大气污染进行区域划分，促成各省市间的横向协作机制，对因地方利益而无法达成一致的大气污染协定，由国务院进行裁定。各省市对国务院的裁定不服的，可以向其申请复议一次，由于在大气污染联防联控的立法协调机制中，国务院被授权后实际上由环保部提出建议，因此，复议交由国务院法制办审查较为合适。

（二）修改现行大气污染相关立法

大气污染立法协调机制的建立，是为了在大气污染联防联控的过程中，制定出的法律遵循统一的理念和治理目标，以期能得到统一、有序、高效的执行。为了达到大气污染联防联控中的立法协调的目标，应首先修改或者废止现存的大气污染相关立法。对旧的法律规范进行修改或者废止是一项艰巨的立法任务，尤其是大气污染治理的立法协调涉及范围广，受影响因素多，需要集合环境保护法方面的专家开展研究和联合攻关。

我国《大气污染防治法》制定于1987年，1995年和2000年经过两次修订，距今已经历14年之久。随着社会和经济的发展，其中很多条款已不适应当今的国情及可持续发展的治理理念，亦与当今国际社会对大气环境治理的要求相去甚远。主要表现为：第一，当今大气污染治理的目标不仅仅是宽泛的构建适合人类生活的环境，保障人体的健康，而且要落实具体的不同污染物治理标准及效果。第二，由于《大气污染防治法》的滞后性，难以应对近几年大气污染复杂而多变的特点，对如PM2.5等新的污染物治理没有及时更新，导致不同区域治理标准与效果差别很大，影响整体大气污染的治理。第

〔1〕 宋方青、朱志昊："论我国区域立法合作"，载《政治与法律》2009年第11期，第24页。

三，现行的《大气污染防治法》规定各地方政府只对本区域的大气治理负责，而由于大气的流动性，排污行为可能并未导致本区域的大气污染而造成相邻其他地区的大气污染，但由于排污地区并未受到影响导致政府怠于治理，受侵害区域的政府欲治理却面临成本与职权的双重阻碍。因此，重建政府的管理责任机制，建立跨区域的大气治理考核标准，通过区域立法的协调达到共同治理的目标非常必要。

大气污染治理的良好运行，需要立法的统一，对现存各省市大气污染立法有冲突的地方进行修改或者废止，能有效地节省立法、司法资源，提高执法效率。然而，造成大气污染的很多污染物的排放标准及相关治理制度是由《环境保护法》规定的，1989 年颁布实施的《环境保护法》历经 25 年早已不适应当今环境治理的需求，2014 年最新修订的环保法能为大气污染的治理带来新的生机。首先，《环境保护法》的修订最主要的是基本原则与理念的转变。我国由粗放型的发展方式向可持续发展方式转变，需要通过环境保护法律原则的转变带动配套制度的建立，从而影响经济与社会的发展模式，相应原则的转变主要包括以下几个方面：新修订的环境保护法在总则中强化了环境保护的战略地位，依照《国务院关于落实科学发展观加强环境保护决定》以及《国务院关于加强环境保护重点工作的意见》确定的总体要求，将环境保护融入经济社会发展。新法增加规定保护环境是国家的基本国策，并明确环境保护坚持保护优先、预防为主、综合治理、公众参与、污染者担责的原则。通过《环境保护法》原则与理念的转变，在建立大气污染联防联控的立法协调机制时，才能符合长远目标与利益，才能真正践行可持续发展理念，才能适应国际社会对大气环境治理的要求。其次，在具体制度上，通过《环境保护法》的修订，对污染企业加大了经济惩罚力度。确立环境公益诉讼制度。确立环境信息公开和公众参与制度。确立污染治理的联合协调机制。完善排污许可管理制度。为大气污染治理中相应制度的完善提供依据，通过立法的统一有效促进大气污染联防联控的效果。

（三）相关配套制度的建立与完善

我国大气污染联防联控立法协调机制的良好运行，离不开相关配套制度的支持与配合。然而，我国大气污染治理中的区域生态补偿机制、信息公开机制及备案审查机制有待建立和完善。

1. 建立大气污染治理生态补偿机制

区域生态补偿机制的建立，是大气污染联防联控立法协调机制的必然要求。立法的协调要关注区域自身发展的需要，由于大气污染的治理要求，不同区域都要达到一定的标准，而不同区域在经济、人口、资源等不同方面差异很大，因此必须通过区域生态补偿机制的建立克服现存的失衡。同时，通过建立区域间的生态补偿机制，在平衡治理成本的同时能够普遍提升公众治理大气污染的意识，促进可持续发展的大气治理模式，继而促进大气污染立法协调机制的进一步完善，形成良性的循环积累。

根据环境保护法的基本理念，大气污染的生态补偿机制的建立应遵循以下原则："谁开发，谁保护"原则；"谁受益，谁补偿"原则；"谁污染，谁付费"原则；"谁保护，谁得利"原则。对大气污染的生态补偿机制，从补偿类型可以分为：政策补偿；实物补偿；资金补偿；技术补偿；资源补偿；项目补偿等。从补偿的时间可以分为一次性补偿；连续补偿及不定期补偿。大气污染的立法协调中，为了达到共同治理的效果，会采取共享污染治理技术或者将污染源进行搬迁等措施，如在京津冀的区域联防联控中，将重污染企业首钢从北京迁到河北，北京市给予河北省的不应仅仅是经济上的补偿，而应该通过科研成果或者污染治理技术共享等方式达到共同治理大气污染的效果。

大气污染生态补偿机制有纵向补偿机制和横向补偿机制两种路径。纵向补偿机制是政府通过征收大气污染税费等形式通过财政转移支付制度补偿大气污染治理承载区。这种补偿机制并不对等，而是国务院或者上级政府通过专项补助或者财政转移支付而完成的，是上级政府协调区域间大气污染治理的法律对策。横向补偿机制是地方政府根据经济发展水平、大气污染治理现状，按照互惠互利的原则，通过补偿机制实现大气污染的联防联控。横向补偿主要有两种形式：一是按照"谁受益谁付费"的原则直接转移支付；二是通过本地企业到大气污染承载区投资合作进行间接的转移支付。

由此可见，大气污染生态补偿机制与前文所述的构建我国大气污染联防联控立法协调机制是相一致的，中央政府与地方政府通过生态补偿制度的建设能够更好地处理纵向关系和横向关系，从而形成公平有序的大气污染联防联控的立法协调机制。

2. 完善大气污染治理立法信息公开和交流制度

新《环境保护法》设立信息公开与公众参与专门章节，是一重大突破。该法第55条规定，重点排污单位应当如实向社会公开其主要污染物的名称、排放方式、排放浓度和总量、超标排放情况，以及防治污染设施的建设和运行情况，接受社会监督。过去，常把环境监测和污染源排污信息视为“保密”信息，完全阻断了公众参与环境保护的渠道。这次《环境保护法》的修订全面突破了这一制度，把原来企业“自愿”公开排污信息变成“强制”公开排污信息，从制度上初步解决了公众环境信息不对称的问题。

排污单位信息公开是很重要的一方面，然而，立法信息的公开亦是大气污染联防联控得以顺利实施的基本保障。目前，我国公开的立法信息存在以下几个方面的问题：公开的信息不完善；信息公开的时间滞后；提供的信息冗杂。这些缺陷严重降低了立法信息公开的质量和效果，从而阻碍联防联控协调机制的运行。因此，信息公开的过程中应该遵循以下原则：信息有效的公开、公开的信息容易被公众理解、信息公开及时。政府作为立法信息公开的主体，不仅有责任及时准确地公布政策法规的相关信息，而且有责任监督其它主体对具体项目的信息公开。

大气污染立法信息公开不仅包括立法后的公开，更应注重立法前与立法过程的公开与交流。《政府信息公开条例》的颁布实施加大了政府对社会和公众的公开力度，但政府间立法信息的公开交流尚存在欠缺。立法协调机制的建立需要各立法主体制定和实施年度立法规划、互通信息。[1]

目前，我国信息公开的途径有很多种，包括电视、网络、广播、报纸等，尤其是网络为信息公开提供了很大的便利。因此，科学合理地利用多种信息公开途径，将信息公开贯彻到立法的每个阶段，使大气污染联防联控的立法真正的体现公众的需要。同时处理好不同区域的立法冲突与矛盾，通过立法的和谐达到执法、司法的高效，继而使大气污染联防联控达到良好的效果。

加强大气污染联防联控立法的备案审查机制有助于立法信息的交流，同时有效地减少立法冲突。我国《立法法》对地方性法规、自治条例、单行条例等的备案审查作出了规定，建立备案审查机制，不仅有利于法制监督，同

---

〔1〕 华国庆：“我国区域立法协调研究”，载《学术界》2009年第2期，第108页。

时有利于实现立法的公平正义，而且能够有效地解决法律冲突，为立法协调奠定基础。

小　结

在大气污染联防联控的进程中，以立法协调的方式促进各区域合作治理大气污染能有效化解当下“各自为战”的困境。因此，大气污染联防联控立法协调机制的创建和完善是必要和可行的。《大气污染防治行动计划》、新修订的《环境保护法》《大气污染防治法》的颁布是一个良好的契机。我国应结合国内大气污染联防联控的立法现状，汲取美国、欧盟、日本大气污染联防联控立法协调机制的成熟经验及教训，在上述基础上构建适应我国国情和法制现状的大气污染联防联控立法协调机制。概括而言，建议全国人大及其常委会授权国务院，由后者实现大气污染联防联控法律关系中纵向管理关系和横向管理关系的协调统一，并构建起与之相适应的配套救济制度。与此同时，完善大气污染治理领域的生态补偿机制、信息公开和交流制度等。

第七章

大气重污染应急管理制度研究[1]

重污染天气是基于大气污染排放以及一定气象条件所形成的，它具有影响广泛、频繁，同时还可监测、可预防等特点。为此，从2013年初全国各地纷纷出台相应的大气重污染应急制度。2013年4月，环保部出台了《城市大气重污染应急预案编制指南》，规范了重污染天气应急预案的制定，明确了各级政府制定预案的职责。2013年9月，国务院发布《大气污染防治行动计划》（“国十条”），其中第9条明确指出“建立监测预警应急体系，妥善应对重污染天气”。从建立预警体系、应急预案、应急措施等方面进一步要求做好各地重污染天气应急管理体制。

当前，我国的大气污染防治形势不容乐观。总体而言，大气污染物排放总量依然居高不下，传统的煤烟型大气污染尚未得到全面控制，挥发性有机物、石化工业、机动车造成的细颗粒物、光化学烟雾、臭氧污染等有愈演愈烈之势。西方国家数百年工业化进程中逐渐显现的大气污染问题，在我国集中出现在最近数十年，呈现出复合型、结构性、集聚型特点，其规模和危害程度世所罕见，且没有成熟的国际经验可供借鉴。未来相当长的一段时间内，我国的工业化、城镇化、交通现代化将继续推进，传统能源消耗量和机动车保有量也将迅猛增长，全国空气质量的整体改善难以一蹴而就。

国外的大气污染防治经验也表明，大气重污染应急是一项艰巨的长期工作。西方后工业化国家耗费了长达半个世纪才基本解决了大气污染问题。要想短期内彻底改善我国的整体空气质量，无疑是一种美好的幻想。我们必须清醒意识到改善空气质量的艰巨性、长期性和复杂性，并做好打持久战的准备。特别是应对频频爆发的大气重污染问题，强化风险防控、做好应急预案显得尤为重要。

---

〔1〕 本章部分内容选自高桂林、罗晨煜：“大气重污染应急管理制度建设与展望”，载《环境保护》2014年第22期，第54~57页。

第一节　我国大气重污染应急管理体制建设的主要成效

一、大气重污染应急管理法律体系初具规模

频繁发生的雾霾天气，推动了我国大气重污染应急管理法律体系的迅速形成和发展。此前国家立法层面已有《中华人民共和国环境保护法》《中华人民共和国突发事件应对法》《中华人民共和国大气污染防治法》（以下简称《大气污染防治法》），其中2000年修订版的《大气污染防治法》第20条规定：造成或者可能造成大气污染事故、危害人体健康的，必须立即采取防治大气污染危害的应急措施，通报可能受到大气污染危害的单位和居民，并报告当地环境保护行政主管部门，接受调查处理。《大气污染防治法》主要针对大气污染制定的法律，是大气重污染应急管理法律体系的基础法律。

行政规章类有《突发环境事件应急预案管理暂行办法》《国务院办公厅转发环境保护部等部门关于推进大气污染联防联控工作改善区域空气质量的指导意见的通知》《重点区域大气污染防治"十二五"规划》《大气污染防治行动计划》《环境空气质量标准》《环境空气质量指数（AQI）技术规定（试行）》《城市大气重污染应急预案编制指南》。

地方层面以国家层面的法律、规章为依据，纷纷制定以市级行政区域大气重污染应急管理制度为基础，省级行政区为统一体系，京津冀、长三角、珠三角区域建立联动机制。例如《北京公布空气重污染应急预案》《河北省空气重污染应急管理办法（暂行）》《京津冀及周边地区落实大气污染防治行动计划实施细则》《珠江三角洲大气重污染应急预案》等。根据《大气污染防治行动计划》，到2014年，京津冀、长三角、珠三角区域要完成区域、省、市级重污染天气监测预警系统建设；其他省（区、市）、副省级市、省会城市于2015年底前完成。要做好重污染天气过程的趋势分析，完善会商研判机制，提高监测预警的准确度，及时发布监测预警信息。

二、各地大气重污染应急管理体制初步形成

（一）设立组织领导机构

《大气污染防治行动计划》第9条第3款明确规定：将重污染天气应急响

应纳入地方人民政府突发事件应急管理体系，实行政府主要负责人负责制。在一定行政区域内成立大气重污染应急指挥中心，主要应对大气重污染情况下，决策、领导整个应急预案的中枢机构，由当地主管环境保护单位负责。同时，在大气重污染应急指挥中心部署下，各职能部门严格履行各自职责。因此，地方人民政府要按照国家突发事件应对的有关要求，通过完善体制、健全机制，形成政府组织实施、有关部门和单位具体落实、全民共同参与的重污染天气应急领导体系。

（二）设立监测与预警机制

大气污染监测是大气重污染应急管理制度运行的前提条件，只有科学、准确、及时地监测污染情况，才能有效发挥应急制度建设的作用。大气污染监测主要由气象部门和环保部门负责，建立环保局与市气象局联席会议制度。及时研判气象趋势并向应急指挥部门报告监测信息，提供决策依据。预警机制一般按照污染物的浓度以及气候因素进行分类。不同的污染物浓度代表不同的等级，同时一般以不同的颜色对应不同的等级。根据大气污染物监测的结果由预警发布者宣布解除，预警解除也宣告各应急措施停止执行实施。

（三）完善应急响应措施

首先是行政指导行为。行政指导是一种倡导性质的应急措施，包括预警级别较低、污染危害较小时所采用的应急措施以及对居民健康防护进行科学指导。其次是行政命令行为。行政命令比行政指导具有更强的拘束力和执行力。基于大气重污染的严重性和紧迫性，这就需要运用行政命令对社会生活和经济活动采取相应的措施，颁布一些能够降低大气污染排放的禁令。最后是行政强制行为。应急预案一般只是一种行政命令，对污染单位以及其他社会主体规定一种义务，需要运用行政强制手段保障禁令实施。

（四）建立应急保障机制

应急资源是应急管理工作的重要支撑力量，其保障能力的形成是通过应急资源投入保障机制实现的。应急保障机制是应急预案运行的大后勤，主要包括组织保障、信息保障、人员保障、物资保障以及财政资金保障。

（五）应急预案评估

应急预案制定完成后需要进行整体评估，对预案响应的社会效果达到预期目标后再推出公布。应急响应终止后各成员单位要将应急措施落实情况以书面形式上报大气应急指挥部门，大气应急指挥部门组织有关部门和专家进行总结评估，提出改进意见，为以后的政府规划、应急措施改进、污染防治提供依据。

第二节 我国大气重污染应急管理的突出问题

一、决策指挥制度问题

第一，应急管理人员专业化程度较低。主要是应急管理人员缺乏专职化。基于政府的行政编制制度，应急响应人员都有固定职能，应急预案的实施只能加重其工作任务而导致其消极应对，同时也面临非专职而不能专业化问题。同时也导致应急管理人员缺乏专业化技能。大气重污染事件应对中的前期处置主要还是依赖于个人的经验和常识，没有经过系统、科学的模型理论分析。尽管聘任相关领域专家，但是没有很好的机制让专家参与应急领导决策，还只是处于建议咨询状态。

第二，区域内政府横向合作不足。大气重污染往往具有区域性特点。大气污染扩散速度快、影响范围大、持续时间长，是人类社会常见的公害之一。由于区域政府间横向维度合作不足，使得局部应急预案实施效果不显著。

区域内由于行政区划的划分，权力体系也因此隔离，对于相关政府来说既无法律支撑又无职权管辖，主动合作尚不多见。此外环境治理将会影响作为政绩的GDP增长，这也从客观上阻碍了区域间合作的积极性。

此外，政府之间信息共享不充分，大气重污染信息只在本行政区域内公布，预警发布也只针对本行政区域进行。

二、预案制度问题

第一，预案制定缺乏法定听证程序。各地政府在制定环境应急预案的过程中一般都会进行征求社会意见、公开草案等立法程序。大气重污染如此频繁而且应急措施对居民的生活和企业运行都会产生极大影响，避免因为程序问题而失去法律应有的公平、正义。但是在应急预案制定过程中没有相应沟通机制，缺乏一种相互之间的沟通机制，使得利益攸关方不能各抒己见，达成一种合理、合法的社会共识。只有减少执行中出现的矛盾，才能提高对预案的认同。

第二，预案缺乏配套制度支持。应急预案的实施需要其他制度的配合，尤其是城市规划制度。尽管《突发事件应对法》第19条规定：城乡规划应当符合预防、处置突发事件的需要，统筹安排应对突发事件所必需的设备和基础设施建设，合理确定应急避难场所。《中华人民共和国城乡规划法》第4条：制定和实施城乡规划，防止污染和其他公害，并符合区域人口发展、国防建设、防灾减灾和公共卫生、公共安全的需要。但是在各地城市规划中，始终没有把应对城市重污染天气划入规划之中。

第三，预案后评估制度不足。大气重污染应急预案生效之前，应当对预案实行进行预评估，检测其对社会生活会产生什么影响。在应急预案出台后，根据每次预案响应的实施效果进行评估总结。只有这样才能提高整个应急预案的水平，但是现在缺乏相关制度依托，每次预案实施后各部门提交的报告都以工作总结形式“多谈功绩，少谈问题”，并且也没有形成一种固定的评估体系来评价每次应急响应的实施成效。不仅如此，还缺乏独立的第三方评价体系对其进行评估。

三、社会参与机制方面的问题

第一，专家参与机制存在缺陷。大气重污染事件应急管理具有紧迫性和专业性的特点。由于大气重污染天气的形成原因复杂多样。例如，气候大环境变化与区域小环境的影响、季节性大气污染比例构成分析、经济产业布局变化等，只有在相应领域内的专家和学者才能处理此类信息。尽管有些政府单位已经成立了相关的专家库，但是专家库中的专家主要以咨询为主，并没有参与整个应急预案从制定、出台、响应、评估改善的整个过程，也没有不同领域间专家的会商制度，专家的分析和意见只停留在本研究区域内。

第二，社会应急救援力量参与不足。大气重污染应急管理需要大批的应急力量，仅仅依靠政府的应急力量难以解决越来越频繁的大气重污染管理需求。但是政府也面临一个行政效率的问题，配备队伍庞大的应急队伍不仅加重政府的负担也在客观上造成资源闲置浪费。为此需要引入灵活的社会补充机制，主要是发展志愿者组织。但是我们国家还没有形成一个完善的志愿者组织和服务体系，缺乏专业化的社会救援机构。同时目前的志愿者队伍都以自发公益组织为主，没有相关的技术培训。

四、应急资源保障方面的问题

应急资源保障主要解决物资保障和人员保障问题。在应急资源保障方面的不足主要包括:

第一，物资方面主要保障能力缺乏科学的评估。应急物资的保障能力评估是发现应急物资储备中存在的问题与不足，调整应急物资的储备结构合理安排应急物资储备方式，提高应急物资保障能力的重要手段。如在大气重污染时一般都对城市车辆限行而转乘公共交通如何调配足够车辆来缓解运力，而在平时又需要筹备多少应急车辆都需要进行严格的科学评估。

第二，人员保障不足。目前大气重污染应急都以政府主导，大部分应急救助都是政府机构人员。但是政府机构的编制人员都具有固定的职能工作，面对大范围的空气重污染，需要在短时间内进行排污监管、交通疏导、公共秩序维护，显然是捉襟见肘的。如何保障执法及应急人员如何能够应对重污染天气，还需要进一步科学探索以及制度建设。

第三节　我国大气重污染应急管理体制完善的若干对策

一、加强政府指挥决策制度建设

第一，重视政府应急人员职业化建设。政府应加强对大气重污染应急队伍的建设，相关应急保障人员应职业化、专业化。这样才能保证应对频繁发生的大气重污染天气，能够快速做出判断，是否需要进行预警以及响应应急措施。同时由于队伍的稳定性可以培养出一批专门从事大气污染应急管理的专门人才，能够合情、合理、合法、高效地执行抽象的应急预案措施。此外，还需要发挥专家对大气重污染应急管理制度建设的作用。应急预案的制定和执行必须要听取专家的意见，才能使预案具有规范性和科学性。希望把大气污染应急决策从领导决策转向专家和领导共同决策。

第二，加强政府之间的横向合作机制。目前环境保护都以省级行政区域为界，跨省、区之间治理没有相关法律法规进行配套支持，加之地方利益保护，区域共同预警应急阻力重重。要破除这些障碍，相关部门应当对大气污染严重的区域制定相应的基础性法律和规章，设立能够联防联治的框架，促进预警和应急措施的一体化。

二、完善应急预案内容

第一，完善预案制定程序。根据《城市大气重污染应急预案编制指南》，预案的制定包括以下几个步骤：首先成立预案编制小组，其次对大气环境质量数据、地方污染情况以及社会人文情况调查，再次对大气重污染天气进行预测评估，最后制定预案并公布。由于应急预案措施将会限制居民出行、企业生产等措施，这将严重影响城市生产生活秩序，同时也是一种针对社会公益性质的行政立法活动。为此各地方政府在制定预案时必须采取听证程序。

采取立法听证制度是协调各利益攸关方的解决之道，同时增强各方对限制措施的认同感。任何法律法规制定都会面临公平正义问题，不同的应急措施将影响不同社会主体的利益，所以应当在预案出台之前就协调好各方的利益。听证会是一种公开透明的征求社会意见的制度，能够集众人之智慧采百家之言，理性、合理制定预案以提高各方的认同，增强应急预案的实施效果，充分体现行政立法的民主性原则。

第二，配套应急预案规划制度。大气重污染应急预案与城市规划制度严重脱离，没有城市基础设施的支持，应急预案的实施效果将会大打折扣。所有城市的大气重污染应急预案都体现了短、平、快的特点，只是考虑当前能够采取严格措施缓解大气重污染以及民众焦虑的情绪。而没有从城市发展的角度，把大气重污染应急所需的各方面影响有机地整合起来。例如，在降低移动污染源方面，只是强制地停开公车和私车限行，但是人们的出行量还是如此，以此所需的公共交通设施却没有加大建设，往往造成一限行，各车站人满为患。在产业发展规划上也是如此，一旦因为重污染采取应急措施，相关上游企业关停导致下游企业生产受到影响，严重影响当地的经济秩序。

第三，加强大气重污染应急预案评估机制。通过执行预案的应急措施，验证预案是否能达到预期治理效果，是否具有科学性、合理性、有效性等特点，如发现预案缺陷应当及时修正。为此，政府应当结合相关专家意见从以下几个方面建立评估机制：

时间效率：在预警发布后，各部门应急响应的时间速度，对突发状况救援疏导的时间和效率。人员使用效率：运用最少的应急救助人员，维护最和谐的应急秩序，同时保障救援指导人员的人身安全。经济效益：协调环境与社会经济发展也应当融入应急预案，如何以最小的经济代价控制大气重污染，是制定应急预案的基本要求。社会影响：一个应急预案应当对社会的影响越小越好，对当前的社会秩序的冲击降到最低，同时能够在预案结束之后迅速恢复。这些都是考核一个应急预案好坏的重要因素。

三、完善信息管理制度

第一，建立综合信息处理中心。基于信息对大气重污染应急措施响应的先决条件，建议各级政府基于各自职权范围设立综合信息处理中心。综合信息处理中心不仅涵盖大气环境等信息，还包括城市及相关区域的地理信息、城市规划、重污染企业名录、交通路况等。综合信息处理中心的功能就是分析各类与应急预案相关的信息，在预警和响应应急措施时能够综合处理为领导机构提供有效的信息，并为预案评估提供依据。更为重要的是建立综合信息处理中心保证了相关信息能够在各级政府间的交流沟通。

第二，建立大气重污染数据库。建立大气重污染数据库是实现政府间信息共享的一个平台，为加强政府间信息的沟通创造条件。在常态情况下，对本行政区域内的大气数据、污染物数据、应急预案措施、专家库、应急保障的物资、交通疏散路线及应急评估报告进行整理登记。信息不对称是政府重复建设的根源，大气重污染数据库的建立可以减少政府重复建设，节约社会资源。发生大气重污染时，能够及时了解相关信息，提高应急效率。

四、加大社会力量参与及建设

第一，大气重污染专家库建设。首先规范专家的聘任制度。需要研究大气重污染应急预案的特点，提出一套切实可行的专家遴选制度，明确相关学科领域，制定筛选制度。加强不同领域内专家的交流，综合考虑专家在应急预案上的作用。其次，加强政府间专家信息共享和交流。在同一个领域内较知名的专家可以在同级或上下级政府间推荐交流。最后，提高专家与政府间的交流。专家与政府间交流能破除不同领域之间的阻碍，专家可以从实际中获得科研资料，提高自身科研水平反哺预案实施。

第二，志愿者队伍建设。重污染天气所产生的负面影响需要专业人士救助和指导，同时应急措施的实施响应也需要专业人士，志愿者队伍就扮演了这一角色。借鉴发达国家完善的志愿者队伍组织体系，在各个城市中组织专业的志愿者队伍，例如医护志愿者队伍。志愿者组织的建设也会促进整个社会救助水平的提高。

五、建立和健全应急保障机制

第一，建立科学物资保障制度。目前对应急物资的储备以经验性为主，不是建立在科学的风险评估基础上。只有建立科学的风险评估，才能合理地储备应急物资的种类、数量和储备方式。在储备物资上，根据重污染天气的发展状况进行存储，既要考虑社会救助效益。同时也需要考虑经济效益。避免储备不足造成应急不当，也不能因过度储备造成浪费。此外还需要科学合理分配储备的方式，对于一些重要的应急物资必须进行实物储备，一些能够大规模生产的可以与生产厂家进行合同储备等。

第二，强化应急保障队伍建设。首先设定科学的标准，对响应的社会组织进行遴选，根据拥有的不同应急救助能力进行分类编组。其次出台相应的行政立法，为动员此类组织奠定法律依据。此类立法目的在于规范动员的途径，而不是从政治角度、模式进行动员，使得动员过程规范有序。最后加强对社会组织的扶持力度。对于在应急过程中突出表现的单位或者个人进行奖励，在财政上对相关组织进行扶持。

六、进行大气重污染应急管理措施后评估

为更好应对未来可能出现的重污染天气，评估现有的应急调控措施是否合理有效，建议开展应急调控措施后评估工作。

第一，减排效果后评估。汇总分析大气重污染应急时期的空气质量监测数据、天象数据、污染源排放数据等。主要从大气污染物减排效果方面，对大气重污染应急管理措施进行后评估工作。

第二，减排成本分析。不同产业的不同企业因遵守大气重污染应急管理措施而产生的经济损失各异，应进行不同产业及企业间的比对分析，设计出更符合成本收益原则的应急管理方案，并针对应急管理过程中出现的不足和问题，进一步完善现有的应急管理方案。

第三，建立应急减排补偿机制。各地方政府可根据自身情况建立相应的应急减排补偿机制。对于因执行大气重污染应急管理措施中限产、减产措施而造成损失的企业，政府应按一定的比例对受损企业进行补偿。

小　结

造成大气重污染事件的主要原因是不利气象条件、大气污染物排放量大、区域远距离传输影响等，其表现形式复杂、危害后果往往比较严重。我国《大气污染防治行动计划》所提出的10条治理措施中的第9条明确指出要妥善应对重污染天气。目前，针对大气重污染事件，我国各重污染区域初步建立了由应急预案、强制性和建议性应急措施等组成的应急管理机制。该机制在应对近期发生的区域性大气重污染事件方面发挥了一定的积极作用，但在决策指挥制度、预案制度、社会公众参与、应急资源保障等方面还存在很多不足之处，有必要对采取的应急措施进行相应的评估。

辩证地看，治理大气污染和改善空气质量是一项长期而艰巨的工程。当下，现有的技术无法在短期内根本性地改善空气质量，为最大限度地减轻大气重污染事件对社会公众造成的负面影响，建立和完善大气重污染应急管理制度对于落实生态文明建设具有重要意义。为此，应加强政府指挥决策制度建设、完善应急预案内容、完善信息管理制度、加大社会力量参与及建设、建立和健全应急保障机制。

第八章
大气污染公益诉讼制度研究〔1〕

随着工业化进程的发展，大气污染日益严重，尤其是近两年雾霾问题和PM2.5已成为公众最为关注的问题之一，大气污染不仅危害到公私财产的安全，而且威胁着人们的身心健康。从2013年以来，全国多地遭受雾霾的侵袭，霾面积覆盖至143万平方公里，大约8亿以上的人口受到影响。〔2〕

大气污染的治理迫在眉睫，很多经济发达城市已经制定了较为严格的大气污染法律法规，国务院多部委也联合制定行政法规通过联防联控、公共治理、排污补偿等制度的建立试图通过多方位、多角度、多区域的途径治理大气污染。要想从根源上治理大气污染，还需建立与我国国情相适应的法律法规，通过立法、执法、司法程序，制定长远的战略规划与法律对策。

2012年《民事诉讼法》增加了公益诉讼制度，2014年《环境保护法》增加了环境公益诉讼制度，为大气污染的公益诉讼制度的建立提供了依据，同时也通过司法途径为大气污染的治理做出了贡献。

第一节　大气污染公益诉讼制度概述

一、公益诉讼的概念和特征

诉讼，是一种需要有当事人的参加，依照法定的程序，通过司法途径解决纠纷的救济机制。即不同主体因为不同的利益关系而产生的冲突或者纠纷适用调解、和解等非诉讼手段得不到解决，而交付于法律解决的冲突救济机制。现代诉讼主要分为民事诉讼、刑事诉讼和行政诉讼。一般意义的诉讼主

〔1〕 本章主要由姚银银撰写。

〔2〕 高桂林、刘向宁、李姗姗编著：《环境法：原理与案例》，知识产权出版社2012年版，第21页。

要有以下特征：审判分离；司法权独立；审判公开；自由心证；诉讼主体法定；诉讼标的争议性；诉讼程序法定；诉讼过程的阶段性和连续性等。

公益诉讼的概念目前学界并无定论，通常被理解为以个人、团体组织、国家机关等为原告，以损害社会公益的行为为对象，为了制止损害行为而向法院提起的诉讼。公益诉讼，是对传统私益诉讼的突破，是新的社会矛盾下的产物。这种诉讼突破了传统的当事人理论，不要求提起诉讼的人与遭受损害之间具有直接的因果关系。〔1〕根据诉讼的目的，公益诉讼是为了保护公共利益而提起的诉讼；根据诉讼涉及的范围，公益诉讼是涉及国家利益、政府利益、社会公众利益的诉讼；根据提起诉讼的主体，公益诉讼不要求提起诉讼的主体与损害结果有直接的因果关系。公益诉讼是因公共利益受到损害而产生的司法救济，作为中立的、最后的救济途径而存在的。

二、环境公益诉讼的概念和特征

环境公益诉讼没有精确的定义，社会公益必须体现到公众的真实的权利上才有意义，一味地倡导环境权益属于社会公众，只是交由国家或者政府去替代管理，而未赋予公众的司法监督途径不能实现真正的环境保护。公民作为环境破坏直接的受害者有权通过最后一道救济途径——司法救济来维护自己的权益，来实现监督的作用。得到司法救济遍布的范围、正义总量的满意程度是衡量一国司法水平高低的标尺。因此，环境公益诉讼定义如下比较恰当：环境公益诉讼，是指任何人、社会组织及国家机关，为了保护环境公共利益，当其认为环境受到直接或者间接的损害或存在损害之虞时，请求任何与此作为或者不作为有关的人为被告，请求其作为或者不作为，并赔偿造成的损害的诉讼制度。〔2〕

全民共有的公共资源，是人类生存不可缺少的必备要素，任何人不得随意破坏、侵占。国家是受全民委托而享有管理职权的，表现为行政机关对环境保护的职权，而公务员作为实际执行人，不得随意滥用职权损害国家环境利益，损害公众的环境权益。任何人及团体对受委托的管理人损害环境利益的行为有权通过司法途径行使监管权。同时，由于环境利益重大，环境修复

〔1〕参见颜运秋：“公益经济诉讼：经济法诉讼体系的构建”，中南大学2006年博士学位论文。

〔2〕别涛：“环境公益诉讼的立法构想”，载《环境保护》2005年第6期，第23页。

困难，环境破坏造成的损害有的是间接的或者短期内难以察觉的。因此，环境公益诉讼的原告不要求与环境破坏而遭到损害有因果关系，也不要求被告的作为或者不作为直接导致环境破坏。

三、大气污染公益诉讼的概念和特征

（一）大气污染公益诉讼的概念

大气污染公益诉讼具体的制度构建及理念等问题没有系统的分析与明确的定论。根据大气污染的特征，大气污染公益诉讼即指与大气污染相关的公众、社会组织、公权力机关对因其他任何主体的作为或者不作为造成直接或者间接的损害或者有损害之虞的，有权向法院提起诉讼。请求停止侵害或者施予管理，并赔偿已经造成的环境损害。

（二）大气污染公益诉讼的特征

第一，起诉的主体不同。由于大气污染的危害对象不特定，危害产生的后果是潜在的，而治理大气污染的受益主体非常广泛，按照传统的诉讼理论，很难实现诉讼目的。因此，大气污染公益诉讼的主体不仅应包括直接的利害关系人，还应将可能的利害关系人纳入其中。

第二，诉讼目的不同。大气污染公益诉讼的本质目的是为了防止因大气污染造成的损害，维护公共利益。在维护法律秩序的同时，保护了大气公益，客观上也维护了单独个体的私益，但大气污染公益诉讼的出发点是为了保护环境公益，与传统诉讼保护私益为出发点有着本质的区别。

第三，请求救济的内容不同。传统的诉讼只能对已经造成的损害提起诉讼，但由于大气污染的破坏很难恢复，恢复起来的成本极高，因此，大气污染公益诉讼必须体现预防和风险防范的功能，对于潜在的或者可能造成大气环境损害的任何行为——包括抽象的行政行为、具体的行政行为和民事行为都可以提起诉讼。

第四，受益主体的不确定性。大气污染公益诉讼的起诉者不一定与案件有直接利害关系，起诉者花费时间、金钱、精力，甚至要承担败诉的风险，即使赢得了诉讼也并非唯一的受益主体，甚至诉讼结果并不直接惠及起诉者本人。因此，公众缺乏提起大气污染公益诉讼的动力。[1] 而大气污染却直接

---

〔1〕 参见陈秋华："我国环境公益诉讼制度构建初探"，山东大学2006年硕士学位论文。

或者间接地影响到每个人的生活，大气污染公益诉讼的提起非常必要，因此，在制度设计时，应该考虑相关因素，鼓励相关者提起大气污染公益诉讼。

（三）大气污染公益诉讼与环境公益诉讼的关系

环境问题包括大气污染、水污染、固体废弃物污染、噪声污染、放射性污染，海洋、土地、野生动物等多方面的问题，同时，我国的公益诉讼制度还不完善。大气污染的治理迫在眉睫，关乎每个人的健康与生活质量，而多年来，政府对大气污染的治理并没有十分重视，企业也以牺牲大气污染为代价换取经济利益，公众遭到大气污染的损害却无途径得到救济。另外，由于大气的流动性，在大气污染治理过程中，很难按照区域或者如水污染治理的流域进行固定划分，因此，大气污染的不稳定性及治理的紧迫性要求大气污染的公益诉讼有别于其他的环境公益诉讼。

四、大气污染公益诉讼的类型

大气污染公益诉讼根据不同的标准可以进行不同的划分，根据诉讼主体的不同可以分为公民个人、社会团体、检察机关和政府机关提起的大气污染公益诉讼；根据诉讼功能的不同可以分为事前预防的大气污染公益诉讼和事后补救的大气污染公益诉讼；根据被诉对象的不同可以分为大气污染民事公益诉讼和大气污染行政公益诉讼。根据被诉对象的划分比较符合我国诉讼类型的划分，两者的具体含义如下：

大气污染民事公益诉讼是针对有关民事主体破坏或者污染大气环境，损害社会公众的利益，由社会个体成员提起的诉讼，诉讼程序适用《民事诉讼法》的相关规定。公民或者法人以保护大气为目的，为了环境公共利益，针对其他民事主体损害大气公共利益的行为而提起的诉讼。

大气污染行政公益诉讼是指由行政管理间接相对人和大气环境受害者提起的，针对政府的具体行政行为与抽象行政行为损害大气环境的公共利益而提起的诉讼。诉讼的过程适用《行政诉讼法》的规定。

五、大气污染公益诉讼的困境分析

（一）大气污染公益诉讼立法的缺失

《民事诉讼法》第55条和《环境保护法》第58条对公益诉讼、环境公益诉讼进行了规制，然而该立法由于缺乏实施细则而实践性较弱。大气污染的治理迫在眉睫，因此，需要尽快完善理论体系，研究制度建设的原则、框架及具体内容，才能有效推进大气污染公益诉讼制度的建立。

（二）大气污染公益诉讼公众参与的缺失

大气污染的严重危害推动我国公民环境意识的提高，我国公众参与大气污染治理的热情很高，但却由于法律规定缺乏可操作性使公众难以真正地参与到大气污染治理中。主要表现在：一是对公众的定义不明晰，即哪些群体以什么样的方式通过何种途径参加大气污染治理不明确；二是政府在大气污染治理中缺乏合理引导，包揽治理责任，易导致公众责任感的缺失；三是政府信息公开制度不完善，公众缺乏实现知情权的制度化途径；四是缺乏公众监督平台，难以反应公众的真实需求；五是缺乏公众参与的司法监督制度。

（三）大气污染司法救济的障碍

虽然司法救济是最后一道救济途径，但在我国，通过司法救济对大气污染治理的作用极其微小，加上我国司法权与行政权并不独立，因此，极易受地方政府的干扰。法院在审理大气污染治理案件时，一是缺乏相关技术支持，没有科学的评价体系与标准，难以准确界定损害数额；二是举证责任的分配与证明标准的运用存在分歧。因此，大气污染公益诉讼制度的构建是一项复杂而艰巨的任务。

（四）大气污染公益诉讼原告资格的确认

原告资格的确认是困扰大气污染公益诉讼的首要难题，主要原因如下：

第一，大气污染公益诉讼是为了公共利益，区别于个人的私益，因此，诉讼提起者与损害结果往往不存在直接的因果关系，根据传统的诉讼理论，法院一般以主体不适格而裁定不予受理。

第二，大气污染造成的损害后果具有不稳定性，而治理的周期比较长，会危害后代人的利益，而法律缺乏对未来人大气利益的保护。

第三，大气污染公益诉讼具有预防性的功能，即对可能造成大气污染的行为可以提起诉讼。因此，对可能受到损害的任何受害者都可以提起大气污染公益诉讼，为原告资格的确认造成了困扰 。〔1〕

因此，解决大气污染公益诉讼的原告资格问题，才能有效完善该制度的建设。

---

〔1〕 唐玉珍：“论我国环境公益诉讼制度之构建”，大连海事大学2008年硕士学位论文。

（五）大气污染公益诉讼因果关系难以界定

由于大气的流动性与其本身具有的特征，在大气污染公益诉讼中，很难通过科学的分析确认损害与行为之间的因果关系。如多种大气污染的行为造成了一种或者多种损害，行为会发生竞合、叠加、相抵、累进等多种方式，是哪种形式导致了损害后果，很难通过现有的科学手段加以证明。

六、建立公益诉讼制度对大气污染治理的意义

根据大气污染治理的困境分析可知，大气污染的治理需要政府、企业与公众的配合才能取得良好的效果，同时需要构建立法、执法、司法的协作机制。传统的公益保护模式认为只有国家才有权利和责任去制止大气污染的损害行为，目前，我国大气污染的治理采用此种模式，主要依靠政府的管理，但由于此种模式存在很多缺陷，如政府的信息不充分、有限理性等导致大气污染治理的政策制定、执法过程面临很多障碍。〔1〕其次，由于在大气污染治理过程中，政府作为管理部门承担大气治理职责的同时也是作为独立的利益群体而存在，政府拥有的执法权极易成为各种经济利益、政治利益博弈的工具，执法的过程会受到各种因素的干扰从而滋生腐败。〔2〕大气污染的治理成为摆设，成为没有约束的软法。因此，有必要构建大气污染公益诉讼制度，实现司法权对行政权的制约。

从环境法的经验看出，我国环境法的执行存在很大的问题，使环境法一直属于“软法”。“徒法不足以自行”，一部法律的生命力在于良好的执行，否则其作用会大打折扣。在我国，大气污染的治理主要依靠政府，大气污染相关法律并未赋予公众参与的实质权利。因此，建立大气污染公益诉讼，解决大气污染治理的公众参与缺失问题，并通过司法来监督执法，不仅能解决大气污染相关法的软法状态，同时能有效推进大气污染的治理。

第二节　国外主要国家大气污染公益诉讼概况

由于美国、日本、印度和欧盟这些国家和组织大气污染公益诉讼制度建

---

〔1〕张帆：《自然资源与环境经济学》，上海人民出版社 1999 年版，第 23 页。

〔2〕参见张式军：“环境公益诉讼原告资格研究”，武汉大学 2005 年博士学位论文。

立的比较早，经历了从建立到完善的过程。在诉讼制度的构建方面，相关配套制度的完善都有着成熟的理论体系，因此，学习国外主要国家大气污染公益诉讼的经验，结合我国的具体国情与法制现状进行制度转化与应用，对构建我国大气污染公益诉讼具有重要的借鉴意义。

一、美国大气污染公益诉讼制度

大气污染公益诉讼制度建立之初，在配套制度建设和实践层面还有很多缺陷，研究美国相关公益诉讼制度对推进我国大气污染公益诉讼制度具有良好的建借鉴意义。

（一）美国大气污染公民诉讼的发展

美国的环境公民诉讼制度，建立在“环境公共财产”“公共信托”“实体环境权”等理论基础上，实质上属于环境公益诉讼制度。它突破了传统的诉讼理念，以促进公益为建制的目的和诉讼的要件，诉讼目的不仅仅是为了个案的救济，而是督促政府或受管制者积极采取某些促进公益的法定行为，判决的效力亦不仅仅局限于直接参与诉讼的当事人。[1] 美国公民诉讼实施了三十多年，取得了良好的效果，有效地推进了大气污染的治理及其它环境问题的解决。

美国的环境公民诉讼制度赋予直接或者间接受到影响的任何公民，对任何造成大气污染的环境破坏行为及未履行法定监管职责的联邦环保局提起诉讼的权利。美国的环境公民诉讼制度起源于20世纪70年代，当时，美国法院的功能也只是处理个人利益的纠纷，对公益损害的行为，除非受到直接的侵害才有资格提起诉讼，或是检察官代表国家提起诉讼。然而，随着经济的快速发展，美国出现多种公害事件，公众的权益普遍的受到危害，在全国内掀起游行、示威等的环境保护运动，对环境起诉权的原告资格提出要求。迫于此压力，美国在1970年修订的《清洁空气法》中加入公民诉讼条款。

美国环境公民诉讼带给我们这样的启发：政府永远没有足够的资源妥善处理每个大气污染的环境问题，而公众作为最直接的利益相关者是环境问题最经济、最有效的监控者。公众监督不仅给美国的大气污染治理带来新的生

〔1〕 李静云：“美国环境公益诉讼——环境公民诉讼的基本内容介绍”，载别涛主编：《环境公益诉讼》，法律出版社2007年版，第92页。

机，而且对联邦环境执法形成良性的监督。

（二）美国大气污染公民诉讼的主要内容

第一，原告资格。原告资格是公民诉讼制度的核心，1970 年的《清洁空气法》规定任何人都有权利作为大气污染的原告，未通过任何法律条件的限定排除某些人或群体。经过一系列的实践和经验总结，美国通过判例的形式逐渐确立了原告适格的三个标准，即原告受到的损害区别于一般公众，并且损害是具体的。这种损害必须与被告具有一定的因果关系，可以合理地归因于被告的行为。损害可以为法院的判决所救济。从这三个标准可以看出，美国大气污染公民诉讼对原告资格与普通的诉讼有着很大的区别，不要求原告与损害的因果关系，但对原告的资格与损害的结果要求具有一定的关联性，并且这种关联要求能够得到具体的证明，如证明居住在污染源的附近等。

第二，被告和起诉事由。美国大气污染公民诉讼的被告有两种，一种是因违反大气污染排放标准的个人、企业、政府机关等在内的污染源为被告；一种是因未履行法定职责的联邦环保局长为被告。就起诉事由而言，以污染源为被告的起诉事由是因不同主体污染物排放而造成大气污染的行为，以联邦环保局为被告的起诉事由是未履行法定职权。对于因污染排放行为引起的诉讼，因为不涉及国家机关的职权，所以法院对原告等的资格限制少，而对未履行法定职责引起的大气污染公民诉讼，必须具备行为的可诉性才能提起诉讼。

第三，起诉的条件和前置程序。如果诉讼条件过于宽泛，会导致滥诉，增加法院诉讼负担的同时影响行政机关的效率。因此，设置一定的前置程序有利于保障权力监督的同时，防止因其它目的导致的滥诉。其具体规定是：大气污染公民诉讼的起诉人在起诉前必须将书面的起诉意愿通知送交被主张的违法者及联邦政府和州政府。从该通知送交之日起满 60 日后，起诉人才能提起诉讼。政府有权选择自己提起诉讼，同时给被告纠正违法行为及和解的机会。

第四，裁判结果。美国《清洁空气法》对公民诉讼的裁判结果有：颁发禁止令；要求行政主管机关实施法律要求的行为或履行法定的职责；采取相应的补救措施；科以罚金。

第五，诉讼费用。美国大气污染的公民诉讼目的是为了公共利益，但提起诉讼需要时间成本和经济成本，尤其是高科技的调查与论证以及高昂的律师费用，这些都会成为公民诉讼的阻碍。因此，美国授权法院在其认为适当时判发律师费给当事人以及酌定补助专家鉴定费。

二、日本大气污染公益诉讼制度

（一）日本产业型大气污染诉讼案例分析

1. 案例简介

1953年，千叶制铁所的第一熔铁炉开始投入生产。自1955年起，千叶制铁所开始产生公害。1974年11月，日本环境厅认定千叶制铁所所在地千叶市苏我镇为第一类污染地域。千叶制铁所据此表示要竭力防止公害发生，但又于1975年3月与千叶县、千叶市缔结了《关于第六号熔铁炉建设的协定》。深受大气污染侵害的周围居民和公害病认定者在协议缔结之前，结成了“无公害会”，强烈反对建设“第六号熔铁炉”，并于1974年12月决定提起请求停止“第六号熔铁炉”建设的诉讼。[1]

2. 诉讼请求与答辩

鉴于此，为了维护原告的人格权，保障原告有在舒适的环境中生活和工作的权利，特根据《日本国宪法》第13、25条之规定，提起诉讼。提出以下诉讼请求：第一，判令被告立即停止第六号熔铁炉的建设行为；第二，判令被告立即阻止超过现行环境标准值的氧化物、二氧化氮、浮游粒子状物质侵入居民区和生产区；第三，被告对原告每人应支付1200万日元至3600万日元的损害赔偿。

对于原告提起的诉讼，被告千叶制铁所进行了认真答辩。答辩内容归纳起来，有如下几点：第一，原告中有一部分人不属于公害病患者，因而不具备原告的主体资格；第二，有吸烟和既往病史的人不是公害患者，其病因与大气污染没有因果关系。另外，千叶制铁所请求法院要求原告出具其所患疾病与公害有关的证据，并请求法院发布文书提出命令，要求接受了患者诊断和治疗的医院或医生提供相关病历等证据。千叶地方法院民事二部对于被告的答辩及请求经过慎重考虑后认为：病人的病历是最直接、最重要的证据，对于被告请求发布文书提出命令的主张应予以认定。于是在1984年7月，法院向千叶市内的医院或医师发出了提供原告患者医疗或就诊病历的文书提出

[1] 冷罗生：《日本公害诉讼理论与案例评析》，商务印书馆2005年版。

命令。

对于千叶地方法院民事二部的文书提出命令，原告方认为：“个别鉴定所耗时间过长，如果片面强调鉴定，会使审判陷于久拖不决的局面”，并以此为由向东京高等法院提出了即时抗告。东京高等法院民事九部于同年9月对该即时抗告进行了审结。审理认为：“病历不是为了患者和医生以外的第三人的利益而制作的文书”，并据此撤销了原决定。千叶制铁所对于高等法院撤销原审的决定不服，旋即向最高法院提出了特别抗告。经最高法院第一小法庭的主审法官和田诚长审理后，以千叶制铁所的特别抗告“理由不充分”为由，驳回了千叶制铁所的特别抗告。

3. 日本产业型大气污染公益诉讼法律问题分析

本案涉及的产业型大气污染诉讼法律问题如下：

第一，主要污染源的认定方法——达到的因果关系论。认定主要污染源是确定受害者的前提，在本案中，千叶地方法院采用“达到的因果关系论”认定主要污染源。首先是被告排出的大气污染物质能到达受害者的所在地点，这是认定侵害行为与损害结果的一个标准。如果能够到达受害者所在地点的污染源不是唯一的，要确认哪个或是哪些才是导致损害的污染源。其次是认定污染源时要考虑地理位置、气候因素，受害者所在区域是否因风向等因素是大气污染物聚积区域，是否因离污染源较近导致的损害。

第二，大气污染的侵害行为与损害结果的因果关系认定——发病的因果关系论。在本案中，高等法院撤销了最初决定提供门诊或者住院病例的决定，之后采用新的方式认定侵害行为与损害结果的因果关系。引起千叶地方法院变化的是最高法院1975年10月24日第二小法庭的判决，即最高法院提出，不是所有事实的因果关系都必须依照自然科学的理论来证明，必要的时候可以凭经验来判决，但证实的结果必须是侵权行为对损害结果的发生存在极大的可能性。由此，千叶法院采用疫病学的方法来认定侵害行为与损害结果的因果关系。

为了因果关系认定的准确性，千叶法院不仅以疫病学的方法为主，以环境标准来测定污染范围为辅。同时依据《公害健康被害补偿法》来论证，在形成完整的证据链后，认定原告的患病与被告千叶制铁造成的大气污染损害直接相关，并给予被告提出否定的证据的权利，被告如果不能证明原告的损害与自己导致大气污染的行为无关，则推定被告的大气污染行为与原告的病因有因果关系。

第三，损害赔偿的计算方式。在因果关系认定中，采用推定的方式认定，因此，在损害赔偿的认定中并未完全支持原告提出的诉讼请求。在大气污染的公益诉讼中，日本认定损害赔偿主要依据以下方面：一是侵权行为造成的实际损失；二是侵权行为造成的间接损失；三是侵权行为造成的精神方面的损害；四是侵权行为可能造成的损失，但由于间接损失、精神损害与未来的损失难以通过原告提供科学的、直接的证据认定，因此，往往通过法官的自由心证加以认定。

（二）日本都市型大气污染诉讼案例分析

1. 案例简介

20 世纪 90 年代，东京多条道路 50 米内产生哮喘、肺气肿等多种疾病的患者及家属联合起来，以日本政府、东京都自治政府、首都高速道路公司以及丰田、日产、日产狄赛尔、三菱、五十铃、日野、马自达 7 家汽车制造公司为被告，向东京地方法院提起诉讼。

2. 原告起诉理由

一是日本政府、首都高速道路公司、东京都自治政府在东京都修建了各种各样的道路，正是由于被告修筑了这些道路才产生了大气污染，导致了原告方的损失，上述被告应承担《国家赔偿法》第 1 条所规定的“设施设置及管理有瑕疵”的责任；二是作为日本政府、东京都自治政府对其管辖区域内的公害负有限制的义务，特别是对于汽车的废气排放有限制的义务，而被告懈怠此义务，构成不作为侵权，对于原告的损害应承担赔偿责任；三是作为大型的汽车生产厂家，明知其生产的汽车排放的尾气影响环境，损害人的健康，而不对其产品设置预防汽车废气的设施，任其排放废气，且大批量地制造和销售，因而构成对原告的不法侵害，应承担赔偿责任。

3. 日本都市型大气污染公益诉讼法律问题分析

根据此案例，日本在都市型大气污染公益诉讼法律问题如下：

第一，网状污染诉讼的认定。对受害者区域范围的划定采取网状道路的划分方法，这种划分方法在具有一定科学性的同时也有缺陷，应该考虑不同道路的车流量不同导致受污染干扰程度有所差异。对已经是受公害的患者同时存在的其他病因等。

第二，因果关系的认定采取盖然性的标准。对因果关系的认定，日本判例有两种情形，一种是从科学理论进行分析论证，依据科学的标准认定行为与损害结果的因果关系；另一种是法律结合证据对因果关系存在与否作出裁定。在日本，如野村好弘、小贺野晶一等教授则认为，法的裁量型应属于“传统的因果关系论”，而科学的判定型则属于“比例的因果关系论”。根据“比例的因果关系论”来考虑本案，可以从高度盖然性的证明和事实上的推定要件出发，认定本案各条道路沿线的大气污染是造成原告支气管炎的原因。所谓高度盖然性的证明并非如自然科学那样，绝不让人产生怀疑，而是依据经验的方法，对收集的证据进行综合考虑和分析，按照特定的事实必定招致特定的结果来高度证明因果关系的一种方法。日本法院在历来的多次判决中，都是据此来判定因果关系的。

第三，政府与企业大气污染责任的承担。根据此案的判决，法院否定了政府提出的回避不可能与遇见不可能的主张，对因政府未履行监管职责导致的因企业过量生产汽车引起的大气污染进行赔偿，而企业因未履行大气环境保护的社会责任承担相应的赔偿。

第四，请求停止侵害的诉讼。本案中千叶大学的调查数据未被采用，而在尼琦大气污染诉讼、古名屋南部诉讼利用了千叶大学的数据判定大气污染与疾病的发作有高度的盖然性。由此可以看出，在请求停止侵害的诉讼中，因法院是否对调查数据的采纳而导致的结果截然不同，法官自由心证是影响判决的关键因素。

三、印度大气污染公益诉讼制度

印度作为第一个引进公益诉讼的发展中国家，在大气污染公益诉讼方面也有着自己的特色。印度与我国的经济社会发展较为相似，承担着经济发展与大气环境保护的双重任务。因此，借鉴印度大气污染公益诉讼制度有助于我国大气污染公益诉讼制度的建设。

（一）印度大气污染公益诉讼的历史沿革与法律依据

印度作为发展中国家，为了寻求经济的快速发展，导致了一系列的环境问题，包括大气的严重污染。由于印度关于大气环境保护的立法极少，行政机关的执法效率低，公众难以通过司法参与到大气环境保护。在20世纪90年代，这些问题被印度最高法院重视，建立大气污染的公益诉讼制度，主张由环保组织提起公益诉讼，通过司法途径保护大气环境。

印度的《宪法》对公民的基本权利和基本权利的救济作了规定，从基本法的角度保障了公民的生命权、健康权，为公益诉讼提供保障。印度《环境法》对大气污染公益诉讼制度提供了法律依据，该法对大气污染公益诉讼的原告主体资格进行扩展，规定除行政机关外，任何组织和个人都可以对污染企业提起诉讼。同时对被告的资格进行限制，个人不能成为大气污染公益诉讼的被告。

(二) 印度大气污染公益诉讼的制度形式

印度大气污染公益诉讼充分考虑基本国情，为维护民众环境权益、保护环境正义建立了多种制度形式，主要有：

第一，强制执行诉讼。当大气环境执法机构发现违法行为时，可对违法的公司或者个人发出一份详细陈述理由的通知或者要求，告知其不改正则强制执行。

第二，公民诉讼。印度《环境法》规定公民仅可以作为共同被告加入到大气污染公益诉讼中。因此，印度的大气污染公益诉讼体现行政公益诉讼的特征，而附带用民事公益诉讼进行司法审查。

第三，集团诉讼。任何群体，包括非政府组织、同盟、协会等都可以团体名义作为大气污染公益诉讼的起诉人，团体诉讼是受到共同侵害的人群所提起的诉讼，往往更能取得有利的判决。

(三) 印度大气污染公益诉讼制度的特点

印度大气污染公益诉讼制度在其独特的社会背景下，形成了自己的特色，主要表现为以下几个方面：

第一，法官能动性的运用。印度公益诉讼的推进，与法官主动开创制度有着很大的关联。印度的法官通过领导法律援助运动，确立公益诉讼概念，实践中通过判例明确原告资格和受案范围，创立书信管辖权、执行委员会等制度，为大气污染公益诉讼制度的建立奠定了基础。同时，体现了诉讼程序的职权主义倾向。

第二，诉讼程序的简便灵活。由于印度较为贫穷，对公民提起公益诉讼缺乏资金支持，许多具有公益精神的个人与组织不具备准确科学调查评估行为的能力，因此法官创设了书信管辖权制度和调查委员会制度。书信管辖权制度即法院可以根据任何人或者组织的信件、明信片或者新闻报道行使公益诉讼的管辖权，具有大陆法系国家职权之一的特征。调查委员会制度指依据书信管辖权制度启动诉讼程序，可任命地方法官、专家学者、记者、律师、行政机关人员等组成一个调查委员会，负责调查案件事实并向法院做出详细的报告，阐释如何解决争议，但调查委员会只负责对事实的审查建议，对法律问题无权做出评论。[1]

第三，救济方式独具特色。印度大气污染公益诉讼救济方式主要是临时命令，是一种临时性的、应急性的救济措施。由于大气污染公益诉讼与弱势群体的生命权、健康权密切相关，因此，需要尽快得到解决，临时命令能有效处理问题。另外，法院能介入传统的行政机关职权领域，最高法院可以采取临时命令的方式使行政机关履行职权，甚至通过代替行政机关履行相关职权达到治理大气污染的效果。

四、欧洲大气污染公益诉讼制度

（一）英国大气污染公益诉讼制度的特点

英国的工业化进程较早，受到大气污染危害比较严重，英国的大气污染公益诉讼最突出的特点是原告的诉讼资格相对其他国家规定较为严格。在英国，第三方无权对政府关于大气治理的抽象行政行为提起诉讼，只能向高等法院提起复审的请求。[2] 20世纪90年代后，英国对大气污染公益诉讼的原告资格放松了要求，《污染控制法》规定任何人对环境公害行为有权提起诉讼，但原告资格依然需要经过严格的审查，需要有一定的利害关系才能提起诉讼。同时，私人大气污染公益诉讼的提起必须经过检察长的同意，否则法院无权审理。

（二）瑞典大气污染公益诉讼制度的特点

瑞典在环境保护立法、司法与执法方面都比较领先，瑞典大气污染公益诉讼的建立为大气污染的治理提供了法律保障，瑞典有专门的环境法庭，对其环境保护起着重要作用。瑞典在大气污染公益诉讼中重视公众参与，赋予公众充分的起诉权。其次，对诉讼的程序与提起法院做了规定，个人可以根据不同的诉讼请求、不同的实施危害主体向不同级别的环境法院提起诉讼。瑞

---

〔1〕 王轩：“印度公益诉讼制度评鉴”，中国政法大学2007年硕士学位论文，第23页。

〔2〕 侯小伏：“英国环境管理的公众参与及其对中国的启示”，载《中国人口·资源与环境》2004年第5期。

典独特的环境司法制度为大气污染公益诉讼制度提供了生存空间。加入欧盟后，通过国际合作与区域合作，其大气污染公益诉讼制度日趋完善。

（三）德国大气污染公益诉讼制度的特点

第一，德国受大陆法系的影响，在原告资格上要求具有法律权利与法律利益。因此，公民在提起大气污染公益诉讼时，必须证明所提起的诉讼与自己有必要的联系，这限制了原告的范围。

第二，公益代表人诉讼是德国大气污染公益诉讼的一特点，公益代表人为了公共利益，可以作为参加人依法提起公益诉讼。

第三，德国特别的检察官公益诉讼是另一特色。德国联邦行政法院设检察官一名，可参与任何大气污染公益诉讼案件，该检察官只听命于联邦政府。

第四，德国的团体诉讼规定严格。团体提起的大气污染公益诉讼，要求该团体必须经过注册审查并经国家或者某州认可，注册时间满 3 年，在法定的地域范围内申请了行政救济未得到有效解决，并且提起诉讼不以营利为目的。这些条件严格限制了团体提起大气污染公益诉讼的积极性。

五、国外大气污染公益诉讼制度对我国的启发

美国、日本、欧盟作为发达国家，在治理大气污染及大气污染公益诉讼构建中有较为成熟的经验，在理论基础与制度构建中有很多值得借鉴的地方。如在原告资格确认时，赋予公民、检察机关、环境管理机关及社会团体原告资格；在起诉条件及前置程序中可借鉴美国的做法，可避免诉讼条件宽泛及滥诉两个极端；在因果关系认定时，可借鉴日本的经验，采取盖然性标准；瑞典环境法庭的建立及德国团体诉讼的规定对完善我国大气污染公益诉讼亦有参考意义。

印度作为发展中国家，与我国国情相似，同时作为第一个引入公益诉讼的国家，在制度建设中有很多值得我国借鉴。如在诉讼前的强制执行制度，书信管辖制度，临时命令制度。

第三节　建立大气污染公益诉讼制度的理论基础

对大气污染公益诉讼理论基础的分析研究，有助于构建适合我国国情与法制现状的大气污染公益诉讼制度。

一、建立大气污染公益诉讼制度的必要性

（一）有利于环境立法水平的提高

近几年雾霾的严重污染引起了政府及公众的高度重视，为了加强大气污染的治理，国务院颁布了一系列大气污染治理的规范性文件，目前环保法已经确立环境公益诉讼制度，但对大气污染公益诉讼制度只做了原则性规定，缺乏具体的法律规范。大气污染公益诉讼制度的建立，能够通过司法实践找出大气污染治理的漏洞，提高环境立法水平。同时，研究大气污染公益诉讼的理论基础与制度构建体系，能够提高立法水平，加速推进国家大气污染防治立法。

（二）有利于公民环境权的保障

环境权是我国宪法规定的公民的基本权利之一，学者也一直在呼吁保护公民的环境权。然而，环境权是一个理论性的权利，必须通过制度支持才能得以应用。大气污染公益诉讼制度与环境权是相互的关系，环境权是建立大气污染公益制度的根基，建立大气污染公益诉讼制度是实现环境权的制度保障。首先，大气污染公益诉讼是环境权实施的重要途径。权利的要义之一是通过司法途径进行保护，公民享有参与监督大气治理的权利，当其权利受到侵害或者因行政机关的行政行为使其权利受到侵害时，通过司法救济是实现环境权保护的重要途径；[1] 其次，环境权的公益性决定了大气污染公益诉讼的建立。环境权是一种公益性的权利，没有公众的环境权益便没有公民个人的环境权，因此，通过大气污染公益诉讼制度的建立，保障环境公益进而实现个人环境权的保障。

（三）有利于弥补国家行政管理的缺陷

大气污染的治理是为了公共利益，然而公共利益必须通过具体的主体代表和保护，国家一般被认为是公共利益的代表，然而由于大气污染的复杂性、广泛性、治理困难等特征，单纯依靠行政管理存在很多缺陷：

第一，大气污染治理行政执法机关整体追求公共利益，而单个的行政执法人员追求个人利益，两者的矛盾极易造成为了个人私益而损害大气公益的

---

〔1〕 张建伟、董文涛、王宇："环境公益诉讼法律制度研究"，载《水资源、水环境与水法制建设问题研究——2003 年中国环境资源法学研讨会（年会）论文集》（下册），2003 年。

现象。

第二，依靠不同行政机关的监督制约机制与单个行政机关的内部监督机制容易滋生权力的腐败，公权力无限扩张的同时导致行政效率低、社会资源浪费。同时导致各种权利聚合成封闭而垄断的庞大体系，阻碍社会管理，违背人民主权的初衷。

第三，大气污染治理属于社会公共利益，社会公众更适合代表行使权利。而国家公共利益往往由国家代表行使，与社会公共利益有着很大的区别。国家统治阶级为了巩固执政地位、国际地位，大力发展经济，难免做出损害大气环境利益的决策。甚至为了眼前利益对其他主体损害大气的行为姑息纵容，如为了获得更多的财政税收，对纳税大户的企业排污行为置之不理。

因此，构建大气污染公益诉讼体制，通过司法途径让公众参与到大气环境治理中，进而克服行政管理的缺陷。

（四）有利于我国公众参与制度的实施

大气污染的治理离不开公众参与，公众作为社会公共利益的代表，能够最直接地体现大气污染治理的需求，也能够最直接、有效地参与到对行政管理的监督中去。随着公民环境意识的提高，越来越多的人参与到大气环境管理中。然而，仅仅依靠公益活动倡导大气环境保护意识是不够的，必须赋予公众法定的权利和行使的途径才能真正发挥公众参与的作用。大气污染公益诉讼制度的建立，不仅能够调动公众参与大气保护的积极性，而且能够通过公众监督机制，弥补国家对大气环境保护的不足。

（五）有利于满足现实生活对大气污染进行诉、审的需求

随着公民环境意识的不断提升，推动大气污染公益诉讼立法更加完善，更多的环保团体也应运而生。通过这些团体，公众更有效、积极、全面的参与到大气环境保护中来，因此，赋予公民及环保团体诉讼的权利是治理大气污染的现实需要。

第一，大气污染公益诉讼是表达公众保护大气环境愿望的现实需要。随着雾霾的日益严重，公众通过多种途径寻求雾霾治理的对策，雾霾治理也成为每个人最关注的话题之一。高涨的大气治理需求促使大气污染公益诉讼制度的建立极为必要。

第二，民间环保组织逐渐增多，社会影响力与支配力不断增强，为我国建立大气污染公益诉讼制度提供了群众基础。大气污染治理作为一种公益性

的事业，以保护大气环境为目的，需要政府、企业与公众的协调配合。而从国际环境保护运动看来，社会团体在推动大气污染治理的法制建设方面发挥着不可替代的作用。

第三，有关国家机关在大气污染治理的司法实践中积极探索，创新制度建设，为大气污染公益诉讼制度的构建奠定了基础。在我国诉讼实践中，政府部门、检察机关等对大气污染治理相关诉讼积极参与，探索适合我国法制现状的制度建设。

因此，大气污染公益诉讼已经有了现实需要，通过大气污染公益诉讼制度建设予以规范，提供公众参与的法律途径。

二、建立大气污染公益诉讼制度的理论依据

大气污染公益诉讼的理论基础决定着制度建设的框架和方向。我国学者在此研究中，往往借鉴国外的“公共信托论”“私人检察总长论”“环境权论”“人民主权论及诉讼权论”等。公共信托理论、环境权理论、私人检察总长理论为环境公益诉讼的原告诉诸法院提供了权利基础，诉讼权理论则指导着权力的生成与运行。它们既是司法实践的产物，又通过司法实践逐渐形成大气污染公益诉讼制度建立的理论基础。[1]

（一）公共信托理论与大气污染公益诉讼的关联性

公共信托理论认为，大气作为人类生活的必需品，是人类的共同财产，是全体国民的共享资源和公共财产。为了得到更好的保护，通过“信托”的方式由国家或者政府代替全民进行管理，国家或者政府作为保管人，必须履行职责，科学管理，使大气免受不必要的损害。因此，为了保护大气这种公共财产，国家有义务建立诉讼机制，使公民借助司法手段来监督大气管理行为，从而达到保护大气的目的。

（二）私人检察总长理论与大气污染公益诉讼的关联性

私人检察总长理论起源于1943年美国联邦第二上诉法院在审理纽约州工业联合会诉伊克斯案件的判决。在此案中，法院指出，为了保护公共利益，国会可以授权一个公共官吏提起诉讼制止违法行为，如授权检察总长对行政机关的行为申请司法审查，也可以授权任何人提起诉讼解决这类争端，而受

〔1〕 参见张式军：“环境公益诉讼的原告主体资格研究”，武汉大学2005年博士学位论文。

到授权的人相当于私人检察总长。为了保护公共利益，国会既可以授权检察总长，也可授权私人对行政机关进行司法审查，这里的私人与检察总长起了相同的作用。因此，私人检察总长实际上是个人被授权原告资格，对侵害大气的行为提起诉讼，维护公共利益而不是个人的私益。私人检察总长理论为解决大气污染公益诉讼的原告资格问题提供了创新的思路。

（三）环境权理论与大气污染公益诉讼的关联性

关于环境权理论，美国密歇根州立大学的约瑟夫·萨克斯教授1969年提出的“环境公共财产论”和“环境公共委托论”奠定了环境权独立存在的理论基础。《人类环境宣言》《欧洲自然资源人权草案》等将环境权作为基本人权进行保护，为人们享受合适的生活环境的权利奠定了基础。而大气作为人类生存的重要组成部分，管理者应该给予良好的保护。因此，建立大气污染公益诉讼，可以将环境权从理论意义的提倡发展为实践中的制度保护。公众可以通过诉讼途径请求法院对行政管理行为及其它危害大气的行为做出公正的裁判。

（四）人民主权理论与大气污染公益诉讼的关联性

在我国，一切权利属于人民，而人民并不直接参与国家的社会管理。在大气污染治理中，对于政府管理中存在的问题，通过诉讼途径才能使人民行使管理权和监督权。司法作为最后一道救济途径，是人民管理国家事务不可缺少的手段，也是实现公平正义的保障。虽然我国对权利的救济不止诉讼一种，但诉讼作为最有效、正规的途径，符合我国的法治理念，能够真正地体现人民主权。同时，通过人民主权，使公众参与法律实施，弥补公权力实施法律的不足，有效防止为了追求短期利益、经济利益、政治利益而损害大气环境公共利益。

三、建立大气污染治理的公益诉讼制度的立法依据

我国理论界与实务界对建立大气污染公益诉讼投入很大的热情，也为制度建设寻求法律依据。

（一）宪法和环境基本法中的诉讼依据考察

第一，《宪法》作为我国的基本法，处于最高的位阶，其他法律法规的创设及制度的建设都应该遵循宪法的基本原则和理念。根据我国《宪法》第2条可知，公众拥有通过各种途径和形式管理国家事务的权利，包括通过诉讼

的途径参与大气污染的防治。根据我国《宪法》第5条，大气污染相关立法符合建设社会主义法治国家的理念。根据《宪法》第26条，建立大气污染公益诉讼制度有利于国家保护和改善生活环境和生态环境。从这些规定可以看出，我国《宪法》并未明确规定大气污染公益诉讼制度，但此制度的建立符合《宪法》的原则和精神。

第二，《环境保护法》作为我国环境的基本法，2014年4月24日首次明确了环境公益诉讼制度。其第58条规定：对污染环境、破坏生态，损害社会公共利益的行为，符合下列条件的社会组织可以向人民法院提起诉讼：①依法在设区的市级以上人民政府民政部门登记；②专门从事环境保护公益活动连续5年以上且无违法记录。符合前款规定的社会组织向人民法院提起诉讼，人民法院应当依法受理。提起诉讼的社会组织不得通过诉讼牟取经济利益。该规定为大气污染公益诉讼的完善提供了最新的立法支持和理论依据。《最高人民法院关于审理环境民事公益诉讼案件适用法律若干问题的解释》于2014年12月8日通过，为民事公益诉讼提供了法律依据，总结其经验与不足，有利于完善大气污染公益诉讼制度的构建。

（二）《大气污染防治法》及相关手段法中诉讼依据考察

我国《大气污染防治法》[1]第5条规定任何单位和个人都有保护大气环境的义务，并有权对污染大气环境的单位和个人进行检举和控告。该法并未对检举和控告的具体程序作出规定，因此，该条不能成为大气污染公益诉讼的依据，而只是公众参与管理的法律依据。同时根据《大气污染防治法》第8条，对大气污染治理做出贡献的单位和个人，由各级人民政府给予奖励，由此看出，这里的监督、检举和控告是公众参与大气污染治理的途径，但并非提起公益诉讼的依据。同时，根据《大气污染防治法》第62条，只有与大气污染直接相关的利害关系人才有权提起诉讼，这与大气污染公益诉讼的理念是不一致的。

《城乡规划法》《政府信息公开条例》《环境影响评价制法》等法律条款由于缺乏制度和程序的保证导致缺乏可诉性，未规定公众监督的诉讼途径，使之成为软法，难以得到有效的实施。因此，只有建立大气污染的公益诉讼

〔1〕　鉴于新修订的《大气污染防治法》于2016年1月1日才开始生效，这里以及本章下文中未作特殊说明的《大气污染防治法》均指2000年修订通过的版本。

制度，才能通过公众监督落实这些手段法的效果。

（三）诉讼法中的诉讼依据考察

最新修订的《民事诉讼法》第55条规定：对污染环境、侵害众多消费者合法权益等损害社会公共利益的行为，法律规定的机关和有关组织可以向人民法院提起诉讼。该条为大气污染公益诉讼的建立奠定法律基础，但由于没有配套细则的规定，缺乏实践性操作，因此关于大气污染公益诉讼的原告、被告、可诉范围、救济方式及诉讼程序等需要法律法规进一步明确规定。

《行政诉讼法》仅对行政机关的具体行政行为侵害公民、法人及其他组织的人身权和财产权的行为规定了相应的诉讼权。公众无权对抽象行政行为提起诉讼，无权对与自己直接利益不相关的行为提起诉讼。而大气污染主要是通过政府治理完成的，往往需要通过预防来减少治理成本，同时受害的是不特定人数的公共利益。因此，现行《行政诉讼法》的规定不利于大气污染的治理，也未对大气污染公益诉讼制度的构建提供法律依据。但第11条规定人民法院有权受理法律法规规定可以提起诉讼的其他行政案件，为大气污染公益诉讼制度的构建留下余地。

（四）人民法院、人民检察院组织法中的诉讼依据考察

《人民法院组织法》规定法院的职责是通过审判维护社会主义法制和社会秩序，因此，通过法院的审判，维护大气污染治理的公共利益和社会秩序的合法性与合理性是毋庸置疑的。然而，我国现行法院的机构设置难以应对大气污染治理的专业性，通过在中级人民法院设立环境审判庭既符合法院组织法的规定，又能解决专业审判缺失的困境。

《人民检察院组织法》确立了检察院的监督职责，作为监察机关的检察院，不仅有责任监督公民、法人及其他组织的守法状况，而且有责任监督行政机关的具体行政行为和抽象行政行为。同时，“党的十八届四中全会决定”提出，“探索建立检察机关提起公益诉讼制度”，环境利益是一种社会公共利益。当社会公共利益受到不法侵害时，检察机关作为国家利益和社会公共利益的捍卫者，必须有所作为。因此，检察院作为大气污染公益诉讼的原告资格是符合法律的精神和原则的。

四、大气污染公益诉讼理论体系的更新

大气污染公益诉讼救济制度在大气损害救济制度中是最为有效的。通过

分析大气污染公益诉讼在损害救济制度体系中的地位，大气污染公益诉讼内容的具体充实、实践层面的完善、刑事责任的确立，为大气污染公益诉讼的完善奠定理论基础。

（一）大气污染损害救济制度体系的构建

1. 建立多元化的大气污染损害救济方式

大气污染损害救济制度的设计需要考虑大气的复杂性和不可预测性，因此，在大气污染的损害救济中，要通过多种救济制度的配合与协调达到最优的效果，使一种制度失调时可以同时通过其他制度的救济减少损失。因此，针对大气污染治理的复杂性与我国大气损害救济的单一性，有必要建立以民事、刑事、行政救济为主，以国家救济和社会救济为补充的全方位救济机制。主要包括以下几个方面：

第一，明确大气污染治理的刑事处罚机制与行政管理机制，共同加强对大气污染的治理，达到分级制裁的目的，树立公众对大气污染治理的决心；第二，建立无过失归责原则，使受到大气污染损害的主体得到全面赔偿；第三，建立大气环境责任保险制度，弥补因无力赔偿导致的受损害者的损失；第四，对难以确定责任人或者不能通过大气环境责任保险制度得到赔偿的，建立大气环境损害补偿基金制度给予受害人社会救助；第五，建立国家救济制度，对因大气污染造成的重大灾害，因政府决策引起的大气损害行为，由政府予以救济。

通过以上多元化的救济方式，可以在多种救济制度相互配合的情形下，使人民损失和大气污染损害得到弥补，促进社会的稳定。

2. 建立高效的司法监督和公众监督机制

由于大气污染的治理需要政府企业公众相互配合、各自履职才能完成，在此过程中不可避免的会出现违规违法现象。因此，需要建立高效的司法监督机制和公众监督机制。

司法监督机制的建立，首先要通过制度支持建立大气污染公益诉讼制度，明确大气污染公益诉讼的体系、内容及制度保障，提高司法监督的地位，将司法监督作为大气环境制度实施的必要保证，如设立专门的大气环境法庭或者直接设立环境法院，培养专业的人才审判大气环境案件，赋予环境法院对政府决策行为和企业行为的监督权，扩大大气污染案件的受案范围，树立公众监督的信心。

公众监督机制的建立，需要通过大气污染公益诉讼制度的建立来加强。大气污染关乎每个人的切身利益，通过公众也最能反映大气污染治理的实际需求。而当前，公众对大气污染治理的呼声很高，却缺乏诉求的途径。明确大气污染诉讼程序、路径，建立规范的法律秩序，才能够通过公众监督，解决因政府失职或者企业为追求利益而牺牲大气环境的困境。

（二）大气污染公益诉讼制度原则的充实

大气污染公益诉讼制度的建立，需要明确政府、企业与公众的合作原则，需要建立无过失责任归责原则及大气污染的责任保险赔偿原则。

1. 政府、企业与公众的合作原则

第一，国家大气污染保护责任制度的完善。国家不仅是大气环境保护的责任主体，也是义务主体，对因国家行为造成大气污染损害的，应该承担国家赔偿责任，对因国家行为可能造成大气污染的，环保部及相关环境管理机关有权利采取相关措施。具体包括以下几个方面：一是通过大气相关法律法规确立各级政府及国家机关的大气环境保护责任与义务，并不得以执行公务等理由牺牲大气环境保护；二是在大气污染法律法规中赋予环境保护部门对其他机关大气污染行为的监管权力；三是政府对具有审批权力的项目，对因项目而产生的大气污染损害应承担永久性的连带赔偿责任，并追究相关负责人的责任；四是确立不同区域的大气环境最低生存标准，对因政府管理不善等原因未达到标准的应承担责任。

第二，公众参与大气污染治理途径的完善。前文已对公众参与在大气污染治理中的重要性进行了论述，然而，公众参与的实施仍需要相应的制度建设为基础。具体应包括以下几个方面：一是建立大气污染的信息公开制度；二是建立专家咨询和论证制度支持推进公众参与；三是明确社会团体代表公众参与大气污染治理的权利和途径；四是通过完善大气污染公益诉讼制度的规定为公众参与大气污染治理提供支持。通过公众参与制度的完善，让公民、社会团体、国家机关都参与到大气污染的治理中，制止和处罚环境违法行为，提高公众参与环境监督的积极性。

第三，大气污染治理中的合作原则。环境合作原则不仅是环境政策，也是法律原则。在大气环境法律法规规定的范围内，政府、企业与公众可就大气环境治理进行合作，从而促成以下方面的完善：一是在促成大气污染区域治理中政府、企业、公众的磋商机制的建立；二是保障大气污染法律法规制定时利益关系人有提建议和听证的权利；三是为社会力量参与大气污染治理提供合法依据。

2. 无过失责任原则

由于大气污染产生的广泛性、造成的危害复杂、多样且特殊，根据传统的过错责任原则难以保护受害者的利益。因此，根据德国立法，采用无过失责任不仅有利于保护受损害者的利益，同时还能促进大气污染的防治。然而，无过失原则不仅需要大气污染基本法的确立，而且需要相关配套制度与理论体系的建立与完善。

第一，明确大气污染的责任主体。基于无过失责任原则的确立，大气污染公益诉讼应该由被告承担举证责任，对因被告的行为造成的污染排放，无论其是否有过错或者过失，除非证明由于原告的过错或者不可抗力而已经采取了相关补救措施，都应该对损害承担赔偿责任。当被告是多个主体时，应该由多个主体承担连带责任，再由不同主体间进行按份责任的划分。对于无法确定责任主体的，由社会保险机构或者特别补偿救济基金先行垫付，之后再向相关责任人追偿。

第二，明确大气污染损害赔偿的范围。立法应该明确因大气污染导致的人身损害与物的损害的具体赔偿限额，使企业明确自己的风险责任，同时也为环境保险制度的投保范围提供依据。

第三，引进疫学的因果关系证明理论。根据日本大气污染公益诉讼的经验，疫学的因果关系证明理论目前最被理论界与实务界接受。判断疫学的因果关系证明理论需要以下几个要件：一是污染因子需在发病前已经发生作用；二是污染因子与疾病的发作率成正比；三是污染因子发生作用的途径在生物学上可作无矛盾的说明，主要指有客观证据证明疾病的发生，有证据证明接触污染因子，有一定的潜伏期足以认定损害是由污染因子所致，有一定的科学依据证明哪些疾病是由哪些污染因子引起的，排除个人体质因素导致的病因。依据这些可完成因果关系的举证，使大气污染公益诉讼因果关系认定科学精密、逻辑严密。

3. 责任保险原则

大气污染损害范围广，受影响人数多，导致赔偿数额很大。责任人往往无力承担数额巨大的赔偿，使受损害者无法得到赔偿，对此问题，有的国家采取国家赔偿的方式弥补损害。然而，此举相当于将责任人造成的大气污染损害赔偿转嫁于全民承担，不符合大气污染治理的理念，而且会纵容责任人逃避责任，借机获利增加政府的信用负担，同时会增强其他主体的投机心理，不利于大气污染的治理。建立大气污染责任保险制度，通过保费的缴纳组成责任承担的共同体，有利于大气污染赔偿的落实。同时，保险公司为了减少赔付风险，会积极督促投保人进行大气环境保护。然而，大气污染责任保险由于出险率高、理赔费用高，必须通过国家的推动才能实施。因此，在建立大气污染责任保险制度时，应注意以下的问题：

第一，必须利用差别的保费机制和高效的监督机制加强投保人的自我管理。由于大气污染责任保险制度不同于普通的责任保险，普通责任保险的理赔是在责任人确认后，对出险率高的拒绝承保。而大气污染责任保险带有公益和补偿的性质，所以有一定程度的强制性，需合理的制度构建，否则投保人在缴纳保险费后怠于自律，导致大气污染事故增多。因此，应根据投保人大气污染风险管理能力进行差别的费率缴纳，对故意或者有重大过失的，应赋予保险人追偿权。

第二，建立损害赔偿制度、大气污染责任保险制度与特别补偿基金制度相配合的大气污染损害赔偿体系，使受大气污染损害的得到补偿，维护社会的稳定。对于大气污染责任人明确的，可按照无过失原则确认污染者的责任；污染者已经投保的，由保险人负责赔偿；在无法确认损害者或者保险者时，或者保险者无力赔偿的，由特别补偿基金对受损害者补偿。

第三，利用法律的强行规定责令相关人履行投保义务，通过严格的惩罚措施保证受损害者通过大气污染责任保险制度获得救济。如不强制投保，相关责任人因多方面原因不履行损害赔偿，不仅使受损害者得不到救济，而且因违法成本低导致恶性循环，不利于大气环境的保护。

（三）大气污染公益诉讼实践层面的完善

大气污染公益诉讼在实践过程中，需要合理分配资源、信息及时公开、科学设置诉讼程序与诉讼时效，才能完善大气污染公益诉讼的运转。

1. 大气污染信息监测与备案

大气污染的治理应尽量做到事前预防，然而在我国预防性的行为占很少一部分，大部分仍然是事后救济。无论是做好预防还是事后的补救措施，都需要对大气污染信息进行全面而严格的检测并备案，这样才能对可能造成大气损害的行为及时采取预防措施，从根源上减少大气污染的损害与大气污染治理的成本。同时，只有全面地掌握大气污染相关信息，才能在污染事件发生后，及时采取补救措施，并公平地进行责任划分，有利于落实大气污染的损害赔偿。目前，我国环保部已经着手建立大气污染检测点位，统一检测能节约成本并搜集到完善的信息，行政机关积极履职的同时，相关企业或者社会组织应积极配合监测备案，对干扰信息监测或者虚假备案造成损失的，应承担相应的责任。

2. 利益衡量与大气容忍度划分

大气污染的治理与经济发展存在极大的矛盾，二者需根据实践情况进行取舍。在大气污染公益诉讼的责任划分中，也需通过价值判断在考虑相关因素的基础上进行利益衡量和大气容忍程度的划分。具体的划分标准，可以根据以下几个方面作为参考：一是根据受害利益进行取舍，如生命权与财产权发生冲突的，生命权应首先得到有效救济；二是依据功能区进行划分，如在工业区或者商业区后来进行的住宅建设，后搬进去的居民对大气污染有一定程度的容忍义务，这样可以充分发挥市场选择的功能，迫使排污者进行治理。

3. 大气污染公益诉讼前置程序的设立

根据国外大气污染治理的经验可知，设置前置程序对大气污染公益诉讼有以下几个方面的益处：一是提高司法效率，防止滥诉，有利于建立规范的大气污染公益诉讼；二是有利于大气污染保护最终目的的实现，通过前置程序如果能解决大气污染治理的纠纷，则可避免通过繁杂的诉讼程序，能够有效节约成本并提高效率；三是通过前置程序，当事人之间的矛盾争议、证据材料、诉讼请求甚至解决思路都得到引导，进入诉讼程序后，有助于法官的审理判决。

我国大气污染公益诉讼建立前置程序能有效解决纠纷、督促被诉人履行义务、节约司法成本、防止司法权过度干预行政权。前置程序的建立应包括以下几个方面的内容：一是通知和举报程序，公众对大气污染的行为，可通过相关机关责令其停止损害，对相关责任人未停止侵害行为或者相关机关未履行职责的，公众可向法院提起诉讼。此程序的设置旨在给侵害人一个补救的机会，这样能更迅速的达到大气污染治理的目的。二是参照行政诉讼法的相关规定，在大气污染公益诉讼中，可采取复议前置的方法，通过复议前置，能合理划分行政权与司法权的界限，防止司法权过度干预行政权。同时，复议决定书能作为提起诉讼的依据。三是公民向检察机关提出建议书作为选择性的前置程序。通过检察机关先向相关排污者提出检察建议书，未及时采取措施的，由检察机关向人民法院提起诉讼。因为检察机关在人力、财力与诉讼经验都较公众更为丰富，也更能引起法院的重视，因此公众选择通过检察机关提出建议书作为前置程序能利用现有资源达到有效治理大气污染的目的。四是设置大气污染公益诉讼专门的审查程序。由于大气污染公益诉讼原告范围广，因此，有必要在诉讼程序开始前对原告身份是否相关、诉讼请求、证据、是否经过前置程序等作出审查。

4. 大气污染公益诉讼诉讼时效的延长

由于大气污染治理周期长，产生的损害复杂多变且具有隐蔽性、迟延性和不确定性，因此，大气污染公益诉讼的诉讼时效应与普通的诉讼时效有所差别。如普通诉讼时效为 20 年，但由于大气污染的损害难以在 20 年内体现出来或者以现有的科学技术难以检测出来，因此有必要延长大气污染公益诉讼的诉讼时效，使受损害者在侵害发生的一定长的时间内得到有效的补偿。

第四节　我国大气污染公益诉讼制度体系的构建

大气污染公益诉讼制度体系的构建，需要从原告主体资格的确认、大气污染公益诉讼的受案范围、救济方式和诉讼费用的分担等方面建立和完善。

一、大气污染公益诉讼制度原告主体资格的选择

原告主体资格一直是困扰环境公益诉讼的难题，这是因为：其一，大气污染公益诉讼制度是为了维护环境公共利益，具有公益性，而非仅仅是个案的救济，区别于社会成员个体的利益。其结果往往是法院以“不具备诉讼资格，裁定不予受理”作出处理。其二，大气污染公益诉讼启动的原因是造成了大气的污染，损害结果具有不特定性，并且有时会伴随着时间跨度较长甚至影响到子孙后代的环境权益，对于这种未来的受害者，法律上的保护是空白的；其三是大气污染公益诉讼具有显著的预防性。即在环境公益诉讼遭受损害或者有可能遭遇损害而提起的诉讼，追究违法行为人的法律责任。因此，大气污染公益诉讼原告主体资格的确认直接关系到建立在此基础上的整个公益诉讼制度的发展。

（一）大气污染公益诉讼原告范围的确定

在借鉴国外大气污染公益诉讼的基础上，结合我国的法制现状与问题，本书主张应放宽大气污染公益诉讼的原告主体资格，检察机关、行政机关、社会团体、公民、和环保NGO都可以作为大气污染公益诉讼的原告，这一范围的界定是符合我国的实践现状的。

大气污染公益诉讼的原告主体资格与原告地位是应然与实然的关系，因此在讨论大气污染原告主体资格时，应从应然的角度首先讨论制度设计的必要性，再分析现实的困境，找到从应然到实然的理论依据与制度设计。

大气污染公益诉讼原告主体资格受到学术界与理论界的高度关注，目前存在三种学说，一是限定主体说，即把大气污染公益诉讼原告的范围限定在一种或者两种主体上；二是多元主体说，其中又分为两种模式，其一是主张大气污染公益诉讼的主体包括公民、行政机关、检察机关及环保NGO等社会公益性组织，其二是认为大气污染公益诉讼的主体除了传统的主体外，还包括“物”和“后代人”。

大气污染公益诉讼是为了公共利益，应该鼓励更多的主体参与到公益诉讼中来。其中，个人、国家机关、社会公益性组织都可以成为大气污染公益诉讼的主体。在限定主体说中以个人精力、财力、法律资源的有限性及可能引起滥诉等原因否定个人的原告地位，这是混淆“原告资格”与“原告地位”的表现，原告资格是依法提起诉讼时享有的各项权利的法律上的资格。对公民而言，当因大气污染受到侵害时，尽管提起诉讼会有诸多阻碍，但不能因此而否定其原告主体资格。

虽然大气污染公益诉讼的原告主体资格应放宽，但同时也要适当。本书认为物和未来人不宜成为大气污染公益诉讼的原告。首先，从目前成文法来看，未规定物和未来人作为法律主体，虽然也有很多学者主张动物权利、生命权利与自然权利，但法律实践中只有极少数通过司法判例认可物和后代人的权利，而且主流学说是持否定意见的。因此，原告资格应该首先是法律认可的主体，物和未来人不应该成为大气污染公益诉讼的法律主体。其次，即使物和未来人得到法律认可的原告主体资格地位，但其无法自己直接通过原告主体资格提起诉讼。仍然需要依附于传统的主体代表其提起诉讼。既然可以通过传统的主体使物和未来人的权益得到保护，就无必要赋予物和后代人大气污染公益诉讼的原告主体资格。

因此，从现阶段理论与实践综合考虑来看，由公民、检察机关、环境管理部门和环保 NGO 担任大气污染公益诉讼的原告符合主体资格的要求。

（二）公民的原告主体资格

在大气污染公益诉讼制度比较健全的国家，公民提起诉讼占大气污染公益诉讼的很大一部分，但由于我国国情与法制现状，公民提起大气污染公益诉讼条件仍不成熟，需要完善相关法律制度。

质疑公民原告主体资格的理由有：公民的精力、财力有限；公民的大气环境保护意识较弱；可能导致滥诉等。这些原因是有一定的道理的，然而，这些都是公民作为大气污染公益诉讼原告主体的可行性分析，而忽视了公民作为大气污染公益诉讼原告主体的必要性分析。过度强调效率而忽视公平正义不合乎法治理念。

由于大气的破坏很难恢复、治理周期长且造成的影响难以估量。公民作为大气污染最直接、最广泛的受侵害者，赋予其公益诉讼的原告主体资格，能够体现最直接、急切的需要，改变诉讼的被动性，在许多对环境造成污染和破坏以及损害公民环境权益的行为发生前得到有效的遏制。因此，赋予公民大气污染公益诉讼的诉权，能从法律上保证公民对大气污染治理的监督权，符合公众参与原则的理念。

公民有参与国家管理的权利，我国《宪法》赋予公民选举权与被选举权、罢免权及监督、检举和控告的权利，因此，赋予公民原告资格是有法理依据的。目前，我国法律对大气污染公益诉讼制度的规定是空白的，大气污染公益诉讼制度对传统法学理论突破较大，建立的过程障碍重重。

我国公民享有的检举权与控告权并不是诉权，必须直接赋予公民大气污染公益诉讼的原告主体资格，才能为公民提起诉讼提供法律依据。公民通过检举达不到监督危害大气环境的行为的目的时，使其能够通过司法途径保护大气环境。

（三）检察机关的原告主体资格

检察机关是代表国家公共利益而提起诉讼的法定机关，其代表着公共利益，因此，将其作为大气污染公益诉讼的主体是有理论依据的。在诉讼中，检察机关既是监督的主体，也是提起诉讼的一方，其作为大气污染公益诉讼的主体也与我国的国情和法制现状相适应。因此，检察机关代表国家和公众提起大气污染公益诉讼是必然的选择，也是国内外理论与实践的发展趋势。

如美国赋予检察官在涉及联邦利益的案件中享有起诉权；法国检察机关无论作为主当事人还是从当事人，对危害公共利益的案件都可以提起诉讼；英国同样赋予检察机关对妨害公益行为的诉讼权利。

目前，我国民事诉讼法、环保法和人民检察院组织法都未赋予检察机关原告主体资格，为其提起公益设施设置了障碍。建议应明确其诉讼主体资格，以适应大气污染治理的需要。

（四）环境管理机关的原告主体资格

环境管理机关，既包括单一的以环境管理为职责的部门如环保部、环保局等，也包括与环境管理相关的部门，如林业部门、农业部门、土地部门与海洋管理部门等。

环境管理机关作为大气污染公益诉讼的原告，在理论界是存在争议的。持否定说的学者认为，环境管理机关在其认为大气环境受到损害时，直接通过行政权即可管理危害大气环境的行为，无需通过诉讼途径得到救济，以免造成公法与私法的冲突和执法的混乱。这种理论过高地估计了行政管理的权限和范围，事实上，环境行政管理权力的范围和大气环境公益损害的范围是不对等的，仅仅通过行政管理无法完全救济大气环境的损害。而且现行行政法的要义之一是“权力法定”，没有法律的授权，政府部门不能随意行使权力。例如，在行政处罚中，处罚的依据、主体、职权、程序、数额等都必须遵循法律的规定，而由于法律的滞后性，难以应对大气污染带来的各种损害，法定的处罚额度难以弥补大气污染造成的损害，甚至因处罚力度小使一些主体因违法成本低宁愿损害大气，而获得经济利益。如果环境管理机关能作为原告，则可通过诉讼弥补行政处罚的不足，通过法院判决，不会让侵害人重复承担责任。因此，赋予环境管理机关大气污染公益诉讼的原告主体资格能有效弥补行政管理手段的不足。

环境管理机关在人力、财力等方面较公民和其他的非政府组织具有很大的优势，能有效应对大气污染公益诉讼的时间长、成本高、专业性强等特征。且被告往往是拥有雄厚实力和专业法律团队的大型企业和垄断企业，或是拥有特权的部门，由环境管理机关作为原告能更好地平衡原告与被告的实力，使大气环境得到充分的保护。在制度设计上，应在《大气污染防治法》中确立大气环境受到损害时，有关部门应代表国家对责任者提出损害赔偿要求。

（五）环保 NGO 的原告主体资格

大量的社会团体由于共同的宗旨设立，由其作为大气污染公益诉讼的原告，是符合实践需求的。新环保法赋予社会组织原告主体资格，但做出了严格的限定。

环保 NGO 作为大气污染公益诉讼的原告有如下优势：

首先，环保 NGO 是利益博弈中环境公共利益的最佳代言人。政府承担必要的经济发展职能、行政职能和再分配职能，这些职能涉及不同的利益群体，从而导致政府和各类利益群体发生复杂的利益关系，政府有可能沦为利益集团的工具。而环保 NGO 以保护环境公益为目标，是以追求生态利益为唯一目的的人，不具有营利性，在多元利益格局中独立于政府。因此，经济市场化和利益结构多元化的背景下，环保 NGO 能坚守环境利益，监督政府的行为。

其次，环保 NGO 作为非政府组织，能有效弥补政府管理的疏漏。环境公共物品的缺乏是我国政府管理的缺陷，而环保 NGO 作为原告提起公益诉讼能很大程度上弥补这种不足。虽然政府也可以作为大气污染公益诉讼的原告，但政府的主要职责是进行行政管理，环保 NGO 的原告资格是大气污染治理不可缺少的。

最后，环保 NGO 也能弥补公民因人力、财力等因素很难提起大气污染公益诉讼的不足。公民提起的大气污染公益诉讼往往更多是为了与自己利益相关的某个或者某种利益，而环保 NGO 成立的宗旨即保护公共利益，所以由其提起诉讼更能体现公共利益的需求。同时由于环保 NGO 作为非政府组织的第三部门，通过多种途径有一定的人力、财力和社会影响力，能与往往是大型企业或集团的被告相抗衡。

目前，我国环保 NGO 组织的数量急剧增加，种类逐渐增多，作用也日益扩大，合法性增强。这些都为环保 NGO 作为大气污染公益诉讼的原告提供了社会基础。

二、大气污染公益诉讼制度的受案范围

受案范围对于传统的民事诉讼、行政诉讼和刑事诉讼已经不是问题了，但对于具有特殊目的的环境公益诉讼尤其是解决大气污染的公益诉讼制度依然是一个亟待解决的基础性问题。在确立大气污染公益诉讼过程中需要考虑很多因素来确立受案范围。

（一）大气污染公益诉讼理论上的受案范围

从法学理论来看，大气污染公益诉讼是为了保护大气环境的公共利益，是通过诉讼的手段达到保护大气环境的目的，因此，法律主体的不同，会形成不同类型的大气污染公益诉讼。理论上，每个人的不同行为都会对大气造成损害，但这种分散的普遍的不特定的造成环境损害的生活行为不宜成为大气污染公益诉讼的受案范围，也是无法通过诉讼制度解决的。而大气污染公益诉讼关注的是造成大气污染损害后果的特定个人、企事业组织、政府部门的行为。大气污染主要通过以下过程形成：政府部门的抽象或者具体行政行为致使大气污染破坏者出现，大气污染破坏者的行为导致大气环境的损害从而导致社会公众受损害。

因此，大气环境损害分为以下三种类型：一是政府部门的具体行政行为导致具体大气环境破坏者的出现从而危害大气环境进而产生明显的受害者；二是政府部门的具体行政行为导致具体大气环境破坏者的出现从而危害大气环境而无明显受害者；三是政府部门的抽象行政行为导致的大气环境损害。在不同类型的大气环境损害中，政府既是大气环境的保护者同时也是大气环境破坏行为的许可者。所以，在大气污染公益诉讼中既可以对具体破坏大气环境的行为提起诉讼要求停止侵害并采取补救措施，这种诉讼为大气污染民事公益诉讼，也可以对政府的监管行为等具体行政行为提起大气污染行政公益诉讼。对行为与损害有直接的因果关系的诉讼中，通过普通的民事诉讼即可解决，不必作为大气污染公益诉讼的受案范围。对于抽象行政行为所导致的大气环境损害，这种损害是间接的或者是还未实际发生的。对此情形，只能对特定的政府部门提起大气污染公益诉讼，要求撤销或者变更抽象行政行为。

（二）大气污染公益诉讼确定受案范围应考虑的因素

大气污染公益诉讼理论上的受案范围是一种应然状态，将理论设想转变为现实中的大气污染公益诉讼制度，还需要考虑更多的因素来确定受案范围。

第一，要考虑起诉案件的公益性质。大气污染公益诉讼设置的目的是为了保护环境公益，即使不完全为了公共利益，至少也跟公益有关。如果仅仅是为了保护个人的财产或者人身可直接通过民事诉讼即可，无需提起大气污染公益诉讼。

第二，要考虑行政权和司法权的关系。行政权与司法权是有分工和衔接的，大气污染公益诉讼是为了弥补行政执法的不足。由于大气污染治理的特殊性，合法的行政行为依然可能导致大气环境的损害。因此，必须有司法权介入对行政权的合理性审查，才能得到更好的治理效果。

第三，要考虑公众环境权益与行政权、司法权的关系。在大气污染的治理中，只有当政府不履行职责或者履行不当时，公众才可通过诉讼介入到司法程序。而对于政府的合法行为造成或者可能造成大气污染损害时，公众可以直接提起大气污染公益诉讼。

第四，要考虑到大气污染的难以恢复性甚至是不可逆性。由于大气污染治理周期长、成本高，造成的损害巨大且恢复极难，因此，受案范围应防患于未然。对可能造成大气环境损害的行为应作为大气污染公益诉讼的受案范围，但应严格限制条件，以免造成滥诉。如限定必须有证据证明可能造成将来的大气环境损害。

（三）大气污染公益诉讼的可诉范围

基于对影响大气污染公益诉讼受案范围的多种因素的考虑，大气污染受案范围应符合以下的要求：

第一，无论是大气污染民事公益诉讼还是行政公益诉讼，都必须以保护大气环境为目的，同时，被诉行为人的行为危害或者可能危害大气环境。

第二，对于合法行为而引起的大气环境损害，应以实际损害的发生和有切实的证据证明大气环境受到或者可能受到损害为依据。对于违法行为而提起的诉讼，不以造成损害为前提条件，但应先请求相应部门履行职责对大气环境损害行为加以制止，如怠于履行职责的，可提起大气污染公益诉讼。

第三，对行政机关的具体行政行为和抽象行政行为造成大气环境损害的，如违反了法律法规的规定，无论是否造成损害后果，都可以成为大气污染公益诉讼的受案范围。

第四，为了维护国防安全和公共安全而做出的国家及政府行为以及为保护环境而采取的合理措施，不应作为大气污染公益诉讼的受案范围。

三、大气污染公益诉讼制度的救济方式

一般而言，合法权益遭受损害时，有两种救济方式：排除侵害和损害赔偿。但由于大气污染公益诉讼的公益性强，仅仅依靠传统的救济方式是不能解决问题的。我们需要仔细考虑可能造成大气污染的具体情形，根据不同的

情形设置不同的救济方式以便更好地治理大气污染。大气污染公益诉讼可以分为大气污染民事公益诉讼和大气污染行政公益诉讼，其具体的救济方式如下：

（一）大气污染民事公益诉讼的救济方式

大气污染民事公益诉讼应区别于普通的民事诉讼，大气污染民事公益诉讼的救济方式主要有以下几种：

1. 排除妨害

大气污染公益诉讼中，排除妨害主要通过以下几种禁令的形式进行：

第一是禁止性的命令。如果被告的行为严重污染、破坏大气环境，法院可以责令从事破坏大气环境者停止侵害行为。这是最为普遍的一种救济方式。

第二是预防性的禁令。如果被告的行为会造成大气不可逆转的或者严重损害，原告可以在该行为未实施前提起诉讼，请求法院颁发预防性的禁止令停止被告的大气污染行为。

第三是纠正性禁止令。当大气环境的损害已经发生，而金钱的损害赔偿难以弥补损害时，且通过被告的纠正行为能一定程度地弥补损害，原告可以请求法院颁发纠正性的禁止令要求被告采取补救措施减少大气污染的损害。

2. 损害赔偿

在民事诉讼中，损害赔偿针对的是行为人因故意或者过失侵害他人人身权利或者财产权利对造成的损失进行赔偿，一般是指直接损失并以金钱的方式赔付。然而，由于大气污染公益诉讼的特殊性，在损害赔偿的救济中，应包括以下范围：

第一是清污费用。因排污而造成的大气环境损害的治理需要极大的资金支持，因此，大气污染的损害赔偿中应考虑到清除污染所需要的费用。

第二是损害费用。由于大气污染损害的特殊性，宜采用上文的因果关系确立行为与损害之间的联系，进而确立损害赔偿的费用。

3. 罚金

由于罚金是具有惩罚性质的救济途径，因此在适用时应受到一定程度的限制。对于检察机关及行政机关提起的大气污染公益诉讼，可以适用罚金的规定。而对于一般公众提起的大气污染公益诉讼，一般不适用罚金的规定。

（二）大气污染行政公益诉讼的救济方式

公民、社会团体针对大气污染提起的行政公益诉讼，其原因一般是因为行政机关的具体行政行为和抽象行政行为。具体行政行为如环保机构许可、纵容第三人开发项目、排放污染源，抽象行政行为如被告未依科学依据颁布、修订相关法律法规及政策。

1. 针对具体行政行为的救济方式

针对行政机关的具体行政行为，原告可以要求被告采取以下方式保护大气环境：

第一，撤销行政机关对第三人的许可和批准。只有撤销行政机关的许可和批准才能有效阻止第三人损害大气的行为，才能防止第三人以经过批准的名义肆无忌惮地向大气排污。

第二，责令行政机关不得向第三人授予开发自然资源、排污许可证。当第三人以开发自然资源，设立与运营企业设备向大气排放污染物时，需要向环保部门等登记行政许可。如原告认为第三人的行为有污染、破坏大气的危险，不符合行政许可的条件时，原告可提起大气污染行政公益诉讼，要求法院颁发预防性禁止令，阻止行政机关的行政许可行为。

第三，责令行政机关修改大气环境行政许可的内容。随着大气污染治理理念的更新和公众对大气环境要求的提升，如果行政机关的行政许可已不符合大气环境保护的需求，可要求法院责令行政机关修改大气环境行政许可的内容，以适应新的技术和大气保护的需要。

第四，责令环保部门对第三人危害大气的行为采取对应的处罚。对于第三人未获得许可或者批准的非法排污行为造成大气污染的，原告可以要求环保部门对其采取相应的行政处罚，如责令停产停业、限期治理等。

第五，责令环保部门采取大气治理措施。对于已经造成大气环境损害的却无法确认造成损害者的，由环保部门采取相应的治理措施，如未采取的，可以由法院责令其进行治理。

第六，责令相关部门公开大气环境治理的有关信息。信息公开是公众进行大气治理监督的前提，对于政府的监管行为和企业的影响大气环境行为，公众只有在信息公开的前提下才能进行有效监督，而环保部门有权力要求企业进行信息公开，也有先进的技术、设备、人力、财力监督企业的排污行为。因此，公众依法向环保部门提出公开信息而未获同意的，可以向法院提起大气污染公益诉讼，要求法院责令相关部门或者企业公开信息。

2. 针对抽象行政行为的救济方式

在行政诉讼中，无法直接对抽象行政行为提起诉讼，只有通过附带审查的方式得以救济。然而，由于大气污染治理的紧迫性，只能通过相关法律法规及政策的修订才能从根源上治理大气污染，因此，有必要将抽象行政行为作为大气污染公益诉讼的对象，责令被告在一定期限内制定合理的大气治理标准、具体规划、监测标准，采取税收、经济激励手段等政策治理大气污染。

四、大气污染公益诉讼制度费用的分担

大气污染公益诉讼是一种公益性质的诉讼，起诉人提起诉讼的目的是为了维护公益，而非获取利益。加之此类诉讼的前期调查、因果关系证明都涉及高新科技知识和方法的综合运用，所需费用往往巨大。因此，需要在立法和司法中考虑此类公益诉讼诉讼费用的特殊负担规则。

我国目前实行的是由原告预付诉讼费用，判决生效后由败诉方承担相关费用。由于大气污染公益诉讼费用巨大，如果按照普通诉讼费用的缴纳标准，由原告预缴诉讼费用，原告败诉的由原告承担诉讼费用，这无疑严重打击了原告参与大气污染公益诉讼的积极性，而且由于诉讼费用门槛使原告放弃诉讼，这对于公益的维护是极为不利的。因此，结合国外的经验，对大气污染公益诉讼费用的负担应作出以下安排：对检察院、行政机关提出的大气污染公益诉讼而产生的费用，由国库负担；环保 NGO 等公益性组织提起的大气污染公益诉讼，可以申请法院不预交案件受理费，对于原告败诉的，诉讼费用可通过两种方式解决，一是建立大气污染公益诉讼费用保险制度；二是成立大气污染公益诉讼基金会。大气污染公益诉讼基金会的基金可以是社会捐款、政府拨款或者是之前胜诉的大气污染公益诉讼案件中提取一定比例的罚金。该基金会的基金只用于大气污染公益诉讼和大气环境的治理。原告在提起诉讼之前即可申请由基金会承担诉讼的费用，经过基金会的审查可获取相应的资金支持。

小　结

国外对大气污染公益诉讼无论在制度建设或是司法实践都有成功的先例，国内学者也对此制度的假设做了很多论证，同时司法界也做出了构建环境法

庭等创新性的尝试。这些都为大气污染公益诉讼构建的合理性与必要性奠定了基础。本章在大气污染公益诉讼体系的建设中提出了很多创新性的见解，在原告资格确认、受案范围、救济方式、举证责任、因果关系证明、诉讼时效与诉讼程序等多方面都结合大气污染治理的特征，提出了与普通的民事诉讼与行政诉讼相区别的制度建设。

然而，一种打破固有的法律体系的新的制度的建立需要时间和实践的考验，加之该制度理论体系不完善，难以找到我国可以完全仿效的先例，反对的呼声也比较大等诸多因素的影响。虽然环境公益诉讼制度已经确立，但由于缺乏细则规定，实践中存在很多漏洞。因此，大气污染公益诉讼制度的建立还需要长时间的考验与尝试。大气污染公益诉讼制度建设中有两种思路，一是通过法律解释为该制度建设寻求成长的依据；二是直接通过立法确立该制度。第一种思路实践性强，能通过法律解释将原告资格、受案范围、救济方式等问题直接解决，但这种形式需要司法机关对法律规范和法律精神的理解及对大气污染公益诉讼的态度。第二种思路难度较大，需要立法机关对现行法律、法制精神深入分析，结合我国的现状，决定法律的修订。

大气污染公益诉讼制度的建立，需要法制的完善和相关配套制度的落实，更需要实践的考验。本章对该制度的建设提出了一些建议，但大气污染公益诉讼理论体系与制度的完善还需要长时间的探索与尝试。

第九章
生态环境损害责任终身追究制法律研究[1]

党的十八届四中全会指出："实行责任追究……已经离任的也要追究责任"，这是对十八届三中全会提出"建立生态环境损害责任终身追究制"要求的进一步深化、完善和推动。仔细考究十八届三中全会和四中全会的制度设计，不难发现，领导干部是生态环境损害责任终身追究制的主要追责对象。当然，建立生态环境损害责任终身追究制，不能只针对地方党政领导干部。对造成生态环境损害的企业和个人，也应终身追究其责任。本章只涉及领导干部层面的生态环境损害责任终身追究制法律研究。

第一节　生态环境损害责任终身追究制概述

一、领导责任的基本内涵

无论是在理论研究还是实践操作中，"领导责任"一词在以下场合都可能出现：①行为主体是领导人的行为，不考虑该行为的性质，由该行为引发的后果均称为"领导责任"；②当领导人应承担行政责任或政治责任时，就认为其承担的是"领导责任"，这实质是将"领导责任"与行政责任或政治责任的一种混同使用；③将"领导责任"作为与"失职""渎职"并列使用。[2]关于党政系统领导责任的定义也不一致，主要有以下几种代表性观点："领导责任是各级领导在行使权力时应承担的责任。作为一个地方或者一个部门的领导，对所领导的部门和地方的工作负全面的责任。如果这个部门或地方出现了违

---

〔1〕本章部分内容节选自高桂林、陈云俊："论生态环境损害责任终身追究制的法制构建"，载《广西社会科学》2015 年第 5 期，第 88 ~92 页。

〔2〕胡建淼、郑春燕："论行政领导人行政责任的准确认定"，载《浙江大学学报（人文社会科学版）》2004 年第 6 期，第 6 页。

法、失误的问题，造成了损失或不良的影响等，要承担责任的不仅仅是直接责任人员，还应当有领导来承担相应的领导责任。”〔1〕“领导责任，是领导者基于职权在领导工作上应负有的责任，或者在履行职务过程中所应尽的义务，或对国家和组织委托的任务应负的责任。”〔2〕“领导责任，指的是由于行政领导人员在行政机关中处于一定的职位，具有一定的职权，因此，他们对于国家就负有一定的责任。这种由领导职位和职权而产生的责任叫领导责任。”〔3〕

本书认为，领导责任通常主要包含两层意义：一是领导干部应承担的领导职责（积极责任）；二是领导干部错误履行或懈怠履行领导职责并造成不良后果时所应承担的惩罚和制裁（消极责任）。生态环境损害责任终身追究制中所说的领导责任，主要是指第二层含义。通常来说，领导责任具有以下特征：

第一，领导责任不同于普通公务人员的责任，具有间接性特点。对于普通公务人员来说，其责任的承担具有直接性，即其个人不正确履行或不履行职责以致违纪违法并造成一定后果时才承担责任。通常普通公务人员只对自己的行为负责，而对其他人的行为不承担连带责任。而领导干部的主要职责是决策、监管和用人，一般与某一具体的不良后果没有直接联系。因此，领导责任呈现间接性的特点，本质上是间接责任。

第二，领导责任与领导干部的职务、职权密不可分。领导干部的职务和职权是领导担责的两项基础要素。其中，职务是领导干部担责的前提和基础，只有担任了某项领导职务，才具有对某一工作进行统御的可能性；而职权赋予领导干部从事一定行为的资格，同时也规定其必须从事这一行为，否则就会因渎职而被追究相应责任。

第三，领导责任的范围具有广泛性。“领导者个人违法的，应按照责任自负的原则承担责任。如果其领导下的人员或组织违法，仍需承担相应的递补责任。”〔4〕即手握领导权的领导干部既要对自己的领导不力担责，又要对其领导下的人员承担连带性的责任。

第四，领导责任具有层次性，可细分为一般领导责任、重要领导责任、

---

〔1〕 张德友、李涛：“关于领导责任制度建设的思考”，载《政治学研究》2009年第4期，第14页。

〔2〕 王乐夫：《现代领导学》，中山大学出版社1992年版，第30页。

〔3〕 田穗生、罗斌：《地方政府知识大全》，中国档案出版社1994年版，第462页。

〔4〕 H. L. A. Hart, *Punishment and Responsibility*, Glare dons Press, 1989, p. 164.

主要领导责任等。《党政领导干部辞职暂行规定》第30条对领导责任做了明确划分："本规定所称主要领导责任，是指在其职责范围内，对直接主管的工作不负责、不履行或者不正确履行职责，对造成的损失和影响负直接领导责任；重要领导责任，是指在其职责范围内，对应管的工作或者参与决定的工作，不履行或者不正确履行职责，对造成的损失和影响负次要领导责任。"

第五，领导责任包括个体领导责任和集体领导责任。个体领导责任是指领导干部对某一事件或某一工作因与其职务、分工相联系而要承担的责任。集体领导责任是指领导干部集体因共同决策某项工作或事件所要承担的责任。相对于个体领导责任，集体领导责任是一种连带性的政治责任。

二、生态环境损害责任终身追究制的概念界定

制度是"抑制人际交往中可能出现的任意行为和机会主义行为"[1]的规则体系。生态环境损害责任终身追究制，目前学术界对此尚无专门的概念界定。本书认为，所谓生态环境损害责任终身追究制，是指在中国各级行政机关和中国共产党各级党委中担任领导职务的人员在自己的或自己直属领导下的人员的环境决策行为造成重大生态环境损害时，应根据权力行使和结果影响的范围，向有关行政机关、政党组织、社会公众等作出说明、解释并终身追究其相应责任的制度。从这个概念出发，本书所研究的生态环境损害责任终身追究制具有如下特点：

第一，追责主体具有多样性和广泛性，既包括行政机关，也包括政党组织、社会组织和公民个人。也就是说，生态环境损害责任终身追责不仅包括行政系统内的同体追责，也包括来自行政系统外的异体追责，如人大、执政党、司法机关和社会公众等。

第二，追责对象为领导干部，既包括政府领导干部，也包括党委领导干部。在我国现行的政治体制下，领导干部集党委和行政双重职务于一身的现象很常见。具体来说，中国共产党作为我国的执政党，其党内干部的党内职务常常与行政职务交织在一起，这方面有着鲜明的中国特色。很多情况下，政府领导干部同时兼任党委领导职务，如市长一般同时兼任市委副书记，部

〔1〕［德］柯武刚、史漫飞：《制度经济学：社会秩序与公共政策》，韩朝华译，商务印书馆2000年版，第32页。

门行政机关的领导也时常担任部门党委的领导职务。在我国党政尚未完全分开的现实语境下，生态环境损害责任终身追究领域同时追究党委领导干部和政府领导干部的生态环境损害责任是具有很强的现实意义的。

第三，追责事由不仅包括个人的环境决策行为，也包括直属领导的下属的环境决策行为。被追责的领导干部承担的生态环境损害责任，既包括法律责任，也包括道德责任；既包括直接责任，也包括间接责任。这些责任类型与政治责任等一起构成完整的领导干部生态环境损害责任体系。

第四，追责时效的终身性。生态环境损害责任终身追究制作为十八届三中全会的一项创举，其鲜明特色就在于“终身”二字，强调领导干部即使已经离任，只要其在岗时作出的环境决策行为造成了重大生态环境损害，就要终身追究其相应责任。终身追究领导干部的生态环境损害责任是否合情合法，下文会有具体论述。

三、建立生态环境损害责任终身追究制的背景分析

生态环境损害责任终身追究制主要是针对领导干部的环境决策造成严重生态环境损害而实行的后果惩罚制度。当前，我国的生态环境问题与领导干部错误的政绩观、环境考核机制以及环境问责机制等存在着密切联系。

（一）生态环境问题存在滞后性

大多数生态环境损害是在环境决策运行多年以后才出现，本身存在着一定的滞后性，这是一个世界性的难题。此外，我国地方主要领导的任期普遍过短，[1]很多生态环境损害事件是在决策领导离任之后才显现出来，此时已很难再回溯追究决策领导的责任。在某种意义上，领导干部任期普遍过短进一步加剧了生态环境问题的滞后性。

（二）地方部分党政领导固守错误政绩观

时至今日，不少地方的领导干部仍固守着传统的政绩观，即忽略环境代价片面追求经济数字的短期增长。“政绩观存在问题”是不少地方领导干部在自我批评中提到的共性问题，尤其是对于党政“一把手”而言。为了追求任期内经济的高速增长，部分领导干部往往盲目开发利用区域内的环境资源，尽管可能会在任期内实现地方经济的高速增长，但却造成了当地生态环境的

---

〔1〕 据中国市长协会2002～2006年对我国100个地市的统计，我国市长的平均任期不到3年。

损害甚至是不可修复的系统性破坏。

（三）环境绩效考核太注重当期考核、在任考核

目前，我国地方党政领导尤其是主要领导的调动非常频繁，而且倡导异地做官。而现行的领导干部考核机制又只注重对领导干部的当期考核、在任考核，很容易助长其追求政绩工程的心理和行为。而且，生态环境问题往往有一个很长的潜伏期，如果领导干部问责制仅限于当期问责或任上问责，就可能让一些责任人专门钻制度的空子。

（四）环境绩效考核法规不完善

目前，我国还没有高位阶的法律法规涉及领导干部的环境绩效考核。中共中央组织部于2006年颁布实施的《体现科学发展观要求的地方党政领导班子和领导干部综合考核评价（试行办法）》，其中涉及地方党政领导干部环境绩效考核的实绩分析要点只有资源安全、安全生产、耕地等三个。该党内决议不具有法律法规的普遍适用性，也没有进一步对分析要点、考核权重进行详细规定。因此，地方组织部门在根据这三个实绩分析要点自行设计领导干部环境绩效具体考核方案时有很大的自由裁量权且容易夹带“私货”，各地方案的质量也就良莠不齐。即使是在环境考核指标体系比较完善的广东、山西、河北等省，也存在着指标体系断层的现象。有的地方领导换届后，原有的环境考核指标便不再执行。此外，因为“环境考核数据内部化”问题，领导干部环境考核数据的可信度也存在相当大的问题。

（五）领导干部问责制度不完善

当下，部分领导干部为在任期内取得耀眼“政绩”，往往偏重经济发展指标，而忽视生态环境等隐形指标。因此“见效快的项目大干快上，影响长远的项目却要让路”的荒谬现象时有发生。现行领导干部问责制度的不完善是造成上述这种现象的重要原因之一。我国虽然早已建立领导干部问责制度，但在实践中却很少认真执行，终身追责更是新生事物。这就导致过去不少地方领导干部只追求短期经济效益，同时把后期环境恶果推给下任，最后演变为“谁任内出现大问题，谁倒霉”的无解困局。这样的困局更加凸显出建立“生态环境损害责任终身追究制”的重要性。

四、生态环境损害责任终身追究制的制度渊源分析

（一）中央层面的制度渊源

中国共产党第十八届中央委员会第三次全体会议通过的《中共中央关于全面深化改革若干重大问题的决定》指出："探索编制自然资源资产负债表，对领导干部实行自然资源资产离任审计。建立生态环境损害责任终身追究制""完善行政执法与刑事司法衔接机制。"〔1〕党中央的上述提法具有非常重要的政策创新意义，显示中央开始重视将地方领导干部纳入环境问责体系的重要性。

为贯彻落实党的十八届三中全会关于改革和完善干部考核评级制度，完善发展成果考核评价体系的精神，促进各级领导干部树立正确的政绩观，中共中央组织部于2013年12月6日印发的《关于改进地方党政领导班子和领导干部政绩考核工作的通知》中明确提出："实行责任追究。制定违背科学发展行为责任追究办法，强化离任责任审计，对拍脑袋决策、拍胸脯蛮干，给国家利益造成重大损失的，损害群众利益造成恶劣影响的，造成资源严重浪费的，造成生态严重破坏的，盲目举债留下一摊子烂账的，要记录在案，视情节轻重，给予组织处理或党纪政纪处分，已经离任的也要追究责任。"〔2〕该文件明确规定政绩考核要突出科学发展方向，同时要加大环境保护、资源消耗等指标的权重。考核"指挥棒"的调整，能有效激励领导干部转变政绩观、更加注重生态文明建设，为进一步对生态环境损害责任进行终身追责创造了有利条件。

中国共产党第十八届中央委员会第四次全体会议通过的《中共中央关于全面推进依法治国若干重大问题的决定》进一步指出："建立重大决策终身责任追究制度及责任倒查机制，对决策严重失误或者依法应该及时作出决策但久拖不决造成重大损失、恶劣影响的，严格追究行政首长、负有责任的其他领导人员和相关责任人员的法律责任。"〔3〕十八届四中全会"建立重大决策

---

〔1〕"授权发布：中共中央关于全面深化改革若干重大问题的决定"，载新华网：http://www.sn.xinhuanet.com/2013-11/16/c_118166672.htm，访问时间：2014年12月22日。

〔2〕"关于改进地方党政领导班子和领导干部政绩考核工作的通知"，载人民网：http://leaders.people.com.cn/n/2013/1210/c58278-23796965.html，访问时间：2014年12月21日。

〔3〕"中共中央关于全面推进依法治国若干重大问题的决定"，载新华网：http://news.xinhuanet.com/ziliao/2014-10/30/c_127159908.htm，访问时间：2014年12月22日。

终身责任追究制度及责任倒查机制”的决定，将成为实现生态文明建设目标机制的尚方宝剑。

为贯彻十八届四中全会的精神，国务院办公厅于2014年11月27日印发的《关于加强环境监管执法的通知》要求，一旦出现下述四类情节，有关领导和责任人将被依法依纪终身追责：发生重特大突发环境事件；任期内环境质量明显恶化；不顾生态环境盲目决策、造成严重后果；利用职权干预、阻碍环境监管执法。[1]该文件最重要的意义是将“生态环境损害责任终身追究”首次写入部门规章，使该制度从此有了纲领性的指导方向，对地方领导干部的约束性也更强，传递出中央政府进行生态文明制度建设“动真碰硬”的决心。

（二）地方层面的制度渊源

在制定生态文明建设地方性法规方面，珠海市走在了前面。珠海市第八届人民代表大会常务委员会第十六次会议通过的《珠海经济特区生态文明建设促进条例》，率先将十八届三中全会关于“自然资源资产统一确权登记”“对领导干部实施自然资源离任审计”“建立生态环境损害责任终身追究制”的要求，在地方立法中作出相关规定。[2]珠海的这部地方性法规，还颇有建设性地设立了环境宜居委员会。这是对十八届三中全会提出的“加快生态文明制度建设”要求的积极响应，也体现了珠海的环保决心。生态环境损害责任终身追究制的首次地方入法将为生态文明制度建设提供刚性保障，具有深远意义。

2014年2月28日，在陕西省环境保护工作会议上，陕西省提出要在2014年推动建立环境质量审计制度和生态环境损害责任终身追究制。[3]后续的地方立法活动值得关注。《湖南省重大环境问题（事件）责任追究办法（试行）》明确规定对因渎职失职造成重大环境问题或事件的领导干部实行终身问责。广东省先后出台《关于进一步加强环境保护推进生态文明建设的决定》

---

〔1〕“国务院关于加强环境监管执法的通知”，载中国政府网：http://www.gov.cn/zhengce/content/2014－11/27/content_9273.htm，访问时间：2014年12月22日。

〔2〕“珠海出台全国首部生态文明建设地方性法规 损害生态环境将被终身追责”，载珠海市政府网：http://www.zhuhai.gov.cn/xxgk/xwzx/zhyw/201401/t20140116_4072471.html，访问时间：2014年12月22日。

〔3〕汪曼莉：“治污降霾 陕西在行动”，载《陕西日报》2014年3月1日。

《广东省生态保护补偿机制考核办法》《广东省环保责任考核办法》等文件，明确将生态建设和环境保护纳入各级领导干部的考评体系，并将考评结果作为领导干部选拔任用、奖励惩戒的重要依据。[1]广东省下一步将逐步开展领导干部自然资源资产离任审计和推行生态环境损害责任终身追究制等措施，这无疑是对党的十八届四中全会精神的贯彻落实，也是其“建设全国绿色生态第一省”的使命使然。

五、生态环境损害责任终身追究制的障碍性分析

从现有的文本来考察，我国正在探索的生态环境损害责任终身追究制在制度渊源、责任构造、管理体制、实际操作等方面还有进一步的完善空间。

首先，从制度渊源上看，涉及生态环境损害责任终身追究制的党内文件有《中共中央关于全面深化改革若干重大问题的决定》《关于改进地方党政领导班子和领导干部政绩考核工作的通知》《中共中央关于全面推进依法治国若干重大问题的决定》，部门规章有《关于加强环境监管执法的通知》，地方性法规、规章有《珠海经济特区生态文明建设促进条例》和《湖南省重大环境问题（事件）责任追究办法（试行）》等。党规、部门规章、地方性法规以及各类规范性文件均有涉及生态环境损害责任终身追究制的规定，但存在以下问题：一是现有的规定比较分散，其中又以中央为主、地方为辅。党内文件对非党员领导干部是否具有约束力？党内文件是否具有法律效力？这些都是值得探讨的问题。二是现有规范生态环境损害责任终身追究制的部门规章存在效力层级低的问题，而地方法规、规章也存在适用范围过窄的尴尬。

其次，从生态环境损害责任终身追究制的责任构造来看，责任主体和责任形式尚处于模糊状态。目前，在规定生态环境损害责任终身追究制的制度文本中，无论是党内规章还是地方法规，都只是笼统地规定对领导干部实行生态环境损害责任终身追究制。但具体到地方层面上，地方党委和政府领导干部以及生态环境保护各职能部门的领导干部等环境决策参与主体应承担什么样的责任，谁是生态环境损害责任终身追究制的责任主体，尚无明确的规定。这是横向不同责任主体之间如何明确责任的问题。此外，由于生态环境问题的跨区域性，不同级地方政府之间以及中央政府与地方政府之间还存在

---

[1] 丁建庭：“为‘责任终身追究制’点赞”，载《南方日报》2014年6月27日。

纵向府际的生态环境损害责任主体问题。此外，对于主观上有过错的环境决策行为，如果只考虑领导干部的主观过错而不结合情节轻重、损害后果等，容易导致主观追责；反之，对于因客观原因引发的生态环境损害事件，追责时倘若不考虑领导干部的主观过错，则会陷入客观追责。无论是主观追责还是客观追责，都可能使生态环境损害责任终身追究制有违初衷，演变成选择性追责、权力性追责等人治形态。关于责任形式，笼统地规定生态环境损害责任终身追究制的责任形式，既有违法治原则，也不符合环境决策科学的规律。与环境决策一样，生态环境损害责任终身追究制的顶层设计也须在法治、民主和科学的框架下进行。

再次，生态环境损害责任终身追究制可能会陷入“下级追责上级”的困局。近十年，我国许多地方开展了针对地方党政领导任中或离任后的环保绩效考核活动。从现有的地方实践来看，环保绩效考核虽名为由上级党委组织部门组织实施，但多由同级的环境保护厅、局具体执行。现实中也就出现了在任或离任的市长、书记的环保绩效由其下属的环保厅、局长考核的情形，显然考核结果的公信力难以得到保证。生态环境损害责任终身追究制是地方环境绩效考核制度的重大升级版，参照我国的环境管理体制，生态环境损害责任终身追究制极有可能沿用环境绩效考核的模式，如何摆脱“下级追责上级”的困局有待解决。

最后，生态环境损害责任终身追究制可能会遭遇地方阻力。于 2004 年 3 月启动的绿色 GDP 课题研究项目，曾对我国各地区和 42 个行业的环境污染实物量、环境退化成本、虚拟治理成本等进行了核算分析。在该研究项目的推行过程中，绿色 GDP 没有获得地方政府的普遍支持。一些地方官员担心新的核算方式会给自己带来“负政绩”，曾强烈要求退出核算试点。生态环境损害责任终身追究制要求领导干部提着官帽保环境、促发展，后果惩罚力度更大，因此在探索建立过程中可能也会遇到一些地方阻力，甚至阻力更大。生态环境损害责任终身追究制能否从规划蓝图变为制度约束，这将极大考验党中央和国务院的决心和魄力。

第二节　西方国家领导干部问责制的考察与启示

领导干部问责制是一个国家权力监控体系的重要组成部分，同时，领导干部问责制的健全程度也是衡量一个国家民主法治程度的重要标尺。纵观当今世界的主要法治国家和地区，无不通过完备的领导干部问责制度来加强对政党、政府的领导人员的监督与制约。系统考察西方国家的领导干部问责制，对完善我国领导干部的生态环境损害责任终身追究制具有重要的启示和借鉴意义。

一、西方国家领导干部问责制的理论来源

在西方，领导干部问责思想的启蒙和实践源远流长。人们很早就意识到："就像我们在今天面对大多数其它形式的威权政府时会深感恐惧一样，人们有朝一日在面对这样一种想法时也会深感恐惧的，即一群人，甚至是得到了多数公民授权的一群人，可以享有随意发布政令的权力。毋庸置疑，这种想法肯定会造成一种野蛮的暴虐状态。但是，之所以会导致这种野蛮的状态，并不是因为我们把权力交给了野蛮人，而是因为我们解除了规则对权力的约束。据此，我们可以说，只要我们解除规则对权力的约束，那么这种权力就势必会产生这种不可避免的结果，而且不论是谁掌控这样的权力，概莫能外。"〔1〕随着民主思想和民主制度的不断发展和完善，领导干部问责制逐渐趋于常态化、制度化和规范化。从民主思想的发展历程来看，西方国家领导干部问责制的建立既与17世纪兴起的社会契约论、分权制衡论以及人民主权论等息息相关，也与20世纪公共行政理论的发展密不可分。

（一）17世纪至19世纪的民主理论与领导干部问责思想

近代西方的资产阶级革命，不仅破除了中世纪以来的封建专制统治，而且将政治从强势的宗教束缚下解脱出来，并用资产阶级的"法学世界观"代替了落后愚昧的"神学世界观"。基于对封建专制的憎恨、对人性弱点的反思以及对经济自由的追求，以洛克、孟德斯鸠、卢梭等为代表的资产阶级启蒙思想家运用自然法思想不仅无情抨击了神权政治下的黑暗，而且深刻论述了国家、权力和法的起源，为资产阶级政治和领导干部问责制的建立奠定了坚实的思想基础。〔2〕

〔1〕［英］弗里德里希·冯·哈耶克：《法律、立法与自由》（第2、3卷），邓正来译，中国大百科全书出版社1997年版，第320～321页。

〔2〕赵峰："党委领导干部问责制研究"，南京师范大学2013年博士学位论文，第57～58页。

1. 洛克的社会契约论

洛克认为，人类在自然状态下会触犯自然法与实证法，盗窃、欺诈、谋杀等不时发生，因此自然状态是有其缺欠的。这时，人们需要一个强有力的代理者来应对之，于是国家作为强有力的代理人便产生了。人们基于自愿达成的协议，放弃自己的部分权利并把这部分权利委托给立法机关行使。“这就是立法和行政权力的原始权利和这两者之所以会产生的缘由，政府和社会本身的起源也在于此。”〔1〕在洛克看来，人们之所以在订立社会契约时把部分私人权利让渡给国家，是因为他们希望国家用让渡的权利保护他们的生命、自由和财产这三项最基本的应然性权利。从这一点来看，国家就是人们发明的机器，至于造就什么样的国家，这也是一个可以作出选择的事项。就像人们制造的机器一样，理论上人们可以对国家这部特殊的机器进行修理乃至拆毁。虽然不能因为轻微的毛病而对机器采取暴力，但拆毁机器的可能性是永远存在的。

洛克视政府为信托的产物，并且政府完全可能背叛其与人民之间已达成的契约。因此，洛克反对任何形式的独裁和专制统治，极力主张法治。在法治社会下，政治权力应是分力的、有限的和负责任的。所谓分力，是指对作为整体的国家权力按照一定的标准划分为部门权力，以在国家内部形成部门间的权力张力，从而避免国家权力被单个主体集中行使。在洛克看来，国家权力应分为立法权、执行权和对外权三种。所谓有限，是指国家权力的疆域取决于人民让渡的权利的内容和数量。人民让渡的权利的内容和数量已由法律明确设定，国家只能在法律授权的权力范围内实施统治，不能为所欲为地自我创设权力。所谓负责任，是指滥用国家权力可以被依法追责，这是为防止国家权力侵犯人民权利的责任体制。洛克认为，有限的和分力的权力还不足以完全和充分地保护个人的自由、财产等权利。于是，“当人民发现立法行为与他们的信托相抵触时，人民仍享有最高的权力来罢免或更换立法机关；这是因为，受信托来实现一种目的的权力既然被那个目的所限制，当这一目的显然被忽略或遭受打击时，信托必然被取消，这时权力又回到当初授权的人民手中，他们可以重新把它授予他们认为最有利于他们安全和保障的人”。〔2〕

〔1〕［英］洛克：《政府论》（下册），叶启芳、瞿菊农译，商务印书馆1996年版，第78页。
〔2〕［英］洛克：《政府论》（下册），叶启芳、瞿菊农译，商务印书馆1996年版，第91~92页。

在洛克看来，当国家权力违反法律时，人民就有更换权力机关和罢黜政府的权利。洛克触及了领导干部问责制的根本性问题——分权问题。分权原则现已被世界各国普遍接受为宪法原则，这在很大程度上归功于洛克的分权理论。

2. 孟德斯鸠的分权制衡论

孟德斯鸠曾指出："一切有权力的人都容易滥用权力，这是亘古不变的经验。有权力的人们行使权力直到遇到有界限的地方才休止。"〔1〕为了使权力始终处于被监督、制约的状态，不能只寄希望于掌权者的个人品德，因为个人品德本身也是有其界限的。"从事物的本质来说，要防止滥用权力，就必须以权力约束权力。"〔2〕孟德斯鸠认为，良好的政制和政治自由的实现依赖于权力与权力相互制约的原则。在其看来，国家权力可分为三种：立法权、行政权和司法权，为防止因国家权力过分集中而导致的独裁与专制，国家的上述三种权力必须划分给不同的部门并由不同的人行使。这三种权力中的任何两种权力的合二为一都极有可能产生压迫性的、独裁性的权力，进而导致政治自由的丧失。"当立法权和行政权集中在同一个人或同一个机关之手时，自由便不复存在了。因为人们将要害怕国王或议会制定的暴虐的法律，并被迫的执行这些法律。如果立法权同司法权二者合二为一，则将对公民的生命和自由实行专断的权力，因为此时法官就是立法者。如果行政权同司法权合二为一，法官便握有了压迫者的力量。"〔3〕更为糟糕的是，如果这三种权力集中于同一个人或同一机构中，对民众权利的破坏性将是毁灭性的。孟德斯鸠举例说，意大利共和国的三种权力集中在一起，所以人民的自由比君主制专制国家的法国还要少。在土耳其，立法权、行政权和司法权都集中在苏丹一人手中，所以黑暗的暴政统治这个国家的人民。基于此，孟德斯鸠极力反对至高无上的国家权力掌握在个人或单个机构手中，主张三权应相互制约、均衡。他同时提出，这三种权力原本应是静止的，不过，事物必然的运动性迫使他们发生变化，因此它们就不得不协调地运行。在他看来，三权分力后的国家权力还应当相互渗透，这样才能达到权力制约权力的目的。

"孟德斯鸠的独特理论贡献在于，他不仅明确、完整地提出了立法、行政

〔1〕［法］孟德斯鸠：《论法的精神》（上册），张雁深译，商务印书馆1963年版，第184页。

〔2〕［法］孟德斯鸠：《论法的精神》（上册），张雁深译，商务印书馆1963年版，第184页。

〔3〕［法］孟德斯鸠：《论法的精神》（上册），张雁深译，商务印书馆1963年版，第185～186页。

和司法三权分立的思想，而且提出了三者相互制衡的原则。”[1] 孟德斯鸠的分权制衡理论经受住了历史的实践考验，被政治思想界推崇为经典权威。世界上第一部资产阶级性质的成文宪法——1787 年《美利坚合众国宪法》就是分权制衡思想孕育出的代表性成果。

3. 卢梭的人民主权论

在社会契约论的基础上，卢梭认为政治共同体的基础和合法性的来源是国家成员间的约定。当单个公民交出全部权利时，个人利益在相互缔约的过程中上升为普遍的公共意志，即“普遍意志”。而国家主权就是普遍意志的具体运用，其属于人民并具有不可转让、不可约束和不可分割的性质。[2] 卢梭提出，政府不是基于社会契约而产生的，而是主权者派生出的一个机构，并以主权者的名义行使主权者授权给他们的权力。所以，政府不是人民的主人，而是人民的仆人。在卢梭的人民主权理论体系中，他始终关心的是政府对主权者——人民——的从属性质，而并不太注重政府的形式。在他看来，人民作为国家的主权者随时可以根据自己的意愿，对委托给政府的权力加以限制或收回。卢梭认为，最好的政府是使其意志始终服从并统一于人民意志，政府应永远准备为人民牺牲，而非人民为政府牺牲。

（二）20 世纪以来的公共行政理论

20 世纪初，德国著名社会学家马克斯·韦伯提出科层制理论，该理论是现代行政学发展的重要基础理论之一。韦伯认为，社会将向一个趋于理性合法的权威架构——官僚科层制发展。“科层制通过保守特有信息来源的秘密性来提高监督性。公务秘密概念是科层制的独特创造，没有比科层制更热衷于此了。”[3] 20 世纪初期，科层制模式曾取得一定的成效，但科层制与生俱来的体制僵化、非人格化和不透明化等弊端使得保守公务秘密所带来的政治负面效应日益凸显。于是，韦伯关于科层制的设想——“合理性”童话在公共行政理论发展的洪流中湮灭。社会公众开始呼吁阳光机制，对权力主体进行问责的诉求也渐渐产生。[4]

---

〔1〕 浦兴祖、洪涛：《西方政制学说史》，复旦大学出版社 1999 年版，第 261 页。

〔2〕［法］卢梭：《社会契约论》，何兆武译，商务印书馆 2005 年版，第 76 页。

〔3〕［德］马克斯·韦伯：《经济与社会》（上卷），林荣远译，商务印书馆 1997 年版，第 242 页。

〔4〕 周学荣、李衡：“当代政府问责制的兴起及其启示”，载《当代世界与社会主义》2010 年第 1 期，第 127 页。

自从资产阶级稳固其统治地位以来，自由资本主义的政治观曾长期占据着绝对的主导地位。奉行自由资本主义政治观的时代下，人们认为政府应远离工商业的运行，政府的职责是对公民的各种利益冲突作出裁判，发挥的是辅助性的作用。那时，管的越少的政府越是人们心中的好政府。直至20世纪20年代末，一场席卷全球资本主义国家的经济危机开始爆发。此次经济危机历时之长、范围之广、破坏之强，史无前例，并对国际政治经济关系产生了深远影响。同一时代，英国著名经济学家凯恩斯的旷世巨著《就业、利息和货币通论》问世，该书在西方世界被誉为“资本主义的救星”。凯恩斯在该书中首次论证了国家直接干预市场经济的必要性，主张用政府这只“看得见的手”去克服市场这只“看不见的手”的滞后性、盲目性等固有缺陷。一场轰轰烈烈的资本主义改革由此拉开了序幕。以美国“罗斯福新政”为开端的“大政府模式”在西方资本主义国家受到了欢迎。然而，随着政府职能的不断扩张，机构臃肿、腐败丛生、效率低下等负外部性问题愈发凸显。20世界70年代，主要资本主义国家陷入了经济滞涨泥潭，“大政府”论调也开始在西方资本主义国家黯然失色。

与此同时，在世界经济陷入滞涨的背景下，詹姆斯·M. 布坎南创造性地将亚当·斯密的经济人假设引入到政治领域中，并以经济人假设作为分析工具来关注政治决策过程。于是，布坎南的公共选择理论诞生了。“在经济学家的设定下，每个经济主体都要最大化某些东西：消费者最大化效用、企业最大化利润、政客最大化选票、政府最大化税收、慈善机构最大化社会福利等等。”〔1〕所谓经济人假设，是指社会生活中的任何人，都总是站在自我本位的立场上，为个人判断的特异主观价值而行动。〔2〕按照经济人假设的理论，经济分析中的经济人无论经商还是从政，都是为了追求私利的最大化，会根据个人的偏好，采取有利于自身的方式行事。所以公益根本不存在于经济生活中，政治生活中亦是如此。经济选择理论完全可以适用于政治决策过程。〔3〕基于此，布坎南提出了著名的政府失败理论：由于潜在的经济人动机，官员

---

〔1〕［美］罗伯特·D. 考特、托马斯·S. 尤伦：《法和经济学》，施少华等译，上海财经大学出版社2002年版，第11页。

〔2〕冯玉军主编：《法经济学》，中国人民大学出版社2013年版，第75页。

〔3〕［美］詹姆斯·M. 布坎南、戈登·塔洛克：《同意的计算——立宪民主的逻辑基础》，陈光金译，中国社会科学出版社2000年版，第12页。

对公共利益的理解很难符合人民的预期要求，渐渐演变为贪图个人私利、漠视公共利益、盛行官僚主义、工作效率低下。而机构臃肿、人浮于事、成本增加、寻租腐败等最终导致“政府失败”。因此，必须对权力进行监督和制约。公共选择理论为领导干部问责制的构建提供了理论前提。

新制度经济学的出现进一步将领导干部问责制推入公众视野。威廉姆森最先提出新制度经济学这一概念，科斯和诺斯是该理论的集大成者。新制度经济学的重要理论包括代理理论、交易费用理论、产权理论等。委托－代理理论揭示的是一种信息不对称条件下的交易关系。被代理人本质上购买的是代理人的服务与管理才能，但代理人具体从事着代理事务，手中掌握着比被代理人更多的信息，从而有机会利用信息优势来获得更多的私人利益，从而造成被代理人的经济损失。因此，代理理论首要解决的问题是如何监督和制约代理人的投机行为，以降低因代理人扭曲代理行为而给被代理人造成的损失。从这一点来看，代理理论与政治活动中的权力制衡问题有着相通之处，并且代理理论为权力制衡理论提供了可借鉴的方法。根据交易费用理论，行政运行需要耗费巨大的成本，既包括政治成本，也包括经济成本和社会成本等。为了使成本最小化、收益最大化，有必要对行政权力的运行过程实施控制和评估。从交易费用理论审视，领导干部问责制可以成为提高行政领导能力和管理水平的驱动器。

在各种理论不断产生、交融和试错的过程中，呈现一个非常明显的趋势：对于不断扩张的行政权力，社会公众要求建立领导干部问责制的呼声越来越高，领导干部问责制也在这种压力下得到不断完善。

二、西方国家的领导干部问责机制

西方国家具有不同的历史传统，在各自的民主发展历程中形成了各具特色的领导干部问责机制。但从整体上来看，他们的领导干部问责制大都贯彻了分权与制衡的指导思想，并呈现出方式多样、主体多元、范围宽广的共性特点。

（一）代议机关问责

作为民主宪政的重要保障，代议制是现代民主政治的基本特征。“议会能否独立行使权力，是一个国家有无宪政的根本标志之一。”〔1〕议会除了独立

〔1〕 宋玉波：《民主政制比较研究》，法律出版社2001年版，第44页。

立法之外，其最重要的职能就是监督和制约行政权力的运行。甚至英国议会的主要职能并不是制定法律，而是“控制并管理政府”。[1]无论是否奉行议会至上主义，西方国家的议会几乎都拥有对政府、政党及其领导人员进行问责的权力，这种权力包括质询、调查、倒阁、弹劾等等。此外，英国、瑞典、新西兰的议会还设有专门的行政监察专员来实施问责。当然，各国政治体制的差异决定了各自议会的问责模式也有所不同。

1. 质询

质询首创于享有“议会之母”美誉的英国，是指议员采用书面或口头的形式就政府决策、施政方针及其他事项向政府首脑、部长、大臣等进行质疑并要求及时答复的制度。被质询对象通常不能拒绝答复议员的质询内容。1869年，英国下议院的工作通告里首次开辟了一个名为“质询”（“Questions”）的栏目，专门刊登议员向大臣所提出的问题，并要求大臣予以回答。此后，下议院逐渐形成一个制度：议员定时向大臣提问并由大臣当场作答。[2]英国质询制度在不断发展的进程中逐渐规范化、法制化，并被其他议会内阁制国家效仿。

英国的质询分为书面质询和口头质询。书面质询又分为两类：一类为指定答复日期的书面质询，一般答复日期由议员指定，且紧急情况下可要求有关部门在48小时内答复。另一类为不注明具体答复日期的书面质询，政府机构一般在一周左右答复。书面质询的问题数量没有限制。在下议院开会期间，议员每周一到周四可对大臣进行口头质询，质询时间为14：30~15：30。通常由国务大臣牵头答复议员的口头质询。每周二、四的15：15~15：30，议员可对首相进行口头质询。上述口头质询的问题数量有限制，每天不得超过3个。[3]

德国的质询分为小型质询、大型质询、口头质询和紧急质询。小型质询需要联邦议院5%的议员或一个议会党团提出才能启动，该质询以书面形式要求联邦政府就某一特定事情予以澄清，联邦政府可以以书面形式答复而不必进行大会辩论。大型质询也需联邦议院5%的议员或一个议会党团书面提出并加以说明才能启动，大型质询启动后由议长通知联邦政府。联邦议院将启动

---

〔1〕［英］弗里德利希·冯·哈耶克：《法律、立法与自由》，邓正来译，中国大百科全书出版社2000年版，第198页。

〔2〕曹沛霖：《西方政治制度》，高等教育出版社2002年版，第263~264页。

〔3〕赵峰：“党委领导干部问责制研究”，南京师范大学2013年博士学位论文，第64~65页。

的大型质询列入议院议事日程后，联邦议院5%的议员或一个议会党团可以要求对重要的内政外交事项进行大会辩论，以批评政府的某项政策或要求政府执行某项政策。口头质询由议员个人在联邦议会全会开会前一周以书面形式提出，多为了解政府某项政策的具体执行情况，一般由政府各部部长在议院全会上进行答复。此后，原提出质询的议员可以继续补问并要求政府答复，但不进行大会辩论。紧急质询也称为“胁迫问题一小时质询”，质询内容涉及社会公众普遍关注的重大问题，也需要联邦议院5%的议员或一个议会党团提出才能启动。紧急质询中的每位提问者的质询时间不得超过5分钟，每次质询的总时长也不得超过1小时。紧急质询有助于社会公众及时了解议会和政府对特定重大公共问题的看法。〔1〕

法国的质询分为普通质询和正式质询。普通质询可由任何议员用口头或书面形式提出，如用口头提问的，被质询者得当场口头回答，质询者再提问的，被质询者接着答辩，其他议员不得参与；如用书面提问的，被质询者须在一周内将答复内容刊于政府公报上。正式质询也可由任何议员提出，提出质询的议员将正式质询案提交议长后，由议长结合被质询者的意见再决定答复日期。届时，由质询者先提问，被质询者再答辩，最后进行全院辩论、表决。法国第三、第四共和国时期的国民议会经常利用正式质询制度成功倒阁，后来的第五共和国废止了正式质询制度。〔2〕

质询作为议会问责政府的主要手段之一，以其公正性、直接性和常态性维护了议会对政府施加影响和制衡监督的地位。英国宪法学者曾如此评价质询制度：“不论一个议员是想要纠正一件错事，还是想要攻击哪个大臣，提出质询的权力总是重要的。它迫使各部在他们的行动中谨慎小心；它防止一些小小的不公平之事，而这些事情总是如此普通的和官僚主义联系在一起；他迫使行政人员去注意个人的不平之鸣。”〔3〕

2. 调查

调查是议会不可或缺的一项重要权力，是指议会为了监督政府组织专门机构负责调查政府的行为。目前，学者关于调查权的起源尚未达成统一意见，

---

〔1〕 唐晓、王为、王春英：《当代西方国家政治制度》（修订版），世界知识出版社2005年版，第206页。

〔2〕 曹沛霖：《西方政治制度》，高等教育出版社2002年版，第263～264页。

〔3〕［英］詹宁斯：《英国议会》，蓬勃译，商务印书馆1959年版，第123页。

有的认为调查权源于瑞典的“督察专员制度”，有的则认为源于17世纪的英国。

英国议会的调查活动具有非常古老的渊源。英国的等级议会早在14世纪就成立过一个委员会，专门负责审核国王对认捐款的花费。[1]这应该是世界上议会调查权的最早运用。当然，那时的调查权还只是雏形，与现代意义上的调查权也相距甚远。1979年的英国议会改革，为加强对行政权力的整体有效监督，设置了与政府各部门相对应的部门委员会，并授予部门委员会一系列权力。部门委员会可传唤证人、调取有关证据材料；可就下议院交办的事项向其报告调查意见；还可就委员会认为需要报告的事项向参议院提交特别报告。部门委员会专职跟踪调查并覆盖政府的所有组成部门，可以对行政权力形成有效制约。

尽管美国的宪法并没有单独规定国会享有调查权，但美国的国会立法权派生出国会调查权，参众两院的常设委员会都拥有一般性的调查权。除此之外，两院的联合调查委员会针对某一事件单独设立的特别调查委员会经两院授权也可展开调查。美国的国会调查一般经历四个阶段：授权阶段、准备阶段、听证阶段和公布调查结果阶段。自20世纪70年代以来，美国国会开展过的著名调查事件有：“水门事件”“伊朗门事件”、克林顿性丑闻事件等。调查权已成为美国国会揭露高级行政人员失职渎职、贪污腐败、滥用职权等违法行为的利刃。

根据《德国基本法》第44条的规定，如果有1/4的联邦议院议员对特定事项提出议案，联邦议院须设立调查委员会进行调查；调查委员会可举行秘密或公开的听证会以审查证据，行政机关和法院有义务给予公务上和法律上的帮助。可见，德国赋予了调查委员会在进行特定事项调查时的特殊、独立地位。议会内阁制的背景下，“德国联邦议院监督政府的重任主要落在了反对党身上，主要由反对党推定议会监督政府”。[2]

3. 倒阁

倒阁亦称不信任投票，是指议会以投不信任票的方式迫使内阁、部长或

---

〔1〕 兰华：《西方政治制度比较研究》，山东人民出版社2008年版，第113页。

〔2〕 唐晓、王为、王春英：《当代西方国家政治制度》（修订版），世界知识出版社2005年版，第214页。

大臣辞职。纵观西方国家的实践，倒阁是议会问责政府高级官员的有效工具。

议会倒阁的最早实践发生在英国。其理论依据是：议会的议员由国家主权者——选民选出并代表民意，而内阁的组成是基于议会的信任授权，故当议会不再信任内阁时有权要求内阁成员辞职。[1] 内阁对议会承担的政治责任分为两种：一是内阁成员个人负责。内阁成员对议会负责的责任范围包括个人行为、其主管部门的决策管理行为。二战结束以来，英国内阁大臣因工作失误、个人丑闻而辞职的事件时常发生。二是内阁集体负责。对内阁的不信任案被议会通过后，这一届内阁必须集体辞职，或请求国王解散议会并重新大选，由新议会来决定当届内阁的去留命运。

一国议会经常行使倒阁权的一大弊端是容易造成政局动荡。为了在一定程度上保持政局的稳定性，许多国家对议会倒阁权的行使作了一定限制。例如，英国政府的一些重要决策被下议院否决不再被视为失去议会的信任，只要议会不通过对政府的不信任案，就继续由现任执政党执政，这已成为英国新的宪法惯例。第三、第四共和国时期的法国议会经常对政府提起不信任案，因而政府走马观灯似地更迭，政局一度动荡，给社会安定和经济发展带来了严重的负面影响。鉴于此，为保证政局的稳定，法国第五共和国的宪法也对议会的倒阁权进行了一定限制。

4. 弹劾

弹劾，是指议会依照法定权限和法定程序剥夺违法失职的国家重要公职人员职务的制度。从历史考察的角度来看，弹劾起源于古希腊雅典克里斯蒂尼时期的贝壳放逐法。近现代意义上的弹劾制度源于14世纪的英国，当时的议会为了限制国王的权力便创设了弹劾制度。1701年的《王位继承法》进一步确认了该制度。美国、法国、德国、日本等国家继英国之后也纷纷建立了弹劾制度，各国的宪法都规定了议会的弹劾权。例如《美国宪法》第2条第4项规定："合众国总统、副总统及合众国政府之文官，受叛国罪、贿赂罪或其他重罪轻罪之弹劾与定谳时，应受免职处分。"[2]

但在随后的发展进程中，议会制国家很少对内阁成员的违法行为使用弹

---

〔1〕 田穗生等：《中外代议制度比较》，商务印书馆2000年版，第172页。

〔2〕 "弹劾"，载百度百科：http://baike.baidu.com/link? url = uROAKAPJj2l1Be6gehco5063P_NbmZb3llxni6dr - DsgGfr6fDsorbAH3VvHkNijUFX4UQPf3shnNPQOkc67hq，访问时间：2014年12月13日。

劾制度。例如1805年以后，英国议会再也没有使用过弹劾制度。1999年，英国议会的一个特别委员会甚至曾提出废除弹劾这一“过时”的司法程序，但最后没有成功。2004年，英国部分议员以时任首相布莱尔在伊拉克问题上犯下重大罪行为由酝酿弹劾，但最终也以失败收尾。弹劾制度发展到今天，议会的弹劾对象已仅限于国家元首、高级法官，而不再包括行政人员。且在议会君主制国家，君主作为国家元首不是民选的，也不使用弹劾制度，议会弹劾的对象也只剩下了最高法院的法官。弹劾制在议会制国家式微的原因有三：一是议会制国家的内阁责任制已逐渐完善，议会主要开始用不信任投票程序代替弹劾程序来追究违法犯罪官员的政治责任；二是司法机关亦可让违法犯罪官员受到正义的审判，无须议会施以弹劾；三是行政权力的扩张与执政党议会操作能力的增强也是弹劾制式微的重要因素。〔1〕

实行总统制国家的总统和议会都由民选产生，各自对选民负责，不像议会内阁制国家那样存在着政府对议会负责的关系，总统制国家的议会也没有倒阁权。所以，总统制国家的议会主要通过弹劾程序来罢免严重失职或涉嫌犯罪的总统、副总统等高级行政官员和法官。“我不知道我可不可以说美国实行的政治审判（即审理弹劾案），是多数迄今掌握过的武器中的最强大的武器。”〔2〕

弹劾不同于议会内阁制国家的不信任案。后者涉及的是政治责任问题，即如果多数议员否决执政党的施政纲领、重要法案或对政府提出不信任案，政府若不提请国家元首解散议会就必须辞职解散。而总统制下的行政官员只有在其涉嫌违法犯罪时才可能被弹劾，并不会因与反对党政见不同而遭到蓄意指控。简单来说，不信任案适用于政治责任的追究，弹劾案适用于法律责任的追究。

弹劾是议会制衡行政官员和司法官员的强有力工具，但各国都谨慎适用该制度。“弹劾至少应视为稀有的最后利剑，只有这样才能维护法律制定者所

---

〔1〕［美］凯斯·R. 孙思坦：《设计民主：论宪法的作用》，金朝武、刘会春译，法律出版社2006年版，第135页。

〔2〕［法］夏尔·阿列克西·德·托克维尔：《论美国的民主》，董果良译，商务印书馆1993年版，第123页。

强调的保护选举程序。”〔1〕自1789年以来，美国国会一共提出60余个弹劾议案，只有15人被成功弹劾，其中又只有7人因被判有罪而被免职，且被免职的多为法官。因为联邦政府官员不用通过国会也可通过免职制度将其免职，而终身制的法官只能通过弹劾案才能将其免职。纵观美国的历史，只有第17任总统约翰逊和第42任总统克林顿曾遭到弹劾，但最终都被参议院推翻。〔2〕尽管国会很少使用弹劾权，但其威慑力不容低估，“它提供了一种对总统进行罢免，和对他在任职期间做出的犯罪行为进行审判的途径”。〔3〕例如，在美国宪法尚未规定总统辞职制度的1972年，尼克松总统在弹劾制度的威慑下被迫辞职。

（二）政府内部问责

当代西方国家的行政机关内部问责主要分为专门机构问责和层级问责两种。专门机构问责是指，在行政系统内部设立专门的问责机构，以加强对行政官员的职权监督和责任追究。层级问责是普遍的问责模式，是指上级行政机关对下级行政机关、行政部门首长对其下属官员的问责。

1. 美国的行政系统内部问责

美国尚未建立统一的联邦问责系统，行政系统内部的问责任务交由若干个部门执行。这些问责部门在各自法定的管辖范围内独立履行各自的职能。1978年国会通过的《监察长法》创设了监察长制度，规定在联邦政府各部及各独立机构设立监察长及其办公室。监察长及其办公室除专门负责本部各项计划、业务的审计和调查工作外，还负责协调本部的活动，以促进节约计划所需的资金并提高经济效益，防止行政系统内部徇私舞弊行为。各监察长均由总统任命，并经参议院同意。总统有权撤换不称职的监察长，但需向参议院说明撤职理由。监察长既要对总统和国会负责，又要接受本部行政首长的领导。监察长及其办公室作为美国行政系统内部的问责机关，其工作宗旨是杜绝滥用职权、诈骗、浪费、贪污等违法犯罪行为，并保证本部合法合理地使用财政资金，以促进行政效率的提高。审计与调查是其主要的两项职能，

---

〔1〕［美］凯斯·R. 孙思坦：《设计民主：论宪法的作用》，金朝武、刘会春译，法律出版社2006年版，第146页。

〔2〕王国聚：“西方发达国家议会监督制度探析”，载《人大研究》2009年第8期，第44页。

〔3〕A. W. Brandley and K. D. Ewing, *Constitutional and Administrative Law*, 12th Edition, London and New York: Longman Limited, 1997, p. 107.

具体来说：一是审核本部的财政支出，一旦发现贪污、诈骗、浪费等行为，继续负责下一步的调查工作；二是审查本部的行政行为、规章制度和工作程序，并针对发现的问题提出改进建议。美国监察长及其办公室通常采取以下方式开展工作：（1）处理举报或控告。本部部门雇员或公民可向监察长及其办公室举报或控告行政人员的失职违法行为。（2）跟踪审查。本部的财政支出计划以及执行过程中行政活动的每个环节，监察长及其办公室均可进行跟踪审查。（3）案件调查。对于收到的举报、控告或已发现的案件线索，监察长及其办公室为获取证据、弄清事实，有权询问有关人员并查阅、索取有关机构内部的纪录、报告、档案等材料。此外，为了保证案件调查的顺利进行，监察长还有权发出调查传票，要求有关人员说明具体情况。〔1〕

2. 英国的行政系统内部问责

英国一直有重视行政系统内部问责的传统。英国的行政系统内部问责分为层级问责和专门机构问责。英国的层级问责与其他国家的情况大致相近，即行政系统内上级对下级的问责，这里不再赘述。在专门问责机构中，诺兰公职道德规范委员会（以下简称“诺兰委员会”）是值得关注、借鉴和学习的。作为英国重要的廉政和反腐机构，诺兰委员会是由前首相约翰·梅杰于1994年10月25日宣告成立，它的主要职能是调查议会议员、内阁大臣、行政人员以及公共事业机构的成员的公职行为，并为现行制度的完善提供咨询意见。所谓公职行为，是指公务人员的职务行为，也包括一些与其名誉、形象有密切关系的非职务行为，如不正当的性行为。诺兰委员会由10名著名的政治家、外交官、商人等组成，并下设若干精干的办事机构。它具有较高的权威性，由首相直接领导，并定期向议会报告工作。诺兰委员会自成立以来，通过持续性地滚动调查，不间断地总体评价和具体分析英国的公职道德情况，以其卓越的工作成效对公职活动发挥了有力的监督作用，并为平息公众对公职道德水平的不满、完善现行制度作出了贡献，在英国政治生活中留下了浓墨重彩的篇章。

3. 法国的行政系统内部问责

法国的行政系统内部问责主要也包括层级问责和专门机构问责两种。层级问责在这里也不再赘述。法国行政系统内部的专门机构问责有社会事务监

〔1〕 赵峰：“党委领导干部问责制研究”，南京师范大学2013年博士学位论文，第70页。

察总局、行政调解专员、财政监察专员、内政监察总局等。虽然这些问责机构仍隶属于政府各部，但其级别高于本部其它司局。以社会事务监察总局、内政监察总局和财政监察总局为例，局长是由总统任命的，副局长是由总理任命的。这三个问责机构既要对本部行政首长负责，也要对总统负责。法国行政系统内部问责机构相对独立的地位，有利于其抵御和摆脱外界的不正当影响，以保障问责工作的客观公正。法国行政系统内部问责机构的问责对象非常广泛，既包括中央和地方政府部门及其公务人员，也包括地方议会、国有企业和公共事业机构。几乎从中央到地方的一切公务人员、国有企事业单位乃至地方议会都被纳入了问责的范畴，法国对公共权力的规范之严可见一斑。

法国行政系统内部的问责既有合法性问责，又有合理性问责；既有决策问责，又有执行问责；既有廉政问责，又有绩效问责。法国的行政系统内部问责制不仅是事后的追究制裁，更是事前和事中的全方面监督与制约，系统地保障了公共权力在各个领域都能得到高效、规范地行使。“即在权力行使之前或之中便已进行督查、预警或纠偏，从而对违法、不当的权力行为起到防患于未然的作用，或是将其‘已然’的危害控制在最低限度，以较低的监督成本投入获取最大的产出。”〔1〕

（三）司法问责

西方国家的司法问责主要包括两个制度：一是行政诉讼，二是违宪审查。行政诉讼是指，当行政机关及其公务人员在代表国家行使行政权的过程中与个人发生纠纷并无法在行政系统内部得到妥善解决时，个人可以向法院提请居中裁判。法国设有行政法院，专司行政诉讼案件，其除具有审判职能外，还兼有下述两种职能：一是监督，行政法院有权对政府各部门的行政管理措施的实施情况进行监督；二是咨询，行政法院可以对政府的各项立法草案提出意见，并就如何改善行政管理、改革行政体制提供咨询意见。〔2〕法国的行政法院模式已先后被荷兰、意大利、西班牙、埃及、奥地利、芬兰等国所借鉴，陆续组建了本国的行政法院并充实其相关职能。〔3〕

〔1〕赵峰：“党委领导干部问责制研究”，南京师范大学2013年博士学位论文，第71页。
〔2〕吴国庆：《当代各国政治体制——法国》，兰州大学出版社1998年版，第199页。
〔3〕侯志山：《外国行政监督制度与著名反腐机构》，北京大学出版社2004年版，第82页。

西方国家司法问责的另一方式是违宪审查。违宪审查是指，司法机关在案件审理过程中对立法机关和行政机关制定的法律法规、规范性文件以及据此进行的行为是否符合宪法进行审查，并对违反宪法的立法和行为宣告无效的一种制度。比较认可的观点是，违宪审查制度源于1803年的美国“马伯里诉麦迪逊案”。“违宪审查是美国统治程序中的关键政治手段。利用司法审查权，法官能够判断立法或行政部门的行为是否符合宪法授予这些选举出的政策制定者的权力，或者政策制定者的行为有无宪法上的权力。”〔1〕美国违宪审查制的特点是：联邦法院在案件审理过程中“拥有终局的权力来宣告任何法律、任何基于法律的公务行为以及其它任何由公务人员所为而被认为与宪法有抵触的行为，皆因违宪而无法据以执行”。〔2〕违宪审查制在美国二百多年的宪政实践中发挥了不可替代的重要作用。一方面，违宪审查制是保护公民权利免受国家权力侵害的忠实“保镖”。宪法既保护公民的积极权利也保护其消极权利，法院对一切侵犯公民权利的违宪行为均可调查并据宪法宣告其无效，这为公民权利的保护提供了屏障。另一方面，违宪审查制能有效限制行政权力的极度膨胀。20世纪以来，西方国家不同程度地出现了行政权扩张的现象，美国也不例外。如何适应现代治理的客观需要，又不违背现代宪政的分权制衡精神？违宪审查制成为维护宪政秩序、限制行政权过度扩张、调解行政权与立法权冲突的最后一道防线。违宪审查制限制行政权过度扩张的具体作用如下：一是最高法院通过对总统缔约权、战争权、任免权的审查进行监督；二是最该法院确立了委托立法的标准和准则并对委托给行政机关的立法事项进行重点审查；三是对于行政机关行使的准司法权，最高法院予以严格审查，以确保行政行为始终处于违宪审查的严密监控下。

美国的违宪审查制在制衡行政权力方面取得了积极成效，与美国政体模式相似的国家纷纷效仿美国的违宪审查制度。迄今为止，世界上有六十多个国家设立了违宪审查制度。〔3〕

---

〔1〕［美］霍华德·鲍：《宪政与自由：铁面大法官胡果·L. 布莱克》，王保军译，法律出版社2004年版，第332页。

〔2〕张锐智：“试论美国司法审查制在权力监督中的作用”，载《辽宁大学学报（哲学社会科学版）》2003年第1期，第123页。

〔3〕张德瑞：“欧洲宪法法院给我国违宪审查制度建构的启示”，载《中国青年政治学院学报》2007年第2期，第90页。

二战后的日本在美国的临时占领下制定了新宪法。其中，仿效美国模式，日本建立了违宪审查制度。经过几十年的实践，日本的违宪审查制趋于完善并成为司法体系的重要组成部分。根据日本宪法的规定，最高法院和地方法院行使违宪审查权，其中，最高法院还是违宪案件的终审法院。日本违宪审查的方法是附带审查，审查对象是一切法律、规则、命令及处分。附带审查是指，法院只有在具体民事、行政和刑事案件的审理过程中才能对法律、规则、命令以及处分是否符合宪法进行审查。日本法院无权对一般性的法律法规和抽象行政行为进行违宪审查。从这一点来看，日本沿袭了美国的违宪审查模式。

与美国、日本不同的是，法国和德国特设宪法委员会或宪法法院作为违宪审查机构。法国采用的是预防性的违宪审查模式，即违宪审查程序的启动既不以纠纷产生为前提，也不以利害关系人的违宪审查请求为要件，只要当宪法规定的具有违宪诉讼主体资格的个人或机关认为某项法律、命令违宪而提出违宪审查请求时，宪法委员会即可启动违宪审查程序。1951 年《联邦宪法法院法》的颁布在德国最终确立了以宪法法院作为违宪审查机构的制度。德国在传统分权制衡的基础上对国家权力进行了重新调整，使宪法法院不仅能监督立法权、司法权和行政权，而且将其它国家机关的部分权力划给了宪法法院。从 1951 年到 1990 年底，德国宪法法院一共宣布 198 项联邦议院通过的法案违宪或无效，内容几乎覆盖所有的政策门类，如财政、金融、交通、环境、教育、卫生等。[1] 德国的宪法法院凭借着违宪审查权对政府决策产生了巨大影响力。

（四）选民问责

现代民主宪政的基本任务之一就是通过对公共权力的制衡与问责，以确保权力的运行符合权力产生的固有目的 。这不仅需要权力主体之间的相互制衡与问责，也需要公众的普遍参与和监督。治理国政，“天下兴亡，匹夫有责”，而非“肉食者”所谋之事。“民主国家的一件要事就是大选，选出一个有权做任何它喜欢做的该死的事情的政府，人民如果不喜欢这个政府，有权把它撵走。”[2] 当代西方国家的选民问责主要包括选举官员、参加公决、罢

---

〔1〕 宋冰编：《读本：美国与德国的司法制度及司法程序》，中国政法大学出版社 1999 年版，第 533 页。

〔2〕［美］阿尔蒙德、小鲍威尔主编：《当代比较政治学——世界展望》，朱曾汶、林铮译，商务印书馆 1993 年版，第 236 页。

免、请愿等。

（1）选举官员。选举官员是指，选民通过投票的方式选出国家公职人员，包括选举国家元首、政府首脑等。无论是地方选举还是中期选举、大选都是选民对公职人员的一次全面评判。若现任官员任期内政绩平平，更不能改善选民的生活状况，选民会抛弃他们并在下一次选举中选择更有执政能力的候选人。

（2）参加公决。公决指，公民通过投票的方式对国家的重大问题作出表决，其被视为公民的“直接民主权”，是公民防止权力滥用、参与政治活动的直接手段。一般由一国的国家元首提请本国全体公民就某些重大问题和政策进行表决。公民在投票过程中表现出来的倾向，不仅能纠正权力行使中的偏差，也会对现任执政者及其团队产生重大影响。例如，1969 年 4 月 27 日，法国公民投票否决了时任总统戴高乐提出的分散集权及改革参议院的方案，戴高乐因此认为国民对他已不再信任，于是主动辞去总统职务。

（3）罢免。所谓罢免，是指公民在官员任期届满前通过联名签字等方式启动重新选举程序从而提前剥夺官员的职务。“它是选举人或选举母体对代表实行监督的严厉手段之一，同时也是选举权的一种展开形态或延伸形态。”〔1〕1903 年，美国洛杉矶市批准的宪法修正案成为世界上第一部承认公民有权罢免官员的法案。经过一个多世纪的发展，美国已有 15 个州允许公民罢免州级官员，至少 36 个州允许公民罢免地方官员。罢免权的运用突破了过去单纯依靠三权相互制衡的框架，丰富和完善了公共权力的制衡机制。2003 年，因不满州长戴维斯的政绩，美国加州选民通过联名签字的方式获得了重新选举州长的机会。经过重新选举，施瓦辛格最终当选新一任州长。

（4）引咎辞职。引咎辞职是一种间接的选民问责方式，是指公众对有过失的官员进行揭发、批评，形成巨大的社会舆论压力，进而逼迫官员主动辞职。例如，2001 年末，由于无法控制国内的严重经济危机及其引发的大规模骚乱，时任阿根廷总统德拉鲁阿引咎辞职。2003 年夏天，酷热的天气在法国引发流行病并导致近 5000 人死亡，公众群情激愤并将矛头直指卫生总局，认为后者事前没有及时预警、事后也没有采取有效的应对措施。时任法国卫生

---

〔1〕 韩大元、林来梵、郑贤君：《宪法学专题研究》，中国人民大学出版社 2004 年版，第 403 页。

总局局长的吕西安·阿本哈伊姆迫于公众压力引咎辞职。再如，2005 年 1 月 1 日凌晨，秘鲁安达瓦拉市发生人质危机，公众抗议政府在保障人民安全方面失职，时任秘鲁内政部长的哈维尔·雷亚泰吉遂引咎辞职。

（5）请愿。诸多西方国家的宪法规定，为了维护私益或公益，公民有权向国家机关或公共机构表达意见、提出建议，要求其停止侵害行为，并改进其工作。日本 1946 年公布的《昭和宪法》第 16 条规定："任何人对损害的救济，公务员的罢免，法律、命令以及规章的制定、废止和修订以及其它有关事项，都有和平请愿的权利，任何人都不得因进行此种请愿而受到歧视。"〔1〕请愿权的主体和涉及面非常广泛，也没有特别限制，学者将其视为"最普遍的人民受益权"。〔2〕在司法救济制度尚未完善、言论自由也未完全确立的时代，请愿权具有非常重要的意义。随着现代民主宪政的不断发展，基本人权也得到了保障，请愿权曾有一段时间变得越来越式微。现在，请愿权已演化成公众参政的一种手段，其经常与和平的集体行动相结合，从而重新得到了广泛应用。

（五）政党问责

政党已成为现代民主政治舞台的主角。"可以毫不夸张地说，没有政党的活动，便没有政治活动；政党制度已经成为国家政治制度的中枢；政党制度本身是民主的还是专制的，直接决定着国家宪政的有无。"〔3〕西方国家的政党问责由政党内部问责和在野党对执政党的问责组成。

1. 政党内部问责

在实行多党制的国家，政党作为共同政治信仰人员集合的社会团体，为了确保组织的团结、稳定和良性发展，必要时可按党章、党规对任何有损组织利益的行为进行问责。各国政党内部的问责因政体形式、政党地位等的不同而有所差异。

在内阁制国家，行政官员很少由在野党的成员担任，所以基本上不存在在野党问责在行政机关中担任职务的党员的问题。而执政党对其内部担任行

---

〔1〕"日本国宪法"，载百度百科：http://baike.baidu.com/link? url =_ fiYL9XP5KIqOvIYRpwjljL3k_ SsCD1YFqRYDtoL5ULBjWc1mq4Vj7QJi_ WCY_ 5AUXjWr3sJ7JOox0_ jOHhdva，访问时间：2014 年 12 月 25 日。

〔2〕李步云：《宪法比较研究》，法律出版社 1998 年版，第 503 页。

〔3〕宋玉波：《民主政制比较研究》，法律出版社 2001 年版，第 103 页。

政职务的党员进行问责，不仅会影响该党员在党内的地位，而且也会对其行政职务身份产生重大影响。对于执政党的党员而言，其党内的地位决定了其行政职务的高低。例如，英国的内阁首相是由执政党领袖担任，而执政党领袖却是由政党内部产生的，如果首相的行为受到党内追责，一般会直接影响其内阁首相的地位。“铁娘子”撒切尔夫人的下台是因为她在党内的领袖地位受到了赫塞尔廷的挑战并在竞争中处于下风。同样，内阁中其他大臣的职位往往也是由其在党内的地位决定的，他们对所属政党负政治责任。

在实行总统制的国家，政党对在行政机关内担任职务的本党党员很少采取单纯的党内问责方式，通常将党内问责外部化，即基于党员的公职身份利用行政机关内部的控制系统来实施问责。例如，美国行政机关中的最高职务是总统，总统虽然是由政党提名的，但最终却是民选的，其一旦当选，总统的职务就是法定的，政党是无法改变的，这一点不像内阁制国家中首相的地位是由其所在政党决定。因此，在实行总统制的国家，政党对党内现任总统的问责不包括对其进行更换的权力。政党对总统的制约是一种间接性的，主要体现在党内提名候选人参选总统时。此外，行政机关中除总统以外的其他党员，其公职身份决定了其原则上只对总统负责，他们所在政党对他们的问责通常也是以行政系统内部的自上而下的问责形式表现出来。这也就部分解释了为什么总统制国家的政党纪律相对比较松弛。

2. 在野党对执政党的问责

西方国家多实行多党制，各政党之间竞选获胜的才能上台执政。竞争中获胜的一方即是我们通常所说的执政党，失败的一方则为在野党或称为反对党。执政党与在野党具有平等的法律地位，各自独立，不存在领导与被领导关系。执政党没有权力对在野党直接发号施令，只能通过行使政权而对在野党实施广泛意义上的“领导”。在野党应在宪法和法律规定的范围内行事，执政党也不能对其非法干预。其主要职责就是对执政党的政策进行批评指正，意在通过问责“推翻”执政党以取而代之。虽然在野党对执政党的批评有时会达到吹毛求疵的程度，但客观上也强有力地制衡了执政党，督促执政党兑现竞选承诺、履行竞选纲领。

内阁制国家的在野党对执政党的问责最为典型。因为内阁制国家的执政党不仅控制了行政权，而且在事实上也掌握着立法权。本国的在野党一般无法参与政策的制定，只能在议会中批评执政党的内外政策。英国的在野党一向具有民主自由的象征意义，其主要任务就是挑现任政府的“毛病”并提出自己的政策主张，以期在下次大选中成为执政党。而且，英国的在野党会组成“影子内阁”，定期开会研究他们自己的政策方针。当选民要求改变现行政策时，在野党的政策方针将是女王的备选项。

在总统制国家，如美国，执政党与在野党的区分不是很明显，一般以总统为区分标志。但由于立法与行政的完全独立，一党很难同时掌控立法和行政两个部门。于是常常出现一党掌控总统职务，另一党掌控国会，这一点美国表现得最为明显。因此，总统制国家不存在完全意义上的在野党和执政党。在这种背景下，在野党对执政党的问责主要体现在立法机关对行政机关的制衡。

三、西方国家领导干部问责制的主要特点及启示

作为宪政体制和政党政治的共同产物，西方国家的领导干部问责制经过几个世纪的发展历程，已经比较完备，在监督制约官员、平抑社会矛盾方面发挥了积极的作用。

（一）西方国家领导干部问责制的主要特点

1. 法制化程度高

“资本主义热衷于严格的形式的，在功能上尽量像一部机器一样可计量的法，并且特别关心法律程序。”〔1〕很多西方国家非常重视健全领导干部问责的法律体系，在立法上明确实施问责的法律依据。除建立三权分立的政治构架，明确立法权对行政权的问责外，还通过制定专门的行政官员问责法律制度，从而明确行政官员应做什么、不应做什么、违反法律法规应负担什么责任等，从而使行政官员问责制具有“一种手段和程序的可计算性”〔2〕。美国对领导干部的问责法律比较完善，如1978年制定的《政府道德法案》具有两大鲜明特点：一是公职人员财产公开制。根据该法，立法、司法和行政机关内一定级别以上的官员包括总统、副总统、议员、联邦法官等在内，须按时申报其可估价财产和不可估价财产以及配偶和子女与其有关的财产收入状况。二是明确规定了对高级公职人员所涉及的指控进行调查的程序。德国的《惩诫法》规定，视官员违法违纪或玩忽职守的情节轻重，处以相应的纪律或司

〔1〕李步云：《宪法比较研究》，法律出版社1998年版，第503页。

〔2〕［德］马克斯·韦伯：《经济与社会》（下），林荣远译，商务印书馆1998年版，第18页。

法处分。此外，德国的《德国官员条例》对官员的行为是否失职以及行为的性质、影响等作了比较明确的规定，这有利于客观公正地对官员进行问责，也增强了问责的可操作性。[1] 法国则从职权范围、问责对象、责任承担等方面构建了一套比较完备的公职人员问责制。

2. 问责主体多元化

公职人员身处一国政治生活的中心，其行为会影响社会生活的方方面面。在权力相互制衡的理念下，西方国家非常注重问责主体与问责对象之间的独立性与平等性。在西方国家，对领导干部的问责既有来自组织内部的，也有来自组织之外的，问责主体包括立法机关、行政机关内部、司法机关、在野党、社会公众等，从而问责体系上呈现出主体多元、网络严密的特点。代议机关通过质询、调查、倒阁、弹劾等方式行使其问责权。司法权作为三权中的重要一环，实施问责是其应有之义。西方国家很早就重视司法独立对有效问责的重要意义。作为“政府部门中危险最小的部门”[2]，违宪审查颇受重视。而作为国家主权者的公民也可通过专门的渠道实现问责官员的目的。例如，法国公民有权以书面形式就其所关心的问题请求立法机关对政府和执政党的有关活动予以关注，并建议立法机关在必要时采取行动来干预公共决策，以期能降低行政机关公共决策的失误率。新闻媒体作为独立的第三方监督主体，其实施问责的重要性也非常突出。舆论监督权常常被称为立法权、司法权与行政权之外的“第四种权力”，享有“无冕之王”的美誉，因为很多问责事件最先是由新闻媒体披露和推动的。

3. 问责范围广泛

西方国家对领导干部的问责涉及权力行使的全过程，无处不在，无时不有。问责官员的事由既包括贪污腐败、滥用职权等存在过错的行为，也包括政绩不佳、举止不端、能力不足等对公共权力行使产生消极影响的行为。可以归纳为以下几个方面：

第一，因滥用职权等违法行为引起的问责。例如，2005 年，法国财政部长埃尔韦·盖马尔的豪宅租金由政府买单的信息不胫而走后，立即在法国政

---

〔1〕 郑振宇：“国外行政问责制的实践及特点分析”，载《宁夏党校党报》2010 年第 3 期，第 43 页。

〔2〕［美］加里·沃塞曼：《美国政治基础》，陆震纶等译，中国社会科学出版社 1994 年版，第 116 页。

坛引起了轩然大波。为平息各界人士的不满，盖马尔在上任仅3个月后就向总理拉法兰提交辞呈。2010年，新西兰房屋部长希特利挪用公款购买两瓶酒用于私人聚会。事后被审计查出后，希特利退还了酒钱，并通过媒体向公众做了深刻的道歉，还递交了辞呈。事情到此并未结束，新西兰的检察机关向法院提出了诉讼以追究希特利的法律责任。

第二，因失职行为引起的问责。2010年5月，因在职期间接二连三的反恐失误，美国国家情报总监丹尼斯·布莱尔的个人声望急剧下滑，人们开始质疑国家情报总监办公室掌控反恐情报的能力，布莱尔不得不主动向总统奥巴马提交辞呈。再如，2012年5月，因警方失职导致水原市一名女子被奸杀和警方事后企图掩盖过失，时任韩国国家警察厅厅长的赵显五公开道歉并引咎辞职。

第三，因重大事故引起的问责。2010年，英国石油公司的“深水地平线”钻井平台发生泄漏事故。美国矿产资源管理局被曝与该石油公司存在暧昧关系且存在监管不力问题，因而受到各界的批评和指责。当时上任不到1年的局长伊丽莎白·伯恩鲍姆引咎辞职。

四是因言论不当或个人操守引起的问责。“祸从口出”“因言获罪”这在西方国家早已司空见惯。例如，德国前总统克勤在访问驻阿富汗德军军营发表讲话时称，依赖外贸的德国在必要情况下应通过军事手段保障贸易通道的畅通。克勤的言论在国内迅速引起了强烈反应，其随后不得不主动辞职。再如，欧洲议会前副议长科赫·梅林、德国前教育部长沙万以及前国防部长古滕贝格等均曾因论文抄袭在个人操守上有亏而辞职。

4. 责任形式丰富

西方国家问责制得以有效实施的重要前提和基础是划分了领导干部需要承担的责任形式。如瑞典把政府及其官员的责任划分为法律责任、政治责任和道德责任三类。根据2001年制定的《部长级准则》，英国的部长级官员需承担个人责任与集体责任，议会是对应的问责主体，但刑事责任由司法部门问责。此外，对于大多数的公职人员来说，如果他们的公职行为有过失，一般要追究其行政责任；如果涉及违反犯罪，该要追究其刑事责任。在美国，20世纪70年代，尼克松总统的一些助理因涉嫌参与“水门事件”而受到司法部门的审查起诉。对于西方国家的民选官员而言，他们还要与其所属政党共进退，承担政治责任。民选官员随着政党的大选获胜而上台执政，也要为政党的大选失败而承担一定的政治责任，即辞职下台。这也就解释了为什么许多西方国家发生重大事故并造成严重后果后，执政党领袖即使没有直接的个人责任，其往往也会主动辞职，以期把负面影响最大化降低，避免连累所属政党名誉。

（二）西方国家领导干部问责制的启示

资产阶级国家创设的政治文明成果是人类政治文明的重要组成部分，而非资产阶级专有。从监督行政权力、完善权力制衡机制的角度来看，西方国家的问责机制本身并不具有资本主义性质。我们在健全我国的领导干部生态环境损害责任终身追究制时，完全可以结合我国的基本国情借鉴其他国家比较完备和成熟的成功实践和经验，以减少探索成本。

1. 建立和完善领导干部问责制须从我国国情出发

马克思主义的辩证唯物主义基本原理教导我们，思想意识要符合客观现实、上层建筑要符合经济基础。西方国家的民主制度经过复杂的政治斗争、深入的理论探索和反复的实践检验，逐渐发展出各具特色的架构模式，各国至今仍在不断调整中。作为民主制度的重要组成部分——问责制并没有放之四海皆准的模式。议会制国家与总统制国家的问责制就呈现出不同的表现形式，各自的问责制与其宪政体制、政党制度、历史传统等密切相关。

衡量一项制度是否优劣，主要是看其是否符合本国国情，能否推动社会的进步。“衡量一个国家的政治模式是否成功，标准和标志可能是多维的，但最主要的是看能否促进和保证国家经济社会快速、全面、稳定地发展，并在此基础上提高综合国力和人民的福祉。”[1]发展民主政治不能从所谓的“普世价值”出发，而是要从我国的基本国情出发，从有利于实现中华民族伟大复兴的目标出发，综合考虑我国的国家核心利益、经济发展水平、历史文化传统、人民教育程度等因素，适时、适度地发展我国的民主政治。何君安学者提出：“要根据有利于中国经济社会又好又快发展的需要，根据广大人民群众的利益何愿望，根据中国社会自身的发展进步规律，自主、冷静、理性地决定每一项具体民主制度的实行、修订或废止。”[2]在我国构建领导干部生

〔1〕姚桓：“中国政治模式成就‘中国梦’”，载《人民论坛》2011年第6期，第20页。

〔2〕何君安：“论马克思主义对民主价值传播和民主政治发展的贡献”，载《新疆社会科学》2011年第2期，第12页。

态环境损害责任终身追究制时，我们需要借鉴西方政治文明的有益成果，但绝不能照抄照搬，应坚持社会主义方向，坚持党的领导、依法治国和人民当家作主的有机统一，取其精华，去其糟粕，批判借鉴。如果不顾我国的社会发展阶段而生搬硬套，将会留下“东施效颦”的笑柄。〔1〕

2. 坚持依法问责，健全法律制度

问责制发挥功效的重要前提之一是建立一套完整的责任体系，用法的形式明确划分领导干部的权力与职责以及明确界定问责范围和问责对象。此外，还需要严格的责任机制、具体的问责程序、健全的监督机制来保障问责的实际效果。西方国家的问责制基本已实现制度化与规范化，“这样既使问责有明确的法律法规和制度依据，使问责主体与客体事先、事中和事后做到心中有数，也使问责主体与客体对问责行为和过程具有可操作性，做到法律和制度面前人人平等”。〔2〕我国实施领导干部问责制的时间并不长，领导干部的生态环境损害责任终身追究更是初涉，现有的制度还处于萌芽状态，这方面可以借鉴西方国家的成功经验，促进生态环境损害责任终身追究制的制度化与规范化。

3. 充分保障社会公众的知情权与参与权

问责制在西方国家得以广泛实施的基础是充分保障了公民的知情权。这些国家普遍实行政务公开、信息透明，并通过法律制度最大程度地确保公共权力运行公开透明、公民行使知情权便捷畅通，以确保问责的真实性和及时性。例如，美国的宪法规定，国会须定期向公众公布国会开支、会议的内容、辩论、表决等情况。2003 年，瑞典关于官员问责制现状的年度报告也强调，公众和传媒的有效监督离不开政务公开的保障。如果在问责制中仅强调知情权，公民仍将处于被动的参与状态。实际上，西方国家非常重视公民的主动参与意识，鼓励和支持社会公众和新闻媒体参与问责。具体到某个领导该不该受到问责，社会公众的态度和倾向具有重要影响。我国在政务信息公开、民意征求、媒体独立、公众参与等方面还存在着一些问题，需要进一步深化和完善，以发挥公众参与在生态环境损害责任终身追究制中的应有作用。

---

〔1〕 季卫东：“世纪之交日本司法改革的述评”，载《环球法律评论》2002 年第 1 期，第 35 页。

〔2〕 施雪华、邓集文：“西方国家行政问责制的类型与程序”，载《中共天津市委党校学报》2009 年第 5 期，第 36 页。

4. 塑造深入人心的责任文化环境

西方国家的问责制并不是新鲜事物，而是一种融入生活、深入人心、司空见惯的文化传统，也是西方政治生活中的一种常态。上到国家元首下到普通百姓，人们已经形成一种思维定式，即当官员出现违法违纪行为或者个人行为不端、私德有亏并造成不良社会影响时，该官员就应公开道歉、引咎辞职；若该官员是内阁要员，在特殊情况下，还有可能造成内阁官员集体下台。在西方政坛已经培养出一种领导干部对自己决策和言行勇于担责的文化。〔1〕这种文化环境反作用于问责制，为问责制的常态化和顺畅化提供了重要的软环境，这对权力意识浓厚而责任意识相对淡薄的我国具有重要的启示意义。领导干部不管职位高低、权力大小，只要不当行使权力造成重大生态环境损害，就应受到权力制约和责任追究。营造浓厚的责任本位意识，日积月累，必将形成一个有助于实施问责的社会文化环境。

第三节　我国生态环境损害责任终身追究制的基础分析

一、建立生态环境损害责任终身追究制的现实基础

任何一项制度的产生都有它所依托的特定社会背景。生态环境损害责任终身追究制亦是如此，它是多种因素共同作用的结果，是我国经济、政治、社会发展到一定阶段的产物。

（一）经济基础：市场经济

马克思主义的基本观点之一是经济基础决定上层建筑，因此应在经济基础上寻找政治制度产生的原因。恩格斯曾指出："一切社会变迁和政治变革的终极原因，不应当到人们的头脑中，到人们对永恒真理的正义的认识中去寻找，而应当到生产方式和交换方式的变更中去寻找。"〔2〕领导干部的生态环境损害责任终身追究制，归根结底来源于经济发展的诉求。

在传统的计划经济体制下，国家对资源起绝对的主导作用。整个国家系

---

〔1〕郑振宇："国外行政问责制的实践及特点分析"，载《中共贵州省委党校学报》2010年第2期，第45页。

〔2〕《马克思恩格斯选集》（第3卷），人民出版社1995年版，第617~618页。

统类似于一个庞大的公司，党委是董事长，负责决策，而政府是总经理，负责执行。整个国家的产品投资、品种、数量、价格、薪酬等均依照指令性计划来执行。计划经济体制在政治上表现为公共权力部门即党委和政府拥有巨大的权力，却又几乎不承担任何责任，最终必然导致人治乃至独裁。“计划经济体制中，几乎所有经济活动都受中央控制，因而那些决策人物对其他人拥有很大的个人权力和影响。这将为个人的独断专行创造条件。”〔1〕基于此，有学者认为造成我国“文化大革命”的体制原因之一是计划经济。“在一个无法可依的人治集权社会中，爆发‘文化大革命’那样的政治灾难，不仅难以避免，也是不足为怪的。”〔2〕

随着计划经济向市场经济的转变，我国社会开始了“从身份到契约”的深刻改造。市场经济在本质上是一种蕴含平等、自由、竞争的契约经济，客观上要求与之相适应的政治制度。一方面，市场经济的天然竞争性要求权力机关优化职能配置。权力机关的职能在于制定市场经济竞争的公平规则，及时回应市场主体对秩序、公平和效率的需求，维护公平公正的市场经济秩序等。另一方面，权力机关要承认和尊重市场主体的自由意志和经济行为，让市场主体在法律允许的范围内自己做主。当然，权力机关要按照经济规律和既定法律的要求，在有限的领域内对市场经济发挥积极的引导和调控作用。

市场经济体制的建立不仅涉及经济活动的一些硬要素，如生产模式、专利技术、产品品种等，而且也会涉及社会中的一些软要素，如行为方式、法律制度、管理模式等诸多方面。〔3〕一方面，市场经济取向的改革强烈呼唤领导干部树立权责统一、为纳税人服务的责任意识。市场经济的平等性、自由性和竞争性决定了领导干部权力的受限性，同时也对领导干部行使权力的有效性提出了更高的要求。领导干部问责制也就应运而生。另一方面，政府与其管理下的人民、政党与其领导下的人民归根结底是一种契约关系。卢梭认为：“真正的契约是人民自由协议的产物，是政治共同体与它的各个成员之间的约定，而不是个人与个人之间、上级与下级之间、统治者与被统治者之间

〔1〕［挪威］A. J. 伊萨克森、［瑞典］C. B. 汉密尔顿、［冰岛］T. 吉尔法松：《理解市场经济》，张胜纪、肖岩译，商务印书馆 1996 年版，第 137 页。

〔2〕祁广森：“计划经济是‘文化大革命’发生的体制原因”，载《党政干部学刊》2008 年第 5 期，第 19 页。

〔3〕苏力：《法治及其本土资源》，中国政法大学出版社 1996 年版，第 75 ~ 76 页。

的约定。国家是由社会契约产生的，个人与国家的关系就是社会契约的关系。”〔1〕领导干部代表国家行使权力时如果不遵守契约，造成严重的生态环境损害，理应被追责，这是契约精神的基本要求。

此外，部分领导干部身上的官僚主义、不计环境成本的不良作风与市场经济内生的成本核算、经济效率等精神具有天然的对立性。建立生态环境损害责任终身追究制，促使领导干部牢固树立群众意识、服务意识和责任意识，是市场经济对改造领导干部工作作风的迫切呼唤。

（二）政治基础：民主法治

在任何社会，对领导干部进行追责作为维护政治秩序的重要手段是客观存在的。“对权力行使者问责，作为一种制度设计古已有之，但封建王朝的问责是基于向皇帝负责而建立的，现代问责制是基于权力属于人民的理念而产生的。”〔2〕从政治角度来看，对领导干部实施生态环境损害责任终身追究制与我国民主法治的发展有着密切联系，民主法治构成了其政治基础。

当代，民主作为最重要的政治价值，任何政党都宣称他们的理念和政策具有民主的性质。美国著名学者萨托利曾感叹道：“我们生活在一个以民主观混乱为特色的时代里。”〔3〕古典民主理论认为，民主是人民直接进行统治，即人民既是国家的统治者也是国家的被统治者。但古典民主理论机制只能适用于古代雅典那样的小国寡民。现代国家，民族多样、人口众多、事务繁杂，古代社会的直接民主机制行不通，代议制民主诞生。在代议制体制下，人民授权其代表统治国家，而不再直接行使统治权。作为一种“授权的统治”，领导干部的权力来自于人民的授予，必须秉承人民的意志行使治理权。人民有权对领导干部进行监督，以及撤换、罢免不称职的领导干部。

民主与法治密不可分，两者都具有反对专制、独裁的意蕴。通常认为，民主是法治的基础，而法治是民主的保障。法治的核心就是限制权力，使权力按照人民的意志行使，以便更好地服务于人民的利益。在法治国家，法律为权力的行使设定了明确的界限。一旦权力的行使超越了这个界限，权力的行使者应承担相应的责任，这是维护政治权威、实现真正民主的重要保障。

---

〔1〕张宏生、谷春德主编：《西方法律思想史》，北京大学出版社1990年版，第162～163页。

〔2〕张志明编：《〈关于实行党政领导干部问责的暂行规定〉辅导读本》，中国法制出版社2009年版，第6页。

〔3〕［美］乔·萨托利：《民主新论》，冯克利、阎克文译，东方出版社1998年版，第7页。

对领导干部实施生态环境损害责任终身追究制，源于民主，依靠法治，民主与法治共同构成了其政治基础。

（三）社会基础：公民社会

从社会因素来看，领导干部的生态环境损害责任终身追究制与公民社会的兴起密不可分。

在专制统治时代，市民社会与政治国家高度一体，前者被后者吞噬地失去独立的空间和地位。“国家政治对社会各个领域无孔不入的渗透，使社会长期陷于萎缩状态，从而产生一种错觉，似乎国家就等于社会。”〔1〕“普天之下，莫非王土。率土之滨，莫非王臣。”〔2〕那时，只有皇帝、国王才具有独立的意志，是“完整”意义上的人，其他社会成员都只是作为王权的附属物——臣民而存在。臣民是没有独立意志的，只能服从于皇帝、国王的绝对权威。“皇权神圣不可侵犯”，所以无法对皇权进行制约，问责更是不可想象。如果非要说专制统治下也有对皇权进行问责的话，那也是一个封建政权推翻另一个封建政权，与现代民主社会问责机制的民主取向是有本质区别的。

随着商品经济的蓬勃兴起，社会阶层加剧，“公”与“私”终于有了比较清晰的界限，社会获得了相对的独立性，公共权力也不再随意干涉和支配社会事务。毫不夸张地说，从臣民社会到公民社会，既是社会发展的深刻变革，也是社会成员政治人格的深刻转换。“公民与臣民表达的是个人在政治国家中截然不同的两种身份。参与公共事务的公民能够划定国家权力的界限（通常采取直观的形式是宪法），在国家权力不当运行时得以与之要抗衡，由此也就使私人领域与公共领域相互区别开来，使市民社民与政治国家各自具有独立的形态。”〔3〕

公民社会的兴起伴随着大规模利益诉求的增长。公民意识的觉醒将个人拥有的自然权利汇聚成了公共权力，从而使原本微弱、零散的民间呼声变为了强劲的集体诉求。公民开始主动了解政治、表达诉求，与公职人员对话、交流，参政议政，监督公共权力的行使，促使权力机关不断扩宽公民表达利益诉求的渠道，扩大政务的社会透明度，以期取得公众的认可和信任。对领

〔1〕荣剑、杨逢春：《民主论》，上海人民出版社1989年版，第144页。

〔2〕《诗经·小雅·谷风之计·北山》。

〔3〕陈振明主编：《政治学》，中国社会科学出版社1999年版，第182页。

导干部追责无疑是公民社会制约和监督公共权力的重要方式。公民社会以监督权力和参与治理为使命，对领导干部的环境决策行为产生了巨大的社会压力，为实现有效的问责领导干部的生态环境损害责任提供了强有力的社会主体支持。

（四）文化基础：权责统一

文化通常是指在长期的社会生活中形成的能直接或间接影响人们思维、行为模式的一系列观点、态度、立场和信仰的总和。封建专制社会下形成的是“官本位”文化，这是一种特权文化，至今还潜移默化地影响着社会生活的方方面面。在公平正义精神的指引下，现代社会孕育的是权责统一文化。

对于领导干部来说，必须要实现权力与责任相匹配，即：“有权必有责，用权受监督，侵权要赔偿，违法要追究”。〔1〕“任何一个身居高位的人，都无权要求别人对自己采取与众不同的温顺态度。”〔2〕在公共权力领域，权责统一性表现为公共权力运行过程中权力与责任的统一性。根据权责统一原则，领导干部的权力与其承担的责任相伴而生、不可分割。“责任是权力的孪生物，是权力的当然结果和必要补充，凡权力行使的地方就有责任。”〔3〕这就意味着领导干部在被授予权力的同时也应承担相应的责任，既没有脱离权力而存在的责任，也没有脱离责任而独立存在的权力。在权责一致的文化基础下，权力与责任总保持一定的均衡，不仅在总量上保持平衡，而且每一项权力都有对应的责任。一般来说，权力与责任之间是一种正比例关系，权力越大，所担负的责任也越大；权力越小，责任越小。如果领导干部在享有权力并行使权力的时候，却没有承担对应的责任，必然会导致权责的失衡，最终会危及政府和执政党的威信和地位。领导干部的环境决策权力涉及公共事务，属于典型的公共权力。如果领导干部的环境决策行为造成重大生态环境损害时，领导干部只受行政系统内部追责，承担政治责任，而不受外部问责，同样会造成权责错位，乃至形成“官本位保护”的反法治现象。建立生态环境损害责任终身追究制，就是要确保领导干部的权责统一，保证权力的有效行使，防止出现“有权无责”的乱象。

---

〔1〕 赵峰：“党委领导干部问责制研究”，南京师范大学2013年博士学位论文，第39页。

〔2〕《马克思恩格斯全集》（第38卷），人民出版社1972年版，第72页。

〔3〕［法］H. 法约尔：《工业管理和一般管理》，周安华等译，中国社会科学出版社1982年版，第24页。

总之，生态环境损害责任终身追究制在我国具有坚实的政治、经济、社会和文化基础，既具有社会演进的客观必要性，也具有民主政治发展的正当性。

二、建立生态环境损害责任终身追究制的必要性分析

（一）倒逼领导干部转变政绩观，从源头重视生态文明建设

“建立生态环境损害责任终身追究制”，特别体现在“终身 ”二字上，是落实生态文明制度建设的一项格外重要的措施。这一制度有助于推动领导干部固有政绩观的良性转变。只有领导干部的政绩观向生态文明方向积极靠拢，地方的生态文明建设才会得到落实，而不是简单地沦为政治口号。此外，在生态环境损害责任终身追究制下，一旦出现环境损害事故，查明事故的起因后，落实追究相应的责任人，即使责任人已经离任，同样要追究其相应的法律责任。它就像一把终身悬于领导干部头上的达摩克利斯之剑，能够让领导干部时刻保持一种生态环境保护意识，不想也不敢“扔下烂摊子走人”。这有助于推动环境决策的科学化、民主化和法治化。

（二）改善生态环境质量，用制度保护生态环境

生态环境关系民生、影响民心、反映民意，改善生态环境是各级政府为人民服务的重要体现。进入新世纪以来，国务院把环境保护放在更加重要的战略位置，积极探索环境保护新思路，环境保护从认识到实践发生了重要变化。但是，我国当前的环境形势依然严峻，老的环境问题尚未得到根治，新的环境问题却愈演愈烈，生态环境质量与社会公众的期待之间还有很大的差距。而我国的生态环境问题与领导干部环境问责机制不完善存在着密切联系。在这样的时代背景下，生态环境损害责任终身追究制应运而生。生态环境保护工作具有周期长、专业性强、涉及面广等特点，很难在短期内看到环境治理效果（无论是好的还是坏的治理效果）。因此，有必要建立回溯终身追究责任制。建立生态环境损害责任终身追究制，就是要对那些盲目环境决策、造成严重生态环境损害后果的领导干部，终身追究责任，用制度保护生态环境。它以推进环境管理体制战略转型为导向，以改善生态环境质量为终极目标。

（三）推动环境决策的科学化、民主化和法治化

毋庸置疑，法治在当今社会已成为最重要的政治思想。行政领域实现法治是建设法治社会的重中之重。在行政管理过程中，为了更好地服务人民，

领导干部在行使行政权力时往往被赋予很大的自由裁量权。但自由裁量权是一柄双刃剑，若行使不当，就会产生极大的危害性。例如，社会公众践行绿色出行，循环利用，低碳消费，都有助于解决我们当下所面临的生态环境问题。但是，政府引进一个重污染企业，可能足以抵消公众的这些努力。为了促进法治的发展，必须要对领导干部在行使行政权进行环境决策过程中发生的生态环境损害责任进行追究。生态环境损害责任终身追究制，有助于规范领导干部的环境决策行为，培养良好的职业道德，也有助于提高政府环境决策的科学性，保障环境正义。当然，当社会的整体法治化已经完成，领导干部的整体生态环境保护意识已经提高时，就没有必要再实施生态环境损害责任终身追究制。此时，提高环境决策质量的着眼点从终身追责领导干部，转为挑选优秀领导干部，培养优秀领导干部，改善领导干部待遇方面。因为届时通过提高领导干部的综合素质来减少生态环境损害事件的发生，已经成为可能。

三、建立生态环境损害责任终身追究制的可行性分析

第一，我国的政治体制为解决生态环境损害责任的滞后性问题预设了可能性。改革开放以来，我国政府内部的组织管理大都采用了首长负责制，即政府及其各职能部门的负责人对本级政府或本级职能部门的全部行政行为负责。行政首长不仅要对自己的行为负责，还要对其主管下属的行为负连带的领导责任。首长负责制改变了过去的合议制，符合以效率为目标的现代行政机构的决策体制要求。地方政府行政首长在生态环境项目批准建设中起着至关重要的作用。一旦发生重大生态环境损害事件，事后问责的主体比较明确。

地方党委领导为什么也要担责？我国现行的行政管理模式是“党委决策，政府执行”。生态文明建设属于重大事项，既需要地方党委作决策，同时也应由其承担决策方面的相应责任。很多重大环境决策项目是地方党委定的，由此造成生态环境损害，地方党委领导也应承担相应的责任。执行中出现问题的，就应由政府来担责。

第二，我国已在安全生产领域积累了一定的终身追责经验，生态环境保护领域可以加以借鉴。“终身追责制”本是安全生产领域确保工程质量、履行商业承诺的一种长效追责制度。十八届三中全会将“终身追责制”引入生态文明建设领域，无疑是对环境决策失误纠错和对责任终身追究制度的探索和

创新。环境决策实行终身负责，必将有助于对领导干部环境决策权的监督和制约，进一步强化领导干部“有权必有责、用权受监督、违法受追究”的责任理念。但是，在生态环境保护领域实行终身追责制，技术上比在安全生产领域实施起来更为困难。因为安全生产领域问题的显性化程度较高，社会影响通常也是即时发生的，而生态环境损害问题隐蔽性较强，周期也更长。因此，生态环境保护领域可以根据自身情况，有选择性地借鉴安全生产领域积累的终身追责经验。

第三，自然资源资产离任审计为生态环境损害责任终身追究提供了内容支撑。和经济责任审计等其他离任审计相比，自然资源离任审计对规范领导干部的环境决策行为具有更重要的意义。相比于过去停留在口号上的“不能牺牲环境换取经济发展”，自然资源资产离任审计无疑为领导干部多加了一道紧箍咒，其与经济责任审计相结合，有助于及时发现领导干部片面追求短期政绩而牺牲生态环境的问题，并未后续可能引发的终身追责提供审计数据方面的内容支撑

四、生态环境损害责任终身追究制的基本原则

生态环境损害责任终身追究制的基本原则，简言之，就是贯穿于生态环境损害责任终身追究的始终，并对该制度的实施具有重要指导意义的准则。主要有依法追责原则、平等追责原则、程序正义原则和权责一致原则。

（一）依法追责原则

依法追责原则是法治原则在领导干部生态环境损害责任终身追究领域的具体体现。这里所依之“法”是最广义的含义，既包括宪法、法律、规章及其他规范性文件，也包括党章党规。其基本含义是，对领导干部的生态环境损害责任的终身追究必须依法进行，即由法定的主体在法定的权限内，依照法定的程序和条件进行。依法追责原则要求对生态环境损害责任终身追究制的各项构成要素，如责任主体、责任形式、追究时效、启动主体、追责标准等必须加以明确规定。领导干部是否应承担生态环境损害责任、在何种情况下担责、怎样担责、由谁来认定和追责、依照怎样的程序等不仅要有法可依，而且必须前后执法一致。具体而言，依法追责原则包括以下几个方面：

第一，责任主体法定。地方党委、地方党委“一把手”、地方政府、地方政府“一把手”、环保部门、环保部门“一把手”、环境监管具体负责人等各

参与主体应承担什么样的责任，谁是生态环境损害责任终身追究制的责任主体，必须有明确的规定。

第二，责任类型法定。领导干部应承担何种生态环境损害责任，法律责任有哪些，法律责任外有哪些责任，法律责任、政治责任和道义责任各在何种情形下适用，都应预先作出规定。

第三，启动主体法定。当领导干部应承担的生态环境损害责任类型明确时，如法律责任会由司法机关追责，政治责任会由行政机关追责，因此生态环境损害责任终身追究的追责主体是比较明确的，但该制度的启动主体，即由谁来具体启动终身追究却是含糊不清的，必须有明确的规定。

第四，追责依据法定。领导干部的何种行为要被终身追究，应当作出明确规定。只有这样，启动主体在实施追责时才有规可依，有章可循，避免随意裁量。

第五，追责程序法定。为了保证生态环境损害责任终身追究的公正性，追责主体在对领导干部实施生态环境损害责任终身追究时，必须依照法定的方式、时效和步骤行事，违反法定程序的追责应是无效的，“无程序即无追责”。

值得注意的是，在具体的实践执行过程中，不能把依法追责原则绝对化、机械化。因为现实生活和具体情况是复杂流变的，而既定条文具有相对的滞后性，不能包罗万象。因此，针对未来可能出现的新型生态环境损害类型，即使没有明文规定，但依据立法精神、法律原则需要对领导干部进行追责的，仍然可以实施，这并不违反依法追责原则。

（二）平等追责原则

平等追责原则是“公民在法律面前一律平等”这一宪法原则在领导干部生态环境损害责任问责领域的具体体现。该追责原则的基本内涵是，在生态环境损害责任追责过程中，不考虑领导干部地位的高低、权力的大小，都必须遵守党纪国法的规定，平等地承担相应责任，相同行为同等对待，地位和身份不能成为左右领导干部环境责任有无和轻重的法外因素，决不允许“法外特权”现象的存在。平等追责包括以下方面：

第一，有责必追，不能差别对待。领导干部由于环境决策给生态环境造成重大损害的，必须被终身追究责任（超过刑事追诉时效的除外，下文有具体论述），不能因人而异搞差别对待，要坚决反对“刑不上大夫”的落后特权观念。

第二，平等追责，相同情况同等追责，不同情况差异追责。罗尔斯曾指出："法治也含有类似情况类似处理的准则。这个准则如果不被遵循，人们就不能通过规范的手段来调节他们的行为。"〔1〕在对领导干部进行生态环境损害责任追责时，如果出现数案的事实、情节、损害后果基本相同的情况，就应作出大致相同的处理结果，符合形式平等追责的要求。

当然，平等追责原则不仅是要求做到形式意义上的平等，而且也要求实现实质意义上的平等。也就是说，该原则并非要求采取一种机械式的、不容有任何差异的追责模式，而要求根据客观的事实状态选择合理的责任方式，禁止任何恣意和枉法的差别追责。在我国现行的行政权力运行模式中，领导干部因级别和分工的差异，其所担负的环境责任也应有所差别。相应地，领导干部被终身追究生态环境损害责任的可能性也会随着客观情况的变化而发生变化，尤其是在具体的生态环境损害责任追责个案中，主观过错大小、生态环境损失大小、公众利益受损程度等客观事实也会有所差异。面对复杂多变的客观情况，生态环境损害责任的追责主体应坚持实事求是的态度，积极采取差异化的追责措施，才是贯彻平等追责原则的具体体现。

（三）程序正义原则

程序正义是建设法治社会的基本要求之一。美国联邦最高法院法院威廉·道格拉斯曾指出："正是程序决定了法治和反复无常或随心所欲的人治之间的基本差异。"〔2〕程序正义原则，是指对领导干部进行生态环境损害责任追责时，必须严格遵循既定的追责程序，恪守程序正义的基本要求。程序正义是"阳光下的正义"，能够最低限度地实现公民对正义的期待，是确保生态环境损害责任终身追究制沿着法治轨道运行的重要保障。通常来说，程序正义主要由两项基本要求构成："一个人不能做自己案件的法官，必须公正地听取人们的抗辩。"这两项要求是衡量程序正义的最低标准。具体来说，程序正义原则包括以下方面：

第一，追责主体中立性的要求。追责主体中立性，是指追责主体在生态

---

〔1〕［美］约翰·罗尔斯：《正义论》，何怀宏等译，中国社会科学出版社1988年版，第235页。

〔2〕任东来：《美国宪政历程：影响美国的25个司法大案》，中国法制出版社2004年版，第427页。

环境损害责任追究过程中应当在参与各方之间保持不偏不倚的公正态度，避免受到各种利益偏私的影响。应做到以下要求：追责主体与追责对象之间不应存在利害关系，即“结果中不应纠纷解决者的个人利益”〔1〕，否则应回避；追责主体在对案件事实了解和掌握前，不得先入为主地形成事先的结论或倾向；追责主体对生态环境损害责任终身追究案件的裁决中“不应有支持或反对某一方的偏见”〔2〕，如在裁决过程中形成的同情、愤慨或其他倾向不得影响他们对问责对象的正确判断。

第二，对追责对象参与性的要求。日本著名学者谷口安平曾指出：“程序正义就意味着在广义上剥夺某种个人利益时，必须保障他有被告知和陈述自己意见并得到倾听的权利。”〔3〕参与机制对于生态环境损害责任终身追究机制的良性发展具有不可替代的价值，它直接关系到追责结果的公正性和可接受程度。追责主体在作出处理决定前，应允许追责对象说明理由，还应充分倾听被追责领导干部的申辩意见。领导干部对生态环境损害责任追责决定不服的，应为其提供相应的申诉救济渠道。

第三，对追责过程公开透明的要求。无公开的正义是非正义，正如西方谚语所言：“正义不仅应得到实现，而且要以人们看得见的方式实现”，追责过程公开是追责结果公正的重要保证。生态环境损害责任追责过程的公开性应是全方位的，贯穿于追责过程的始终。具体而言，一是追责所涉及的事由、方式应公开。二是追责采取的手段应公开，如质询、调查、罢免、裁决等都要公开。三是追责结果要公开。上述事项除危害国家安全、公共利益或个人隐私而不宜公开的以外，原则上应一律公开。如果部分不宜公开的，其他部分应当公开。至于公开的方式与对象，可以由追责主体根据具体个案的客观事实情况针对不同的公开对象采取不同的公开方式，追责主体有一定的自由裁量权但需接受公众的监督和批评。

（四）权责一致原则

权责一致原则又称过罚相当原则，是指在领导干部的生态环境损害责任终身追究过程中，应依据追责对象的行为性质、主观过错、情节轻重以及生

〔1〕［美］戈尔丁：《法律哲学》，齐海滨译，三联书店1987年版，第240页。

〔2〕［美］戈尔丁：《法律哲学》，齐海滨译，三联书店1987年版，第240页。

〔3〕［日］谷口安平：《程序的正义与诉讼》，王亚新、刘荣军译，中国政法大学出版社1996年版，第4页。

态环境损害程度等来决定责任的负担程度，以防止无过而罚、有过不罚、轻过重罚或重过轻罚等不公正现象的发生。权力与责任相适应既是法律公正性的具体体现，也是衡量和评价生态环境损害责任终身追究机制合理性的重要标准之一。在领导干部的生态环境损害责任终身追究实践中，只有坚持权责一致原则，才能使被追责对象服气，社会公众认可，从而实现终身追究机制的惩罚、教育和预防的功能。否则会适得其反，可能难以实现生态环境损害责任终身追究机制的预期效果。

自古以来，中外的政治家、思想家对赏罚的公正性都曾有过精彩的论述。西方有一些格言反映了权责相称的要求，例如："罪行越重，绞架越高"（The greater the crime, the higher the gallows）。亚里士多德曾指出："公正是为政的准绳，因为实施公正可以确定是非曲直，而这是一个政治共同体秩序的基础。"〔1〕三国时期的政治家诸葛亮也对此有过精辟的论述："赏罚之政，谓赏善罚恶也。赏以兴功，罚以禁奸。赏不可不平，罚不可不均。赏赐知其所施，则勇士知其所死；刑罚知其所加，则邪恶知其所畏。故赏不可虚施，罚不可妄加，赏虚施则劳臣怨，罚妄加则直士恨。"〔2〕

现代社会，根据法治精神和公正原则，在追究领导干部生态环境损害责任时更应做到权力与责任相适应。具体来说，有两个方面：一是领导干部的生态环境损害责任的类型与行为的性质应相适应。在追责过程中，应依据领导干部行为的性质来确定适用何种责任，既不能用政治责任、道德责任替代法律责任，也不能用内部责任替代外部责任。二是领导干部的生态环境损害责任的轻重应与领导干部环境决策行为的危害程度和过错大小相适应。在追责时，鉴于生态环境损害事件的特殊性，应主要依据领导干部环境决策行为的危害程度再结合考虑其主观过错大小、情节轻重，选择适应的责任负担方式。例如，如果要追究领导干部的政治责任，那么须在质询、弹劾、罢免、引咎辞职等方式中进行权衡；如果要追究领导干部的刑事责任，那么要考虑环境决策行为的社会危害性、主观恶性、犯罪情节等，方可确定适用的刑种和刑期。

---

〔1〕［古希腊］亚里士多德：《政治学》，颜一、秦典华译，中国人民大学出版社2003年版，第5页。

〔2〕《诸葛亮集·便宜十六策》。

值得注意的是，“权责一致”原则并不是绝对的。对于领导干部而言，宪法和法律赋予其权力，对应的是其需要承担相应的责任。基于生态环境的脆弱性，在特定情况下，即使领导干部在环境决策时不存在明显的过错，也要对其环境决策行为承担相应的生态环境损害责任。

第四节　生态环境损害责任终身追究制的构建路径分析

一、厘清责任主体

环境决策牵涉面广，为了更为客观地评价一任领导对生态环境的影响和区分生态环境损害责任终身追究的责任主体，首先，应做好基础性工作。例如，环境决策前要有专家论证、环评会、听证会；领导干部要在法律授予的职权范围内依照法定程序进行环境决策；要严格执行环境决策的内容，并依社会、经济、环境情况的客观变化对环境决策内容作及时调整等。其次，要厘清个人生态环境损害责任和集体生态环境损害责任的界限。依照法定规范和法定程序，环境决策需要由领导干部集体参加讨论决定，参与环境决策的领导干部均需承担生态环境损害连带责任，但能够证明自己在决策过程中表示反对或提出异议且被会议纪要、会议记录等材料记录在案的除外。对于流于形式的集体环境决策，“谁决策、谁负责”，由实质决策或起关键性作用的领导干部担责。最后，还可以在地方政府主要党政领导干部的人事档案中，设置一张“环境绩效考核、问责追踪卡”。追踪卡应记录领导干部批准的所有环境项目及其造成的生态环境损害评估，并持续跟踪记录。只要科学、合理、合法地做到上述程序性的工作，确保“职责明确、权责统一”，环境绩效考核就会很清晰，对应的生态环境损害责任终身追究的责任主体也会易于区分。

二、细化责任形式

本书认为，终身追究的领导干部的生态环境损害责任有四种：道义责任、政治责任、行政责任和刑事责任。环境决策失误，作为环境决策者应负起道义责任，接受舆论的谴责，负道义责任的本身也彰显了领导干部的道德品质。道义责任具有“主动性”和“间接性”双重特征。“主动性”表现为领导干部要为自己的环境决策行为主动担责，“间接性”则表现为在特定情况下领导干部也要对其直属管辖的下级部门的环境决策行为担责。换言之，基于领导职责，不管领导干部是否直接参与环境决策，只要其管辖统御范围内的生态环境发生重大损害，领导干部应公开道歉、作出保证或引咎辞职。“政治责任是权力行使者对于权力授予者基于授权契约所应承担的一种责任。”如果领导干部的环境决策行为没有违法违纪，但客观上有损于国家利益、集体利益或社会公共利益，即使不受法律党规的追究，也要承担一定的政治责任，如接受我国人民代表大会的质询、弹劾、罢免等。行政责任一般分为外部行政法律责任和内部行政法律责任。生态环境损害责任终身追究制中，领导干部应承担的是内部行政法律责任。我国《公务员法》第55条规定：“公务员因违法违纪应当承担纪律责任的，依照本法给予处分；违纪行为情节轻微，经批评教育后改正的，可以免予处分。”当领导干部的环境决策行为违反刑法构成犯罪时，就要承担相应的生态环境损害刑事责任。例如，领导干部在环境项目审核批准过程中，收受他人财物，达到一定数额的，就会触犯贪污受贿罪。如果当时没有被及时追责，事后就存在终身追究的问题。值得注意的是，在生态环境损害责任终身追究的过程中，上述四种责任之间可能发生竞合问题。为妥善解决这一问题，需要进一步细化生态环境损害责任体系，厘清各种责任之间的关系，明确各种责任的适用范围，并严格执行。

三、区分追究时效

以法律视角观之，追究时效问题是生态环境损害责任终身追究制所要解决的核心问题。其中，道义责任不会“事过境迁”，本质上属于主观担责，没有具体的时效限制。一般认为，政治责任的追究时效要视权力授予关系为何种性质。在我国，当权力的行使者未能履行或错误履行其责任时，都要受到权力授予者——人民的政治责任追究。我国现有的法律规范并未对内部行政责任的追究时效问题作出明确的规定。例如，《公务员法》和《行政监察法》只是具体规定了处分公务员的处理期限，但未明确追究时效。根据《行政监察法》和《公务员法》的立法精神，内部行政责任的追究并无期限，甚至可以“终身制”。而有关刑事责任的追究时效问题，根据我国《刑法》的规定，法定最高刑为无期徒刑、死刑的，追诉时效为20年。如果20年以后认为必须追诉的，须报请最高人民检察院核准。

在现行的追究时效制度下，追究领导干部的生态环境损害刑事责任时，会陷入现有制度设计的两难境地：要么因领导干部的生态环境损害刑事责任超过追诉时效而免于追究，从而使生态环境损害责任终身追究制大打折扣；要么无视刑法的法定时效制度坚决追责，但因此会破坏法律一直所遵循的内部统一性。鉴于此，曾有学者建议通过刑法修正案或制定特别法来解除刑事追诉时效制度对领导干部生态环境损害刑事责任终身追究的限制。本书认为，单独为领导干部的环境决策行为设定特别的刑事责任追诉时效的做法不可取，因为这违反了“刑法面前人人平等”的原则，是对法治的破坏，矫枉过正反而会得不偿失。要突破生态环境损害责任终身追究制的法律时效困局，应通过加重领导干部的政治责任、道义责任以及内部行政责任以达到惩罚、教育的目的。

总之，就领导干部环境决策的生态环境损害责任而言，内部行政责任、政治责任和道义责任的追究时效可以实行终身追究，但刑事责任的追诉时效必须服从于法律的规定。

四、独立启动主体

在某种程度上，县区与地市在利益层面上实质是同构的，县区党政领导干部因牺牲生态环境而换来的漂亮经济数据同样也是上级党政领导干部的政绩构成。这种情形下，如果硬性地采用“上级追责下级”的问责启动模式，能否发挥生态环境损害责任终身追究制的应有作用，实在让人担忧。同样，如果让一向弱势的环保单位来具体启动终身追责，终身追究的效力实在难以保证。基于上述考虑，本书认为，关于生态环境损害责任终身追究制的启动主体问题，可以参照过去经济责任审计的做法，采用独立第三方启动终身追责的模式，以破解“上级追责下级”和“下级追责上级”的困局。

生态环境损害责任终身追究制的启动超出了经济责任审计的范畴，涉及更为专业的生态补偿、资源保护、生态修复等方面，因而需要多个相关部门的协同。这一点需要在开展生态环境损害责任终身追究制前加以明确。本书建议，由环保部环境保护督察中心和国家审计署派出机构联合实施地方领导的生态环境损害责任终身追究制度，这样既实现由独立第三方启动程序，又确保问责结果的公正性。该方案在技术上是可行的，也符合现有的政策法规。

五、量化追责标准

应在强化政府环境决策对生态环境影响方面的科学评估工作的基础上，量化生态环境损害责任的追责标准。总体而言，生态环境损害程度只要超出原先的评估标准就应追究相关领导干部的责任，生态环境损害程度越高，问责力度也相应越大。具体而言，发生以下情形应终身追究领导干部的生态环境损害责任：一是，区域生态环境持续恶化；二是，发生重大或特别重大环境事故；三是，对已发生的环境污染或破坏问题应对处置不当；四是，未完成区域环境质量目标或区域污染物总量控制目标。当然，无论事后对领导干部进行多么严厉的追责都无法修复生态环境的损失，终身追责旨在起到警示、预防作用，让领导干部树立权责一致的意识。

六、完善生态环境损害责任终身追究制的配套保障制度

（一）离任审计考核指标应涵盖环境健康指标

“自然资源资产负债表”在一定程度上是绿色 GDP 概念的延伸。但在领导干部离任环境审计中只强调“自然资源资产负债表”是不够的。自然资源资产并不能反映生态环境的整体质量状况。如在当下水污染非常严峻的形势下，将水污染对公民生命健康的影响等环境健康指标纳入领导干部离任环境审计的考核指标中就具有非常重要的现实意义。国外的环境健康指标在其整个环境绩效考核指标体系中的份额最高可达 50%。本书建议，环境健康指标在我国领导干部离任环境审计考核指标体系中应占有适当的比重。

（二）进一步探索编制自然资源资产负债表

十八届三中全会创造性地提出：“探索编制自然资源资产负债表”。自然资源资产负债表是对领导干部实行自然资源资产离任审计和生态损害责任终身追责的重要依据。具有较强专业性的审计部门应认真做好自然资源资产负债表的探索编制工作，以发挥其在监督政府环保绩效方面的重要积极作用。为了编制工作的顺利开展，可根据国家主体功能区的划分，先编制重点自然资源的资产负债表。例如，先从流域、土地、林地等领域着手，建立反映上述单个领域内自然资源资产基本情况的核算体系，并用报表附注的方式填列难以货币化的自然资源资产的变化情况。待经验成熟后，领导干部的离任环境审计范围应从自然资源资产扩大为环境资产。

（三）公开政府信息，引导公众参与

信息公开是现代民主政府的重要表征之一，也是实现领导干部生态环境损害责任终身追究的重要前提。当前，我国80%的政府信息都是以内部文件的形式不对公众公开。生态环境保护问题具有广泛性、复杂性和专业性，更应向公众公开政府环境决策信息，积极引导社会公众有效参与环保事业，形成多层次、多主体的事先监督体系，从而降低领导干部盲目环境决策的可能性。另外，政府信息公开也是降低考核成本的有效措施。因为考核结果的有效性和准确性是建立在信息对称的基础上。如果政府能够充分公开其环境决策信息，上级考核主体获悉环境决策信息的成本将会降低，也会对考核对象的渎职失职行为形成有力的约束。为使社会监督机制在生态环境损害责任终身追究制中发挥其应有的作用，首先，应扩宽公民获悉政府环境决策信息的途径，如利用即时通信工具、手机应用软件、门户网站等为公众提供实时的政府环境决策信息；其次，建立公众参与环境保护的决策参与制度，通过社会问卷调查、问题研讨会、公众听证会、情况通报会等形式，主动征询社会公众的意见；再次，建立公众参与环境保护的过程参与制度，例如，完善环境污染有奖举报制度，开设环境信箱，设立环境热线电话等，发挥公众的监督性作用；最后，建立公众参与环境保护的末端参与制度，将公民纳入环境公益诉讼的主体范围，增设环境审判庭，鼓励社会公众积极参与对领导干部违法环境决策行为的检举、控告。

（四）规范领导干部的复出程序

“君子之过也，如日月之食焉：过也，人皆见之；更也，人皆仰之。”对敢于主动承担生态环境损害责任或主观过错轻微的领导干部，在其深刻反省、痛改前非后应给予复出的机会，这符合治病救人、惩前毖后的干部教育方针，也体现了制度的善意。[1]

但是实践中，领导干部被追责后的复出这种“制度善意”却被扭曲了。对领导干部追责的失望和复出的质疑正成为我国当下信任危机的一个重要体现。现实给公众的错误印象是：领导干部被追责只是阶段性的，其最终的复出才是结果，以至于让人感觉复出是领导干部追责制的常态组成部分。公众对领导干部频繁复出产生强烈质疑的主要原因在于，领导干部复出的条件、

〔1〕 孔凡河：“论我国行政问责复出机制”，载《探索与争鸣》2010年第7期，第42页。

程序和过程等不透明，社会公众的知情权、参与权、监督权等均在领导干部复出过程中被漠视了。被追责领导干部的非正常复出，既是追责制的异化，也是对公信力的削弱，危害极大。因此，建立完善的被追责领导干部复出程序显得极为重要。唯有公正、规范的领导干部复出程序，才能保障公众的知情权、参与权、监督权等在领导干部的整个复出过程中得以保障和实现。被追责领导干部的复出程序应包括以下环节：

第一，提名程序。被追责领导干部的复出必须由党政组织和社会公众通过民主程序共同进行推荐、提名，甚至可以详细记录提议被追责官员复出的具体个人。领导干部复出后再严重违纪违法的，举荐者因“举荐失察”也应承担一定的连带责任。

第二，审查程序。有关部门对拟复出的领导干部要进行严格的审查，查清其是否符合法律法规设定的复出条件，并从工作能力、过往实绩、社会评价、道德品质等方面综合评估其是否具有重新担任领导职务的资格，坚决杜绝弄虚作假的情况发生。

第三，公示程序。被追责领导干部符合复出条件的，要提前向社会公众公示，充分倾听公众的意见。拟复出领导干部的基本情况、被追责理由、复出的理由、复出拟担任的职务等重要信息都应通过电视、报纸、电子政务公开栏等媒体平台向社会公示，以广泛听取来自社会基层的不同声音。对于公众的质询、检举、控告等，应严肃认真处理。对于公众争议较大的拟复出领导干部，应在综合社会公众意见的基础上实事求是地作出决定，以防行政部门内部的官官相护。

第四，决定程序。被追责领导干部的复出决定，应吸纳公众参与公开讨论。必要时应举行公开的听证会，要求拟复出的人员必须获得民意的认可。未获得多数民意认可的，被追责领导干部不得被重新任用。

此外，为确保复出机制的科学性，还应该健全复出领导干部的工作绩效考核机制。复出人员在新岗位上应有一定时间的试用期，试用期间应接受所在单位和社会公众的严格绩效考核。经过考核符合任用标准的复出领导干部方可被正式任命。工作绩效考核不合格的复出领导干部，应一律被免职，以防再次发生渎职或失职行为。

小 结

党中央提出建立生态环境损害责任终身追究制，这是针对领导干部的环境决策造成生态环境严重损害而实行的后果惩罚制度。我国正在探索的生态环境损害责任终身追究制尚不成熟，应进一步健全完善该制度，具体完善路径如下：厘清责任主体、细化责任形式、区分追究时效、独立启动主体、量化追责标准，并完善配套保障制度。

生态环境问题是重要的民生问题。改善生态环境，建设美丽中国，是我国探索建立生态文明制度体系的根本目标，而对领导干部实行生态环境损害责任终身追究制又是当中至关重要的一环。然而，推进生态环境损害责任终身追究制，是一项涉及面广、情况复杂的系统工程。国内外没有可借鉴的成熟经验，需要根据我国实际情况，不断探索，积累经验，逐步推广。同时，国家要有相应的统一部署，加强顶层设计，强化部门配合，合力探索建立生态环境损害责任终身追究制以及制定具体的、刚性的、可操作性强的配套保障制度。毫无疑问，建立生态环境损害责任终身追究制，要逾越现实中存在的诸多桎梏。我们期待生态环境损害责任终身追究制在未来能够进一步完善健全，进而为生态文明制度建设探路，为子孙后代造福。

第十章 大气污染治理的法经济学研究

第一节 我国环境保护法律体系的法经济学研究〔1〕

环境保护法的经济分析是用经济学的分析方法来分析环境保护法律制度的一门独立学科，其独特的经济学视角往往使我们对环境保护法律现象产生柳暗花明的感觉。我国目前环境保护实体法律体系由民事侵权法、行政管理法、刑事法等三种不同类型的法律制度组成，每种法律制度都有各自具体的运行规则。本书并不涉及这些具体的内容，而是秉承以最小的成本实现环境污染总量控制这一经济学思想，利用经济分析的方法来看待每种制度的优缺点，最终提出优化权力运行配置的方案，从而为环境保护法律规则的制度设计提供一种独特的借鉴视角。

一、环境保护民事侵权责任法的经济分析

（一）环境侵权责任归责原则的经济分析

促进社会财富最大化使全社会整体福利得到提升是以波斯纳为代表的芝加哥法律经济学派的思想基础，在波斯纳看来，企业排污损害环境是具有负外部性的行为，这种行为由于增加了其他社会主体消灭负外部性所需要付出的成本负担，即增加了社会总成本负担，这就必然会降低全社会整体的福利水准，若环境污染处于放任状态，则会使社会财富迅速降低。因而，要将环境污染的外部性转化为内部性，责令污染企业承担相应的责任，才能把社会财富控制在最优水平。〔2〕关于环境污染侵权主体究竟该依据怎样的归责原则

---

〔1〕 本节部分内容选自高桂林、陈昊博：“我国环境保护法律体系的经济分析”，载《学术论坛》2014 年第 3 期，第 134 ~ 136 页。

〔2〕 参见［美］尼古拉斯·麦考罗、斯蒂文·G. 曼德姆：《经济学与法律——从波斯纳到后现代主义》，朱慧等译，法律出版社 2005 年版。

承担法律责任，这个问题一直以来在法学界争议并不大，绝大多数学者认为环境侵权责任应当适用无过错责任原则。在这种思想的影响下，我国的各部立法如《民法通则》《环境保护法》《侵权责任法》中均确立了环境侵权是一种特殊侵权，无过错责任原则为其归责原则，不论侵权人对于环境污染的结果在主观上是故意还是过失的心态，均应当承担责任。这种归责原则的模式已经得到了世界范围内大多数国家立法的认同，在英美法系国家称为"严格责任"，而在大陆法系国家称为"无过错责任"。

工业革命带来了科技的飞速发展，同时生态环境也遭受到了史无前例的破坏，当生态危机威胁到人类的生存和发展时，人们对环境保护的呼吁才与日俱增，环境侵权法律责任问题正是在这样的社会背景下被重视起来的，显而易见，环境侵权责任的无过错责任原则带有强烈的法律政策导向性。若将环境侵权法律政策导向的外衣剥去，以经济分析的视角观察归责原则，便可以分析出无过错责任原则的逻辑起点。从目的论上看，可以把法律的目的分为实证性目的和规范性目的，实证性目的解决的是法律如何实现化解具体纠纷的问题，而规范性目的则是法律如何将某类行为进行规范性、反复性调整的问题。由此可以看出，侵权法的目的有两个：一是惩罚侵权、救济损失，二是规范行为、预防损失。前者是为解决当下已经发生的现实问题，而后者是立法者对于侵权法更深层的功能追求和期待。在环境侵权领域，这种期待更加明显，维护生态环境的可持续发展状态，预防污染事故发生，其意义远大于对某一特定损失的赔偿。要预防和抑制环境侵权的发生，理想状态是将损失成本、预防成本、行政管理费用成本总量控制在最小范围内，而不至于发生侵权事件。若环境侵权责任以过错责任为归责原则，那就需要立法者制定较为详细的污染等级标准来区分污染企业的过错程度，从而达到预防污染发生的目的。但事实上这是很难实现的，因为环境执法部门对企业的污染活动并非事无巨细全部知晓，信息不对称带来的管理困难使行政管理成本增加，这样在假设损失成本不变的情况下，企业虽然可以偷逃一些预防成本，但是风险却转嫁给了环境执法部门，使之管理费用成本大幅增加，从而使三者的成本总量大幅上升。若环境侵权责任以无过错责任为归责原则，预防的成本则全部由企业自行承担，企业会根据自己的风险情况核算预防成本并实际投入，实现成本优化配置总量支出最小。[1] 这是环境侵权适用无过错责任原则在经济学中的逻辑起点。

虽然环境侵权责任适用无过错责任原则有利于增强排污者主动采取预防措施的积极性，有利于在对环境同等保护的前提下节省成本总量，但是无过错原则也存在天然的制度缺陷，即无过错责任只能在排污企业采取单边预防措施便可控制污染的前提下发生效用，若污染需要排污企业和受害人共同实施双边预防措施才可实现预防或者防止损失扩大，那么无过错责任将部分失灵，无法达到效率最大化、效果最优化。原因很简单，受害人在不需要进行任何防控污染成本投入的前提下便可以根据无过错原则获得全额赔偿，自然没有动力投入成本防止损失扩大。例如：A 企业在秋收季节将一个工业项目正式下线生产，开始大量排放工业废气和工业污水，附近 B 村农作物受废气污染严重，此时 B 村应当趁秋收季节加派劳动力进行抢收以减少受污染范围，但 B 村认为即使抢收成功部分农作物受污染的现实也难以避免，况且拿到市场上出售也卖不出好价格，于是坐等农作物全部损失，才向污染企业提出损害赔偿诉讼。可见，从经济学的视角观察，环境侵权责任一概适用无过错责任原则是存在一定弊端的，它难以解决双边预防的问题，因而建议立法在环境责任无过错原则中规定例外情形，以弥补其在双边预防情形下的不足，从而实现社会财富的最优化配置。

（二）环境侵权责任救济方式的经济分析

侵权责任的救济方式在《侵权责任法》第 15 条中规定了 8 种，其中停止侵害、排除妨碍、消除危险、恢复原状、赔偿损失这 5 种责任承担方式可以在环境侵权责任中适用。而这 5 种责任承担方式可以分为两类：一是前 4 种模式统称为排除侵害类，二是最后一种救济赔偿类。排除侵害在英美法国家中常以禁令的方式出现，根据财产法的基本原理，禁令的使用应当遵循交易成本最低原则，当交易成本过高时，则适用救济赔偿更能够实现效率最优。在环境污染侵权的实际案例中，往往受害面广、受害人数众多，在这种情况下若采用禁令的方式排除损害，那么交易成本将会十分高昂，不仅如此，如果频繁采用禁令的方式排除损害，还会对工业生产造成致命打击，降低社会

[1] ［美］罗伯特·D. 考特、托马斯·S. 尤伦：《法和经济学》，史晋川、董雪兵等译，格致出版社 2012 年版。

总财富，因此为了使侵权损害的救济更加符合效率原则，应当适用经济赔偿方式加以解决。当然，排除侵害的方式也并非不常使用，通常适用于以下两种情况：一是对于企业而言生产活动自身所带来的价值不大；二是生产活动危害面小、影响不大。

一般侵权行为具有多发性、偶然性等特点，而环境侵权属于特殊侵权行为，常常具有持续性和确定性等特点。例如：某村旁边建立了一个热力发电厂，这个发电厂所排放的二氧化碳、粉尘、废水等废弃物质对村庄周边环境的影响将随着其下线生产一直存续，污染只存在程度上的多少之分而不存在有无之别。对于这种持续性、确定性的环境污染，应当采用何种救济方式更加具有效率，则需要用经济的方法来分析。既然环境污染是持续的、确定的，那么赔偿则可以区分为暂时性阶段赔偿和一次性永久赔偿两种模式。阶段性赔偿的优点在于能够准确计算衡量当下每次环境污染所造成的实际损害，赔偿依据较为科学，而缺点是程序繁杂，每次都要重新核定损失数额。一次性永久赔偿的优点在于它对未来可能造成的环境污染损害进行评估后一次性支付受害人赔偿金，避免了日后分次核定损害后果的繁杂程序，简化了处理程序，避免了纠纷的进一步发生，但是缺点也很明显，因为未来的环境损害具有不确定性，现在对未来的环境损害进行评估往往在计算上难以做到科学、准确。更为关键的问题是，如果对环境污染者采取了一次性永久赔偿的模式，排污企业等于购买了未来的“排污权”，无论其未来会对环境造成怎样的污染，也不必再担心承担赔偿责任问题，此时排污企业便失去了节能减排、减轻污染的动力，也不会再努力改进排污处理设备、增加预防投入，这样就会使得该排污企业的排污水平超过社会平均水平。而暂时性阶段赔偿则仅对当下污染的损害进行赔偿，不对未来污染做处理，这会促使企业不断增加预防投入，改进技术，最大化降低污染水平，使社会平均污染程度得以降低，社会福利总水平得以提升。因此，从经济学视角分析，对于具有持续性、确定性的污染损害而言，暂时性阶段赔偿的效率要优于一次性永久赔偿。

二、环境保护行政管理法的经济分析

民事法律体系解决的是环境污染对具象主体所造成的损害问题，而行政管理法需要解决的是环境污染造成的负外部性使整个社会福利水平下降的问题。行政管理法存在“硬法”和“软法”两种模式。

（一）行政管理强行法模式下的经济分析

“硬法”即行政管理强行法，在环境保护法律体系中所占的比重最多，具有强制效力。行政管理的措施综合起来可以分为三类措施：一是直接污染管制。对环境污染源进行直接管制是最常用的行政管理手段，例如，对排污企业通常采取责令关闭、停产、并转、限期治理等，对排污的个人采取按车辆尾号限行、根据汽车排气量进行路段限行等。对污染源直接管制的措施因为具有针对性，往往能收到立竿见影的效果，但是由于该措施只能针对特殊领域或者特殊情形下使用，普遍性较差，因而难于推广，若将其在所有领域强行推广并加以普遍适用，必定会使大批量的企业停产、失业率增加，社会财富总量锐减。从这点上看，直接污染管制的措施通常于淘汰落后产能、经济增长方式转变等特定情况下适用。二是制定污染标准。制定污染标准也是目前环境保护部门常用的环境行政管理措施之一，因为标准具有一致性和可操作性的特点，便于环境执法部门日常管理。环保部门制定相应的规范标准时，应当做到正确利用所掌握的信息，系统论证、客观真实。好的标准可以推动环境保护管理的顺利实施，促进社会整体福利的提升，相反，与客观规律相背离的标准必然会对社会经济产生负面影响。三是征收污染费用。如果仅仅有污染标准而没有具体实施措施，那么环境污染仍然得不到有效治理，因而征收污染费用就成了政府治理污染最主要的行政手段，它可以有效促使污染企业将外部性内部化。例如，一个排污企业每年向环境中排放的废弃物质造成社会财富 300 万的减损，那么就应当至少对该企业收 300 万的污染治理费用。向企业收取污染治理费的优点在于可以激励企业根据自身现有的技术条件改进生产工艺、合理投入预防成本，将成本投入控制在最优化的范围，从而节省政府部门进行社会管理的成本，提升社会财富总量。实践中，随着我国经济的不断发展，低产能高耗能企业向环境中排放的废弃物质对环境造成的影响逐渐开始显现，因而环境治理收费模式也有了一定的变化，由以前的仅收取超标排污费用过渡到按照污染要素收取超标排污费与排污即收费并行的政策，再逐渐向凡是排污即收费方向转变。从这一发展过程不难看出，政府环保部门在利用经济杠杆平衡污染与治理的关系从而实现社会福利的整体提升。然而，从现实来看，各地污染费用的收取也并非一帆风顺，最大困难在于监管的成本投入不足和信息成本在不断增加，为此，政府环保部门应当加大环境保护投入力度，完善污染费用收取机制，才能适应生态环境不断恶化的现实。

（二）市场机制模式下的经济分析

“软法”是指非强制性的行政管理措施，即政府部门除了用强制法的方法解决环境保护问题外，还可以充分发挥市场机制自身的作用促进环境保护的实现。常见的方式有两个：一是排污权交易。排污权交易制度是目前新兴的一种保护环境的行政管理措施，其本质是通过市场机制这只看不见的手主动调节污染与治理的关系。在该制度下，要求每一个排污企业的排污行为都要经过政府环保部门的许可，由环保部门额定本地区每年预计排污的最优总量，并根据排污企业当年的生产能力核定其排污总量并颁发限量排污许可证，企业得到授权后，需要在许可证规定的额度范围内进行排污，如果企业排污的额度没有用完，可以将剩余排污额度拿到市场上进行交易，以供排污额度不够用的企业购买，扩大自己的生产规模。排污权交易的优点在于，政府可以在边际成本等于边际收益的原则下控制本地区排污总量并实现污染的最优化排放，运行过程完全依靠市场机制来推动，政府部门可以节省监控的成本和信息获取的成本，从而用最低的成本实现污染的总量控制。对于排污权额度有剩余的企业而言，更愿意通过出售排污权来获取经济利益以抵偿排污成本。相反，对于排污额度不够用的企业而言，如果治理污染的成本大于其购买排污权的成本，则该企业更愿意购买排污权。这样，通过市场机制的调节作用，各个企业都可以在污染的边际成本等于边际收益的平衡点下进行生产，从而实现以最低的成本控制环境污染总量的目标。二是治理交易。治理交易是在政府环保部门的监督下，通过市场机制的调节作用，促使排污企业与污染承受者之间达成最有效率的污染治理协议，进而实现用最小的成本实现污染总量防控的目的。例如：上游A企业排放污水，下游B村庄受侵害，假设政府赋予B村庄不受侵害的权利而禁止A企业排放污水，那么A企业中止排污、更新污水处理设备的成本是3000万元。此时若A企业得知B村庄自行治理污水的费用是2000万元的话，那么A企业更愿意向B村庄支付2000万以上3000万以下的价格与B村庄达成污水治理协议，由B村庄自行治理。而此时B村庄也愿意接受2000万以上的价格与A企业达成协议。具体价格可以在政府主导和监督下由双方协商达成。[1] 这种互利式的交易模式，是市场机制运

〔1〕［美］尼古拉斯·麦考罗、斯蒂文·G. 曼德姆：《经济学与法律——从波斯纳到后现代主义》，朱慧等译，法律出版社2005年版。

行的结果，在环境保护领域内运用则可以实现以最小化的成本投入控制污染总量不增加的目的。

三、环境保护刑事法的经济分析

波斯纳法律经济分析方法将犯罪看成是一种职业选择，因为一个人之所以选择犯罪，是因为犯罪比任何其他职业所带来的纯利润或者利益要高得多，包括物质利益和非物质利益。在假设每一个社会人都是“经济人”的前提下，行为人最终实施犯罪行为之前必然会考虑三个因素：犯罪行为所能够带来的预期收益（P）、刑罚的严厉程度（S）、犯罪行为被发现的概率（C）。刑罚的严厉程度与犯罪行为被发现的概率之乘积便是犯罪行为的风险成本，当犯罪行为的预期收益大于犯罪行为的风险成本时，即：$P > S \times C$ 便会导致犯罪行为发生。〔1〕因此，控制犯罪可以从两个角度入手：一是增加刑罚的严厉程度，二是增加犯罪行为被发现的概率，即提高刑事侦查水平。但从实证检验来看，并非刑罚越严酷犯罪数量就越少，结果恰恰相反，对某种犯罪的打击力度越严酷往往会更加扭曲行为人的犯罪心理激发其犯罪可能性。例如，如果对强奸罪施以严酷的刑罚，刑期一律改为死刑，从表象上看可以威慑犯罪分子减少强奸犯罪的发生，但是潜在的危险是这样的刑罚模式会激励犯罪分子在实施强奸行为后对被害人灭口。因此，对于刑罚的设置，一方面要提升严厉程度，另一方面要增加更多的处罚程度量级，这样才能有效防止犯罪行为发生。

我们把视角落到环境犯罪上，《刑法》分则第六章第六节规定的破坏环境资源保护罪中共有15个罪名，这些罪名呈现出以下特点：一是每一罪名均适用罚金这一财产刑，但司法实践中受传统“打了不罚、罚了不打”的思维影响，罚金刑的执行到位率一直处于比较低的尴尬窘境。二是刑罚的严厉程度不高，没有死刑或者无期徒刑，单一罪名的最高刑期为10年以上15年以下有期徒刑，如“非法处置进口的固体废物罪”。三是刑罚的处罚程度量级较少。有的只有一个量级，如“非法占用农用地罪”，只规定了犯本罪的处5年以下有期徒刑一个档次。有的有两个量级，如“非法采伐、毁坏国家重点保护植物罪”，规定了3年以下有期徒刑和3年以上7年以下有期徒刑两个档

---

〔1〕 李霞：《波斯纳：法律的经济分析》，黑龙江大学出版社2009年版。

次。更多的是将环境犯罪分为三个量级，即：一般情节、严重情节、特别严重情节，分别处以不同的有期徒刑。以经济学的方法来分析，首先，环境犯罪结果犯居多，需要达到特定数量结果才能构成犯罪，由于信息的不对称性，给刑事侦查带来了难度，从而降低了犯罪行为被发现的概率。其次，对环境犯罪行为的刑罚处罚量级过少而且处罚较轻，甚至罚金刑在很多时候仅仅起到宣示性的作用，法官的自由裁量权越大，事实上越说明“严厉程度不区分等级”，换言之，立法本身越不具备法定严厉性。于是犯罪行为的风险成本 $S\times C$ 之积事实上是偏小的，而破坏环境的预期收益 P 往往又特别高，这无形中促使了行为人积极实施环境犯罪。这是立法本身的不科学性造成的。解决方法有两个：一是在立法上提升环境犯罪的刑期并且尽可能多设置刑罚处罚量级。二是在实践中加大对环境犯罪的监管力度并提高相应的刑事侦查能力。这样才可以提高以刑罚手段打击环境犯罪的效率。

刀耕火种的农业文明时期，生态环境的自净能力足以满足生态的可持续发展，而到了工业文明时期，工业化生产突破了环境自净能力的底线，使得环境问题日益成为全社会最亟待解决的问题。从环境问题的根源来看，生态环境的破坏与经济的发展息息相关，因而在寻求解决环境问题的路径时不能忽视经济学这样的切入视角。经济分析的方法不仅仅可以分析经济行为，同时也为我们分析法律现象提供了一个独特的视野，在这一视野下观察我国环境保护法律体系中的各个分支，可以得出一些新的观点认识，而这些观点认识是在法学理论基本规则下难以形成的。无论这些观点认识是否偏颇，在生态环境日益恶化、加强环境保护力度迫在眉睫的今天，实现预防成本最小化、环境保护效率最优化仍将是环境保护法律制度所追求的目标，因而环境法律的经济分析方法也将会随着环境保护法律制度的发展进一步发展完善。

第二节　大气污染联合防治机制的法经济学分析

大气污染关系到每一个公民生命健康安全，近些年来，大规模持续性雾霾事件几乎在全国各地都有上演，于是如何治理大气污染迅速成为全社会广为关注的话题。十八届四中全会后，依法治国的理念成了社会各行各业的基本理念，所以，现代社会应当将大气污染的治理纳入法治框架下开展，这样才能够取得可持续治理的效果。由于大气污染具有跨区域性的特点，所以应当建立大气污染联合防治的法律机制，实现对大气污染的多区域联防共治，这一机制应当围绕立法、司法、执法、法律评估四个层面所建立。

一、联合立法机制的法律经济分析

（一）大气污染的特性决定了联合立法是成本最小化的选择

1. 立法中的成本问题

在经济学中成本是一个重要问题，他决定了一个经济行为能否取得实效，因为资源具有稀缺性，如何将稀缺的资源发挥最大效用，并在可供选择的目标之间进行合理分配，必须考虑资源分配的成本问题。[1]毫不夸张地说，人类的行为均须考量成本。这样一个理念被法律经济学所吸纳，成为分析问题的基本方法。应用这一原理我们可以看出，在立法领域之内，由于立法资源具有稀缺性，因此需要对立法资源进行合理地分配，将其配置到最能够发挥效能的领域之内，这就不得不考虑立法的成本。从法律经济学角度来分析，立法的成本包含了两大类：一是显性成本。主要是指立法的前期需要在收集材料、调查、研究、论证等方面投入大量的时间、金钱、人力、物力，当调研结果形成后须要起草草案、征求各方意见、进入表决程序，最终形成法律文本，这一过程同样需要大量的成本投入。[2]二是隐性成本。主要是指机会成本，即立法机关将立法资源投入到某一领域内时，就必然会丧失将该立法资源投入到其他领域内所能够获得的利益。[3]立法中的这两部分成本，是影响立法能否被提到议事日程上的关键指标，当然成本越低则立法越能够被提到议事日程之上最终也越容易被通过，因此，成本最小化是立法过程的应然追求。

2. 大气污染防治联合立法的成本

对大气污染防治进行立法当然也应当遵循成本最小化原则，这样才能够使立法更加具有效率。就大气污染而言，其最大的特点便是跨区域性，在相邻的不同区域之内，一个地方大气污染几乎必然影响另外几个区域。此时各

---

〔1〕［美］加里·S. 贝克尔：《人类行为的经济分析》，王业宇、陈琪译，格致出版社2008年版，第5页。

〔2〕魏建、周林彬主编：《法经济学》，中国人民大学出版社2008年版，第72页。

〔3〕冯玉军：《法律与经济推理——寻求中国问题的解决》，经济科学出版社2008年版，第130页。

行政区若各自为政单独制定本行政区内生效的地方性法规，则不可能以一行政区之力彻底解决区域性大气污染问题。当然这种分散式的大气污染防治立法，从整体层面也未必能够彻底解决区域污染，因为其中还会涉及区域间立法如何协调、衔接发挥作用等诸多法律问题，这无疑会大大降低法律实施的效率。从法律经济学的角度来分析，分散式地方立法，在成本投入上不仅仅是各行政区独立立法成本的简单加总，在法律实施过程中还须支出更多的机会成本。[1]针对大气污染跨区域性的特点，建立相邻多区域联合立法的法律机制，由多个立法主体共同起草一个在参与主体的区域之内通行的地方性立法，这样的一次性成本投入不仅仅可以节省收集资料、调研、表决等立法程序在多区域立法主体之间的重复投入的成本，同时还能够节省时间成本提升立法效率，从而实现“1 +1 >2”的聚合效应。因此，基于大气污染跨行政区的特点，从立法成本角度来看，大气污染联合立法是立法成本最小化应当选择的路径。

（二）大气污染防治联合立法是立法效率化的体现

1. 规范联合立法的参与程序、提升立法实效性

传统意义上的“联合立法”在我国立法实践中早已有之，是不同地区的人大机关、政府机关联合出台某一规范性文件的现象，当然与《立法法》规定的标准意义上的地方立法有所不同，这种“联合立法”的主体一般情况下较少，程序也相应不规范，基本上是“特事特办”的一种“智慧”。现如今，雾霾在不同地域之内广泛肆虐，需要我们将这种立法上的“智慧”充分发挥出来，但是十八届四中全会提出依法治国的基本方略，昭示着我们在立法领域之内也应当依法立法，只有这样才能够体现大气污染防治联合立法的合法性和效率性。这主要体现在以下两个方面：一是规范立法主体、提升规范性文件的适用效率。要将大气污染联合立法的主体限定在省级地方人大机关，而不应当是省级政府，因为依据《立法法》，省级人大制定的规范性文件是地方法规，在效力层级上高于地方政府规章，而且地方法规在地方具有广泛使用效力，地方政府规章在司法领域只具备参考效力，所以为了达到在司法和行政领域全面适用的目的，要将联合立法的主体限定为省级地方人大。二是

[1] ［德］汉斯－贝恩德·舍费尔、克劳斯奥特：《民法的经济分析》，江青云、杜涛译，法律出版社2009年版，第78～79页。

规范立法程序、提升规范性文件的实用效率。制度是社会参与主体相互博弈的产物，制度的效率取决于设计一定的参与机制来保障制度的合理化运行。[1]就大气污染联合立法而言，往往会涉及多个区域立法主体，这些主体如何联系在一起、如何起草规范性文件草案、表决程序如何实施、是否允许区域保留条款、规范性文件如何生效等内容，都需要依照一定的程序进行，才能够保障联合立法的实用效率。

2. 植入专家咨询作为联合立法的必经程序、提升立法的可实施性

十八届四中全会“决定”指出，法律的生命力在于实施，法律的权威也在于实施。因此，对于大气污染防治联合立法而言，应当增强其可实施性、提升实施效率，才能够取得大气污染法律治理的良好效果。从法律经济学层面来看，立法的目的在于通过规则的设定，将现有资源合理地配置到法律之中，以达到规范经济活动、增加社会资源的目的。[2]由于大气污染治理具有很强的专业性，不仅涉及环保和法律问题，同时还会涉及医疗卫生、资源开发、能源战略、产业结构、宏观经济等各种领域内的问题，仅凭地方人大立法部门很难将这些问题考虑全面，因而会影响联合立法规范的实施效率。为了提升联合立法的实用效率，应当在立法的过程中植入专家咨询程序，并且将该程序作为必经程序加以设置，这样才能够增加联合立法的实用价值。当然，这一程序不应是“走过场”式的程序，而应当由立法筹备部门建立专家咨询委员会作为专门机构，聘请各个相关领域的专家学者担任委员，每个行政区域的专家委员数量应当大体相当，在立法的过程中由专家咨询委员会提出集体性意见，供立法者参考，这样便可以提升联合立法的科学性和可实施性。

3. 规范立法过程的公众参与程序、提升立法者获取有用信息的能力

法律制度之所以能够不断演进，原因在于在立法者所掌握的信息量不充分或者受到一定约束的情况下，未必能够真正将有用的信息反馈到立法之中，加之立法参与者理性上的有限性更加促使了立法制度不可能完全做到将全部信息渗透到法律制度之中，由此可见，立法制度所发挥的传递信息的作用是

---

〔1〕［日］青木昌彦：《比较制度分析》，周黎安译，上海远东出版社2001年版，第7页。
〔2〕熊秉元：《正义的成本：当法律遇上经济学》，东方出版社2014年版，第165页。

有限的，因而才会出现法律制度的立、改、废，从而促进制度的演进。[1]从法律经济学的角度来看，信息不对称带来的危害是会催生决策者逆向选择，有可能会依据不全面或者是错误的信息作出错误的行为选择，从而降低决策行为的成功效率。[2]如果信息不对称发生在立法的过程中，逆向选择的思维将会使立法趋于保守或者无效率。破解立法过程信息不对称的难题，重要方法就是使公众参与立法，并将这种参与程序化、法定化，这样才能够提升联合立法者获取有用信息的能力，提升联合立法的实用性。当然公众的参与方式应当是多样化的，应当充分利用互联网络、平面媒体、立体传媒、移动互联网、微博微信等现代通讯方式，使公众对大气污染联合立法的事项能够充分行使表达权，这样立法者才能够制定出符合民众意愿的立法。

二、联合司法机制的法律经济分析

（一）大气污染跨界性使联合司法成为供需均衡的产物

1. 司法中的供需均衡

需求与供给是微观经济学中一对同生共长的概念，在经济市场中，需求是经济行为的基础，供给是经济行为的过程，但是经济行为的结果往往不会是需求与供给之间恰好达到了平衡。供不应求、供大于求，都不是效率化的体现。[3]在法律经济学看来，司法领域之内依然存在这样的供求关系。即民众对司法资源的配置需求与司法资源实际能够提供的配置与供给数量之间也会存在相互不协调的问题，此时需要根据整体考量将司法资源合理地分配到私人诉求领域，以实现社会成本的最小化。[4]实践中，司法资源的供给就是法院针对民众对某类纠纷解决的需求所能够提供的审判力量，由于司法资源的有限性，不可能满足民众的所有诉求，故某些纠纷不能得到司法的最终解决。因此，司法的供需均衡是司法的应然状态，而不均衡却是实然状态，这种状态是一种常态，然而这并不否认供需均衡是法治状态下司法所追求的目标。

---

〔1〕［日］青木昌彦：《比较制度分析》，周黎安译，上海远东出版社 2001 年版，第 280 页。

〔2〕［美］罗伯特·考特、托马斯·尤伦：《法和经济学》，史晋川等译，格致出版社 2012 年版，第 37 页。

〔3〕［英］阿弗里德·马歇尔：《经济学原理》，朱志泰译，商务印书馆 2009 年版，第 185 页。

〔4〕［美］斯蒂文·萨维尔：《法律的经济分析》，柯庆华译，中国政法大学出版社 2009 年版，第 112～113 页。

2. 大气污染跨区联合司法的供需关系

大气污染具有跨越行政区的特点，而司法有界性也是其最显著的特点，当跨界的大气污染与有界的司法审判相互作用发生冲突时，如何解决就成为大气污染法律治理的一个重要问题。根据法律经济学的基本原理，大气污染发生在某一区域之内，该区域内不同行政区的民众对大气污染损害存在司法诉求，若司法机关不能提供跨区诉讼管辖，则无法满足民众的司法需求。从制度层面来看，联合司法实际上就是要在不同行政区的司法机关内部建立共同司法机制，实现司法的跨区共治，这样才能够满足民众对跨区司法的实际需求。关于跨区域司法，最高法院实际上已经做出了一些尝试，就某些特定的案件实现跨区域司法管辖，这些经验给大气污染跨区联合司法提供了可借鉴的素材。

（二）大气污染跨区司法的法律均衡选择

1. 跨区污染纠纷联合司法的重点是跨区司法管辖

司法的有界性决定了司法管辖权须在法定区域内行使，多区域联合司法是对司法有界性的一种突破，这种突破对于当事人的意义在于有利于节约诉讼成本，因为当事人更愿意选择成本较低的法院提起诉讼。〔1〕不仅如此，联合司法还可以在一定程度上防止司法腐败现象的发生。大气污染治理的联合司法可以有两种不同的模式：一是各地司法机关组成专案组，对于跨区大气污染事件行使管辖权，处理污染纠纷。这种联合执法的模式类似于“特事特办”，以专案组的形式实现多区域联合司法并非一种常态模式，但是在实践中可以大大解决诉讼的成本负担，实现诉讼的社会成本最小化的目标。若将该专案组常态化，则类似于目前在北京、上海等地成立的跨行政区法院，专门就某几类案件行使管辖权。二是根据不同行政区所达成的协议，法院跨行政区直接管辖另一行政区内的大气污染纠纷案件，例如：A地甲企业排污造成A、B两地大气污染，则B地法院可以管辖A地居民对甲企业提起的环境诉讼。此种管辖模式在美国较为常见，即长臂管辖权，只要有某一要素与法院地相关，则法院地便可以行使管辖权，因为在美国实现法律效用的最大化是每一名法官的目标。〔2〕这两种联合司法的方式中第二种应当为常态模式，是

〔1〕 朱莉：《管辖权、法律选择方法与规则的经济学分析》，法律出版社2008年版，第88页。

〔2〕 ［美］理查德·A. 波斯纳：《法律的经济分析》，蒋兆康译，法律出版社2012年版，第784页。

跨区大气污染司法治理机制应当重点建设的制度。

2. 案件审判中适用规则的选择须遵循利益最大化

以法律经济学的观点，无利益则无诉权，对于法院的审判而言，是否存在足以使法院作出判断的具体实际利益是判决的基础。[1]意为法院在审理案件的过程中会综合考虑案件是否具有可判决的利益，若无利益则可能驳回当事人的起诉，若在利益大与利益小之间权衡，显然法院会选择前者。例如：离婚诉讼中，无行为能力的子女法院通常会判决给女方抚养，因为法院认为无行为能力子女随母亲可能会获得更多的利益。但若母亲有吸毒、赌博等恶习的，法院则会基于利益考量将子女判决给父亲抚养。在大气跨区污染的纠纷案件中，经常会出现A地甲企业排污，造成A、B、C三地大气污染损害，那么若实行跨区司法管辖在由B地审理A地甲企业的大气污染案件中，如何适用地方性环境标准就成了问题。因为在环境法中，地方的环境标准可以高于等于国家标准，但是不能低于国家标准，此时若A、B、C三地先前已经各自有了针对本地的大气污染环境标准，那么，法官应当本着环境利益最大化的原则选择规范作出判决。即：假设A、B、C三地的环境标准是A<B<C的关系，即C地最严、B地次之、A地最松，则法官应当适用C地的环境标准对A地的污染企业进行判决。当然，这种做法应当经A、B、C三地的立法机关以联合立法的方式或者三地最高司法机关以协议的方式确立下来。

3. 判决的异地执行须符合博弈均衡

执行难一直是困扰司法的难题，尤其是异地执行更是难上加难。大气污染跨区司法，必然会涉及异地执行，异地法院之间如何配合这是一个较为棘手的问题。传统异地执行是委托执行方式，这种执行方式的执行效率往往取决于委托法院、受托法院、被执行人三者之间的博弈关系，在地方保护思维的干扰下，执行困难是一种常态，这种状态未能实现博弈参与者各方利益的最大化，因而未达到博弈均衡。在法律经济学看来，只有博弈各方的利益达到最大，即形成了纳什均衡状态，博弈的结果才为效率最高的状态。[2]基于这一理论，若异地法院直接参与执行，则可以在一定程度上排除受委托法院地

〔1〕［日］原田尚彦：《诉的利益》，石龙潭译，中国政法大学出版社2014年版，第2页。

〔2〕［美］道格拉斯·G. 拜尔、罗伯特·H. 格特纳、兰德尔·C. 皮克：《法律的博弈分析》，严旭阳译，法律出版社2006年版，第17页。

方保护情绪，缩短执行完毕的时间，此时委托法院与受托法院都可以获得利益的提升，至少是机会成本的缩减，而被执行人只需要支付判决金额，不用支付滞纳金，从而也能获得利益的提升，因此在这样一个博弈模型下，可以获得效率的提升，并且可以达到博弈均衡状态。当然，就制度层面而言，异地执行需要制度的支持，大气污染案件跨区域联合司法机制可以就异地执行作出设计。笔者认为，判决生效后不同区域内的法院可以联合执行，以审判地法院为主，执行地法院配合，执行裁定可以异地生效，这样便可以解决跨区联合司法中的执行难题。

4. 完善外部法律监督程序、促成联合司法的边际均衡

大气污染跨区联合司法从法律性质上看是一项司法制度，根据法理，建立一项司法制度就需要同时建立相应的法律监督体系，以实现对司法权的制约。对于大气污染跨区联合司法制度而言，出发点是解决跨区大气污染诉讼纠纷，但司法判决出现错误在所难免，此时若无纠错机制予以制衡，必然会使审判权过于膨胀从而失去法律均衡。相反，建立外部监督机制则可以对审判权加以制衡，达到法律均衡状态。在我国，外部监督以检察监督为主要形式，在大气污染跨区联合司法机制中也应当规定检察机关监督的地位和程序。笔者认为，当大气污染跨区联合司法出现错误时，同级的检察机关具有监督建议权，如现场监督等，此种方式在日本的检察制度中检察官现场监督法院的情况非常普遍。或者由各自的上级检察机关或共同的上级检察机关对下级法院的错误进行纠正，例如采取抗诉手段纠正错误等。虽然设置检察监督制度可以及时地纠正大气污染跨区联合司法中的错误，但是检察机关不应当过度干预法院的司法，只有达到边际均衡状态，才是检察机关法律监督应当把握的尺度界限。〔1〕所谓边际均衡，应当限定为大气污染跨区联合司法中的错误有可能影响生态利益的情形，除此之外的情况，不应当过分干预，毕竟大气污染跨区联合司法属于创新之举，在程序上突破现有法律体系规范是必然的，所以不能以此为由进行“纠偏”。因为，墨守成规永远不会犯错误，但是墨守成规不犯错误的结果是社会不可能发展进步。

〔1〕 刘少军：《法边际均衡论：经济法哲学》，中国政法大学出版社2007年版，第9页。

三、联合执法机制的法律经济分析

（一）联合执法机制是市场调节失灵的应然选择

1. 市场失灵与政府行政执法

市场失灵在经济学中被定义为在市场领域之内，某一部分权益的交易可以充分由市场发挥调节作用，而另一部分权益交易市场却无能为力，这部分市场无法发挥调节作用的权益交易被称为市场失灵。〔1〕造成市场失灵的原因有很多，较为常见的是垄断、信息不对称、外部性和公共品等。仅就公共物品而言，市场对其调整往往会处于失灵状态，需要借助公共权力对市场不能有效发挥作用的部分加以矫正。〔2〕大气环境属于最为典型的公共资源即公共物品，市场调节的作用仅仅能够及于商家以何种行为能够在商业竞争中获得收益，却不能很好地阻止企业为了获取利益而向大气环境中任意排放废气的行为，从而形成"公地悲剧现象"。〔3〕若想达到节能减排、治理大气污染、保护大气环境的效果，无法仅依靠市场的自发调节作用来实现，必须依靠政府的强制力约束，才能够将大气环境这样一个公共品做到良好运行。

2. 市场失灵状态下的大气污染防治联合执法

根据环境经济学的观点，大气环境治理不能仅依靠市场的调节，还需要依靠命令和管制来实现。命令和管制的实质是通过管制收集必要的信息以确定大气污染治理的行动方案，而后通过命令的形式来实现逐步控制大气污染的目的。〔4〕实践中，大气污染具有跨越行政区的特点，而政府的强制力仅能及于本行政区，在行政区外无法发挥效力，这样便无法收集行政区外的大气污染信息，使调查取证工作陷入困境，难于全面开展。不仅如此，即便是收集到了域外的污染信息，也无法实现域外发布执行指令，更谈不上实现域外管制。由于污染的赔偿能够对行政管制起到功能性补偿作用，用以弥补行政

---

〔1〕 胡春田等：《经济学概论》，北京大学出版社 2006 年版，第 231 页。

〔2〕［美］A. 爱伦·斯密德：《财产、权力和公共选择——对法和经济学的进一步思考》，黄祖辉等译，上海人民出版社 2006 年版，第 50 页。

〔3〕 贾引狮、宋志国：《环境资源法学的法经济学研究》，知识产权出版社 2008 年版，第 198 页。

〔4〕［美］查尔斯·D. 科尔斯塔德：《环境经济学》，傅晋华、彭超译，中国人民大学出版社 2011 年版，第 136 页。

管制的不足，[1]该作用常表现为环境行政执法机关在对污染企业给予关停、处罚等行政管制措施之外，还会利用行政处理等措施手段使污染企业对受害主体给予民事赔偿或者经济补偿，而对于经济赔偿更是政府的行政管制鞭长莫及的。因此，从命令和管制的实现角度来看，只有跨行政区的联合执法，才能够实现大气污染的跨区取证、跨区执法、跨区经济赔偿。

（二）联合执法是纠正市场失灵的实然措施

1. 划定执法效力空间、确认政府执法效力范围

联合执法是解决跨区大气污染市场调节失灵的一项具有可行性的措施，类似的跨区行政执法，在以往的行政管理实践中并不罕见，并且也积累了一些有益的经验做法。但值得关注的是，以往的跨区行政执法基本上都是针对特定事件而做出的，没有形成一定制度。行政执法的重要依据之一是地方行政规章，因此要实现区域大气污染联合执法，首先，应当由各地最高行政机关联合制定地方性政府规章，并确定多区域内共同的环境标准，这样就解决了联合执法的依据以及执法标准问题。其次，应当明确联合执法的效力空间，确定环境保护部门异地执法的依据、范围以及执法方式，保障环境执法部门在异地既可以合理合法地执法，但又不能出现滥用职权的现象。最后，应当确定异地联合执法的复议通道，以便对联合执法过程中的不合法或者不合理的具体行政行为提供救济途径。

2. 规划产业结构、平衡环境与经济发展的关系

十八届三中全会后，党中央对京津冀协同发展、一带一路战略、长三角经济带、珠三角经济带等区域性的产业布局进行了高端规划和调整，并将环境保护提到了一个前所未有的高度。从党中央的战略部署来看，国家对区域经济的发展已经由传统的以GDP为核心的增长模式向“调结构、稳增长、重环保”的发展方向转变。区域经济中的“低效率、高能耗”发展方式将逐步被环境资源有效配置的高效率发展方式所取代。[2]所以，在区域经济发展的过程中如何规划产业结构、平衡经济增长方式与环境资源保护之间的关系是目前区域经济产业布局的核心内容，这些内容无法通过市场的调节作用来完

〔1〕 简资修：《经济推理与法律》，北京大学出版社2006年版，第169页。

〔2〕 张军：《法律经济学分析：珠三角生态恢复与环境利益保护》，人民出版社2013年版，第4~5页。

成，需要借助政府的公共权力。就区域大气污染防治而言，不同地域的政府要联合在一起，规划本经济区域内的产业布局，要淘汰高能耗、低产能的生产方式，大力发展清洁能源，要用制定政府规章的形式将产业布局法定化。同时，这样的规章还应当将大气环境保护作为一项基本内容，凡是可能会造成大气污染的生产方式，要及时实现转型。只有合理地协调了经济发展与环境保护之间的关系，区域联合执法才能够真正取得保护大气环境的实效。

3. 明确联合执法的处罚标准

区域大气污染联合执法的目的是通过联合执法达到保护大气环境，惩罚不是目的而是手段，但治理区域大气污染又不可能离开处罚手段，因而在不同行政区域内，如何实现联合执法异地处罚是区域大气污染联合执法机制必须考虑的重要问题。从法律经济学的角度来看，处罚的作用不仅仅是对现实损害的补偿，同时还能够对违法行为起到威慑作用，而后者正是设定行政处罚的重点。〔1〕威慑作用的目标是预防违法行为，根据该理论，威慑的作用与两个要素有关：一是违法行为被发现的概率。被发现的概率越高则威慑作用越大，则相应发生违法行为的概率也越低。二是处罚的程度。处罚程度越强威慑效应越强，违法行为发生的概率则越低。〔2〕所以，对于大气污染违法行为的预防可以通过提升这两个要素来完成。但值得注意的是，单纯依据数量来加大处罚未必能够达到预防违法的目的。〔3〕因为罚金对于富有者而言有可能是无所谓的，另一方面可能会逼迫绝望者走极端。例如，对于一般的伤害行为也判死刑的话，会迫使行为人杀人灭口。因而，在法律经济学看来，威慑效果的增强可以依靠增加处罚的量级来实现，处罚量级变多时，行为人每增加一个等级的违法行为就会受到相应等级的处罚，对于理性的违法行为而言，威慑效果也会越好。相反只有一个处罚量级或处罚量级很少，此时增加违法行为的投入与处罚的增加量之间不成比例，所以威慑的效果不好。因此，

〔1〕［美］理查德·A. 波斯纳：《正义/司法的经济学》，苏力译，中国政法大学出版社 2002 年版，第 216 页。

〔2〕［美］罗伯特·考特、托马斯·尤伦：《法和经济学》，史晋川等译，格致出版社 2012 年版，第 486 页。

〔3〕［美］大卫·D. 弗里德曼：《经济学语境下的法律规则》，杨欣欣译，法律出版社 2004 年版，第 281 页。

可以通过增加处罚量级的方法来确定跨区域大气污染联合执法的处罚标准，这样便可以达到预防污染之目的。

四、法律评估机制的法律经济分析

（一）法律评估是大气污染区域联合防治的基础

1. 法治视野下的法律评估机制

“十八届四中全会决定”提出了“科学立法、严格执法、公正司法、全民守法”的法治建设十六字方针，科学立法首当其冲，意为法律制度的建立要客观、科学、民主、公开、透明，在其调整范围内具有可实施性。以往我国的地方性立法中“就事论事性立法”“特事性立法”现象较为普遍，这类立法的集中弊端就是立法的规范性较差，反复适用效率不高。从法律经济学的角度来看，此类立法没有做到合理地分配立法资源，不仅消耗了大量的人力、物力、财力资源来制定立法，而且还会因立法的投入而丧失机会成本，所以此类立法的效率不高。从立法的原理来看，立法要能够体现一定的“社会价值”，即在各种权利的尊重、义务的履行、保障财产交换中的等价性、交易的安全、政府的各种利益等方面给予合理的调整。[1]要达到这一目标，就需要对现行有效的法律制度定期进行法律评估，找出其实施过程中的优点及其弊端，为下一阶段立法的立、改、废作出判断的依据。法律制度只有经过合理的评估，之后的立法才能更加科学化、效率化，才能够真正体现其社会价值。

2. 大气污染联合防治法律评估机制

区域大气污染联合防治法律机制，不仅仅包含了立法、司法、执法方面的联合，同时也包含了法律评估的联合，即要在大气污染防治区域内建立联合法律评估机制，对联合立法、联合执法、联合司法的总体情况实行定期评价和研判，以满足下一阶段的大气污染联合防治的实践需求。由于大气污染区域联合防治是一项政策性很强的工作，须根据本区域的产业结构和大气环境保护的特点合理安排环境保护制度，而在大气污染联合防治区域内，每一具体行政区内的产业结构、经济发展、环境保护等问题又各有差异，这就为区域大气污染联合防治带来了一定的困难。从理论上讲，区域大气污染联合防治法律机制属于政策型立法的模式，具有因势利导、保护区域利益倾向是

[1]［日］川岛武宜：《现代化与法》，申政武等译，中国政法大学出版社2004年版，第241页。

不同于国家立法的区别点。[1]所以，只有建立法律评估机制，根据区域大气污染联合防治法律机制自身政策性的特点，对联合立法、联合司法、联合执法的实施情况进行综合性的评估，才能使区域大气污染联合防治工作不断向客观化、科学化演进。

（二）大气污染联合防治法律评估的基本要素

1. 法律评估方法的使用

法律评估机制是区域大气污染联合防治法律机制中的一个重要组成部分，是由各行政区域内的省级立法机关、司法机关、政府成立专门性的法律评估委员会，对联合立法、联合司法、联合执法状况进行法律评估，并将评估结果及时公布，作为下一阶段区域大气污染联合防治工作的参考依据。对于法律评估而言，首先要解决的便是评估方法的使用问题，因为大气污染防治具有专业性的特点，对于联合防治的法律评估要坚持客观公正、科学民主、多元中立、公开透明的基本原则，收集信息、定量分析，尽量避免以往方法虚化的缺陷。[2]主要应当采取以下方法：一是法学方法。要结合国家法律的变化，对区域大气污染联合防治法律机制的合法性问题进行综合评估，不合法的内容要及时变更。二是经济学方法。尤其是要借助环境经济学的方法，对区域大气污染联合防治法律机制的实施成本、实施收益、实施效率、供需均衡等内容进行综合评估，对于无效率的做法要坚决改进。三是社会学方法。主要是通过实地调研、采访，与群众和排污企业直接联系，获得一手资料，为决策提供依据。四是统计学方法。利用数学统计的方法对收集的信息材料进行汇总、分析、计算，最终得出结论。当然，大气污染防治的法律评估方法不限于这些，只要有利于形成客观公正结果的方法，都是可以采取的方法。

2. 法律评估指标的选取

区域大气污染联合防治法律评估机制的实施，最为核心的问题是评估指标的选取，因为评估指标是联合防治法律机制在某一指标领域上的客观反映，通过评估指标的选取可以客观地反映出联合防治法律机制的运行状态。因而评估指标的选取要做到客观、准确、有代表性，否则评估指标选取有误，必

---

〔1〕 陈延辉：《环境政策型立法研究——基于对中国环境基本法立法模式的思考》，中国政法大学出版社2012年版，第4～5页。

〔2〕 任尔昕：《地方立法质量跟踪评估制度研究》，北京大学出版社2011年版，第173页。

然会影响评估结果，甚至会得出错误的结论。[1]由于区域大气污染联合立法、联合司法、联合执法的内容各不相同，所以评估指标的选取也会有一定的差别。但是总体而言，评估指标的选取须遵循以下原则：一是数量适当原则。所选取的指标数量不能过少，过少则不能全面、客观地反映大气污染联合防治法律机制的运行全貌，当然数量也不能过多，过多则会影响评估效率。二是难度适中原则。所选取的评估指标须是各区域通过正常工作就可以实现的目标，不应过难，制定难以实现的评估指标肯定会影响评估结果。三是关联性原则。所选取的指标要和评估项目之间具有较强的关联性，这样评估后的结果才能够被作为大气污染联合防治法律机制立、改、废的基础，而关联性不强的评估指标不仅对评估结果不会有任何帮助，甚至会使立法者作出错误决策。

3. 法律评估程序的规范

法律评估的过程是对区域大气污染联合防治法律机制的实施效果进行定性分析和定量分析的过程，实际上就是对区域大气污染联合防治法律机制在调整各区域之间的经济利益、环境利益、司法利益等情况的综合评定。因为法的创制起点实际上是基于利益而生，法的创制活动则是利益的抉择和协调的过程。[2]而法的实施则是在法律程序下对利益的分配过程。基于这样的认识，法律评估也应当遵循一定的法定程序，这样评估结果才能够准确反映评估事项的内容，若法律评估程序未按照一定的程序进行，要么有可能会导致评估结果的差错，要么则会对被评估的利益分配情况作出错误的判断。因此，对于区域大气污染联合防治法律机制而言，不仅要由区域最高立法、司法、执法机关建立法律评估委员会这样的常态性的评估机构专门对大气污染联合防治法律机制的实施状况进行评估，与此同时评估的过程还应当建立规范化的评估程序，来约束评估委员会的评估工作，只有程序正当，对实体利益的评测结果才有说服力。

4. 法律评估成果的转化

综合来看，在以往我国的立法、司法、执法法制体系中，普遍存在着

---

[1] 史建三：《地方立法后评估的理论与实践》，法律出版社2012年版，第84~85页。

[2] 覃福晓等：《立法过程中的利益表达与整合机制研究》，中国民主法制出版社2011年版，第49页。

"重立法轻评估""重实施轻转化"的现象，具体而言就是对法律评估以及评估、调研成果的实际转化都做得还不够。十八届四中全会后，不断完善社会主义法律体系成为依法治国思想观念的核心目标，于是法律评估、法律成果转化也得到了前所未有的重视。就区域大气污染联合防治法律机制而言，对实施状况进行法律评估可以为下一阶段的大气污染区域联合防治工作奠定参考基础，然而若仅仅停留于此，那只能算得上纸面上的成果。作为评估机构而言，应当将评估结果形成报告，并提出修改建议，接受建议的立法主体应当及时给予答复，并根据评估机构给出的意见或者建议及时对大气污染联合防治法律机制进行修正和改进，这样才能够将评估成果脱离书面转化成为新的立法。

五、结语

随着全国性雾霾事件的不断增多，如何治理大气污染成为全社会广泛关注的话题，在法学界，如何通过法律制度治理大气污染也成为迫在眉睫的问题。由于大气污染具有跨越行政区的基本特点，所以建立一个跨越行政区的联合防治法律机制是解决大气污染防治立法的应然选择。这样的一个制度体系应当包含立法、司法、执法、法律评估四个层面的内容。从法律经济学的层面来看，首先，联合立法是一种成本最小化的立法方式，能够体现立法的效率化。为了实现效率化的联合立法目标，应当在立法的过程中完善立法程序、植入专家咨询程序、建立全民广泛参与机制。其次，联合司法是解决跨区域大气污染纠纷事件的一个途径，它是大气污染跨区性与司法审判管辖有界性之间矛盾冲突的一种合理的解决方式，体现供需均衡的理念。为了使大气污染跨区司法能够更好地满足民众对大气污染跨区纠纷矛盾解决的需求，需要在跨区司法管辖、案件审判中的规则选择、判决的异地执行、完善外部法律监督程序等方面取得法律均衡。再次，联合执法是市场对大气环境调节失灵的应然选择。应当通过确认政府执法效力范围、平衡环境与经济发展之间的关系、明确联合执法的处罚标准等几个层面加以具体实施。最后，法律评估是大气污染区域联合防治的基础，要着重从评估方法的使用、评估指标的选取、评估程序的规范、法律评估成果的转化四个层面来加强对大气污染联合防治法律行为的评估，为下一步制定新的制度打下坚实基础。大气污染联合防治机制建设是一个系统工程，只有完善了上述四个方面的机制建设，大气污染联合防治机制的基本框架才能够形成。

第三节　大气污染防治视野下区域产业结构优化的法经济学分析——以京津冀协同发展为契机

2015 年 4 月 30 日，中央政治局会议审议通过了《京津冀协同发展规划纲要》，将京津冀协同发展作为国家重大战略来抓，其中将生态环境保护与产业升级等重点领域作为准备率先取得突破的领域。近年来，雾霾事件频发，大气污染防治被京津冀地区列为环境保护的重点工作，在大气污染区域联合防治的大背景下如何用法律制度保障区域产业转移、优化产业链条、实现社会资源的理性分配，做到既发展经济又保护大气环境，这是每一位法律学者所关注的一项重大课题。恰好，法律的经济分析方法为我们解决这样一个学术难题提供了一把合适的钥匙。

一、大气污染防治与区域产业结构优化的博弈关系

（一）大气污染防治与区域经济投入的边际替代关系

应用经济学所研究的对象之一便是两项经济行为在达到何种条件时具有相互的可替代性，而现实也满足了经济学者的设想，即两个经济行为在达到边际效用最大时，可以相互替代，这被称之为边际替代规律。〔1〕这一规律在法律经济学中，可以用来描述法律制度在两种存在矛盾冲突的权利之间如何进行平衡取舍的问题。〔2〕就京津冀一体化法律制度建设而言，所遇到的问题之一是如何平衡大气污染与区域经济发展之间的关系，这一问题我们可以从法律经济学的角度得到解答，如图 10－1 所示：

---

〔1〕［德］彼得·O. 欧伯恩德、约翰姆·弗莱希曼：《微观经济学基础》，蒋璐璐等译，中国法制出版社 2011 年版，第 267 页。

〔2〕［美］罗伯特·考特、托马斯·尤伦：《法和经济学》，史晋川等译，格致出版社 2012 年版，第 19 页。

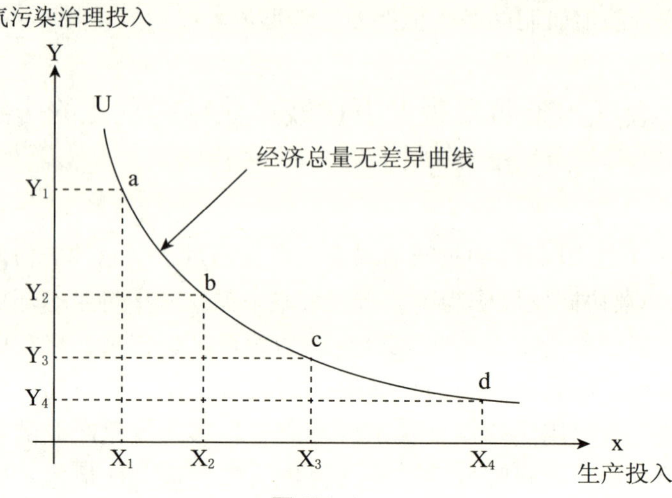

图 10－1

在一个特定的时期内，国民生产总值 GDP 的总量是一个固定的值，图中 U 为经济总量无差异曲线，而在这条曲线上的 a、b、c、d 任何一点的经济总量都是相同的，由于在总量相等的情况下，对生产的投入 X 和对大气污染治理的投入 Y 之间会有多种组合方式：a（X_1，Y_1）；b（X_2，Y_2）；c（X_3，Y_3）；d（X_4，Y_4）……相应地，在经济总量一定的情况下，对生产的投入增加，那么对大气污染治理的投入会相应减少，反之亦然。由此可以得出一个常识性的结论，大气污染治理与发展经济之间在总量的边际存在此消彼长的替代关系。这一定性分析向我们揭示了在京津冀协同发展法律制度设计之时，既要考虑区域产业结构的布局和对生产的投入，与此同时又要对区域大气污染进行合理的防控，二者应当并重，这是我们进行制度设计的基础。

（二）帕累托改进理念下大气污染防治与区域经济的博弈关系

在对京津冀协同发展法律制度进行设计时要同时考虑大气污染防治与区域经济两个方面的内容，这种定性分析阐释了立法的基本原则，但是仍然需要以量化分析来平衡二者的关系，使其达到法律均衡，这是法律制度设计的基本手段。[1]法律经济学认为，在多目标存在选择博弈之时，可以用帕累托

〔1〕［美］戴维·M. 德瑞森：《法律的动态经济分析》，王颖译，复旦大学出版社 2015 年版，第 70 页。

改进的思想来确定选择方案。[1]意大利经济学家帕累托提出，当存在 A、B 两个目标之时，可以先假定 A 目标不变，然后对 B 目标进行投入改进，此时对 B 目标的投入改进不会影响 A 目标的收益，同时 B 目标的收益增加，整体的福利水平有所增加。因此，可以不断对 B 进行投入改进以增加 B 的收益，从而使整体福利不断提升。此种投入改进可以到若继续对 B 投入必然会影响 A 的利益时为止，此时则到达了对 B 投入改进的边际，社会的整体福利达到了最大化，资源得到了最有效率的配置。此种改进方案叫帕累托改进。[2]在帕累托改进思想的指引下，在对京津冀环境保护与经济发展进行整体的法律制度安排时，可以先设定一个大气污染总量控制的目标，在这一目标下可以对区域之内的经济进行结构优化并给予生产性投入，当投入到继续投入就会突破大气污染总量控制目标时，则到达了生产性投入的边际，此时社会资产得到了最有效率的配置。同理，法律制度也可以事先设定一个生产性经营总量目标，然后对大气污染进行投入治理，当治理的投入达到若继续投入必然损害生产性经营目标时，则达到了污染治理投入的边际，社会资源也得到了最优化的配置。由于法律制度设计的目标就是使社会资源得到效率化配置、人类社会福利最大化，[3]而这两种制度设计的方案仅仅是出发点不同，但是都可以起到殊途同归的效果。

（三）卡尔多·希克斯效率标准下大气污染防治与区域经济发展的现实选择

帕累托改进的思想为京津冀地区在生态环境保护的前提下制定经济发展政策提供了一种制度设计方案，这一方案的核心思想就是在没有任何一个目标受损的情况下，至少有一个目标获益。[4]帕累托效率标准固然可以达到使社会资源得到效率化配置的目的，从而在京津冀地区实现大气污染治理与经济协调发展，这是制度设计的理想状态。但是京津冀协调发展是一项重大战略，其中涉及的利益主体众多，在推进大气污染治理与区域经济协同发展的

---

〔1〕 钱弘道：《经济分析法学》，法律出版社 2003 年版，第 184 页。

〔2〕［美］斯坦利·L. 布鲁、兰迪·R. 格兰特：《经济思想史》，邸晓燕等译，北京大学出版社 2014 年版，第 323 页。

〔3〕［美］理查德·A. 波斯纳：《法律的经济分析》，蒋兆康译，法律出版社 2012 年版，第 763 页。

〔4〕 茅于轼：《微观经济学十讲》，暨南大学出版社 2008 年版，第 31 页。

过程中，不可能做到没有任何一个目标主体的利益不受损，此时我们需要引入一个更具有现实可行性的操作方法，即卡尔多·希克斯效率标准。其是指当存在 A、B 两个目标，且对 B 目标的改进必须以牺牲 A 目标的利益为代价时，判断此时是否应当继续对 B 改进的标准是只要对 B 改进的收益大于因改进而对 A 造成的损失时，那么改进是有意义的，社会整体的福利水平是提升的，资源同样得到了效率化的配置。[1]当然，卡尔多·希克斯效率标准并不限于两个目标之间的决策。京津冀地区如何利用法律制度平衡大气污染治理与区域经济发展之间的关系，也可以利用这一规则进行制度设计。如图 10－2 所示：

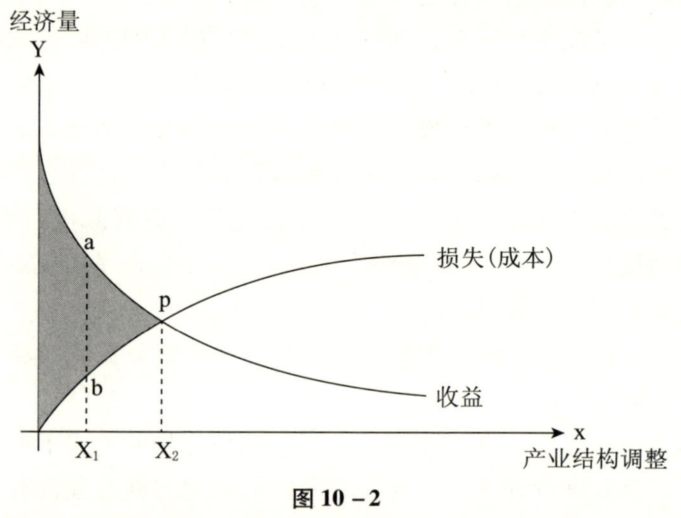

图 10－2

在对产业结构进行优化调整的过程中，因保障环境所得的收益与产业结构优化调整后所产生的成本之间的差值 a－b 若为正值即图中阴影部分，可得到 X_1，说明产业结构优化的力度还有可提升的空间，一直提升到 X_2 即边际收益等于边际损害时为止，图中 P 点为产业结构优化升级的最佳效率点。所以，卡尔多希克斯效率标准对于京津冀地区协调发展的法律制度构建而言，启示是在大气污染联合防治的基础之上，进行产业结构优化升级，必然要淘汰高

〔1〕［德］汉斯－贝恩德·舍费尔、克劳斯·奥特：《民法的经济分析》，江青云、杜涛译，法律出版社 2009 年版，第 29 页。

能耗、低效率的产业，这种经济上的损失只要小于保护大气环境所带来的收益，这样的产业结构优化升级就具有现实的可行性。

（四）大气污染防治总量控制下的区域产业结构优化

京津冀协同发展的基本内涵是有序疏解北京的非首都功能，优化产业结构，构建内涵集约发展的新模式，促进区域协调发展。在空间布局、产业布局、产业链条上要注重条理性、逻辑性和关联性，寻求京津冀区域经济发展的新增长点，形成新的增长极。[1]在这一政策观念的指引下，法律制度的设计须结合区域生态环境保护的空间要求，对产业结构进行优化设计，具体而言就是要在生态污染总量控制的前提下，设计产业结构优化方案。如图 10－3 所示：

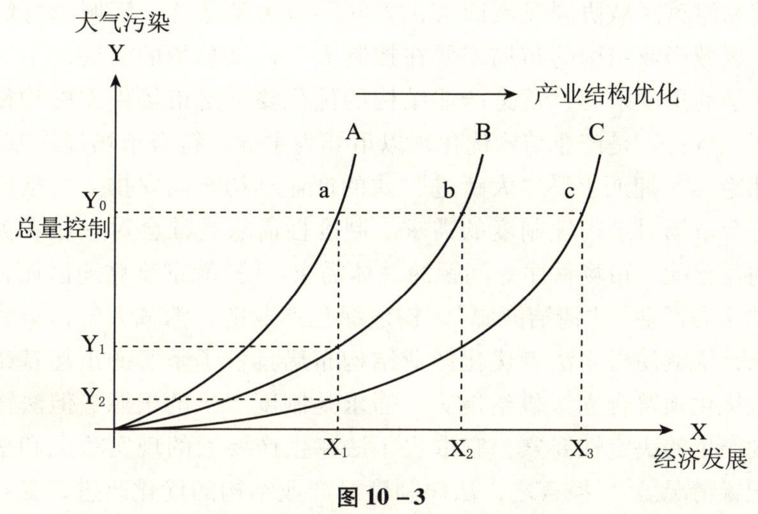

图 10－3

立法可以将大气污染总量控制设定在 Y_0 的程度，此时会有 A、B、C 等多种产业结构优化方案，从图中可以看出 A、B、C 三条产业结构线在大气污染总量控制的前提下 a、b、c 三点对应的经济发展水平存在 $X_1 < X_2 < X_3$ 的关系。可见产业结构线向右移动代表了产业结构优化，经过优化后的产业结构，在同等大气污染总量的情况下可以收到更好的经济发展效果。这一规律可以用于解释北京用服务业代替工业战略的正确性。同理，经过产业结构优化升

〔1〕 参见《京津冀协同发展规划纲要》的相关内容。

级之后，在经济发展总量不变的前提下，假设为 X_1，那么 A、B、C 三种产业结构布局方案对大气环境的污染程度是 $Y_0 > Y_1 > Y_2$。由此可见，京津冀区域产业结构优化之后，对区域大气环境的破坏能够起到积极的消减作用，这是用法律制度来保障京津冀产业结构优化升级的理论基础。

二、大气污染生态保护背景下加快区域产业结构优化的法律经济学基础

（一）区域产业结构优化须在市场供需均衡的前提下进行

区域经济增长主要由对地方性产品的需求所引起的，地方产品需求增加可以带动产出、提升收入和就业的增长，但与此同时也会带来社会资源的消耗。[1]所以，区域产业结构优化须在最小化社会资源消耗的前提下进行制度设计。就京津冀区域协同发展而言，大气环境污染是这一区域亟待解决的环境问题，区域产业结构的布局需要在控制大气污染总量的前提之下完成，从法律经济学的角度来看，就是产业结构的优化要满足市场供需的均衡。其含义有以下三点：一是产业结构优化须以市场为主导、符合市场经济基本规律，要坚决杜绝“一拥而上”“大跃进”式的产业结构布局安排。二是产业结构优化须符合市场对结构性制度的需求。制度性需求是社会对立法者关于资源利用、利益分配、市场秩序等问题的总体需求。[2]就京津冀地区而言，社会对发展“生态产业”“清洁能源”、构建绿色产业链、消减大气污染程度有着强烈需求，这就使得立法者优化产业结构布局具备了坚实的市场基础。三是产业结构优化须符合立法供给能力。需求是制度产生的根源，但法律供给能力是制度产生的决定性要素，它取决于法律生产要素的现实状况和法律生产要素的配置情况。[3]换言之，法律制度对产业结构的优化改进，受经济、人口、立法技术、立法基础等多方面的影响，不能超越现有的立法供给能力进行立法，否则强行推行新的产业布局必然会导致市场秩序的混乱。

（二）区域产业结构优化须符合经济效率

对区域产业结构的优化调整包含了两个方面的含义：一是结构效益的优

---

〔1〕［意］罗伯塔·卡佩罗：《区域经济学》，赵文等译，经济管理出版社 2014 年版，第 128 页。

〔2〕冯玉军：《法律与经济推理——寻求中国问题的解决》，经济科学出版社 2008 年版，第 191 页。

〔3〕谢地、杜莉、吕岩峰主编：《法经济学》，科学出版社 2009 年版，第 43 页。

化，二是转换能力的优化。[1]前者是依靠法律制度规范产业结构运行的比重，理性分配制度性资源，建立完善的产业链条，从而提升市场交易的数量和质量；后者需要法律对产业结构运行比重的设计要理性恰当，要留有余地，不过度依赖于某一产业，否则容易出现结构性风险。在法律经济学看来，结构效益优化与转换能力优化，就是要符合经济效率，即区域产业结构优化的结果能够给区域市场经济的运行效率带来提升。虽然效率标准并非衡量是否促进社会繁荣和财富最大化的唯一标准，[2]但却是重要的标准。由于治理大气污染与产业结构优化之间存在帕累托改进的关系，所以区域产业结构优化可以提升经济效率、促进社会福利增长。作为法律制度设计而言，就要尽量将制度实施的成本控制在最小以获得最大的收益，此制度的实施即获得了经济效率。[3]就京津冀区域协同发展而言，立法者需要通过制度调整产业结构的优化、淘汰老旧产能，将经济运行对大气生态资源的消耗降到理性最低，而通过完善区域产业链、发展集群式产业经营，让经济运行的收益平稳增长，这样就实现了经济效率。这就是“调结构、稳增长”的现实含义。

（三）区域产业结构优化应避免公地悲剧

从经济学的角度来看，大气污染产生的根源在于大气环境属于经济学意义的公共品，经济主体使用公共物品无须付出对价，因而会形成公地悲剧现象。[4]在市场经济中，公共品具有非竞争性和非排他性的特点，市场在调整公共品时是无力的，故对公共品的调整一直由公共部门进行。[5]基于这一点，大气污染治理只能由法律制度加以调整而不能由市场自行消化。从法律经济学的角度看，一项经济制度的构建，要排除公共品可能造成的市场失灵现象，就应当由一种公开化的、具有强制性的法律手段加以保障。[6]就京津冀地区而言，现行的产业结构中高能耗、低产出的重工业在产业结构中占比

---

〔1〕李悦：《产业经济学》，东北财经大学出版社2015年版，第367页。

〔2〕［美］罗宾·保罗、马洛伊：《法律和市场经济——法律经济学价值的重新诠释》，钱弘道、朱素梅译，法律出版社2006年版，第148页。

〔3〕［美］尼古拉斯·麦考罗、斯蒂文·G. 曼德姆：《经济学与法律——波斯纳到后现代主义》，朱慧、吴晓露、潘晓松译，法律出版社2005年版，第76页。

〔4〕［美］查尔斯·D. 科尔斯塔德：《环境经济学》，傅晋华、彭超译，中国人民大学出版社2011年版，第75页。

〔5〕胡春田等：《经济学概论》，北京大学出版社2006年版，第252～253页。

〔6〕冯玉军、柯华庆主编：《法经济学》，中国人民大学出版社2013年版，第207页。

过多，而生态产业、服务产业等绿色产业在产业结构中的占比较少，向大气环境中排放废气的概率大大增加，这是形成公地悲剧现象的直接原因。所以，法律制度在进行产业结构优化设计的过程中，应当尽量减少重工业在产业结构中的比重，建立相应的产业转移疏导机制，稳步将重工业向其他产业转移，并且要建立产业转移救济机制，以保障从事工业生产及其关联产业生产的人员能够有更多的就业机会。这样通过产业结构的调整，可以减少公地悲剧现象的发生。

（四）区域产业结构优化应将负外部性降至最低

在经济学中，外部性是指市场交易主体的交易成本或者交易收益由交易主体之外的第三方承受或者享有的现象，故外部性可以有正负之分，环境污染是典型的负外部性现象。〔1〕由于环境污染会随着时间、空间、人口的变化而不断传播，这就意味着用私法的方式远远不足以解决外部性的问题。〔2〕法律经济学认为，解决外部性的途径就是将外部性内部化，即通过法律制度的重新设计，控制市场交易行为的成本溢出，将交易成本与收益同归一人。〔3〕就京津冀地区而言，由于产业结构不合理，重工业及其邻接产业在产业结构中占比过重，所以对大气环境造成的污染也随之加强，所带来的外部性居高不下，增加了社会成本负担，降低了社会的整体福利水平。由于法律的终极目的是增进社会资源、提升社会的主体福利水准，〔4〕从福利经济学的角度来看，其规范和方法都极大地反映了现实主义色彩，〔5〕这就决定了立法制度要降低产业结构不均衡所带来的大气污染外部性，就应当对资源进行合理分配，〔6〕降低能耗浪费产生的成本溢出。所以，就京津冀区域协同发展战略而言，应当以法律制度的形式来调整区域产业结构，限制高能耗、低效率产业

---

〔1〕［美］保罗·萨缪尔森、威廉·诺德豪斯：《经济学》，萧琛主译，商务印书馆2013年版，第33～34页。

〔2〕［英］安东尼·奥格斯：《规制：法律形式与经济学理论》，骆梅英译，中国人民大学出版社2008年版，第207页。

〔3〕魏建、周林彬主编：《法经济学》，中国人民大学出版社2008年版，第47页。

〔4〕熊秉元：《正义的成本：当法律遇上经济学》，东方出版社2014年版，第165页。

〔5〕［以］艾雅尔·扎米尔、巴拉克·梅迪纳：《法律、经济学与伦理》，徐大丰译，复旦大学出版社2014年版，第77页。

〔6〕［瑞典］托马斯·思德纳：《环境与自然资源管理的政策工具》，张蔚文、黄祖辉译，上海人民出版社2005年版，第33～34页。

的数量，并建立相应的成本调节机制，限制排污企业的成本溢出行为，减少社会对大气污染的成本负担，这样京津冀区域之内的整体福利水平就会得到提升。

（五）科斯定理下区域产业结构的局部自行优化平台的设置

著名法律经济学家诺贝尔奖获得者罗纳德·科斯教授提出，当交易成本为零时，仅凭交易者的私人谈判就可以使资源得到最有效率的配置，而无须法律制度的安排。他同时又指出，实践中由于交易成本为零的状态是极少出现的，所以要达到资源的最有效率配置，须取决于法律制度的安排。〔1〕这被称之为科斯定理。其诞生就是为了解决工厂排污与公众的环境权之间冲突的问题，并创造性地使用产权界定的方式将权利义务同归一人，最终通过市场的手段实现对污染的治理。通俗地讲，科斯定理就是“单一主人”的思维方式，〔2〕该种思维模式为我们用市场的手段解决污染问题提供了一条新的路径。科斯定理在诸多领域内都有广泛应用，实际上京津冀协调发展战略就是科斯定理“单一主人”的体现，主人一旦单一，则会提高资源的利用效率。就京津冀区域产业升级改造而言，应当建立相应的法律制度，为京津冀三地提供谈判协商平台，并给予法律保障，这可以促使局部环境污染得以解决。因此，立法在对京津冀产业结构升级进行优化设计的时候，要同时建立局部自行优化平台，允许地方政府之间达成产业承接协议，以减少大气污染的总量。实践中，北京逐步将非首都功能的产业进行转移，由河北和天津承接，就是科斯定理的现实应用，而作为法律制度，其任务就是要建立谈判平台、维护交易秩序。

三、大气污染总量控制下区域产业结构优化的法律制度保障

（一）设定结构比重、保障产业布局

从目前京津冀的产业整体布局来看，缺乏平衡性，北京经过多年的努力率先进入后工业时代，工业在经济结构中的比重急剧下降，第三产业比重迅速上升，以2013年为例占比约为76.9%；而天津与河北两地尚处于工业时

〔1〕［美］罗伯特·考特、托马斯·尤伦：《法和经济学》（第6版），史晋川等译，格致出版社2012年版，第77页。

〔2〕熊秉元：《正义的成本：当法律遇上经济学》，东方出版社2014年版，第205页。

代，工业在经济结构中的比重居高不下，仍以2013年为例，天津第三产业的比重为48.1%，河北仅为35.5%，而且河北的钢材产量已超过全国总产量的1/4。[1]重工业比重较高、排放量超过环境容量造成大气污染是京津冀地区生态污染的主要特征。由于大气污染具有跨界性的特点，京、津、冀地区无法做到各自独善其身，必须以立法的方式调整该区域的产业结构布局，降低重工业在产业结构中的占比，大力构建第三产业集群，以消减重工业对大气环境的排放量，最终达到控制区域大气污染的目标。为此立法应当建立以下保障机制：一是规划法定机制。工业和信息化部在2015年7月出台了《京津冀及周边地区工业资源综合利用产业协同发展行动计划（2015～2017）》，其中对北京及周边地区的工业排放给予了指标性限制，但缺乏对工业在国民经济中的总体比重的具体安排。所以，法律应当在对京津冀地区进行产业规划分类的同时要将每一产业分类的比重给予法定化的限制，才能使经济效率在环境允许范围内达到最大化。[2]二是消减保障机制。京津冀地区在进行产业结构优化的同时，要为产业减排制定时间表和减排的具体要求，以保障区域经济在环境容量范围之内运行。三是税收调节机制。进行区域产业结构优化离不开税收手段，对于低排放的产业要在法律和政策上给予税收方面的优惠，而对于高能耗、高排放、低效率的产业要在税收方面加大调节力度，使其逐步退出市场。四是就业保障机制。法律要对京津冀地区重工业转型升级提供就业保障，通过就业促进法提升第三产业的收益预期，将产业工人逐步引导至第三产业，[3]促进先进的区域产业结构形成。

（二）规范法律制度、引导保障产业集聚

法律对社会的调整是通过行动和系统之间意图关系上的制度化实现的，[4]所以，法律规范的社会学意义在于规范系统和调整行为。就京津冀产业升级改造而言，法律应当发挥引导作用，优先发展低排放、低污染的产业，将区域产业引向集群化，将经济行为引向规模化，这样便可以在京津冀区域之内

---

〔1〕 牛桂敏："京津冀联手治霾需系统深化联防联控机制"，载《环境保护》2014年第16期。

〔2〕 孙久文：《区域经济规划》，商务印书馆2010年版，第315页。

〔3〕 朱相宇、乔小勇："北京第三产业就业潜力与调整升级——基于产业结构偏离度的国际比较与分析"，载《经济体制改革》2014年第2期。

〔4〕［德］尼克拉斯·卢曼：《法社会学》，宾凯、赵春燕译，上海人民出版社2013年版，第364页。

形成以某一产业为核心、上下游产业高度密集的产业集聚现象。[1]这样既可以保障区域经济的特殊化发展，又可以消减因发展经济而带来的大气污染。为此，法律可以建立以下引导机制：一是空间引导。是用法律制度规范将京津冀区域根据地理特性、城市属性划分为中心区位和周边区位，将符合区位特性的产业集中引导至某一空间区域，形成产业规模。[2]北京市现行的疏解非首都功能的行动就体现了这一点。二是技术引导。即法律制度在优化京津冀区域产业结构的过程中，要加大技术密集型产业的配重，减少劳动力密集型产业的占比。并且根据科学技术的特点，建立集中的产业园区，形成高新科技聚集区，这样知识产权的溢出效应既可以带动地方经济发展又可以消减生态污染。[3]三是规模引导。在京津冀产业结构优化升级的过程中，要用制度引导资金流向服务行业，并使之规模化集中提供服务，这样既可以节约产业发展的成本，又可以有力地保障其他产业的运行。[4]四是创新引导。科技创新是一个国家的希望，京津冀在进行产业结构优化时，要用法律制度引导核心技术创新，并可以根据地域区位优势建立高科技创新产业园区，带动上下游产业的发展，从而可以引导资金向高科技、低能耗的创新产业流动。

（三）调节生产成本、保障产业转移

区域产业转移是指由于某一区域内的成本价格、生产要素、产业分工等重要因素的变化，导致产业向其他区域流动的现象，产业转移是产业结构优化升级的一个重要途径。[5]司马迁在《史记·货殖列传》中称："天下熙熙皆为利来，天下攘攘皆为利往。"从以往的经验来看，发生区域产业转移的根本原因在于生产成本过高，利润空间降低。所以，京津冀区域产业结构优化调整，可以充分利用价格杠杆原理，应用法律制度作保障，对京津冀区域内大气污染贡献率高的产业给予调整，使其逐渐退出区域市场或者转移至其他可承接区域。因此，法律制度须建立以下机制：一是成本调节机制。即在京

---

〔1〕苏东水主编：《产业经济学》，高等教育出版社2015年版，第376～377页。

〔2〕［日］藤田昌久、［美］保罗·克鲁格曼、［英］安东尼·J·维纳布尔斯：《空间经济学——城市、区域与国际贸易》，梁琦主译，中国人民大学出版社2013年版，第21页。

〔3〕［美］赫尔曼·E. 戴利、乔舒亚·法利：《生态经济学：原理和应用》，金志农等译，中国人民大学出版社2014年版，第343页。

〔4〕［美］威廉·G. 谢泼德、乔安娜·M. 谢泼德：《产业组织经济学》，张志奇、陈叶盛、崔书锋译，中国人民大学出版社2009年版，第21页。

〔5〕宋胜洲、郑春梅、高鹤文：《产业经济学原理》，清华大学出版社2012年版，第165页。

津冀各自区域之内，将不适合本区域功能的产业用制度加大其生产成本负担，鼓励其向成本低的地区流动。当然，这种产业转移并非是一方受益量等于另一方受损量的零和博弈关系，[1]而是要通过产业转移达到双方受益。现行的北京将不适合首都功能的产业向天津与河北地区转移的政策，就是利用价格杠杆实现的。[2]但是，对成本的调节京津冀地区要建立联动机制，以防止产业逆向流动的现象。二是梯度转移机制。转出地将产业转出后，承接地并不一定要集中承接，要由法律建立梯度转移机制，根据当地的环境容量来确定省、市、县三级地方承接产业的数量和质量，对于超出本地环境容量的产业，要坚决予以拒绝。三是资源配给机制。是指在产业承接地，由法律建立资源配给机制，对于可能给大气环境造成损害的产业要在石油、煤炭、电力、水电等能源方面减少资源配给甚至不配给，[3]以防止某一产业在一个地区污染完后换个地区继续污染这种现象的发生。

（四）加强区域治理、保障产业生态

产业生态化是产业结构优化升级的理想状态，其目标是通过制度设计优化产业内部结构，大力鼓励循环经济、绿色经济等产业发展模式，实现“低开采、高利用、低排放”。[4]随着京津冀一体化战略的实施，京津冀地区产业生态化率有所上升，2015 年以来，京津冀三地第三产业比重同步上升，以服务业为例同比上升比例为：北京 7.2%；天津 9.4%；河北 8.8%。[5]由于北京的经济总量比天津与河北大，所以即使上升值为 7.2%，其产业生态化率也要高于天津与河北，而现实中天津与河北的大气污染水平高于北京也能够印证这一点。因此，首先加强天津与河北的产业生态化是京津冀区域产业结构优化的重点，也是大气污染区域联防共治的核心。为了保障京津冀产业的生态化，对生态环境的修复，以及产业结构优化升级、淘汰高污染低端产业

---

〔1〕［美］道格拉斯·G. 拜尔、罗伯特·H. 格特纳、兰德尔·C. 皮克：《法律的博弈分析》，严旭阳译，法律出版社 2006 年版，第 353 页。

〔2〕张梦洁：“津冀筛选 52 个承接平台对接北京八大类产业转移”，载《21 世纪经济报道》2015 年 7 月 14 日。

〔3〕［美］汤姆·蒂滕伯格：《环境与自然资源经济学》，金志农等译，中国人民大学出版社 2011 年版，第 255 页。

〔4〕苏东水主编：《产业经济学》，高等教育出版社 2015 年版，第 380 页。

〔5〕陈雪柠：“京津冀产业交通生态一体化初见成效”，载《中国高新技术产业导报》2015 年 7 月 13 日。

这些都可以计入大气污染消减的成本之中，[1]从图 10－4 可以看出，当边际消减成本相等时，即 P 线为 Y0 时，减排率高的地区即相对不发达的天津与河北比相对发达的北京多减排，则更具有效率。[2]

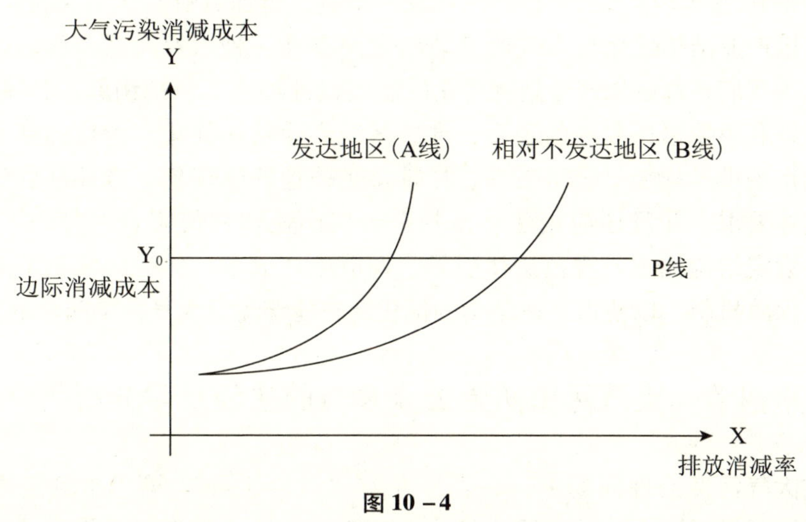

图 10－4

通俗地讲，就是天津与河北的产业结构相对落后、大气污染总量相对较高，同样的成本投入治理天津与河北取得的效果要优于北京。由于大气污染具有跨界性，从环境经济学角度来讲，京津冀协调发展不能不考虑这一特点，所以由法律进行制度设计优化产业生态，优先在天津与河北构建生态产业，这样才能够实现区域内生态产业的均衡化，京津冀的产业结构才会更加合理，大气污染才能够得到同步消减。

四、结语

任何制度既是经济发展的产物同时也是社会博弈的规则，[3]同理，京津冀协调发展战略，既是经济发展的产物又是社会博弈的规则。在这样一战略之下，生态环境共同保护、产业共生成为顶层设计的重点。长久以来京津冀

〔1〕［日］国部克彦、伊坪德宏、水口刚：《环境经营会计》，葛建华、吴绮译，中国政法大学出版社 2014 年版，第 198 页。

〔2〕［日］吉田文和：《环境经济学新论》，张坤民译，人民邮电出版社 2011 年版，第 117 页。

〔3〕［日］青木昌彦：《比较制度分析》，周黎安译，上海远东出版社 2001 年版，第 6 页。

地区大气污染水平居高不下，归根结底是由于区域产业结构布局不合理所致，所以进行区域产业结构优化升级势在必行，且应当放在大气污染防控的大背景下来进行制度设计。对产业结构优化作出制度安排的方法有很多，法律经济分析是利用经济学方法分析法律现象的工具，更加具有实用主义价值。[1]由于区域产业结构优化与大气污染防治之间存在一种博弈关系，所以该方法的引入为我们开释区域产业结构优化的制度设计提供了一把钥匙。具体而言，我们可以利用帕累托改进的理念，推进区域产业结构优化，优化的制度设计须符合市场供需均衡、经济效率、尽量避免公地悲剧现象、将外部性降至最低等具体要求，并且还应当建立谈判平台供产业转移使用。作为法律制度，应当在设定结构比重、规范法律引导、调节生产成本、加强区域治理等几方面建立保障机制，以使得产业结构的优化调整能够满足大气污染防治的要求。

第四节　大气污染防治公众参与的法经济学分析[2]

在大气污染治理问题上，一直存在着“政府主导”与“市场主导”之争。然而，纵观国内外的实践，仅依靠政府或市场治理大气污染，治理效果往往不甚理想。越来越多的学者提出，在如何保护大气环境、实现人与自然和谐发展这个问题上，不仅政府、企业要承担责任，社会公众也要有保护大气环境、监督政府、企业履行大气环保责任的相应权利和义务，并主张中国大气污染的治理离不开社会公众的参与。最新出台的《北京市大气污染防治条例》采纳了该理念，依据该条例的第38条之规定，公民应当遵守大气污染防治的法律法规，牢固树立大气环保意识，较少向大气排放污染物，并自觉践行绿色生活方式。该地方法规明确了公民负有保护大气环境的义务。

一、建立大气污染防治公众参与制度的必要性

（一）公众参与是大气污染防治的制度需求

在奥普尔斯看来，由于“公地悲剧”的存在，环境问题是无法通过私人

---

〔1〕［美］尼古拉斯·L. 吉奥加卡波罗斯斯：《法律经济学的原理与方法：规范推理的基础工具》，许峰、翟新辉译，复旦大学出版社2014年版，第23页。

〔2〕本节部分内容选自高桂林、陈云俊：“大气污染防治公众参与的法经济学分析”，载《广西社会科学》2014年第11期，第81～87页。

合作解决的，而拥有强大公权力的政府是避免“公地悲剧”的唯一手段。过去，在“利维坦”——国家作为唯一能解决环境问题的手段背景下，诞生了许多由中央政府对自然资源实行控制的政策方案。海尔布罗纳也认为，强有力型的政府对实现生态平衡是绝对有必要的。对自然资源实施集中控制和管理的做法，在过去得到了广泛的认可。然而，政府控制资源实现环境最优保护，是建立在信息准确、高度理性、规制有效、监督到位、行政费用为零等的前提下的。现实中，这些条件同时满足的情形是不存在的，是假设的，如果政府掌握的信息不完全，会出现“政府失效”等问题。因此，该理论在实践中是行不通的。后来，罗伯特.J. 史密斯主张，在环境资源上创立私有财产制度代替原有的公共财产制度是解决环境悲剧的唯一方法。但是，依赖于公共部门保障实现的私人产权制度本身也是一个公共制度，即使环境资源权利被量化，环境资源依然可能成为公共所有而非私人所有。

纵观国内外的大气污染防治实践，保护大气环境，“利维坦”或“私有化”都不是唯一的有效解决途径。在现实世界中，市场和公共机制是相互依存的，而不是绝对的对立隔绝。公众参与机制早已被发达国家证明是保护环境的有效机制之一。中国大气污染防治应引入新的第三方主体——社会公众，以满足大气污染防治的制度需求。

（二）公众参与契合“成本－收益”的理念

冯玉军教授曾主张经济分析本身应遵循的逻辑基础是：社会生活中的任何人，都总是站在自我本位的立场上，为个人判断的特异主观价值而行动。[1]按照经济人假设的理论：经济分析中的经济人为了追求私利的最大化，会根据个人的偏好，采取有利于自身的方式行事。法经济学将法律规则体系假定为市场价格体系，并假定法律规则下的行为人的行为方式与市场中的经济人的行为方式具有一致性。市场中的经济人会根据既定的市场价格体系进行成本收益的分析，从而决定是否采取某种行动。而行为人在现有法律规则体系下为一定行为前，亦会根据法律规则体系从事相关的成本收益分析。在某种意义上，市场价格体系与法律规则体系都是私主体所不能左右的隐性约束条件。[2]尽管大气污染防治领域的每个当事人的动机与目的不尽相同，但为了

〔1〕 冯玉军主编：《法经济学》，中国人民大学出版社 2013 年版，第 75 页。

〔2〕 冯玉军主编：《法经济学》，中国人民大学出版社 2013 年版，第 76 页。

追求自身利益的最大化，他们在遵循既定法律规则体系的前提下会进行一定的成本收益分析，从而选择有利于自身的方法行事。生活中，人们选择对某项法律的规避、抵制抑或遵守，实质取决于他们对该项法律赋予的权利义务以及所蕴含利益的评价，还取决于其自身利益诉求与法定利益之间差距的大小。

对于一个理性的公众来说，参与防治大气污染前，在遵循现有法律规则体系的框架下，公众会进行相干的成本收益分析。只有当公众认为参与大气污染防治所获得的收益可能大于成本时，才会积极、能动地选择参与大气污染防治活动。这么多年经济发展的经验教训明确告诉我们，牺牲环境换取短期发展不可取，后期的治理成本是无法估量的。对于公众亦是如此，大气环境的质量状况直接决定了他们的健康状况。在自己的生命健康以及子孙后代的健康面前，公众作为理性的经济人，其参与大气环境防治获得的收益往往要远远超过其行动的成本。而且，公众通常也是大气污染主体之一，如私家小汽车的废气排放、家庭不清洁燃具的废气排放等。引入公众参与制度，从某种意义上说也是从源头上防治大气污染，虽然公众会因此增加一定的既定成本，但参与防治大气污染，既是公众的一种自我“救赎”，也可以大大节省事后“公力救济”的经济成本。“两害相衡取其轻”，公共参与更契合“成本-收益”的理念。

（三）公众参与是公众实现“财富最大化”的自我需求

“财富”一般被民众理解为金钱。经济学家则认为，财富是指一切直接有助于人们获取工业效率的才能、习惯和精力等内在的东西。[1] 而在法经济学家眼里，“财富”被理解成，那些在市场上进行交易时可获得一定价格衡量的，以及社会中全部能够被估价的有形的或无形的物体的总和，简单讲，财富就是指社会中一切有形、无形的物品与服务之总和。[2] 近些年，当代美国最著名的法学家波斯纳则主张：“财富最大化不仅仅讲求功利，其精神是不同的。”[3] 本书认为，今天的“财富”概念早已不再局限于物质层面，而外延

---

〔1〕郑文兵：“关于‘财富’的再认识与概念辨析”，载《湛江师范学院学报》2011年第5期，第123页。

〔2〕［美］理查德·波斯纳：《法律理论的前沿》，武欣、凌斌译，中国政法大学出版社2003年版，第102页。

〔3〕［美］理查德·波斯纳：《法理学问题》，苏力译，中国政法大学出版社2002年版，第444页。

为集物质、精神、健康、荣誉、服务、社会地位等为一体的财富。各种非物质利益的愿望、动机和目的，常常影响着人们的行为模式，物质利益不再是人们进行活动的唯一目标。近年来，随着市场经济的发展以及人民物质生活的极大丰富，公众对居住环境尤其是空气环境的要求越来越高，他们会在现有的法律规则体系下做出行为选择，追逐其内心所认定的“健康财富”的最大化。

“机会主义假设是指人们追求自身利益的动机是强烈而复杂的，人们往往借助于不正当手段随机应变、投机取巧以谋取个人利益的行为倾向。”〔1〕根据机会主义假设理论，人们在强烈而复杂的动机下追求私人利益，往往呈现出借助于不正当手段、投机取巧以谋取私人利益的行为倾向。假定人类是有限理性的，人们通常会采取一种投机取巧、随机应变的方式谋求私人利益最大化。人类心理、生理等自身方面的局限性以及世间万物的繁杂多变性，决定了人类的完全理性只能是一种美好的幻想。也就是说，机会主义倾向在某种意义上是对财富最大化假设的补充。对于公众来说，参与大气环境的环保活动能否实现其既定目标，行动本身是否符合成本收益原则等，都具有相当大的不确定性。公众实施防治大气污染行为很多时候是抱着一种近乎侥幸的心理，希冀以投机取巧、随机应变等方式达到其既定目标，如“健康财富”最大化。此外，“法律规避”是法律主体在机会主义倾向上的突出表现。如果人们遵守法律收益低于规避法律收益，法律主体就会产生规避法律的动机。因为此时他们选择规避法律才是理性的，选择遵守法律是非理性的，投机成了人们选择遵守法律或规避法律的普遍心理。〔2〕一旦公众实施大气污染防治行为会给其带来相应利润，且其参与行为又有相应的制度保障，那么参与大气污染防治就成了公众普遍选择的投机心理，公众会主动采取有利于自己的方式参与大气环保，以追求其“财富”最大化。

（四）公众参与是资源稀缺性的内在需求

我们知道，能够满足人类需求的物质——资源是有限的。从日常生活以及我们的实践来看，空气看似是无穷无尽的，所以通常认为空气不是有限的，它不是资源。但从法经济学视角来看，清洁空气也具有稀缺性，也是资源。

---

〔1〕冯玉军主编：《法经济学》，中国人民大学出版社 2013 年版，第 84 页。

〔2〕冯玉军主编：《法经济学》，中国人民大学出版社 2013 年版，第 85 页。

清洁空气的稀缺性决定了它难以充分满足现代人类对舒适大气环境日益增长的强烈愿望。也正是因为清洁空气资源的稀缺性成就了它相应的高价值。但空气本身并不是稀缺的，人类可以随时随地地获取。公众依据自己的偏好，采取有利于自己的方式行事，以牺牲空气的代价期望获得短期私利的最大化。例如居民驾驶大排量汽车为了追求精神上的掌控感，家庭使用不清洁能源出于节省生活开支等等。马克思说过："资本如果有百分之五十的利润，它就会铤而走险，如果有百分之百的利润，它就敢践踏人间一切法律，如果有百分之三百的利润，它就敢犯下任何罪行，甚至冒着被绞死的危险。"〔1〕而企业因污染大气而获得的边际收益可能不止百分之五十，有时会达到百分之一百，甚至更多。这就可以解释在法律制裁下，为什么还有那么多的企业去实施大气污染行为。值得注意的是，大多数居民进行活动时，污染大气并非出于其本意，只是其正常生活活动的负外部性的产物。信息的稀缺性，往往使得执法机关无法全面掌握污染企业的信息，依靠不完全信息所作出的分析、判断必然是有限的，污染企业因而有逃脱法律制裁的可能。执法机关要想掌握居民污染大气的全面信息更是无限等同于天方夜谭。法律固有的滞后性以及现有的立法技术决定了能有效调节社会关系的法律法规也存在稀缺性。虽然国家可以创设法律，"但是法律制定并实施的条件和成本却限制了政府的选择空间，甚至扭曲了政府的理性行为，以至于现存的法律制度不仅难以达到最优水平，在一定条件下还会发生相反的运作，出现了成本高昂、效果很差的'法律失效'"。〔2〕法律的稀缺性使得大气污染主体有法律漏洞可钻，且有逃脱法律制裁的机会。

二、完善我国大气污染防治公众参与制度的建议

居民、企业是某个区域大气环境的共同享受者，也是大气污染的共同受害者。区域内的居民、企业存在着"一荣俱荣、一损俱损"的特点。〔3〕在法经济学家看来，人都是理性的经济人，经济人之所以会采取某种行为，其内在逻辑实则是利益驱动。保护大气环境也是源于利益的驱动。因此，要调

〔1〕《马克思恩格斯全集》（第23卷），人民出版社1972年版，第829页。

〔2〕冯玉军主编：《法经济学》，中国人民大学出版社2013年版，第86页。

〔3〕王育宝、李国平："环境治理的经济学分析"，载《江西财经大学学报》2003年第6期，第30页。

动整个公众力量进行大气环境保护和监督，也需要借助利益驱动机制。故通过一定的社会机制唤起公众的大气环境保护意识、利益共同体意识和参与防治意识，明确大气环境权益对治理活动的激励关系，创造有效率的激励机制，将对大气污染防治具有十分重要的作用。

那么，该如何利用社会公众参与制度防治大气污染、保护大气环境呢？本书认为，可以通过以下措施：

（一）将公民的环境权写入宪法，明确公民的大气环境权益

大气环境权益是一种特殊的“产权”形式，是公民进行大气环境保护的根源和保障。社会公众往往出于自身利益的需要采取行动保护大气环境。任何一个私主体都拥有大气环境权益，意味着他不但有权采取行动保护大气环境，而且还有权获得大气环境权益所产生的收益。大气环境权益作为一种延伸的环境权，其能否得到强力的保障取决于环境权在我国法律体系中的地位。然而环境权在我国还不是一种法定的权利，宪法中并没有公民环境权这一概念，公民环境权益受损时经常得不到有力的保护，环境权只是作为一种应然的权利而被学者、公众疾呼。

科斯在其1960年发表的《社会成本问题》一文中对权力配置进行了划时代的研究。当权利发生冲突时，科斯主张，法律对权利的配置应使产出最大化，即应以一种能避免较为严重的损害的方式来配置相应权利。〔1〕公民环境权作为一项新型的、关乎人类社会能否可持续发展的权利，具有人权属性和社会属性，与其他权利存在冲突，比如发展权、资源所有权等权利。为了避免更为严重的损害，我国学者大都赞成对环境权进行初始的法律配置，但关于环境权如何初始配置却历来争议很大。纵观世界各国的立法现状，不难发现各国主要采取三种法律模式配置公民环境权：第一种模式是在其宪法中创设公民环境权，如俄罗斯、土耳其、韩国等；第二种模式是宪法中虽未规定公民的环境权，但规定了政府有保护环境的义务，以宣示宪法对环境进行保护，如希腊、泰国、芬兰、瑞典等；第三种模式是以对本国宪法进行司法解释的形式，保障公民依法获得环境权的宪法根据，如日本、德国等。〔2〕

在宪法中对公民环境权进行明确化、具体化的配置，确立公民环境权的

---

〔1〕 刘作翔：“权利冲突的几个理论问题”，载《中国法学》2002年第2期，第63页。

〔2〕 曾传瑞：“公民环境权的法律配置研究”，广西师范大学2012年硕士学位论文，第17页。

宪法保障制度，这将是未来我国宪法的任务之一。本书认为，具体制度可以这样设计：以宪法修正案的形式确立公民环境权的宪法地位，明示于众。首先，宪法总纲中应明确规定公民享有环境权。其次，公民环境权的具体内容应纳入宪法的“公民的基本权利和义务”一章中，明确环境权是公民的一项基本权利。最后，具体条文的设计，可以在宪法中将公民环境权做如下规定：“中华人民共和国公民享有拥有优良、健康的生活环境的权利，国家应保障该权利的实现。同时，国家、社会和公民负有保护环境、与自然和平共处的义务。”〔1〕

我国宪法中应该明确公民的环境权，确认公民是环境权主体，同时大气环境权也应是环境权内容之一。在宪法中明确公民的环境权，能够为公众维护其大气环境权益提供有力的法律武器，从而调动社会公众的力量，与破坏大气环境、污染大气环境的行为作斗争，使公众在其大气境权益受损时能够正当地行使其获得公力救济的权利。由公民大气环境权益延伸的环境知情权和参与权，也能够加强公众的大气环境保护意识，加大公众对政府行为和企业行为的监督，进而可以有效降低执法成本，促进法律的有效实施。

（二）提高公民的大气环境保护意识

大气污染防治是环境保护的一项重要内容。如果公众没有一定的大气环境保护意识，无视污染破坏大气环境的活动，对“PM2.5”“温室效应”“雾霾”“臭氧层破坏”等大气污染的危害性一无所知，何谈公众保护大气环境的责任感？环境法律知识和环境保护知识的厚薄，决定了公众参与环保能力的高低。〔2〕近年来，我国公众的大气环境保护意识虽有所提高，但还远远不够。去年，全国大范围的、持续性的雾霾天气已经告诫我们，我国的大气环境问题非常严重。社会公众是防治大气环境污染的基础性力量，应采取以下机制进一步提高公众的大气环保意识，使公众能够熟悉大气环境常识，了解自己在大气污染防治过程中享有的权利和义务，理解、支持、配合和参与政府的大气环保工作：

(1) 法律法规应明确公民有提高自身大气环境保护意识的义务。大气污

〔1〕 高桂林、于钧泓、罗晨煜编著：《大气污染防治法理论与实务》，中国政法大学出版社 2014 年版，第 92 页。

〔2〕 赵俊：“论我国环境法公众参与制度的缺陷及其完善”，载《环境科学与技术》2005 年第 2 期，第 87 页。

染的防治不仅是政府、企业的责任，也是每个社会公众应主动担负的责任，公众有义务提高自身的大气环保意识。某些地方性法规在这方面进行了有益的尝试，如《北京市大气污染防治条例》第38条规定："公民负有依法保护大气环境的义务，应当遵守大气污染防治法律法规，树立大气环境保护意识，自觉践行绿色生活方式，减少向大气排放污染物。"

（2）将大气环保教育纳入小学、初中课程，从小培养公众爱护大气环境的观念与习惯。学校在假期可组织全校学生观赏大自然、寻找大气环境破坏的痕迹，并作为学生校外环境教育的一部分。

（3）改善宣传方式，注重发挥电脑、手机、公交车窗等移动新闻媒体平台对大气环境保护的宣传作用。在社区、校园、机关和不同区域展开知识竞赛、宣传讲座等形式的大气环保宣传，增加大气环境环保宣传形式的多样性，提高公众的环保意识，从而为执行环保法规、实现环保战略和发展环保产业创造良好的社会条件。

（4）增加大气环保宣传的主体。应当积极发挥城市居民委员会、农村村民委员会等基层组织成员的作用，还应该发挥当代大学生的作用。如在社区发挥越来越重要作用的社工可以在其工作职责中纳入社区大气环境保护一项，我国广大的法学本科生、研究生也应利用其专业知识加入社区大气环境环保的宣传大军中去，从中的表现可作为其校外实习或实践考核依据之一，并可计入大学生志愿服务时间内。

（三）拓宽公民获悉大气环境污染防治信息的途径

如果缺少相关的大气环境污染防治信息，即使公众有了参与大气环保的意识也无从做起。长期以来，由于"全能政府"和政治因素的影响，我国的大气环境污染防治信息一直处于一种半封闭的状态，笼罩着一层神秘的面纱。目前，我国公众主要通过以下几个途径能了解到大气环境污染防治信息：①国家、各省市、区域或流域环境状况公报；②直辖市、省会城市和重点城市空气环境状况周（日）报；③企业环境信息公告；④环境资源管理部门的网络工程。通过以上途径，公众的大气环境知情权有了一定的保障，但仍显单薄。随着公众大气环保意识的不断提高，对我国的大气环境信息公开途径也提出了新的要求，应通过以下措施扩宽我国公众获悉大气环境污染防治信息的途径。

（1）利用门户网站、即时通信工具、手机应用软件等为公众提供实时的空气质量信息。伦敦市开通了即时通信工具 Twitter 和 Facebook，并开发了 iPhone 应用软件，通过上述平台将不同监测点的 API 数值及时报告给用户；维也纳市环保局则通过 Flash 动画向市民传播空气质量相关信息。[1] 我国各城市的环保部门可以借鉴国外城市的成功经验，利用微博、即时通信工具（如微信、支付宝、来往）等的公共平台定期、及时地向公众发布本地空气质量信息和防治信息。公众也可以灵活地主动登录以上平台查看或订阅政府环保部门发布的信息。当然，企业也可以利用上述平台主动向公众公开自己的大气环境信息，既可以增加企业自身大气环境防治信息的透明度，也是一个宣传企业形象、增强市场竞争力的大好机会。总之，要综合、充分、有针对性地利用各种高科技手段，以保证公众参与大气环境污染防治的高效与便捷。

（2）鼓励社会组织监测和发布大气环境信息。有相关检测能力的社会组织、高校也可以利用自身掌握的技术、设备、资源等优势，组织民间大气环境监测并定期向公众发布监测结果。上述组织、机构应在我国法律允许的范围内开展民间大气环境监测，发布的大气环境信息也应是真实、可靠的，其行为的宗旨也应是为了社会福祉而不是以营利为目的。鼓励、支持和引导社会组织、高校等第三方机构监测和发布大气环境信息将是公众获得大气环境污染防治信息的重要渠道。

（3）大气环境重点污染区域的政府环保部门应定期通过短信、报纸、电视、广播、互联网等多媒体方式向公众发布细颗粒物（即 PM2.5）、一氧化碳、挥发性有机污染物等主要污染物的信息。

（4）设立环境论坛。政府环保部门可以建立一般公众发表意见的论坛，集思广益，加强政府部门与社会公众的直接交流与沟通。

（四）把公民纳入排污权交易主体范围

排污权交易制度在发达国家已被证明是有效解决大气污染问题的机制，其实质是构建一个新的市场，在该市场中，法律设定一个全社会的排污总量并赋予私主体合法排放一定污染物的权利，并设定该权利是可以在市场上进行自由、对价交易的。排污权交易制度于 20 世纪 60 年代后期诞生于美国，最先由戴尔斯提出。戴尔斯认为，应通过市场交易和市场作用来替代原有的技术方面的法律规定以实现控制污染总量的目的。世界各国在治理本国环境

[1] 李禾："大气污染防治法：能否'改'出一片蓝天"，载《科技日报》2011 年 2 月 24 日。

污染的过程中纷纷借鉴戴尔斯的排污权交易理论，比如美国、德国、澳大利亚等。我国的排污权交易制度最早可追溯到1988年试点进行的排污许可证制度，1991年又曾在上海、开远、包头等十个城市开展过排污权交易的试点工作。近年来，我国也进行了相关的试点，获得了一定的经验，如在上海黄浦江上游试点的11宗排污交易，共筹集环保治理资金400万元。然而，排污权交易制度在我国仍处于试点阶段，在我国并没有发挥其应有作用，本书认为，现有排污权交易主体范围未纳入公民个人的缺陷限制了其应有功能、效用的发挥。

1. 市场的决定性作用呼唤大气污染物排污权交易主体纳入自然人

纵观国内外的大气污染防治实践，保护大气环境，“利维坦”并不是唯一的有效解决途径。国外的排污权交易制度最早是在大气环保领域展开实践并取得显著成效的。为了改变过去以公法为主的政府管制模式，我国早在20世纪80年代就开始采取私法手段防治大气环境污染，引入了排污权交易制度，但成效不尽如人意。这主要是因为我国的大气环境防治工作普遍采取政府管制的模式，排污权产权制度不明确，没有培育良好的排污权交易市场主体。党的十八届三中全会指出，使市场在资源配置中起决定性作用。我们知道，能够满足人类需求的物质——资源——是有限的。从日常生活以及我们的实践来看，空气好像是无穷无尽的，所以通常认为空气不是有限的，它不是资源。但从法经济学视角来看，清洁的空气也具有稀缺性，也是资源。清洁空气作为有限的资源，根本无法充分满足人类的需求。大气排污权交易制度实质是通过市场机制利用经济手段来防治大气环境污染，市场在该领域内也应发挥决定性的作用。自然人作为市场的重要主体，理应纳入大气污染物排污权交易主体范围，解决现有交易市场主体不足的问题，以发挥自然人的能动作用、市场的决定性作用。政府应积极响应党的号召，在设计大气污染物排污权交易具体制度时，将自然人纳入交易主体范围。

2. 美国的大气排污权交易制度可为我国提供借鉴〔1〕

美国的排污权交易主体是多样的，并没有禁止自然人参与交易。在美国成功的“酸雨计划”中，交易主体包括企业、自然人和政府。其中，自然人

---

〔1〕 陈云俊：“北京机动车污染物排污权交易主体纳入自然人的构想”，载《才智》2014年第21期，第354～355页。

包括排污达标个人、个人环保主义者、经纪人、个人投资者等。排污达标个人、经纪人、个人投资者将大气排污权看作一种可低买高卖的有价证券，从中赢利，这有利于活跃和完善大气排污权交易市场。个人环保主义者购入大气排污权而不使用，可以削减大气排污总量，促进大气环境质量的提高。自然人对完善和活跃大气排污权交易市场发挥了重要的作用，成为美国酸雨计划能够成功的重要因素之一。或许中美两国在很多方面存在很大的差异，市场化程度不同、公民环保意识不同等等，但美国在排污权交易主体中引入自然人的做法仍是值得借鉴的。

3. 我国各地的排污权交易实践提供了经验教训

目前，我国的排污权交易制度在一级市场和二级市场没有区分设置主体资格，反而严格限制排污权交易主体。在全国各地排污权交易具体办法中，规定的交易主体基本包括三类：排污权储备交易机构、排污权转让方和排污权受让方。绝大部分试点的排污权交易具体办法中规定的转让方和受让方是指排污单位，极少数地方将地方政府、民间团体纳入排污权交易主体范围，如《湖南省主要污染物排污权有偿使用和交易实施细则（试行）》明确规定排污权受让方包括排污单位、地方人民政府以及民间团体等。[1] 从我国各地的排污权交易实践来看，无论是一级市场还是二级市场，均没有将自然人引入排污权交易主体范围，使得排污权交易主体范围非常有限。在排污权交易实践中，经常出现出卖方太少，需求方太多的局面。由此导致的严重后果之一是排污权市场供给乏力，出现交易量稀少、流动性不足的问题。将自然人引入排污权交易主体制度中，或许是北京市避免将来出现类似问题的良策。

4. 我国公民大气环境保护的参与意识正在提高

以北京市为例。北京市大气环境问题存在已久，经过多年的防治实践和环保宣传，北京市民提高了自身的大气环保意识，并一直积极参与大气环境的防治工作，提出了许多宝贵的意见、建议，为北京市的大气环境防治工作作出了重要贡献。例如：2013 年 1 月 19 日北京市政府法制办将《北京市大气污染防治条例（草案送审稿）》向社会公开征求意见，社会各界对此广泛关注，展开了热烈讨论。截至 2 月 8 日，共收到市民、社会组织、企业等社会

---

〔1〕 彭本利、李爱年：“对我国排污权交易实践的评价研究”，载《安徽农业科学》2012 年第 5 期，第 2944 页。

各界的正式意见、建议348份。[1]一项再好的制度如果没有人的参与，那也只能是一纸废文，进而被束之楼阁。北京市民较高的大气环保参与意识将为新的大气排污权交易主体制度的实施提供行动上的强有力的支持。

5. 我国民间资本比较充裕、市场前景广阔

以北京市为例。北京市统计局、国家统计局北京调查总队联合发布的北京市经济运行情况显示：北京2013年城镇人均收入40 321元，比上年增10.6%。此外，据城镇住户抽样调查数据显示，2013年，北京市城镇居民人均家庭总收入45 274元，同比增长10.1%，其中，人均可支配收入40 321元，同比增长10.6%。[2]另据调查显示，北京城市居民理财产品以银行存款、国债、房产和保险为主，涉及基金 、股票和收藏的相对较少。[3]可见，北京城镇居民可支配收入总量可观，但投资渠道有限。借鉴美国的做法，将大气排污权视作一种可供自然人低买高卖的有价证券，扩展市民的投资渠道，将是北京市民喜闻乐见的。北京本地具有雄厚经济实力的环保人士也大有人在，他们愿意也有能力购买大气排污权，以削减其他主体的大气排污总量，提升大气环境质量。可见，北京市民参与大气污染物排污权交易的潜在市场是很可行的，前景广阔。

6. 大气污染物自然人排污权交易主体制度的初步构想

（1）在原始分配阶段（一级市场），可在各地县、区级环保部门下设排污权交易储备中心，取代原来的环境交易所以及类似的机构。凡是想取得大气污染物排污权的自然人应先到排污权交易储备中心申请登记，形式审核通过后，登记发放自然人大气污染物排污指标，确认自然人的大气排污权。自然人的大气污染物排污权始于登记，终于死亡。在原始分配阶段，给自然人发放大气排污权将对大气环境的防治起到立竿见影的作用。例如，假设北京市给成年自然人发放的大气污染物排污指标是每年4吨。根据相关数据研究，[4]

---

〔1〕“《北京市大气污染防治条例（草案送审稿）》公开征求意见情况综述”，载北京市政府法制办网站：http://www.bjfzb.gov.cn/fzb_rdyw/201303/t20130303_11586.htm，访问时间：2014年4月2日。

〔2〕“北京2013年城镇人均收入40321元 比上年增10.6%”，载人民网：http://bj.people.com.cn/n/2014/0123/c82839-20462648.html，访问时间：2014年4月2日。

〔3〕王亚松：“北京城市居民与郊区农户理财状况的调查分析”，载《北京农业职业学院学报》2006年第6期，第32页。

〔4〕朱欣丰：“从数学的角度探讨如何减低汽车尾气排放量”，载《青少年日记（教育教学研究）》2013年第2期，第37页。

在北京实施国家Ⅳ排放标准的前提下，一辆普通的1.6L汽车1年正常行驶2万公里需排放4吨二氧化碳。在排污指标一共只有四吨的前提下，现有大排量汽车的拥有者和潜在拥有者若不想增加额外支出购买他人手中的大气污染物排污指标，只能驾驶或购买小排量的汽车。拥有小排量汽车的自然人或近期不打算购买汽车的自然人则可以出售手中多余的排污指标，从中获利。这种经济手段将会限制自然人所购买的汽车数量和排量，进而从总量上削减大气污染物的排污量，将对大气环境起到积极的促进作用。

除此之外，还有两点值得注意：

第一，关于大气污染物排污权初始分配的衡量标准，可以考虑以年龄为划分界限。未成年人由于其智力、生理、财力等方面的限制，其参与大气污染物排污权交易的程度要弱于成年人。成年人初始分配得到的大气污染物排污权应多于未成年人。考虑到具体操作实施时的成本和难度问题，在初始分配中可以不考虑自然人的精神状况、行为能力等差异。除此之外，各地的大气污染程度也不尽相同，初始分配时还应考虑区域的差异性。故在初始分配中，应结合自然人的年龄状况以及所在区域的空气质量分配给自然人不同的大气污染物排污权。

第二，关于大气污染物排污权初始分配的发放方式，本书认为采取无偿的方式比较适宜。目前我国排污权初始分配实践中无偿方式和有偿方式兼有。大气环境资源是一种属于全民所有的公共产品，如果对先加入的自然人免费发放大气污染物排放指标，而对后加入的自然人实行有偿发放，显然是不公平的，反之亦然。鉴于大气污染物排污权初始分配中后续加入的自然人的广泛性和持续性，为了保证初始分配的公正，大气污染物自然人排污权的初始分配宜采取无偿发放的方式。

(2) 在再分配阶段（二级市场），应允许自然人的大气污染物排污指标可以在市场上自由交易。其他主体如企业、政府、社会组织等可以向自然人购买大气污染物排污指标，自然人、有实力的环保人士也可以购买其他主体手中的排污指标。这种市场激励手段，既可以利用利益驱动机制引导自然人积极主动地参与到大气污染防治进程中，保护自身周边的生活环境，也有利于解决大气环境资源使用中的贫富差距问题，实现环境正义。

大气污染物自然人排污权在二级市场的自由交易还需以下配套措施加以保障：

第一，政府应逐步减少对大气污染物排污权交易的行政干预，鼓励自然人与其他交易主体在自愿平等的基础上进行公平交易，自由竞争，充分发挥市场在资源配置中的决定性作用。

第二，规范大气污染物排污权交易程序。从我国各地的排污权交易实践来看，具有浓厚的行政干预色彩，几乎被当地政府主宰，且程序繁杂。各地政府在制定大气污染物排污权交易具体办法时，应规范交易程序，针对不同的交易主体设计不同的交易程序，以保障大气污染物排污权交易的顺利进行。

自然人间的大气污染物排污权交易程序：首先，申请。大气污染物排污权交易的双方自然人应向当地的排污权交易储备中心提出交易申请，并提交双方的书面转让合同；其次，形式审核。排污权交易储备中心对双方自然人提交的申请材料和书面转让合同进行形式审核，主要审核材料的真实性和合法性；最后，变更登记。大气污染物排污权交易合同审核通过后，双方自然人应及时到排污权交易储备中心办理大气排污权变更登记。

自然人与其他主体间的大气污染物排污权交易程序：首先，申请。大气污染物排污权交易的双方应向当地的排污权交易储备中心提出交易申请，并提交双方的书面转让合同、交易的可行性评估报告等支持材料；其次，实质审核。排污权交易储备中心除了对申请材料、书面转让合同、交易的可行性评估报告进行真实性、合法性的形式审查外，还应对该项交易可能导致的大气环境污染变化进行评估，并根据评估结果决定是否批准该项交易；最后，变更登记。自然人与其他主体间的大气污染物排污权交易合同得到审核批准后，交易双方应及时到排污权交易储备中心办理大气排污权变更登记。

除此之外，自然人间涉及大宗数量的大气污染物排污权交易时，鉴于该项交易可能会对大气环境产生较大影响，应适用“自然人与其他主体间的大气污染物排污权交易程序”。

第三，开放第三方中介机构。目前我国排污权交易中的中介机构都是政府经营的，行政色彩过重。各地应逐步开放大气污染物排污权交易中的第三方中介机构，允许自然人将各自手中原本相对分散的大气污染物排污指标委托给第三方中介机构集中管理、交易，减少交易成本，促进大气污染物排污指标的流动。

第四，更好发挥政府作用。让市场在大气排污权交易领域对资源起决定性作用的同时，应更好发挥政府作用。各地环保部门及相关部门应加大执法力度并严格执法，维护自然人的大气污染物排污权交易主体地位，保障其合法利益。对诸如操纵大气污染物排污权交易市场价格、囤积大气排污指标限制市场自由竞争等不正当竞争行为应予以强有力的规制处罚，并采取有效措施遏制大气污染物排污权交易垄断。

党的十八届三中全会指出，要使市场在资源配置中起决定性作用。大气污染物排污权交易制度作为市场经济条件下防治大气环境的重要手段，势必在大气环境防治体系中具有重要的地位。在现有排污权交易制度不能很好发挥其应有作用的情况下，自然人作为交易主体的参与就显得尤为重要。值得我们注意的是，排污权交易制度是一个技术性非常强的领域，即使是在立法非常完善的美国，其排污权交易制度也还不完善。未来，将公民纳入排污权交易主体范围在我国有很大的发展潜力，应在国内外实践的基础上总结好经验，循序渐进地建立和完善我国的公民大气排污权交易制度，尤其要做好原始排污指标公正分配的工作，并辅以完善的配套制度为它保驾护航。北京作为中国市场化程度最高、法制最完善、民间资本最活跃、公民环境保护意识最强的地区之一，可率先开展相关的试点工作，这或许是北京市应对重污染天气的良策。

（五）建立公众参与大气污染防治的决策参与制度

决策参与，是公众参与大气污染防治的前提。在大气污染防治措施或规定制定之中和实施之前的阶段中，环境保护主管部门或相应的综合决策部门应通过一系列的制度构建以保障公民在大气环境保护领域的参与权，主动征询社会公众的意见，发挥社会公众的群策群力作用。可采取以下几种形式：

（1）问题研讨会。为解决酸雨、雾霾、细颗粒物、光化学烟雾放等大气污染问题，环保部门应组织研讨会。它需要一个拥有较强技术力量和团队协作经验的主持委员会进行深入准备，该主持委员会成员应包括一定比例的市民团体。由研讨会集体讨论得出的方案结果将上交给地方政府各部门官员组成的评审委员会进行进一步研讨。这种机制可以在市民团体和政府决策者之间建立起沟通的桥梁，也可以促使与会的政府决策者很快掌握和理解大气污染防治的有关材料，为将来的正确决策打下良好的基础。

（2）情况通报。对于大气污染防治措施或规定制定的有关情况，相关部门应通过政府网站、社交网站、环境论坛、报纸、广播、电视、互联网等多种形式向社会公众进行通报，给公众提供一个提问、质疑的机会。

（3）社会问卷调查。有关部门制定防治大气污染的措施或规定前，应向社会公众发放相关的问题表，由公众认真填写完成后再汇总公众的意见，使防治大气污染的措施或规定能更广泛地体现民意，更好地得到民众的理解和支持。

（4）公众听证会。有关部门应围绕专家论证拟定的方案措施，召开公众听证会，让参与公众就拟订方案提出宝贵意见，并重视公众提出的意见，大多数公众认为不可行的大气污染防治措施或规定不可出台。

（六）建立公众参与大气污染防治的过程参与制度

过程参与，是公众参与大气污染防治的关键，是公众对大气环境管理行为的监督。在大气污染防治规定或措施实施的过程中应纳入公众的参与并发挥公众的监督性作用。在这一阶段中，政府、企业要随时、认真并虚心听取公众意见，及时纠正和改进大气污染防治工作中的问题和错误，主动接受社会公众的舆论监督。可采用以下方式：

1. 完善大气污染有奖举报制度

在法经济学家看来，人都是理性的经济人，经济人之所以会采取某种行为，其内在逻辑实则是利益驱动。污染大气环境也是源于利益的驱动。因此，要调动整个社会力量进行大气环境保护和监督，也需要借助利益驱动机制。因此，我们必须认识到，有奖举报制度作为一种利益驱动机制，可以激励知情人积极举报大气污染行为从而获利，进而动员社会公众力量参与大气污染治理的建设。与此同时，大气污染行为被查处概率的增加，对污染者来说，为了确保其违法信息不被周知，不得不增加额外的预防支出。有奖举报制度引起的预防成本和违法成本的增加可以阻止企业继续从事污染大气的活动。“尽管大气污染的防治是一项艰巨的任务，但是通过鼓励公众自觉参与仍然能够取得事半功倍的成效。”〔1〕但我国的大气污染有奖举报制度还很不完善，应采取以下措施加以完善：

（1）完善大气污染有奖举报制度的奖励标准。我国现行相关的大气污染防治法律中，没有规定对公民实行有奖举报制度，只是规定公民有权检举和控告污染大气环境的单位和个人。对此，北京市制定的《北京市大气污染防

〔1〕李艳芳：“公众参与和完善大气污染防治法律制度”，载《中国行政管理》2005年第3期，第54页。

治条例》进行了积极的探索。根据其第22条之规定："举报内容经查证属实的，有关部门应当给予举报人表彰或者奖励。"虽然北京市的地方法规里明确规定了有关部门应当在查证属实后表彰或奖励举报人，但没有明确规定奖励标准，对于奖励内容，政府部门有很大的自由裁量权。由此导致的后果是公民举报大气污染活动后对可能获得的奖励存在很大的不确定性，进而公众参与举报的积极性不高，该制度难以发挥应有的作用。为了鼓励公众参与大气污染治理，应明确举报大气环境污染行为的奖励标准，比如被举报的大气污染行为轻微或较轻的，给予举报人表彰；被举报的大气污染行为严重或特别严重的，给予举报人1000元~5000元人民币的奖励，具体数额可根据大气污染行为造成的社会损失或大气污染主体获利数额做参考（比如环境损失的1/10或者非法所得的1/10等）。

（2）保障举报人的合法权益。实践中，公民举报其他公民或企业的大气污染行为，往往面临着很大的风险。与污染企业或强势污染个体相比，知情人往往处于弱势地位，事后可能遭到打击和报复。这种潜在的风险也是公民实施举报行为前需要考虑在内的成本，在进行成本-收益衡量后，相关知情公民可能选择容忍大气污染行为。因此，对于举报人的情况，相关部门应严格保密，以免举报人遭到不应有的打击和报复，必要时可请求当地公安部门协助保障举报人和其家人的人身和财产安全。

2. 开设环境信箱

县级以上地方政府环保部门可以开设一个有关环境防治问题的信箱，接受大气环保反映信笺是应有之义。环保部门接收公众的反映意见后，应及时处理，并将处理结果及时告知寄信人。

3. 设立环境热线电话

环境热线电话将是公众直接向环保部门反映大气环境防治问题的最简便途径。环境热线电话应广而告之。这将是政府直接倾听公众心声的重要途径，可以获得公众对大气防治问题意见的第一手信息，以便及时发现和解决大气防治工作中的问题，平抑社会矛盾。

4. 定期召开新闻发布会，公布大气污染防治信息

保证公众知情权的同时，进一步广泛征求公众意见，置政府的防治工作在公众的监督下，以争取广大公众的理解、支持和参与，确保大气污染防治的过程始终贯彻既定的目标。

5. 征求公众意见

新建、扩建、改建建设项目的建设单位向大气排放污染物时，需要编制建设项目环境影响报告书的，应当征求公众的意见。这一点已在《北京市大气污染防治条例》之第30条中有明确规定。

（七）建立公众参与大气污染防治的末端参与制度

末端参与，是公众参与大气污染防治的保障。在大气污染防治措施或规定实施后或发生大气环境污染、破坏后，也应鼓励社会公众积极参与对有关污染责任人的检举、控告，使社会公众对大气污染防治的结果起到社会监督的作用，是一种救济性的参与。

1. 关于大气污染防治过程中产生的纠纷处理、防治目的实现程度的验收，也应充分听取、吸纳公众的意见和要求，对于大多数公众不认可的行政行为不应被作出

例如：《北京市大气污染防治条例》第39条规定："公民、法人和其他组织有权要求市和区、县人民政府及其环境保护等有关部门公开大气环境质量、突发大气环境事件，以及相关的行政许可、行政处罚、排污费的征收和使用、污染物排放限期治理情况等信息。"

2. 设立环境审判庭，优化司法资源的配置

众所周知，司法是救济公民环境权益的重要途径。大气环境污染案件往往是对专业技术要求非常高的案件，例如：大气污染的形成机理、传播路径、大气污染与损害结果的因果关系、防治措施等都涉及专业知识。然而，我国尚没有专门的环境保护案件审判机构，现有的法官也缺乏处理大气环境污染保护案件的相关专业知识，进而影响了大气环境污染案件的审判效率，又无法保证案件的正确裁判。本书建议，为充分发挥法官的能动作用，应建立一批专业的环境法官队伍，这也是更好发挥司法救济功能的基本保障。并在法院内部设立专门的环境审判庭，集中具有专业知识的法官来裁判环境污染案件，以鼓励社会公众通过司法途径参与到大气环境保护的活动中。[1] 除此之外，可以对在职的法官相应地加强环境司法审判的相关专业知识培训，并适当优先选用一些熟悉环境保护领域相关专业知识的法律人才担任人民陪审员，

---

〔1〕 王保民、李克宇："我国在灰霾污染法律治理中存在的问题及对策"，载《西安交通大学学报（社会科学版）》2013年第6期，第88页。

完善人民陪审员制度，以增强法院的专业审判能力，支持社会公众通过司法途径参与大气环境污染的防治。

3. 完善我国的环境公益诉讼制度

新修订的《民事诉讼法》之第55条虽然确立了环境公益诉讼制度，但可操作性有所欠缺，环境公益诉讼制度的应有功效依然不能有效发挥。环境公益诉讼作为救济社会公众大气环境权益的重要途径，为了能给公众提供可靠、便捷的维权平台，可采取以下针对性的措施进一步完善环境公益诉讼制度：

（1）明确环境公益诉讼的主体。建议将《民事诉讼法》第55条中的"法律"进一步限定为立法机关制定和颁布的法律、司法解释，将"机关"明确界定为环境管理行政机关、检察机关，将"组织"规定为具备一定资质的公益组织，具体可从登记情况、业务范围、专业能力、规模大小等方面加以细化规定。此外，应通过司法解释的形式，将公民纳入环境公益诉讼的主体范围内，以保障公众的环境权益，鼓励公民积极参与到环境污染防治的进程中。

（2）设立行政前置程序。在环境公益诉讼中，为了防止可能产生的社会公众滥诉问题，建议可以设立行政前置程序。例如，规定公民、公益组织的环境权益受损时，应先向行政机关申请行政处理，只有当行政处理不能达到预期效果或行政机关不作为、违法时，公民、公益组织才可提起公益诉讼。

大气污染防治问题是一个集法律、政治、经济、环境、社会等于一身的问题，不能简单将大气污染防治问题作为一个环境问题来处理，而应把它作为关乎一个国家兴亡的问题来抓。本书认为，应运用市场机制、利益机制、成本收益和资源配置等基本原理来指导大气污染防治公众参与制度的设计，有助于发挥公众参与制度的最大效用，提升大气污染防治的效果。构建公众参与大气污染防治的路径肯定不止上述这些，也许经过更好的归纳和总结，还会得出更精炼的前瞻性结论。本书只是站在了前人的肩膀上进行了一些设想，但坚信，这些设想可以代表大气污染防治公众参与机制的发展方向。如果说防治大气污染需要有一个突破口的话，构建更完善的公众参与机制则最有可能成为潜在的突破口。完善的大气污染防治公众参与制度是防治大气环境污染的良策！

小　结

我国的大气污染问题如此严重，除了经济、社会等原因外，法律制度的内在缺陷也是重要因素，如环境法律原则在实际操作中被具体法律措施所否定。环境影响评价制度中的“补办环境影响评价报告书措施”在一定程度上是对“预防原则”的否定。尽管立法也是各方利益集团博弈的过程，但在环境部门法中，法律规则违反法律原则的现象值得深思。当下，大气污染治理成本与治理收益的严重失衡，实践中会出现企业因为治理大气污染而被市场淘汰的畸形现象。在环境违法成本低廉的现状面前，如何消除或减轻企业经营行为对大气环境造成的负外部性？这需要重新审视我国的大气环境法律制度，而法经济学为我们提供了一个独特的有价值的研究视角。

按照马克思的政治经济学逻辑，环境与资源保护领域的法律规则是经济关系的外在表现形式，经济关系才是法律规则的内在本质。但是，依照科斯“法决定经济”的思路，调整环境与资源关系的法律规则对人类的经济利益具有决定性的作用，即环境法律规则反过来以“形式关系”决定了人类社会的“本质关系”。“法决定经济”的思路是按照法经济学逻辑推论所得出的结论。在法决定经济的逻辑前提下，对环境法律规则进行经济分析具有逻辑上的应然性。这里的应然性是指，每一项环境法律规则均是从同时代的人类社会发展的主旨中得出并确定的具体内容，这些内容作为环境与资源保护的内生要素，直接影响了环境保护成本与效益的高低，由此提出环境法律规则在环境保护中“应该是什么”的问题。

法律对环境与资源保护的经济合理性以及干预的正当性如何，不仅对环境保护事业极为重要，而且对于市场经济的运行也具有日益重大的影响。所以对环境法律规则“应该是什么”问题的研究，理所当然地应成为环境保护领域研究的一个重要任务。但令人遗憾的是，环境法律规则及其法律机制总是被传统的经济理论视为不变的问题，以至于对环境法律规则的决策主体、决策过程和执行过程的经济分析几乎接近于零。

考虑到大气污染治理的复杂性、长期性和艰巨性，有待我们结合历史和未来，用法经济学的研究方法作进一步的研究，也许它将会给我们带来无法估量的成果。从法经济学的视角来看，今后我国环境与资源保护法学应加强以下方面的研究：

一、重视混沌理论、博弈理论与环境法律相结合的研究

混沌理论是研究非线性动力系统的新兴学科，主要研究系统的“随机性”“不稳定性”“结构变化性”等行为出现的动因，这与传统经济理论在模型建构过程中强调“理性”“稳定”“均衡”的假设形成鲜明的对比。在法经济学的研究视野中，法律体系和法律规则的演进具有极不规则的外在特征，这就为我们用混沌理论来研究环境法律系统提供了条件，而应用混沌理论来解释环境法律也有助于我们权衡考虑复杂的环境法律问题。综合起来，混沌理论在环境法律系统中的应用，主要分为两部分：一是研究环境法律的混沌性，即适用混沌理论解释复杂的法律经济现象，探索环境法律制度的演变规律；二是探讨混沌理论在环境法律规则制定过程中的应用。

新古典经济学和博弈论均将均衡分析作为其基本的研究思路，但两者追求的“均衡”有着明显的区别。博弈论寻找的均衡是行为均衡，而新古典经济学寻找的是价格均衡；博弈论追求的均衡具有多头最大化的特点，而不是简单的单头最大化；博弈论中的均衡具有多重性，所有参与人最大化行为的函数才是单个参与人的最大化行为，最终均衡结果的生成依赖于所有参与人集体博弈的结果。可见，博弈论对环境法律制度的分析更具有说服力。博弈论的研究对象和环境法律的规范对象具有一致性，都是人的行为；博弈论的分析环境和环境法律的适用环境也具有一致性，这些为我们试图用博弈论来研究环境法律规范下的人的行为提供了条件。

二、重视环境法律制度变迁的研究

制度变迁是指，制度主体为解决制度短缺，以一种更有效率的制度取代原有的制度或生产一种更有效率的制度，进而扩大制度供给以期获得一定潜在收益的行为。在诺斯看来，制度变迁是理解历史的关键，是理解国家兴衰的一把钥匙。制度变迁可分为强制性制度变迁与诱致性制度变迁。强制性制度变迁的主体只能是国家，具有强制性、规范性和制度化水平高的特点。获利机会不是促成国家进行制度创新的简单原因，国家通过其天生的强制力可以短期内快速完成制度变迁，进而降低制度变迁的成本。诱致性制度变迁是指，一群人在获利机会的诱导下组织和实行的变更或替代现行的制度安排，

或是创造新的制度安排。这类制度变迁具有自发性、不规范性和制度化水平低的特点。

诺斯曾指出："经济变迁是一个无处不在、持续进行的增量过程，它是制度内的个体行为和制度内企业家每日每时进行选择的结果。"〔1〕选择会促使人们不断重新认识现存的制度，进而改变人们对现存制度的评价，并试图用更高效率的制度取代原有的制度安排。环境法律制度亦然，其发展趋势必须要反映出环境保护与资源利用的现实发展趋势。考虑到环境污染与破坏问题的负外部性，现阶段我国环境立法应结合我国的实际国情和环境经济的特征，以强制性制度变迁为主，诱致性制度变迁为辅。这样既能发挥国家在环境保护法律制度供给方面的规模效应，又可以充分调动社会公众的积极性，共同致力于环境与资源保护事业的发展壮大。

三、重视环境法律制度的定量分析研究

最近二十年，欧美国家环境法领域发展的重大趋势之一是，众多法学家就法社会学方法论、环境社会学方法论、社会结构对法的影响、法的适用的不同模式、垄断行为的认定、刑事案件中的交易、交通事故案件中的交易等领域进行了大量的统计分析与研究，取得了卓越的成果。基于法经济学的视角，上述种种方法会在某些方面促使人们产生启迪性的思考。尽管有时候基于各种方法所得出的结论会相互矛盾，但假若不注重结论本身，而是仔细考察这种方法所表现出来的独特视野和论证过程，那么不同方法之间的独特价值便由此展现出来。因此，与其说它们是冲突矛盾的，不如说它们是相互补充的。运用经济计量和统计分析的方法既可以弥补定性分析方法的不足之处，又可以借助定量研究计算出环境法律制定、执行和司法的大致成本与收益，以便帮助环境法律的立法者制定出更好的法律。因此，我们应借助定量分析研究，运用多学科的方法论"联合攻关"；既要从静态的制度层面研究环境法律，又要对动态的非线性的环境法制建设过程予以定性描述，以期最终求得对环境问题治理路径更有说服力的证明。

---

〔1〕［美］道格拉斯·G. 诺斯：《经济史中的结构与变迁》，陈郁、罗华平译，上海三联书店1990年版，第80页。

总 结

大气污染从来都不是一个简单的环境问题，而是一个涉及政治、经济、文化、环境等诸多方面的复杂问题，同时也是一国工业化进程中虽可预见但无从避免的棘手问题。我国亦然。中国的工业化建设正在加速，大气污染已由过去的点源局部性污染转向区域综合性污染。〔1〕区域大气污染在长三角、珠三角、京津冀地区，以及武汉及其周边、山东、成渝、长株潭、海峡西岸、山西中北部、辽宁中部、陕西关中、甘宁、新疆乌鲁木齐城市群等区域频频发生，已成为当前亟须解决的污染问题。〔2〕我国区域性大气污染的频发与能源消费结构不合理、经济发展方式粗放、大气污染物交错影响密切相关。此外，各级地方政府"各自为战"，没有形成区域间的合力，也是不可忽视的重要原因。〔3〕在这样的时代背景下，有关区域联防联控的研究和实践就应运而生。

在今后相当长的一段时间内，我国环境与资源的矛盾将更加集中，环境公共管理也正进入升级阶段，亟须构建新的大气环境保护工作机制。此外，新修订完毕的《大气污染防治法》用专章创设了大气污染区域联防联控机制，届时势必会掀起一股新的地方相关立法潮流。然而，法律不是无源之水，任何一项立法要想成为良法都必须源于社会的实际需求。滞后立法或超前立法由于没有社会实际需求，会导致守法成本远远超出私力救济和无法状态时的花费，此时法律的单位交易成本极高，超出了公众的承受力，人们对这项法

〔1〕 常纪文："域外借鉴与本土创新的统一：《关于推进大气污染联防联控工作 改善区域空气质量的指导意见》之解读（上）"，载《环境保护》2010 年第 10 期，第 8 页。

〔2〕 王金南等："改善区域空气质量 努力建设蓝天中国——重点区域大气污染防治'十二五'规划目标、任务与创新"，载《环境保护》2013 年第 5 期，第 18 页。

〔3〕 "推进大气污染联防联控工作 改善人民群众生活环境质量——环境保护部副部长张力军谈《关于推进大气污染联防联控工作 改善区域空气质量的指导意见》"，载《中国环境报》2010 年 6 月 22 日。

律的需求就会荡然无存，在法律实施效果上就会呈现出有法难依或有法不依的局面，立法必然以失败为结局，据此作出的司法判决也会成为一纸具文，进而滋生社会违法数量多和法律执行难等问题。现在重点研究大气污染联防联控立法问题是解决既有问题、实现“拨乱反正”并转变环境管理模式的最佳时机。本书立足十八大后中国的社会背景、政策背景和具体国情，探究联防联控机制的内涵，为大气污染联防联控长效机制的构建建言献策，力图为全国范围内落实大气污染联防联控机制提供理论支撑，并将为地方制定符合社会需求的大气污染联防联控实施细则、地方法规、规章政策提供理论参考。今后着重做好以下工作：

一、开展大气污染联防联控专门立法研究

大气污染联防联控工作是一项与社会公众利益息息相关的复杂工作，大气污染作为一种工业化的额外产物将会长期存在于人类社会发展的长河中，各种大气污染严重威胁人类的生命健康和财产安全。在今后相当长的一段时间内，我国环境与资源的矛盾将更加集中，环境公共管理也正进入升级阶段，亟须建立新的大气环境保护工作机制。可见，我国大气污染联防联控专门立法工作作为解决大气污染问题的最重要组成部分之一，将是一个渐进而艰难的过程。在完善大气污染联防联控专门立法的基础上，还需要诸如气候变化法、生态补偿法、污染捐助法等其他法律法规作为配套和补充，以期最终形成具有我国特色的大气污染联防联控立法，为我国的大气污染联防联控工作提供理论和制度保障。只有这样才能将我国的大气污染联防联控工作真正纳入依法治污的轨道上来。

（一）明晰大气污染联防联控专门立法的指导思想

立法指导思想是为立法活动指明方向的理性知识，也是立法主体据以进行立法活动的重要理论根据。清洁空气具有不可替代的生态价值，大气污染联防联控立法应以保护清洁空气的生态价值为根本目的，相应体现在立法指导思想上，就是以大气环境保护优先的理念来指导大气污染联防联控的立法工作，并以此为立法的指导思想，保障清洁空气生态、社会以及经济效益的充分发挥，实现大气环境保护的可持续发展。具体而言，要做到以下三点：法律要明晰公权力主体的权力和义务，使社会资源配置达到最优；法律供给要与社会对法律的有效需求相一致；大气污染联防联控具体制度的构建应是

为了节约治理成本、优化治理效果；当交易成本过高、阻碍交易时，授权给最珍视大气环境的人。

（二）确立大气污染联防联控专门立法的基本原则

大气污染联防联控立法属于《大气污染防治法》的组成内容，而《大气污染防治法》是环境保护领域法律制度的一个分支。因此，《环境保护法》的基本原则对大气污染联防联控立法具有统领和指导的意义。从形式层面看，《环境保护法》的基本原则应是大气污染联防联控立法基本原则的理论渊源。从实质层面看，《环境保护法》的基本原则针对大气环境保护所赋予的特定内容，可以适用于大气污染联防联控立法。从表现形式上看，大气污染联防联控立法的基本原则又是基础性原则与衍生性原则的结合体。当然，大气污染联防联控立法应有其自身独特的特色，以区分于其他环境保护法规的基本原则，因而大气污染联防联控立法的基本原则既有环境保护法域整体通用的基本原则，又有反映其特点的独有基本原则。具体而言，我国的大气污染联防联控专门立法应坚持以下三项基本原则：经济发展与环境保护相协调原则；区域协作与属地管理相结合原则；总量控制与质量改善相统一原则。

（三）厘清大气污染联防联控专门立法的重点内容

1. 确立“地方立法为主、国家立法为辅”的立法模式

鉴于大气污染联防联控建设的时代紧迫性和我国中央立法资源的客观稀缺性，本书认为，除了在现行《大气污染防治法》中增设专门的大气污染区域联防联控条款外，从长远看，制定一部专门适用的大气污染联防联控法比较适宜。鉴于新修订完毕的《大气污染防治法》用专章创设了大气污染区域联防联控机制，在立法的位阶上，现阶段不妨考虑先由国务院制定一部专门的大气污染联防联控条例，待今后时机成熟时再上升为专门法。

此外，即使同一区域内的各县市，在经济、政治、文化等方面存在诸多共性，但也存在着很多差异，客观上需要大气污染联防联控专门立法能对差异问题和共性问题分别作出针对性的调整。过去，我国分别以北京、上海、广州为首的三大城市群，制定了一系列大气污染联防联控地方立法，在实践中取得了很好的效果，分别保障了奥运会、世博会、亚运会期间的空气质量。总结，基于国家和地方立法权限合理划分、发挥效能的视角，我国的大气污染联防联控立法体系采取特色立法、地方立法为主，统一立法、国家立法为辅的模式比较可取。

2. 健全大气污染联防联控之主体

可采取以下措施来健全大气污染联防联控之主体：第一，成立大气污染联防联控工作委员会并作为常设机构；第二，构建“国家级－重点区域级－地市级”三级多维立体、横纵联合的大气污染联防联控机制；第三，明确区域联席会议下设协调小组；第四，建立科学研究中心，加强基础理论研究；第五，构建大气污染联防联控的公众参与渠道。

3. 完善大气污染区域联动机制

可从以下方面完善大气污染区域联动机制：第一，完善大气污染区域合作措施；健全区域联合预警与信息共享体系；明确生态补偿机制为区域利益平衡措施；引入区域限批作为大气污染联防联控的约束制度。

二、深入大气污染联防联控立法协调研究

近年来，大气污染日益严重，不仅造成了重大财产损失、阻碍经济的发展，而且影响人们的正常生活，危害公众的身心健康。国务院于2013年9月发布了《大气污染防治行动计划》，这是继多部委联合发布《重点区域大气污染防治“十二五”规划》后的又一个更为严格治理大气的规范性文件。《大气污染防治行动计划》对截至2017年京津冀地区大气污染治理指标提出了具体要求，对联防联控提出了建立法制协作机制的要求。2014年新的《环境保护法》中确立污染治理的联合协调机制，其第20条规定，国家建立跨行政区域的重点区域、流域环境污染和生态破坏联合防治协调机制，实行统一规划、统一标准、统一监测、统一的防治措施。由于大气污染分布区域与行政区划不同，因此，建立区域联防联控制度是治理大气污染的重要措施，而区域联防联控的运行则需要以区域之间立法的协调为支撑。

（一）构建适合我国法制现状的大气污染联防联控立法协调机制

在大气污染联防联控立法协调机制的纵向约束方面，由全国人大及其常委会授权给国务院进行大气污染联防联控的立法协调机制的构建是最为恰当的处理方式。首先，大气污染的治理由国务院环保部主管，环保部对污染治理有着丰富的经验，对污染状况与相关治理措施也有深入认知，将其作为法律授权的对象是合适的。其次，全国人大作为最高国家权力机关，作出的立法授权与其本身的立法具有相同的法律地位。决定权和立法权之间的区分是相对的，二者关系是相互补充的。最后，此授权的目的是为了大气污染治理

的立法协调，是为了克服联防联控中的法律冲突。

国务院被授权制定大气污染联防联控区域协作立法后，由国务院牵头对大气污染进行区域划分，促成各省市间的横向协作机制，对因地方利益而无法达成一致的大气污染协定，由国务院进行裁定。各省市对国务院的裁定不服的，可以向其申请复议一次，由于在大气污染联防联控的立法协调机制中，国务院被授权后实际上由环保部提出建议，因此，复议交由国务院法制办审查较为合适。

（二）修改现行大气污染相关立法

大气污染立法协调机制的建立，是为了在大气污染联防联控的过程中，制定出的法律遵循统一的理念和治理目标，以期能实现统一、有序、高效的执行。为了达到大气污染联防联控中的立法协调的目标，应首先修改或者废止现存的大气污染相关立法缺陷与冲突。对旧的法律规范进行修改或者废止是一项艰巨的立法任务，尤其是大气污染治理的立法协调涉及范围广，影响因素多，需要集合环境保护法方面的专家开展研究和联合攻关。

大气污染治理的良好运行，需要立法的统一，对现存各省市大气污染立法有冲突的地方进行修改或者废止，能有效地节省立法、司法资源，提高执法效率。然而，造成大气污染的很多污染物的排放标准及相关治理制度是由《环境保护法》规定的，1989 年颁布实施的《环境保护法》历经 25 年早已不适应当今环境治理的需求，2014 年最新修订的环保法能为大气污染的治理带来新的生机。首先，《环境保护法》最主要修订的是基本原则与理念的转变。我国由粗放型的发展方式向可持续发展方式转变，需要通过环境保护法律原则的转变带动配套制度的建立，从而影响经济与社会的发展模式，相应原则转变主要包括以下几个方面：首先，新修订的环境保护法在总则中强化了环境保护的战略地位，依照《国务院关于落实科学发展观加强环境保护决定》以及《国务院关于加强环境保护重点工作的意见》确定的总体要求，将环境保护融入经济社会发展。新法增加规定保护环境是国家的基本国策，并明确环境保护坚持保护优先、预防为主、综合治理、公众参与、污染者担责的原则。通过《环境保护法》原则与理念的转变，在建立大气污染联防联控的立法协调机制时，才能符合长远目标与利益，才能真正践行可持续发展理念，才能适应国际社会对大气环境治理的要求。其次，在具体制度上，通过《环境保护法》的修订，对污染企业加大了经济惩罚力度、确立环境公益诉讼制度、确立环境信息公开和公众参与制度、确立污染治理的联合协调机制、完善排污许可管理制度，为大气污染治理中相应制度的完善提供依据，通过立法的统一有效促进大气污染联防联控。

（三）建立与完善相关配套制度

1. 建立大气污染治理生态补偿机制

大气污染生态补偿的机制有纵向补偿机制和横向补偿机制两种路径。纵向补偿机制是政府通过征收大气污染税费等形式通过财政转移支付制度补偿大气污染治理承载区，这种补偿机制并不对等，而是国务院或者上级政府通过专项补助或者财政转移支付而完成的，是上级政府协调区域间大气污染治理的法律对策。横向补偿机制是地方政府根据经济发展水平、大气污染治理现状，按照互惠互利的原则，通过补偿机制实现大气污染的联防联控。横向补偿主要有两种形式：一是按照“谁受益谁付费”的原则直接转移支付；二是通过本地企业到大气污染承载区投资合作进行间接的转移支付。

2. 完善大气污染治理立法信息公开和交流制度

大气污染立法信息公开不仅包括立法后的公开，更应注重立法前与立法过程中的公开与交流。《政府信息公开条例》的颁布实施加大了政府对社会和公众的公开力度，但政府间立法信息的公开交流尚存在欠缺。立法协调机制的建立需要各立法主体制定和实施年度立法规划、互通信息。

目前，我国信息公开的途径有很多种，包括电视、网络、广播、报纸等，尤其是网络为信息公开提供了很大的便利，因此，科学合理地利用多种信息公开途径，将信息公开贯彻到立法的每个阶段，使大气污染联防联控的立法真正地体现公众的需要。同时处理好不同区域的立法冲突与矛盾，通过立法的和谐达到执法、司法的高效，继而使大气污染联防联控达到良好的效果。

三、强化大气重污染应急管理制度研究

辩证地看，治理大气污染和改善空气质量是一项长期而艰巨的工程。当下，现有的技术无法在短期内根本性地改善空气质量，为最大限度地减轻大气重污染事件对社会公众造成的负面影响，建立和完善大气重污染应急管理制度对于落实生态文明建设具有重要意义。为此，应加强政府指挥决策制度建设、完善应急预案内容、完善信息管理制度、加大社会力量参与及建设、建立和健全应急保障机制。

（一）加强政府指挥决策制度建设

第一，重视政府应急人员职业化建设。政府应加强对大气重污染应急队伍的建设，相关应急保障人员应职业化、专业化。这样才能保证应对频繁发生的大气重污染天气，能够快速做出判断是否需要进行预警以及响应应急措施。同时由于队伍的稳定性可以培养出一批专门从事大气污染应急管理工作的专门人才，能够合情、合理、合法、高效地执行抽象的应急预案措施。此外，还需要发挥专家对大气重污染应急管理制度建设的作用。应急预案的制定和执行需要听取专家的意见，才能使预案具有规范性和立法的科学性。希望把大气污染应急决策从领导决策转向专家和领导共同决策。

第二，加强政府之间的横向合作机制。目前环境保护都以省级行政区域为界，跨省、区之间治理没有相关法律法规进行配套支持又加之地方利益保护，区域共同预警应急阻力重重。要破除这些障碍，相关部门应当对大气污染严重的区域制定相应的基础性法律和规章，设立能够联防联治的框架，促进预警和应急措施的一体化。

（二）完善应急预案内容

第一，完善预案制定程序。根据《城市大气重污染应急预案编制指南》，预案的制定包括以下几个步骤：首先成立预案编制小组，其次对大气环境质量数据、地方污染情况以及社会人文情况调查，再次对大气重污染天气进行预测评估，最后制定预案并公布。由于应急预案措施将会限制居民出行、企业生产等，这将严重影响城市生产生活秩序，同时也是一种针对社会公益性质的行政立法活动。为此各地方政府在制定预案时必须采取听证环节。

采取立法听证制度是协调各利益相关方的解决之道，同时增强各方对限制措施的认同感。制定任何法律法规都会面临公平正义问题，不同的应急措施将影响不同社会主体的利益，所以应当在预案出台之前就协调好各方的利益。听证会是一种公开透明的征求社会意见的制度，能够集众人之智慧采百家之言，理性、合理制定预案以提高各方的认同，增强应急预案的实施效果，充分体现行政立法的民主性原则。

第二，配套应急预案规划制度。大气重污染应急预案与城市规划制度严重脱离，没有城市基础设施的支持，应急预案的实施效果将会大打折扣。所有城市的大气重污染应急预案都体现了短、平、快的特点，只是考虑当前能够采取严格措施缓解大气重污染以及民众焦虑的情绪，而没有从城市发展的角度中，把大气重污染应急所需的各方面影响有机地整合起来。例如：在降低移动污染源方面，只是强制地停开公车和私车限行，但是人们的出行量还是如此，所需的公共交通设施却没有加大建设，往往造成一限行，各车站人满为患。在产业发展规划上也是如此，一旦因为重污染采取应急措施，相关上游企业关停导致下游企业生产受到影响，严重影响当地的经济秩序。

第三，加强大气重污染应急预案评估机制。通过执行预案的应急措施，验证预案是否能达到预期治理效果，是否具有科学性、合理性、有效性等特点，如发现预案缺陷应当及时修正。为此，政府应当结合相关专家意见从以下几个方面建立评估机制：

时间效率：在预警发布后，各部门应急响应的时间速度，对突发状况救援疏导的时间和效率。人员使用效率：运用最少的应急救助人员，维护最和谐的应急秩序，同时保障救援指导人员的人身安全。经济效益：协调环境与社会经济发展也应当融入应急预案，如何以最小的经济代价控制大气重污染，是制定应急预案基本要求。社会影响：一个应急预案应当对社会的影响越小越好，将对当前的社会秩序的冲击降到最低，同时能够在预案结束之后迅速恢复。这些都是考核一个应急预案的重要因素。

（三）完善信息管理制度

第一，建立综合信息处理中心。基于信息是对大气重污染应急措施响应的先决条件，建议各级政府基于各自职权范围内设立综合信息处理中心。综合信息处理中心不仅涵盖大气环境等信息，还包括城市及相关区域的地理信息、城市规划、重污染企业名录、交通路况等。综合信息处理中心的功能就是分析各类与应急预案相关的信息，在预警和响应应急措施时能够综合处理为领导机构提供的有效信息，并为预案评估提供依据。更为重要的是建立综合信息处理中心保证了相关信息能够在各级政府间交流沟通。

第二，建立大气重污染数据库。建立大气重污染数据库是实现政府间信息共享的一个平台，加强政府间信息的沟通创造条件。在常态情况下，对本行政区域内的大气数据、污染物数据、应急预案措施、专家库、应急保障的物资、交通疏散路线及应急评估报告进行整理登记。信息不对称是政府重复建设的根源，大气重污染数据库的建立可以减少政府建设重复，节约社会资源。发生大气重污染时，能够及时了解相关信息，提高应急效率。

（四）加大社会力量参与及建设

第一，大气重污染专家库建设。首先规范专家的聘任制度。需要研究大气重污染应急预案的特点，提出一套切实可行的专家遴选制度，明确相关学科领域，制定筛选制度。加强不同领域内专家的交流，综合考虑专家在应急预案上的作用。其次，加强政府间专家信息共享和交流。在同一个领域内较知名的专家可以在同级或上下级政府间推荐交流。最后，提高专家与政府间的交流。专家与政府间交流能破除不同领域之间的阻碍，专家可以从实际中获得科研资料，提高自身科研水平反哺预案实施。

第二，志愿者队伍建设。重污染天气所产生的负面影响需要专业人士救助和指导，同时应急措施的实施响应也需要专业人士，志愿者队伍就扮演了这一角色。借鉴发达国家完善的志愿者队伍组织体系，在各个城市中组织专业的志愿者队伍，例如医护志愿者队伍。志愿者组织的建设也会促进整个社会救助水平的提高。

（五）建立和健全应急保障机制

第一，建立科学物资保障制度。目前对应急物资的储备以经验性为主，不是建立在科学的风险评估基础上。只有建立科学的风险评估，才能合理地储备应急物资的种类、数量和储备方式。在储备物资上，根据重污染天气的发展状况进行存储，既要考虑社会救助效益，同时也需要考虑经济效益，避免储备不足造成应急不当，也不能因过度储备造成浪费。此外还需要科学合理地分配储备的方式，对于一些重要的应急物资必须进行实物储备，一些能够大规模生产的可以与生产厂家进行合同储备等。

第二，强化应急保障队伍建设。首先，设定科学的标准，对响应的社会组织进行遴选，根据不同应急救助能力进行分类编组。其次，出台相应的行政立法，为动员此类组织奠定法律依据。此类立法目的在于规范动员的途径，而不是从政治角度、模式进行动员，使得动员过程规范有序。最后，加强对社会组织的扶持力度，对于在应急过程中表现突出的单位或者个人进行奖励，在财政上对相关组织进行扶持。

四、重视大气污染公益诉讼制度研究

国外对大气污染公益诉讼无论在制度建设或是司法实践中都有成功的先例，国内学者也对此制度的假设做了很多论证，同时司法界也做出了构建环境法庭等创新性的尝试。这些都为大气污染公益诉讼构建的合理性与必要性奠定了基础。

然而，一种打破固有的法律体系的新的制度的建立需要时间和实践的考验，加之该制度理论体系不完善，难以找到我国可以完全仿效的先例，反对的呼声也比较大。虽然环境公益诉讼制度已经确立，但由于缺乏细则规定，实践中存在很多漏洞。因此，大气污染公益诉讼制度的建立还需要长时间的考验与尝试。

（一）建立多元化的大气污染损害救济方式

第一，明确大气污染治理的刑事处罚机制与行政管理机制，共同加强对大气污染的治理，达到分级制裁的目的，树立公众对大气污染治理的决心；第二，建立无过失的归责原则，使受到大气污染损害的主体得到全面赔偿；第三，建立大气环境责任保险制度，弥补因无力赔偿导致的受损害者的损失；第四，对难以确定责任人或者不能通过大气环境责任保险制度得到赔偿的，建立大气环境损害补偿基金制度给予受害人社会救助；第五，建立国家救济制度，对因大气污染造成的重大灾害、因政府决策引起的大气损害行为，由政府予以救济。

（二）建立高效的司法监督和公众监督机制

司法监督机制的建立，首先要通过制度支持建立大气污染公益诉讼制度，明确大气污染公益诉讼的体系、内容及制度保障，提高司法监督的地位，将司法监督作为大气环境制度实施的必要保证，如设立专门的大气环境法庭或者直接设立环境法院，培养专业的人才审判大气环境案件，赋予环境法院对政府决策行为和企业行为的监督权，扩大大气污染案件的受案范围，树立公众监督的信心。

公众监督机制的建立，需要通过大气污染公益诉讼制度的建立来加强。大气污染关乎每个人的切身利益，公众也最能反映大气污染治理的实际需求。而当前，公众对大气污染治理的呼声很高，却缺乏诉求的途径。明确大气污染诉讼程序、路径，建立规范的法律秩序，才能够通过公众监督，解决因政府失职或者企业为追求利益而牺牲大气环境的困境。

（三）充实大气污染公益诉讼制度原则

大气污染公益诉讼制度的建立，需要明确政府、企业与公众的合作原则，需要建立无过失责任的归责原则及大气污染的责任保险赔偿原则。

第一，政府、企业与公众的合作原则。环境合作原则不仅是环境政策，也是法律原则。在大气环境法律法规规定的范围内，政府、企业与公众可就大气环境治理进行合作，从而促成以下方面的完善：一是在促成大气污染区域治理中政府、企业、公众的磋商机制的建立；二是保障大气污染法律法规制定时利益关系人有提建议和听证的权利；三是为社会力量参与大气污染治理提供合法依据。

第二，无过失责任原则。由于大气污染产生的原因、造成的危害复杂、多样且特殊，根据传统的过错责任原则难以保护受害者的利益，因此，根据德国立法，采用无过失责任不仅有利于保护受损害者的利益，同时能促进大气污染的防治。然而，无过失原则不仅需要大气污染基本法的确立，而且需要相关配套制度与理论体系的建立与完善：一是明确大气污染的责任主体；二是明确大气污染损害赔偿的范围；三是引进疫学的因果关系证明理论。

第三，责任保险原则。大气污染损害范围广，受影响人数多，导致赔偿数额很大。责任人往往无力承担数额巨大的赔偿，从而使受损害者无法得到赔偿，对此问题，有的国家采取国家赔偿的方式弥补损害，然而，此举相当于将责任人造成的大气污染损害赔偿转嫁于全民承担，不符合大气污染治理的理念，而且会纵容责任人逃避责任，借机获利增加政府的信用负担，同时会增强其他主体的投机心理，不利于大气污染的治理。建立大气污染责任保险制度，通过保费的缴纳组成责任承担的共同体，有利于大气污染赔偿的落实，同时，保险公司为了减少赔付风险，会积极督促投保人进行大气环境保护。然而，大气污染责任保险由于出险率高、理赔费用高，必须通过国家的推动才能实施。因此，在建立大气污染责任保险制度时，应注意以下的问题：一是必须利用差别的保费机制和高效的监督机制加强投保人的自我管理；二是建立损害赔偿制度、大气污染责任保险制度与特别补偿基金制度相配合的大气污染损害赔偿体系；三是利用法律的强行规定责令相关人履行投保义务，通过严格的惩罚措施保证受损害者通过大气污染责任保险制度获得救济。

（四）完善大气污染公益诉讼实践层面的制度

第一，大气污染信息监测与备案。大气污染的治理应尽量做到事前预防，然而在我国预防性的行为占很少一部分，大部分仍然是事后救济。无论是做好预防还是事后的补救工作，都需要对大气污染信息进行全面而严格的检测并备案，这样才能对可能造成大气损害的行为及时采取预防措施，从根源上减少大气污染的损害与大气污染治理的成本；同时，只有全面的掌握大气污染相关信息，才能在污染事件发生后，及时采取补救措施，并公平的进行责任划分，有利于落实大气污染的损害赔偿。目前，我国环保部已经着手建立大气污染检测点位，统一检测能节约成本并搜集到完善的信息，行政机关积极履职的同时，相关企业或者社会组织应积极配合监测备案，对干扰信息监测或者虚假备案造成损失的，应承担相应的责任。

第二，利益衡量与大气容忍度划分。大气污染的治理与经济发展存在极大的矛盾，二者需根据实践情况进行取舍。在大气污染公益诉讼的责任划分中，也需在考虑相关因素的基础上通过价值判断进行利益衡量和大气容忍程度的划分。具体的划分标准，可以根据以下几个方面作为参考：一是根据受害利益进行取舍，如生命权与财产权发生冲突的，生命权应首先得到有效救济；二是依据功能区进行划分，如在工业区或者商业区后来进行的住宅建设，后搬进去的居民对大气污染有一定程度的容忍义务，这样可以充分发挥市场选择的功能，迫使排污者进行治理。

第三，大气污染公益诉讼前置程序的设立。我国大气污染公益诉讼建立前置程序能有效解决纠纷、督促被诉人履行义务、节约司法成本、防治司法权过度干预行政权。前置程序的建立应包括以下几个方面的内容：一是通知和举报程序，公众对大气污染的行为，可通过相关机关责令其停止损害，对相关责任人未停止侵害行为或者相关机关未履行职责的，公众可向法院提起诉讼。此程序的设置旨在给侵害人一个补救的机会，这样能更迅速地达到大气污染治理的目的。二是参照行政诉讼法的相关规定，在大气污染公益诉讼中，可采取复议前置的方法，通过复议前置，能合理划分行政权与司法权的界限，防止司法权过度干预行政权。同时，复议决定书能作为提起诉讼的依据。三是公民向检察机关提出建议书作为选择性的前置程序。通过检察机关先向相关排污者提出检察建议书，未及时采取措施的，由检察机关向人民法院提起诉讼。因为检察机关在人力、财力与诉讼经验方面都较公众更为丰富，也更能引起法院的重视，因此公众选择通过检察机关提出建议书作为前置程序能利用现有资源达到有效治理大气污染的目的。四是设置大气污染公益诉讼专门的审查程序。由于大气污染公益诉讼原告范围广，因此，有必要在诉讼程序开始前对原告身份是否相关、诉讼请求、证据、是否经过前置程序等作出审查。

第四，大气污染公益诉讼诉讼时效的延长。由于大气污染治理周期长，产生的损害复杂多变且具有隐蔽性、迟延性和不确定性，因此，大气污染公益诉讼的诉讼时效应与普通的诉讼时效有所差别。如普通诉讼时效为20年，但由于大气污染的损害难以在20年内体现出来或者以现有的科学技术难以检测出来，因此有必要延长大气污染公益诉讼的诉讼时效，使受损害者在侵害发生的一定长的时间内得到有效的补偿。

（五）明确大气污染公益诉讼制度的受案范围

基于对影响大气污染公益诉讼受案范围的多种因素的考虑，大气污染受案范围应符合以下的要求：第一，无论是大气污染民事公益诉讼还是行政公益诉讼，都必须以保护大气环境为目的，同时，被诉行为人的行为危害到或者可能危害到大气环境；第二，对于合法行为而引起的大气环境损害，应以实际损害的发生和有切实的证据证明大气环境受到或者可能受到损害为依据。对于违法行为而提起的诉讼，不以造成损害为前提条件，但应先请求相应部门履行职责对大气环境损害行为加以制止，如怠于履行职责的，可提起大气污染公益诉讼；第三，对行政机关的具体行政行为和抽象行政行为造成大气环境损害的，如违反了法律法规的规定，无论是否造成损害后果，都可以归入大气污染公益诉讼的受案范围；第四，为了维护国防安全和公共安全而做出的国家及政府行为以及为保护环境而采取的合理措施，不应作为大气污染公益诉讼的受案范围。

五、落实生态环境损害责任终身追究制

生态环境问题是重要的民生问题。改善生态环境，建设美丽中国，是我国探索建立生态文明制度体系的根本目标，而对领导干部实行生态环境损害责任终身追究制又是当中至关重要的一环。然而，推进生态环境损害责任终身追究制，是一项涉及面广、情况复杂的系统工程。国内外没有可借鉴的成熟经验，需要我国根据实际情况，不断探索，积累经验，逐步推广。

我国正在探索的生态环境损害责任终身追究制尚不成熟，应进一步健全完善该制度，具体完善路径如下：

（一）厘清责任主体

环境决策牵涉面广，为了更为客观地评价一任领导对生态环境的影响和区分生态环境损害责任终身追究的责任主体。首先，应做好基础性工作；其

次，要厘清个人生态环境损害责任和集体生态环境损害责任的界限；最后，还可以在地方政府主要党政领导干部的人事档案中，设置一张“环境绩效考核、问责追踪卡”。

（二）细化责任形式

终身追究的领导干部的生态环境损害责任应分为四种：道义责任、政治责任、行政责任和刑事责任。在生态环境损害责任终身追究的过程中，上述四种责任之间可能发生竞合问题。为妥善解决这一问题，需要进一步细化生态环境损害责任体系，厘清各种责任之间的关系，明确各种责任的适用范围，并严格执行。

（三）区分追究时效

就领导干部的生态环境损害责任而言，道义责任、政治责任和内部行政责任的追究时效可以实行“终身追究制”，而刑事责任的追诉时效必须服从于刑法的规定。要突破生态环境损害责任终身追究制的法律困局，可以通过加重领导干部环境决策的道义责任、政治责任和内部行政责任以完成惩罚和教育的功能。

（四）独立启动主体

生态环境损害责任终身追究制的启动必然要超出经济责任审计的范畴，还涉及更为专业的生态补偿、环境保护、生态修复等方面，需要多个相关部门的协同。就北京市而言，建议由北京市环保局和审计局派出机构联合落实生态环境损害责任终身追究制度，既实现由独立第三方启动程序，又确保问责结果的公正性。

（五）量化追责标准

应量化生态环境损害责任的追责标准。具体而言，发生以下情形应终身追究领导干部的生态环境损害责任：一是，区域生态环境持续恶化；二是，发生重大或特别重大环境事故；三是，对已发生的环境污染或破坏问题应对处置不当；四是，未完成区域环境质量目标或区域污染物总量控制目标。

（六）完善配套制度

1. 离任审计考核指标应涵盖环境健康指标

“自然资源资产负债表”在一定程度上是绿色 GDP 概念的延伸。但在领导干部离任环境审计中只强调“自然资源资产负债表”是不够的，因为自然资源资产并不能反映生态环境的整体质量状况。建议环境健康指标在领导干部离任环境审计考核指标体系中应占有适当的比重。

2. 进一步探索编制自然资源资产负债表

为了编制工作的顺利开展，可根据国家主体功能区的划分，先编制重点自然资源的资产负债表。例如，先从流域、土地、林地等领域着手，建立反映上述单个领域内自然资源资产基本情况的核算体系，并用报表附注的方式填列难以货币化的自然资源资产的变化情况。待经验成熟后，领导干部的离任环境审计范围应从自然资源资产扩大为环境资产。

3. 环境考核周期应与发展规划周期相一致

领导干部的环境考核周期应与发展规划周期相一致，贯穿于环境政策制定、执行、结果等全过程。对领导干部的考核必须全面考量区域发展规划的前端制定、中端执行和后端结果评估等工作效果。一旦生态环境遭受损害，要先查明出现问题的具体环节，再认定是谁在任时出现的问题，从而确定应追究谁的责任，以体现“考人”和“考事”相结合的原则。

4. 公开政府信息，引导公众参与

生态环境保护问题具有广泛性、复杂性和专业性等特点，应向公众公开政府环境决策信息，积极引导社会公众有效参与环保事业，形成多层次、多主体的事先监督体系，从而降低领导干部盲目环境决策的可能性。另外，政府信息公开也是降低考核成本的有效措施。因为考核结果的有效性和准确性是建立信息对称的基础上。

展　望

一、在城市规划中解决大气污染问题

——以河北省为例

城市规划与城市大气环境之间具有紧密的联系，科学合理的城市规划能够促使正相关的城市规划要素极大改善城市的大气环境质量，同时降低负相关城市规划要素的负面影响。综合现有的研究成果，城市规划中的人口密度、用地规模、城市工业、城市绿化和城市交通往往被笼统地认为是影响城市大气污染的重要因素。在以城市大气污染问题为导向下，如何正确评价和利用这些城市规划中的人工要素具有十分重要的现实指导意义。

（一）人口密度对城市大气污染的影响

自从有了城市，人一直是城市生活的绝对主体。对自然资源的攫取、占有、消耗以及对大气环境的影响活动都是以城市中的人为主体而实施的。在某种意义上，城市与自然的关系等同于人与自然的关系。〔1〕

对比发现，城市人口密度与城市空气质量之间存在着一定的互动影响关系，即城市人口密度在一定程度上影响着空气质量指数。例如：对比分析张家口、秦皇岛、衡水、保定、邢台这五座城市，会得出 AQI〔2〕指数与全市人口密度大致呈正相关关系的初步结论。但整体来看，AQI 指数与全市人口密度之间并非呈现出绝对的线性相关关系。例如：邯郸的全市人口密度远高于保定和邢台的全市人口密度，但邯郸 2014 年 10 月 AQI 指数的月平均值明显小于人口密度相对较小的保定和邢台。可见，城市人口密度对城市大气环境会产生一定的重要影响，但城市空气质量也会受到其他城市规划因素的影响。

---

〔1〕 雍娟等："影响大气污染的城市规划因素及其互动关系模型研究"，载《第二届山地城镇可持续发展专家论坛论文集》，第 195 页。

〔2〕 AQI（air quality index），是指空气质量指数，即定量描述空气质量状况的无量纲指数。其数值越大、级别和类别越高、表征颜色越深，说明空气污染状况越严重，对人体的健康危害也就越大。

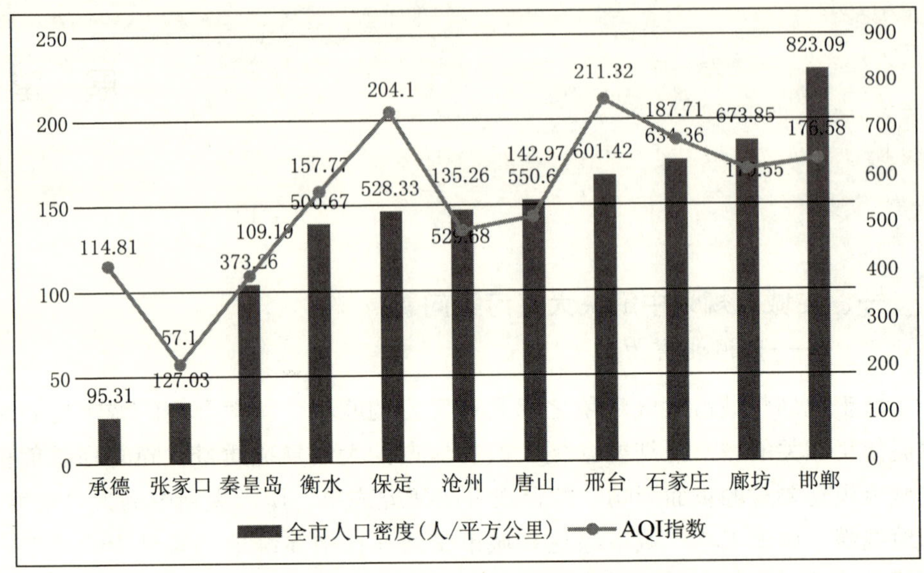

图1　人口密度与空气质量的关系图

资料来源：作者根据《中国城市统计年鉴（2013）》和环境保护部2014年10月发布的全国城市空气质量日报中公布的数据自绘。需要说明的是，图中AQI指数是指各城市2014年10月AQI指数的月平均值。

（二）用地规模对城市大气污染的影响

当代社会，城市的现代化程度和经济发展水平在一定程度上表现为城市的用地规模大小。然而，城市用地规模的无限扩张会带来一系列的生态环境问题，进而打破自然生态的原有平衡状态。城市规划届公认的影响最为深远的文献是霍华德所著的《明日的田园城市》。[1]当中，霍华德认为理想模型中的田园城市总规模应控制在24平方公里，其中城市用地的规模为4平方公里，其余部分均为农业用地。[2]《明日的田园城市》一书的发表距今已有100多年，以现有城市规模的角度来审视，霍华德提出的城市规模显然过小。但从生态环境的角度来看，循环流动的大气环境也无力及时替换超大规模城

〔1〕 1898年10月，该书以书名——《明日：一条通向真正改革的和平道路》（*Tomorrow: A Peaceful Path to Real Reform*）出版。1902年发行的第2版将书名改为了《明日的田园城市》，且内容有所删减和调节。

〔2〕 金经元："霍华德的理论及其贡献"，载《国际城市规划》2009年第S1期，第97页。

市所需的物质流。

有研究结果认为，城市用地规模是影响大气环境的一个重要因素。〔1〕一般来说，城市用地规模越大，人工施加给城市的影响也越大，城市大气环境自我调节的能力也越差，于是空气质量相应变差。

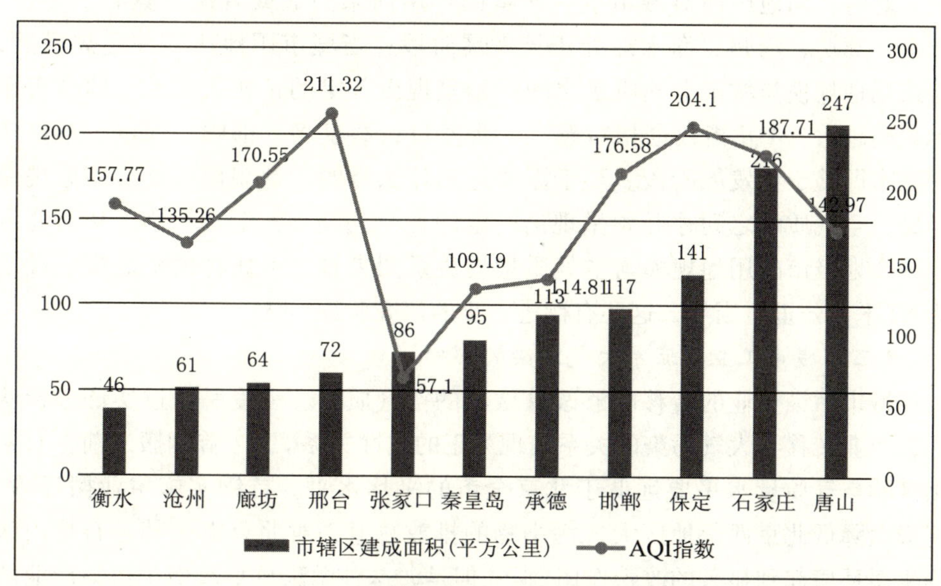

图2 用地规模与空气质量的关系图

资料来源：作者根据《中国城市统计年鉴（2013）》和环境保护部 2014 年 10 月发布的全国城市空气质量日报中公布的数据自绘。需要说明的是，图中 AQI 指数是指各城市 2014 年 10 月 AQI 指数的月平均值。

根据《中国城市统计年鉴（2013）》和环境保护部 2014 年 10 月发布的全国城市空气质量统计数据来看，城市用地规模在一定程度上影响着城市空气质量指数，但两者的关系图线性波动较大。例如，张家口、秦皇岛、承德、邯郸、保定、石家庄、唐山这七座城市的市辖区建成区面积依次递增，当月上述城市的空气质量指数也大致呈现出依次递增的趋势，即城市用地规模越大，空气质量指数越高。值得注意的时，衡水、沧州、廊坊、邢台这四座城

〔1〕 王咏薇等："城市布局规模与大气环境影响的数值研究"，载《地理物理学报》2008 年第 1 期，第 93 页。

市的城市用地规模在统计在内的十一座城市中属于较小规模的，但当月这四座城市的空气质量指数却处于较高水平，尤其是邢台的空气质量指数排名第一位。随着时代的发展，“田园城市”的规模标准也相应提高了。笔者认为，在城市发展的初期，用地规模相对较小，城市大气环境受多种因素的共同影响，此时，用地规模对城市空气质量的作用尚未凸显或者说不具有典型性，邢台、廊坊、沧州、衡水即处于该发展阶段；当城市用地达到一定规模后，城市用地规模与城市空气质量之间开始呈现出一定的正相关关系，即城市用地规模越大，AQI 指数也相对越高，张家口、秦皇岛、邯郸、保定、石家庄等城市即处于该发展阶段。至于需要达到什么样的用地规模，城市用地规模与城市空气质量之间才开始呈现出一定的正相关关系？笔者认为，从河北省十一个地级市的用地规模与空气质量的关系图来看，不妨将这个规模先设定为 80 平方公里，当然，这还有待进一步的研究验证。〔1〕

（三）城市工业对城市大气污染的影响

城市污染企业的转移能够改善城市的空气质量。王爱民通过实证分析认为，产业转移与大气污染的关系表现为正的线性关系。〔2〕首钢搬迁前，石景山区的空气质量水平要远低于北京全市的平均水平。首钢实施主业搬迁后，将极大降低北京西部地区大气污染物的排放总量，对北京市尤其是石景山区的生态环境起到显著的改善作用。〔3〕但是，这种做法只是改变了污染产业的空间排放位置，进而转移了大气污染物的源头位置，而非从源头上治理大气污染。

现有的研究成果表明，城市大气污染与工业排放之间存在着密切联系。根据贺克斌等的研究成果，北京市的 PM10 污染源中，工业排放占 26.9%；SO_2 污染源中，工业排放占 23.9%，NO_x 污染源中，工业排放占 25.9%。〔4〕工业排放物中的有毒化学物质会对人体健康造成严重的危害。

〔1〕衡水、沧州、廊坊、邢台呈现出的非典型现象，也可能与 AQI 指数的实时性有关。现阶段，笔者纳入统计的 AQI 指数还只是月平均值，可能不具有完全代表性。

〔2〕王爱民：“产业转移对环境影响的实证分析”，载《江苏商论》2013 年第 4 期，第 85 页。

〔3〕张海鹏、陈鸿汉：“首钢搬迁后石景山区土地环境的可持续发展”，载《环境保护》2008 年第 22 期，第 46 页。

〔4〕贺克斌等：“城市大气污染物来源特征”，载《城市环境与城市生态》2003 年第 6 期，第 270 页。

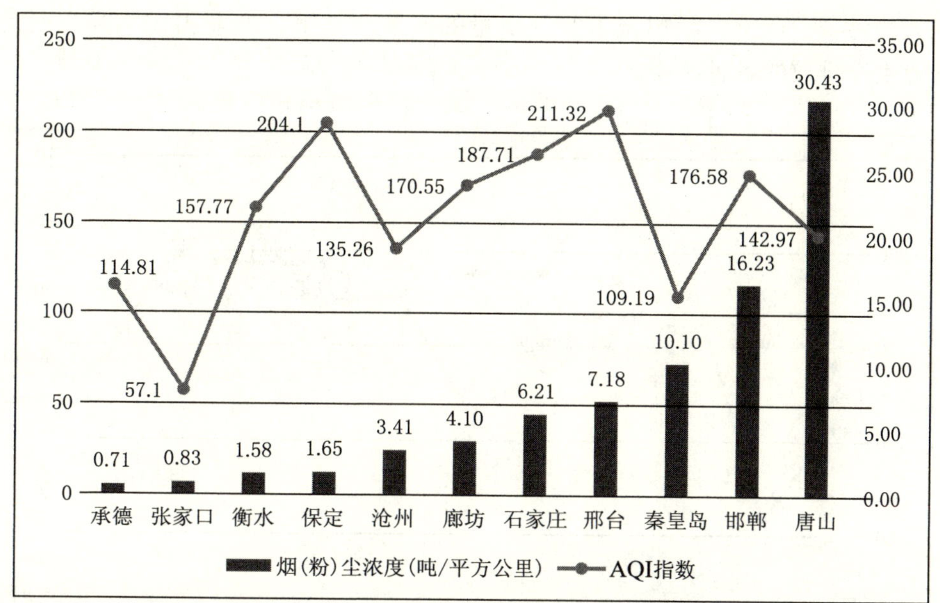

图3 工业排放与空气质量的关系图

资料来源：作者根据《中国城市统计年鉴（2013）》和环境保护部2014年10月发布的全国城市空气质量日报中公布的数据自绘。需要说明的是，图中AQI指数是指各城市2014年10月AQI指数的月平均值。

图3佐证了城市大气污染与工业排放之间存在密切联系的观点。从图3来看，烟（粉）尘浓度与城市空气质量指数具有很强的关联性，烟（粉）尘浓度越高，空气质量指数一般也越高，即大气污染程度越严重。秦皇岛的烟（粉）尘浓度高于保定和邢台的烟（粉）尘浓度，但秦皇岛的空气质量指数远低于保定和邢台的，这属于数据的正常波动，同时反映了秦皇岛的空气质量指数也受其他城市规划因素的重要影响。

从图4来看，虽然第二产业占GDP的比重能够反映出城市的产业结构和工业规模，但并非第二产业占比越高其空气质量指数就越高，这也与其城市经济规模、生产技术、防治水平等因素有关。或者说，现阶段的河北省，在各地级市第二产业占各自GDP比重比较接近的情况下，第二产业占GDP的比重与空气质量之间没有很强关联性。不仅河北省存在上述情况，北京更是这方面的典型例子。根据《中国城市统计年鉴（2013）》的统计数据，第二产业占北京市GDP的比重非常低，仅为22.70%，但北京一直以来遭受着严重的大气污染。可见，影响城市空气质量的因素不是第二产业占比本身，而是工业生产排放的各种污染。

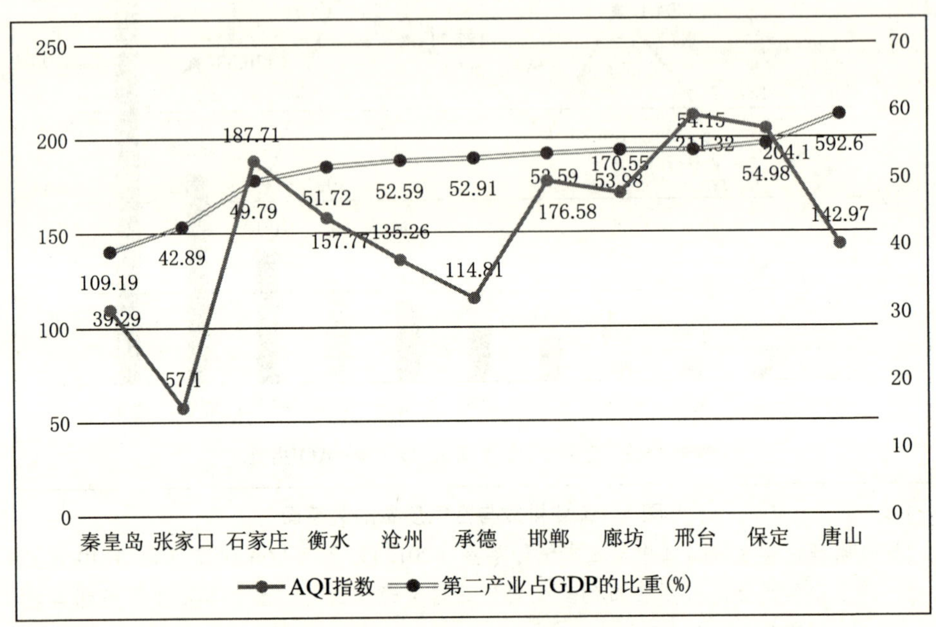

图4　第二产业与空气质量的关系图

资料来源：作者根据《中国城市统计年鉴（2013）》和环境保护部2014年10月发布的全国城市空气质量日报中公布的数据自绘。需要说明的是，图中AQI指数是指各城市2014年10月AQI指数的月平均值。

（四）城市绿化对城市大气污染的影响

城市绿化是一座城市生态环境的重要名片，它是连接人工系统和生态系统的桥梁。有研究结果表明，为解决城市大气污染这一严峻的环境问题，除从源头进行治理外，城市绿化也是一种重要的补充手段。[1]

---

〔1〕刘艳菊、丁辉：“植物对大气污染的反应与城市绿化”，载《植物学通报》2001年第5期，第585页。

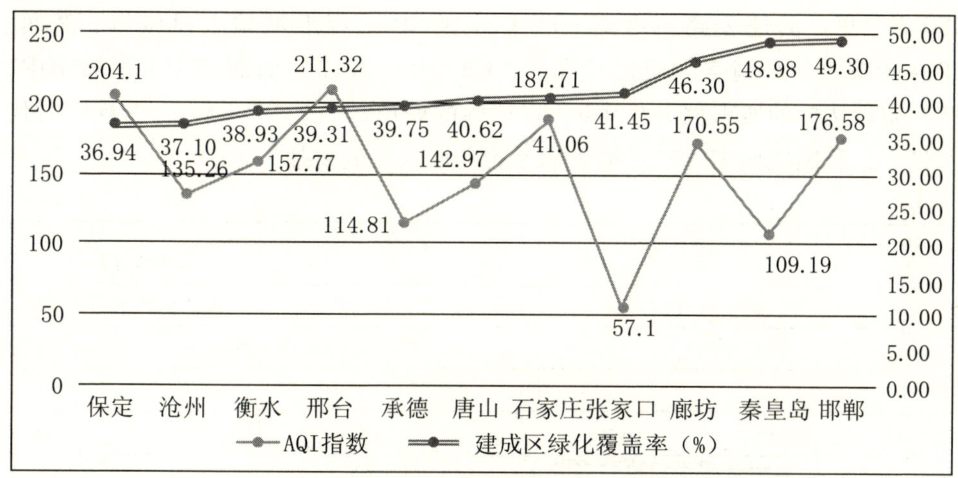

图 5　城市绿化与空气质量的关系图

资料来源：作者根据《中国城市统计年鉴（2013）》和环境保护部 2014 年 10 月发布的全国城市空气质量日报中公布的数据自绘。需要说明的是，图中 AQI 指数是指各城市 2014 年 10 月 AQI 指数的月平均值。

通过对图 5 的比较分析，城市绿化覆盖率对城市的影响不太明显，两者之间没有很强的关联性。现阶段，邯郸的城市绿化覆盖率最高，但其空气质量指数却明显高于沧州、承德、张家口、秦皇岛等城市。按照既有的生态学原理，植被对城市大气环境的影响应是非常明显的。但是，图 5 表明城市系统中的植被其原有的净化功能已经被弱化，城市绿化覆盖率的提高对城市大气环境的积极影响已经不足以显著改变人类活动给城市大气环境带来的各种破坏。换言之，现阶段提高城市绿化覆盖率对改善城市大气环境的积极影响很微弱，城市绿化覆盖率是影响城市空气质量的次要因素。当下，我国在建设生态城市的过程中存在寄予城市绿化过多期待的现象，而这种美好期待已经超出了城市绿化对城市生态的积极作用的范围。

（五）城市交通对城市大气污染的影响

2014 年末，我国民用汽车保有量达到 1.5447 亿辆，较上年度增长了 12.4%，其中私人汽车保有量达到 1.2584 亿辆，增长了 15.5%。[1] 此外，《交通运输“十二五”发展规划》提出，到 2015 年我国公路总里程将达到

〔1〕 数据来源于《2014 年国民经济和社会发展统计公报》。

450 万公里，高速公路将覆盖 90% 以上的 20 万以上城镇人口城市。然而，2014 年按照《环境空气质量标准》（GB3095－2012）监测的 161 个城市中，空气质量达标的城市仅占 9.9%，未达标的城市却高达 90.1%。〔1〕在此时代背景下，我国的城市大气环境正承受着前所未有的挑战。

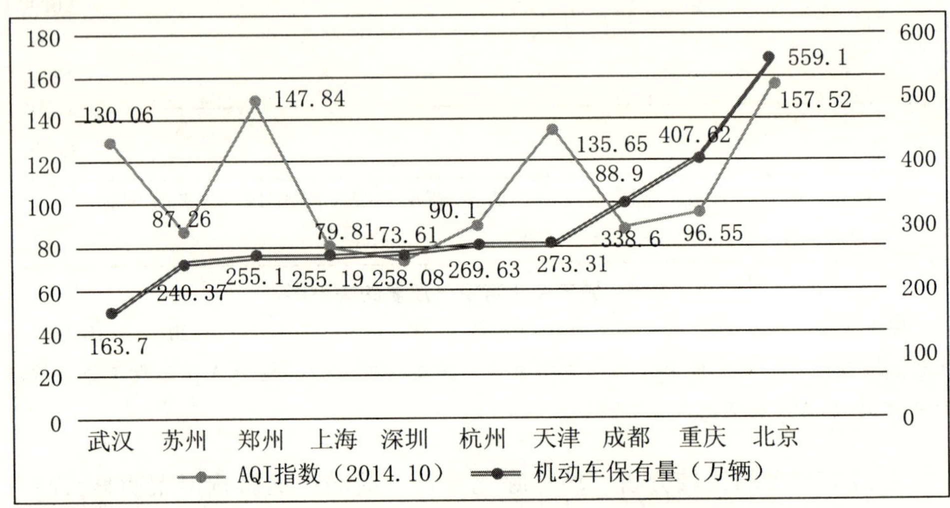

图 6 机动车保有量与空气质量的关系图

资料来源：作者根据环境保护部 2014 年 10 月发布的全国城市空气质量日报和各市国民经济和社会发展统计公报中公布的数据自绘。需要说明的是，图中 AQI 指数是指各城市 2014 年 10 月 AQI 指数的月平均值。鉴于部分城市尚未发布其 2014 年的国民经济和社会发展统计公报，图中北京、上海、杭州、苏州和武汉的数值统计的是 2014 年的数据，其余城市统计的是 2013 年的数据。

有研究认为："机动车排放的废气已成为城市道路大气污染的主要污染源"。〔2〕另根据环境保护部 2013 年发布的《全国环境统计公报（2012）》，2012 年，机动车废气中氮氧化物排放量达到 640.0 万吨，占全国废气中氮氧化物排放总量的 27.4%；机动车废气中烟（粉）尘（颗粒物）排放量达到 62.1 万吨，占全国废气中烟（粉）尘排放总量的 5.0%。烟（粉）尘（颗粒

〔1〕数据来源于《2014 年国民经济和社会发展统计公报》。

〔2〕张广昕等："城市道路大气环境质量保障体系研究"，载《聊城大学学报（自然科学版）》2012 年第 4 期，第 62 页。

物）以及由氮氧化物在空气中发生化学反应后产生的物质是造成城市大气污染的重要污染源。图 6 显示的机动车保有量与空气质量的关系图也进一步佐证了这一点。从图 6 来看，城市机动车保有量与空气质量指数具有很强的关联性，机动车保有量越高，空气质量指数也相应越高，即城市空气质量越差。武汉、郑州和天津的数据波动是正常的，反映了这三座城市的空气质量指数受其他城市规划因素的重要影响。例如：这三座城市都是我国重要的工业城市，城市工业对其大气环境的影响比较明显。因此，机动车排放的废气是造成城市大气污染的重要因素。

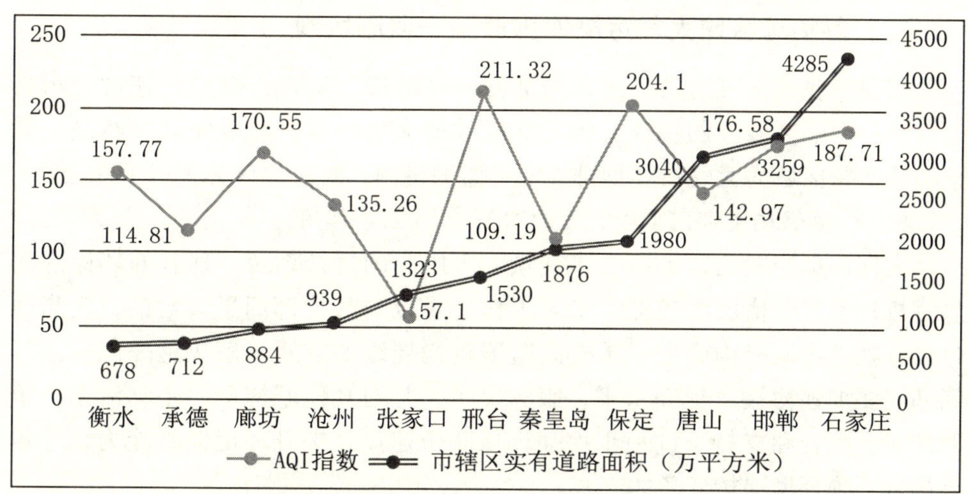

图 7　城市道路面积与空气质量的关系图

资料来源：作者根据《中国城市统计年鉴（2013）》和环境保护部 2014 年 10 月发布的全国城市空气质量日报中公布的数据自绘。需要说明的是，图中 AQI 指数是指各城市 2014 年 10 月 AQI 指数的月平均值。

虽然机动车排放的废气是造成城市大气污染的重要因素，但图 7 表明城市道路面积对城市空气质量指数的影响不具有典型性，即城市道路面积与城市空气质量之间不具有很强的关联性，城市空气质量主要受其他城市规划因素的影响。在某种程度上，这证明了单纯通过增加城市道路面积来解决城市大气污染问题是行不通的。

（六）结论与建议

本书通过对城市规划中几个人工要素对城市大气环境影响的实证分析，

得出人口密度、用地规模、工业排放和机动车保有量对城市空气质量具有重要影响的结论，而第二产业占比、城市绿化覆盖率和城市道路面积的功能却被夸大化了。因此，在以治理城市大气污染问题为导向下，城市规划应厘清主次要素，正确评价和利用城市规划中的这些人工要素，以实现治理城市大气污染、建设生态城市的目的。综合以上结论，本文建议，提高人口教育素质，合理引导人口在产业间的分布；优化城市空间布局，科学利用城市空气通道；继续调整产业结构，加大对环保节能行业的财政投入；实行绿色交通战略，大力推广新能源交通工具。

二、落实跨区域大气污染物排放统一监测机制

当前，我国大气污染已进入局部性污染阶段，呈现出蔓延快速性、污染综合性和影响区域性的特征。为建立有效的大气污染区域联防联控机制，需全面落实跨区域的大气污染物排放统一监测机制，对策建议分为以下几点。

（一）协调相关部门职能，发挥环保部门主导作用

大气污染控制问题是一个多变量、多层次的复杂系统。现有的环保部门监测机构设置规格层级较低，实际工作中难以与其他部门平等对话，应当通过设置独立协调机构或进一步提高监测机构层级的方式来解决这一问题。环保部门要加强协调，提高水平，服务民生，并与其他职能部门主动沟通，争取理解、配合和支持。进一步加强环保队伍建设，提升环境监管能力，并积极推进各项环境保护任务的落实。

（二）突破传统行政区划，科学划分环境监测区域

大气污染具有流动性特征，污染导致的后果会跨越多个行政区划。因此，应当以环境科学为基础确定大气污染物所特有的流动区域，将大气污染联防联控逐步从原有部门的日常工作中脱离，使之成为独立的、规范的制度体系。此外，应进一步建立和完善制度化的区域环境监测合作机制，通过制定环境规划、共享信息平台、联合执法行动、应急预警方案等多种大气污染防治措施，突破行政区划的地域限制，也避开地方行政权力的不公正影响，切实保障跨区域统一监测体系的科学公正。

（三）合理布局监测站点，培养环境监测人才队伍

大气污染物排放的后果具有区域性，监测数据往往与监测机构距监测对象的距离有关，因此基层环境监测站点的建设处于关键地位。应在已有站点

的基础上进行调整型改革，杜绝为了短期效益的临时性建站行为，避免人力、物力和资源的浪费。在建站合理的基础上，取得更真实准确的监测数据并依法公开，积极履行环境信息公开职责。同时配备高素质的监测人员，进一步加强环保监测队伍建设，提升环境监测能力，为各项环境保护任务的落实提供坚实的科学支撑 。

（四）升级监测技术设备，统一区域环境监测标准

我国自“十五计划”以来重视环境监测能力建设工作，虽取得一定成效，但由于环境监测整体存在现有设备技术落后、新建设备配置不合理、重复建设浪费资源的现象，致使成效不大。今后应重点做好设备的科学采购，提高使用效率，全面升级监测技术设备，使之达到科学化、规范化和效益化。此外，我国各地方环境监测部门技术标准自成体系，导致监测结果存有差异。因此，应对环境监测技术标准进行科学、有序的统一，提升数据的真实性与准确性。

（五）加强企业污染监督，强化区域企业环境责任

企业事业单位和其他生产经营者应当防止、减少环境污染和生态破坏，接受社会监督。重点排污单位应按照国家有关规定和监测规范安装使用监测设备，保存原始监测记录。以现行的法律依据为基础，进一步建立对企业监测评估的实施细则，明确企业的污染防治责任。对造成严重污染的企业加大执法力度，对所造成的损害依法承担法律责任，强化区域内企业的环境保护责任。

（六）完善社会监测机构，充分调动社会公众参与

我国公众对环境监测的热切关注源于 2011 年 11 月以来对 PM2.5 数值的认识，社会公众环境意识的提高给政府环境监测工作带来了新的挑战。应当总结先前在各地开展的环境监测市场化运营试点经验，合理引导社会监测。环境监测具有技术专业和结果公益的双重属性，相关部门应推进完善社会组织环境监测机构资质的许可制度，实现依法管理，保障社会组织环境监测数据的可信度和专业度。环境治理还应满足公众参与权不断拓展的要求，不断完善大气污染治理模式，丰富公众参与形式，实现政府与社会共治，从而提高治理水平。

（七）监察政府履职情况，严格追究落实法律责任

环保部门的监测工作存在若干问题，包括日常监测不尽职、监督企业不

到位、应对污染不及时等。应当在完善环境监测监察机制的同时，推进落实对直接责任人员和相关负责领导的罚则制度，严格追究行政渎职和不作为行为的法律责任，保证跨区域统一监测机制处于制度监督之下，良好运行于规范化轨道之中，否则建立统一的监测网络和监测数据信息体系的目标则将无从谈起。

三、探索建立检察机关提起环境公益诉讼制度

环境公益诉讼是维护公众环境利益的重要途径，也是化解环境群体事件的重大举措。但是，在现有环境公益诉讼制度下，公众的环境利益很难得到及时救济，这就为环境群体事件的频发埋下了隐患。“党的十八届四中全会公报”指出，探索建立检察机关提起公益诉讼制度。这就为化解环境群体事件、破解环境公益诉讼的制度瓶颈指明了方向。

当前，公民个人、环保组织如果自行提起环境诉讼，在面对实力强大的排污企业和环境行政诉讼中的行政机关时，很难收集到有效的证据材料，而且需要投入大量人力、物力、财力。并且由于原、被告双方之间的力量悬殊，导致受害人承担很大的败诉风险，此时受害人往往极易陷入动力匮乏和群体事件的困境中。

司法实践中由行政机关作为原告提起的环境公益诉讼也暴露处不少问题。一些行政机关过于注重自身局部利益，往往出现多头管理、互相牵制、互相推诿等现象，这些都会严重影响其行为的公正性。此外，政府和企业之间时常存在利益纽带，这也致使行政机关提起的环境公益诉讼的公正性受到公众质疑。

环境侵权案件的特殊性使得公民个人、环保组织以及行政机关提起的环境公益诉讼很难切实维护公众的环境利益，为环境群体事件的滋生埋下了隐患。这样，解决问题的关键就是创新环境公益诉讼制度，探索建立检察机关提起环境公益诉讼制度，拓宽诉讼救济渠道，弥补行政手段不足，减少公众维权成本，妥善协调利益冲突，有效化解群体事件。

（1）完善相关法律法规。我国现行的《民事诉讼法》《环保法》和《人民检察院组织法》没有明确检察机关的环境公益诉权，建议进一步明确检察机关的公益诉讼主体资格并制定专门的《公益诉讼法》。

（2）实行举证责任倒置。为了在一定程度上实现原、被告双方的力量均衡，我国在环境侵权案件中实行举证责任倒置原则。检察机关提起环境公益诉

讼也应当实行这一原则，规定由被告提供主要证据，原告仅负一般举证责任。

（3）提升专业技术水平。环境案件往往涉及大量专业问题，建议逐步对检察机关内部负责环境公益诉讼的相关人员开展有针对性的环保专业知识培训，并聘请权威环境专家参与环境公益诉讼。

（4）明确提起诉讼范围。我国法律应明确检察机关提起环境公益诉讼的范围，对某些特定环境公益诉讼案件必须由检察机关提起，如破坏自然资源、威胁人类生存发展的案件，以及污染生态环境、危害广大人民生命财产安全的案件。

（5）内部设立专门机构。考虑到环境公益诉讼具有较强的专业性和技术性，建议进一步在检察机关内部专门设立环境监察厅（处、科、室）等机构。如此一来，不仅可以提高资源的利用效率，有效集中司法资源，也能避免出现机构臃肿、人员闲置的现象。

主要参考文献

一、中文文献

（一）著作类

1. 卞耀武主编:《中华人民共和国大气污染防治法释义》，法律出版社2001年版。
2. 别涛主编:《环境公益诉讼》，法律出版社2007年版。
3. 蔡守秋主编:《环境资源法教程》，高等教育出版社2004年版。
4. 蔡守秋:《新编环境资源法学》，北京师范大学出版社2009年版。
5. 蔡守秋主编:《欧盟环境政策法律研究》，武汉大学出版社2002年版。
6. 常纪文、陈明剑:《环境法总论》，中国时代经济出版社2003年版。
7. 曹明德:《生态法原理》，人民出版社2002年版。
8. 曹明德主编:《环境资源法教程》，中国人民大学出版社2008年版。
9. 曹沛霖:《西方政治制度》，高等教育出版社2002年版。
10. 楚道文:《清洁空气立法研究》，知识产权出版社2009年版。
11. 高桂林、于钧泓、罗晨煜编著:《大气污染防治理论与实务》，中国政法大学出版社2014年版。
12. 高桂林、刘向宁、李姗姗主编:《环境法：原理与案例》，知识产权出版社2012年版。
13. 高桂林:《公司环境责任研究》，中国法制出版社2005年版。
14. 高铭暄、马克昌:《刑法学》，北京大学出版社、高等教育出版社2000年版。
15. 陈亮:《美国环境公益诉讼原告适格规则研究》，中国检察出版社2010年版。
16. 陈德敏:《环境法原理专论》，法律出版社2008年版。
17. 陈泉生:《法学方法论的生态化》，法律出版社2008年版。
18. 陈振明主编:《政治学》，中国社会科学出版社1999年版。
19. 邓一峰:《环境诉讼制度研究》，中国法制出版社2008年版。
20. 窦玉珍主编:《环境法》，清华大学出版社2008年版。
21. 冯玉军主编:《法经济学》，中国人民大学出版社2013年版。
22. 黄光宇、陈勇:《生态城市理论与规划设计方法》，科学出版社2003年版。
23. 黄寰:《区际生态补偿伦》，中国人民大学出版社2012年版。

24. 吕忠梅:《环境法新视野》,中国政法大学出版社 2000 年版。
25. 吕忠梅主编:《环境资源法论丛》(第 8 卷),法律出版社 2008 年版。
26. 吕忠梅主编:《环境资源法论丛》(第 7 卷),法律出版社 2007 年版。
27. 吕忠梅主编:《环境法学》,法律出版社 2008 年版。
28. 兰华:《西方政治制度比较研究》,山东人民出版社 2008 年版。
29. 李步云:《宪法比较研究》,法律出版社 1998 年版。
30. 李霞:《波斯纳:法律的经济分析》,黑龙江大学出版社 2009 年版。
31. 冷罗生:《日本公害诉讼理论与案例评析》,商务印书馆 2005 年版。
32. 刘长兴:《公平的环境法——以环境资源配置为中心》,法律出版社 2009 年版。
33. 韩德培主编:《环境保护法教程》(第 5 版),法律出版社 2007 年版。
34. 韩大元、林来梵、郑贤君:《宪法学专题研究》,中国人民大学出版社 2004 年版。
35. 侯志山:《外国行政监督制度与著名反腐机构》,北京大学出版社 2004 年版。
36. 江伟钰、陈方林主编:《资源环境法词典》,中国法制出版社 2005 年版。
37. 金瑞林主编:《环境法学》(第 3 版),北京大学出版社 2013 年版。
38. 潘静成、刘文华主编:《经济法》,中国人民大学出版社 2010 年版。
39. 浦兴祖、洪涛:《西方政制学说史》,复旦大学出版社 1999 年版。
40. 宋玉波:《民主政制比较研究》,法律出版社 2001 年版。
41. 孙强编著:《环境经济学概论》,中国建材工业出版社 2005 年版。
42. 宋冰编:《读本:美国与德国的司法制度及司法程序》,中国政法大学出版社 1999 年版。
43. 唐晓、王为、王春英:《当代西方国家政治制度》(修订版),世界知识出版社 2005 年版。
44. 田穗生、高秉雄、吴卫生等:《中外代议制度比较》,商务印书馆 2000 年版。
45. 吴国庆:《当代各国政治体制——法国》,兰州大学出版社 1998 年版。
46. 王玉庆主编:《环境经济学》,中国环境科学出版社 2002 年版。
47. 王树义主编:《环境法前沿问题研究》,科学出版社 2012 年版。
48. 王树义:《俄罗斯生态法》,武汉大学出版社 2001 年版。
49. 王灿发主编:《北京市地方环境法治研究》,中国人民大学出版社 2009 年版。
50. 王国聚:"西方发达国家议会监督制度探析",载《人大研究》2009 年第 8 期。
51. 汪劲:《中外环境影响评价制度比较研究》,北京大学出版社 2006 年版。
52. 徐祥民、胡中华、梅宏主编:《环境公益诉讼研究——以制度建设为中心》,中国法制出版社 2009 年版。
53. 徐祥民主编:《中国环境法学评论》(第 9 卷),科学出版社 2013 年版。
54. 徐祥民主编:《中国环境法学评论》(第 8 卷),科学出版社 2012 年版。

55. 徐祥民主编：《中国环境法学评论》（第 7 卷），科学出版社 2011 年版。
56. 徐向华、孙潮、刘志欣主编：《特大城市环境风险防范于应急管理法律制度研究》，法律出版社 2011 年版。
57. 颜运秋：《公益经济诉讼：经济法诉讼体系的构建》，法律出版社 2008 年版。
58. 杨逢春：《民主论》，上海人民出版社 1989 年版。
59. 赵胜才：《论区域环境法律》，光明日报出版社 2009 年版。
60. 张文显：《法理学》，高等教育出版社 2011 年版。
61. 周林彬：《法律经济学论纲》，北京大学出版社 1998 年版。
62. 周珂等主编：《环境保护法》，中国人民大学出版社 2013 年版。
63. 周珂、高桂林、楚道文：《环境法》，中国人民大学出版社 2013 年版。
64. 张雷：《政府环境责任问题研究》，知识产权出版社 2012 年版。
65. 张宏生、谷春德主编：《西方法律思想史》，北京大学出版社 1990 年版。
66. 张志明编：《〈关于实行党政领导干部问责的暂行规定〉辅导读本》，中国法制出版社 2009 年版。
67. 朱苏力：《法治及其本土资源》，中国政法大学出版社 1996 年版。
68. ［英］A. J. 汤因比、［日］池田大作：《展望 21 世纪——汤因比与迟田大作对话录》，荀春生等译，国际文化出版公司 1985 年版。
69. ［英］汤姆・惕滕伯格：《环境经济学与政策》，朱启贵译，上海财经大学出版社 2003 年版。
70. ［英］佛里德里希・冯・哈耶克：《法律、立法与自由》（第 2、3 卷），邓正来译，中国大百科全书出版社 1997 年版。
71. ［英］洛克：《政府论》（下册），叶启芳、瞿菊农译，商务印书馆 1996 年版。
72. ［英］詹宁斯：《英国议会》，蓬勃译，商务印书馆 1959 年版。
73. ［美］曼昆：《经济学原理》，梁小民译，北京大学出版社 2009 年版。
74. ［美］艾蒂丝．布朗．魏伊丝：《公平地对待未来人类：国际法、共同遗产与世代间衡平》，汪劲等译，法律出版社 2000 年版。
75. ［美］威廉・F. 韦斯特：《控制官僚——制度制约的理论与实践》，张定淮译，重庆出版社 2001 年版。
76. ［美］罗伯特・D. 考特、托马斯・S. 尤伦：《法和经济学》，施少华、姜建强等译，上海财经大学出版社 2002 年版。
77. ［美］詹姆斯・M. 布坎南、戈登・塔洛克：《同意的计算——立宪民主的逻辑基础》，陈光金译，中国社会科学出版社 2000 年版。
78. ［美］凯斯・R. 孙思坦：《设计民主：论宪法的作用》，金朝武、刘会春译，法律出版社 2006 年版。

79. [美] 霍华德·鲍:《宪政与自由:铁面大法官胡果·L. 布莱克》,王保军译,法律出版社 2004 年版。
80. [美] 阿尔蒙德、小鲍威尔主编:《当代比较政治学——世界展望》,朱曾汶、林铮译,商务印书馆 1993 年版。
81. [美] 加里·沃塞曼:《美国政治基础》,陆震纶等译,中国社会科学出版社 1994 年版。
82. [美] 乔·萨托利:《民主新论》,冯克利、阎克文译,东方出版社 1998 年版。
83. [美] 大卫·弗里德曼:《经济学语境下的法律》,杨欣欣译,法律出版社 2004 年版。
84. [美] 理查德·波斯纳:《法律理论的前沿》,武欣、凌斌译,中国政法大学出版社 2003 年版。
85. [美] 理查德·波斯纳:《法理学问题》,苏力译,中国政法大学出版社 2002 年版。
86. [美] 尼古拉斯·麦考罗、斯蒂文·G. 曼德姆:《经济学与法律——从波斯纳到后现代主义》,朱慧等译,法律出版社 2005 年版。
87. [美] 道格拉斯·G. 诺斯:《经济史中的结构与变迁》,陈郁等译,上海三联书店 1990 年版。
88. [日] 小山仁示:《西淀川公害:大气污染的被害和历史》,东方出版社 1988 年版。
89. [法] 亚历山大. 基思:《国际环境法》,张若思译,法律出版社 2000 年版。
90. [法] 孟德斯鸠:《论法的精神》(上册),张雁深译,商务印书馆 1963 年版。
91. [法] 卢梭:《社会契约论》,何兆武译,商务印书馆 2005 年版。
92. [法] 夏尔·阿列克西·德·托克维尔:《论美国的民主》,董果良译,商务印书馆 1993 年版。
93. [法] H. 法约尔:《工业管理和一般管理》,周安华、林宗锦、展学仲等译,中国社会科学出版社 1982 年版。
94. [德] 柯武刚、史漫飞:《制度经济学:社会秩序与公共政策》,韩朝华译,商务印书馆 2000 年版。
95. [德] 马克斯·韦伯:《经济与社会》(上卷),林荣远译,商务印书馆 1997 年版。
96. [挪威] A. J. 伊萨克森、[瑞典] C. B. 汉密尔顿、[冰岛] T. 吉尔法松:《理解市场经济》,张胜纪、肖岩译,商务印书馆 1996 年版。
97.《马克思恩格斯全集》(第 23 卷),中共中央编译局译,人民出版社 1972 年版。

(二) 文章类

1. 安彤:"浅论大气环境管理重心由总量控制向质量改善转型",载《环境与可持续发展》2013 年第 1 期。
2. 白韫雯、杨富强:"美国治理 PM2. 5 污染的经验和教训",载《中国能源》2013 年第 4 期。

3. 别涛："环境公益诉讼立法的新起点——《民诉法》修改之评析与《环保法》修改之建议"，载《法学评论》2013 年第 1 期。
4. 别涛："中国的环境公益诉讼及其立法设想"，载《中国环境法治》2010 年第 1 期。
5. 柴发合："建议成立区域性大气污染管理部门"，载《环境》2008 年第 7 期。
6. 柴发合、云雅如、王淑兰："关于我国落实区域大气联防联控机制的深度思考"，载《环境与可持续发展》2013 年第 4 期。
7. 常纪文："域外借鉴与本土创新的统一：《关于推进大气污染联防联控工作 改善区域空气质量的指导意见》之解读（上）"，载《环境保护》2010 年第 5 期。
8. 常纪文："域外借鉴与本土创新的统一：《关于推进大气污染联防联控工作改善区域空气质量的指导意见》之解读（下）"，载《环境保护》2010 年第 10 期。
9. 常纪文："大气污染区域联防联控应实行共同但有区别责任原则"，载《环境保护》2014 年第 15 期。
10. 曹明德、王京星："我国环境税收制度的价值定位及改革方向"，载《法学评论》2006 年第 1 期。
11. 曹锦秋、吕程："联防联控：跨行政区域大气污染防治的法律机制"，载《辽宁大学学报（哲学社会科学版）》2014 年第 6 期。
12. 陈光："论我国区域立法协调的必要性和可行性"，载《齐齐哈尔大学学报》2009 年第 9 期。
13. 陈云俊、董强："大气污染治理主要方法的法经济学分析"，载《经营管理者》2014 年第 13 期。
14. 冯百侠、王倩楠、陈金："发达国家大气污染联防联控的成功模式与启发"，载《河北联合大学学报（社会科学版）》2013 年第 4 期。
15. 高桂林、陈云俊："大气污染治理公众参与的法经济学分析"，载《广西社会科学》2014 年第 11 期。
16. 高桂林、陈云俊："评析新《大气污染防治法》中的联防联控制度"，载《环境保护》2015 年第 18 期。
17. 高桂林、姚银银："大气污染联防联治中的立法协调机制研究"，载《法学杂志》2014 年第 8 期。
18. 高桂林、罗晨煜："大气重污染应急管理制度建设与展望"，载《环境保护》2014 年第 22 期。
19. 高桂林："论公司环境责任的法理学基础"，载《甘肃理论法学》2008 年第 3 期。
20. 高桂林、陈昊博："我国环境保护法律体系的经济分析"，载《学术论坛》2014 年第 3 期。
21. 付华辉："环境问责：'离任审计'和'终身追究'如何落地"，载《海南人大》2014

年第5期。
22. 何渊："美国的区域法制协调——从州际协定到行政协议的制度变迁"，载《环球法律评论》2009年第6期。
23. 何君安："论马克思主义对民主价值传播和民主政治发展的贡献"，载《新疆社会科学》2011年第2期。
24. 胡建淼、郑春燕："论行政领导人行政责任的准确认定"，载《浙江大学学报（人文社会科学版）》2004年第6期。
25. 韩志红、付大学："地方政府之间合作的制度化协调——区域政府的法治化路径"，载《北方法学》2009年第2期。
26. 华国庆："我国区域立法协调研究"，载《学术界》2009年第2期。
27. 李英："加强环境合作与可持续发展法制初探"，载《法学家》2007年第2期。
28. 李杨勇："论共同但有区别责任原则"，载《武汉大学学报（哲学社会科学版）》2007年第4期。
29. 李艳芳："公众参与和完善大气污染防治法律制度"，载《中国行政管理》2005年第3期。
30. 李禾："大气污染防治法：能否'改'出一片蓝天"，载《科技日报》2011年2月24日。
31. 李启家："日本大气污染防治立法新动向探微"，载《环境导报》2000年第4期。
32. 李家才："洛杉矶经验与珠三角地区灰霾治理"，载《环境保护》2013年第11期。
33. 吕忠梅："环境公益诉讼辨析"，载《法商研究》2008年第11期。
34. 刘洁、万玉秋、沈国成、汪晓勇："中美跨区域大气环境监管比较研究及启示"，载《四川环境》2011年第5期。
35. 刘丽："我国国家生态补偿机制研究"，青岛大学2010博士学位论文。
36. 刘福智、刘媛："绿色建筑与可持续发展理论的发展及概述"，载《沿海企业与科技》2005年第8期。
37. 刘大为："区域大气污染联防联控研究——以关中地区为例"，西北大学2011年硕士学位论文。
38. 刘鸿志："大气污染影响及其近期治理措施分析"，载《环境保护》2013年第15期。
39. 刘用凯、金致凡、石成春："抓住契机持续改善空气质量"，载《环境保护》2013年第11期。
40. 刘作翔："权利冲突的几个理论问题"，载《中国法学》2002年第2期。
41. 龙隆："论跨界环境污染损害赔偿责任"，吉林大学2011年硕士学位论文。
42. 陆新元等："中国环境行政执法能力建设现状调查与问题分析"，载《环境科学研究》2006年第S1期。
43. 韩文科："推动新能源汽车发展加快城市空气治理"，载《环境保护》2013年第10期。

44. 季卫东："世纪之交日本司法改革的述评"，载《环球法律评论》2002 年第 1 期。
45. 蒋梦惟："京津冀一体化环保率先破局"，载《北京商报》2014 年 4 月 29 日。
46. 牛睿："加强区域立法协调"，载《理论界》2007 年第 8 期。
47. 宁淼、孙亚梅、杨金田："国内外区域大气污染联防联控管理模式分析"，载《环境与可持续发展》2012 年第 5 期。
48. 尚凡莹："论环境法中的环境优先原则"，中国政法大学 2011 年硕士学位论文。
49. 沈昕一："美国大气污染治理的‘杀手锏’"，载《世界环境》2012 年第 1 期。
50. 孙育玮、钱福臣："论法的作用"，载《求是学刊》1994 年第 1 期。
51. 孙太利："关于尽快出台空气治理方案有效改善城市大气污染现象的意见和建议的提案"，载《重要提案》2013 年第 3 期。
52. 苏汝劼："建立淘汰落后产能长效机制的思路与对策"，载《宏观经济研究》2012 年第 5 期。
53. 宋国君、何伟、陈德良："设计合理的城市空气质量评估模"，在《环境经济》2013 年第 11 期。
54. 宋方青、朱志昊："论我国区域立法合作"，载《政治与法律》2009 年第 11 期。
55. 施云飞："国外治理大气污染有哪些成功经验"，载《中国财经报》2013 年第 8 期。
56. 施雪华、邓集文："西方国家行政问责制的类型与程序"，载《中共天津市委党校学报》2009 年第 5 期。
57. 彭应登、张中华、胡粼粼："北京大气污染天形成的原因及特点浅析"，载《中国环境科学学会学术年会论文集》2013 年。
58. 彭应登："中国城市 PM2.5 污染状况及防治途径"，载《中国经济报告》2012 年第 1 期。
59. 彭巨水："对领导干部实行自然资源资产离任审计的思考"，载《中国国情国力》2014 年第 4 期。
60. 彭本利、李爱年："对我国排污权交易实践的评价研究"，载《安徽农业科学》2012 年第 5 期。
61. 魏文静："中国城市大气污染现状及综合防治措施探析"，载《天津科技》2009 年第 6 期。
62. 毛显强、钟瑜、张胜："生态补偿的理论探讨"，载《中国人口 · 资源与环境》2002 年第 4 期。
63. 任丽丹："京津冀大气污染联防联控路径研究"，河北大学 2014 年硕士学位论文。
64. 秦天宝、郭明磊："北美自由贸易区和欧盟的区域性环境政策浅析"，载《上海环境科学》2000 年第 2 期。
65. 万薇、张世秋、邹文博："中国区域环境管理机制探讨"，载《北京大学学报（自然科学版)》2010 年第 3 期。

66. 王金南、宁淼、孙亚梅、杨金田："改善区域空气质量 努力建设蓝天中国——重点区域大气污染防治'十二五'规划目标、任务与创新"，载《环境保护》2013 年第 5 期。
67. 王金南、宁淼、孙亚梅："区域大气污染联防联控的理论与方法分析"，载《环境与可持续发展》2012 年第 5 期。
68. 王奇、胡晓路、张远航："关于区域大气环境保护一体化的思考"，载《环境保护》2010 年第 9 期。赵以忻、仲良喜："关于强化城市大气环境管理若干问题的思考"，载《城市管理与科技》2000 年第 3 期。
69. 王攀科："论我国生态补偿法律制度的完善"，石家庄经济学院 2014 年硕士学位论文。
70. 王亚宏："大气污染治理：伦敦告别'雾都'之经验"，载《求知》2013 年第 6 期。
71. 王红、齐建国："PM2.5 高排放与治理的技术经济思考"，载《经济纵横》2013 年第 4 期。
72. 王旭光："大气污染治理与经济发展探究"，载《经济视角》2013 年第 8 期。
73. 王新、何茜："大气污染天气引反思看国外如何治理"，载《生态经济》2013 年第 4 期。
74. 王育宝、李国平："环境治理的经济学分析"，载《江西财经大学学报》2003 年第 6 期。
75. 王保民、李克宇："我国在灰霆污染法律治理中存在的问题及对策"，载《西安交通大学学报（社会科学版)》，2013 年第 6 期。
76. 汪小勇、万玉秋、姜文、缪旭波、朱晓东："美国跨界大气环境监管经验对中国的借鉴"，载《中国人口·资源与环境》2012 年第 3 期。
77. 汪伟全："空气污染的跨域合作治理研究——以北京地区为例"，载《公共管理学报》2014 年第 1 期。
78. 肖晓春："法治视野中的民间环保组织研究"，湖南大学 2007 年硕士学位论文。
79. 熊康昊、孔昭君："以应对自然灾害为核心的应急资源投入保障机制研究"，载《灾害学》2012 年第 2 期。
80. 徐祥民、邓一峰："环境侵权与环境侵害－兼论环境法的使命"，载《法学论坛》2006 年第 2 期。
81. 姚桓："中国政治模式成就'中国梦'"，载《人民论坛》2011 年第 6 期。
82. 杨群芳："论环境法的基本原则之环境优先原则"，载《中国海洋大学学报（社会科学版)》2009 年第 2 期。
83. 杨小白、白志鹏："雾霾天气的成因及其法律层面应对状况与操作层面政策建议"，载《中国能源》2013 年第 4 期。

84. 杨虹："环境公益诉讼原告资格的价值分析与建构"，载《北方经贸》2007 年第 2 期。
85. 于钧泓："PM2.5 治理中的政府环保责任问题研究"，载《北方经贸》2012 年第 12 期。
86. 余韵："政府的环保责任与环保问责制度的建立"，载《长江大学学报（社会科学版）》2007 年第 1 期。
87. 喻少如："论决策终身负责制的合理构造——基于行政法学视角的观察与思考"，载《人民论坛·学术前沿》2014 年第 11 期。
88. 叶文虎、万劲波："环境社会系统控制与科学发展观"，载《科学》2004 年第 4 期。
89. 叶必丰："我国区域经济一体化背景下的行政协议"，载《法学研究》2006 年第 2 期。
90. 应乙、顾梅："论后果模式与法律遵循——基于法经济学的分析"，载《法学》2001 年第 9 期。
91. 张东明："浅析韩国的绿色增长战略"，载《当代韩国》2011 年第 2 期。
92. 张梓太："气候变化背景下我国低碳城市立法初论"，载《鄱阳湖学刊》2010 年第 4 期。
93. 张玉洁、李红丽："论山东半岛蓝色经济区的立法协调机制"，载《山东青年政治学院学报》2012 年第 2 期。
94. 张永领："中国政府应急物资的储备模式研究"，载《经济与管理》2011 年第 2 期。
95. 张加林："检察机关参与环境公益诉讼的实证分析"，载《河北法学》2013 年第 5 期。
96. 张式军："我国环境公益诉讼原告类型和体系探讨"，载《暨南学报（哲学社会科学版）》2007 年第 3 期。
97. 张锐智："试论美国司法审查制在权力监督中的作用"，载《辽宁大学学报（哲学社会科学版）》2003 年第 1 期。
98. 张德瑞："欧洲宪法法院给我国违宪审查制度建构的启示"，载《中国青年政治学院学报》2007 年第 2 期。
99. 张素英、高晓欣："排污权交易的法经济学思考"，载《生态经济》2002 年第 12 期。
100. 赵正群："得知权理念及其在外国的初步实践"，载《中国法学》2001 年第 3 期。
101. 赵翠薇、王世杰："生态补偿效益、标准——国际经验及对我国的启示"，载《地理研究》2010 年第 4 期。
102. 赵俊："论我国环境法公众参与制度的缺陷及其完善"，载《环境科学与技术》2005 年第 2 期。
103. 赵峰："党委领导干部问责制研究"，南京师范大学 2013 年博士学位论文。
104. 郑振宇："国外行政问责制的实践及特点分析" 载《宁夏党校党报》2010 年第 3 期。
105. 郑文兵："关于'财富'的再认识与概念辨析"，载《湛江师范学院学报》2011 年第 5 期。
106. 曾传瑞："公民环境权的法律配置研究"，广西师范大学 2012 年硕士学位论文。

107. 周学荣、李衡："当代政府问责制的兴起及其启示"，载《当代世界与社会主义》2010 年第 4 期。

108. "国务院常务会议部署大气防治污染十条措施"，载《决策导刊》2013 年第 6 期。

109. "国务院关于印发国家环境保护'十二五'规划的通知"，载中国政府网，http://www.gov.cn/zwgk/2011-12/20/content_2024895.htm，访问时间：2014 年 8 月 27 日。

110. "能源行业大气污染防治方案发布"，载《中国石油和化工》2014 年第 6 期。

111. "让'蓝天白云'常伴世博"，载《解放日报》2009 年 12 月 3 日。

112. "江苏省采取严厉措施推进大气污染治理"，载中华人民共和国环境保护部网：http://www.zhb.gov.cn/zhxx/gzdt/201008/t20100819_193493.htm，访问时间：2014 年 8 月 25 日。

113. "大气污染防治法将修改"，载新浪网，http://news.sina.com.cn/o/p/2014-03-10/020129665579.shtml，访问时间：2014 年 8 月 25 日。

114. "推进大气污染联防联控工作 改善人民群众生活环境质量——环境保护部副部长张力军谈《关于推进大气污染联防联控工作 改善区域空气质量的指导意见》"，载《中国环境报》2010 年 6 月 22 日。

115. [美] R. H. 科斯："生产的制度结构"，银温泉译，载《经济社会体制比较》1992 年第 2 期。

116. 本刊编辑部："国外大气污染的区域协调机制"，载《环境保护》2010 年第 9 期。

二、外文文献

1. A. C. Pigou, "Some Aspects of the Welfare State", *Diogenes*, 1954, 2 (7): 1~11.

2. C. Helmuth, F. Gahari, "Environmental Taxation, Tax Competition and Harmonization", *Journal of urban Economics*, 2004, 55: 21~45.

3. D. R. Lawson, E. M. Fujita, J. R. Homes, "The Southern California Air Quality Study: a Prototype for Collaborative Research" in Ranzier, A. J. Solomon, P. A. (eds.), *Proceedings of the Regional Photochemical Measurement and Modeling Studies*, PA. 1995, 3: 1043~1063.

4. Duncan Fairlie et al., "The Impact of Transpacific Transport of Mineral Dust in the United States", *Atmospheric Environment*, 2007, 41: 1251~1266.

5. G. E. Halkos, "Incomplete Information in the Acid Rain Game", *Empirica*, 1996, 23: 129~148.

6. G. Klepper, S. Peterson, "Marginal Abatement Cost Curves in General Equilibrium: the Influence of World Energy Prices", *Re-source and Energy Economics*, 2006, 28 (1): 1~23.

7. G. Milunovich, R. Joyeux, *Testing Market Efficiency and Price Discovery in European Carbon*

Markets, Macquarie University, Department of Economics, 2007.

8. H. Cao, S. Ikeda, "Inter – zonal Tradable Discharge Permit System to Control Water Pollution in Tianjin, China", *Environmental Science & Technology*, 2005, 39 (13): 4692 ~ 4699.

9. L. Viguier, "Fair Trade and Harmonization of Climate Change Policies in Europe", *Energy Policy*, 2001, 29: 749 ~ 753.

10. L. Petrosjan, G. Zaccour "Time Consistent Shapley Value Allocation of Pollution Cost Reduction", *Journal of Economic Dynamics and Control*, 2003, 27: 381 ~ 398.

11. J. H. Dales, *Pollution*, *Property and Prices*, Toronto: University of Toronto Press, 1968.

12. R. H. Coase, "The Problem of Social Cost", *Journal of Law and Economics*, 1960, 3 (1): 1 ~ 44.

13. R. Lutter, J. F. Shogren, "Tradable Permit Tariffs: How Local air Pollution Affects Carbon E-missions Permit Trading", *Land Economics*, 2002, 78 (2): 159.

14. R. Carmona, J. Hinz, "Risk – Neutral Modeling of Emission Allowance Prices and Option Valuation", Technical report, Princeton University, 2009.

15. T. D. Crocker, *The Structuring of Atmospheric Pollution Control System*, *The Economics of Air Pollution*, H. Wolozin, New York: W. W. Norton & Co, 1996.

16. T. H. Tietenberg, *Environmental and Natural Resource Economics*, Harper Collins Publishers Inc., 3nd Edition, 1992.

17. M. Germain et al., "Transfers to Sustain Dynamic Core Theoretic Cooperation in International Stock Pollutant Control", Journal of Economic Dynamics and Control, 2003, 28: 79 ~ 99.

18. S. Jorgensen, G. Zaccour, "Time Consistent Side Payments in a Dynamic Game of Downstream Pollution", *Journal of Economic Dynamics and Control*, 2001, 25: 1973 ~ 1987.

19. M. F. Hung, D. Shaw, "A Trading – ratio System for Trading Water Pollution Discharge permits", *Journal of Environmental Economics and Management*, 2005, 49 (1): 83 ~ 102.

20. M. S. Paolella, T. Luca, "An Econometric Analysis of Emission Allowance Prices", *Journal of Banking & Finance*, 2008, 32: 2022 ~ 2032.

21. P. Solomon (ed.), *Planning and Managing Regional Air Quality and Measurement Studies: A Perspective Through the San Joaquin Air Quality Study and ASUPEX*, *Lewis Publishers*, Chelsea, Ml with Pacific Gas and Electric Company, San Ramon. CA, 1994, SJVAQS.

22. W. W. Cooper, et al., "Survey of Mathematical Programming Models in Air Pollution Management", *European Journal of Operational Research*, 1997, 96 (1), 1 ~ 35.

23. W. L. Chmeides, E. B. Cowling, *The State of the Southern Oxidants Study: Policy – Relevant Findings in Ozone Pollution Research1988 ~ 1994*, North Carolina State University, Raleigh, NC. 1995, SOS.

24. A. W. Brandley, K. D. Ewing, *Constitutional and Administrative Law*, 12th Edition, London and New York: Longman Limited 1997.

25. H. L. A. Hart, *Punishment and Responsibility*, Glare dons Press, 1989.

后 记

环境问题既有整体性，又有区域性。我国地域广阔，不同区域间的环境具有差异性和特殊性，这就决定了我国的环境法制建设除了要有统一的法律制度，还需要因地制宜制定符合区域环境特点的法律。在大气污染的治理方面，随着经济、社会的迅速发展，跨行政区的区域大气污染问题日益凸显，已成为影响经济、社会发展的重要社会问题。

西方发达国家在上世纪中期开始日益重视空气污染防治的立法和政策研究。其中，美国独具特色地以空气质量管理区代替行政区划作为联邦空气污染防治的基本单位，针对各空气质量管理的特点和主要问题分别制定政策措施。欧盟作为当今世界最具影响力的区域一体化组织，已经制定了较为完备的区域大气污染防治法律。欧盟的区域空气污染管理政策是由七个欧盟组织和机构共同进行监督、管理和调控，各成员国共同遵循2008/50/EC指令或更严格的本国标准。

对于一般的大气污染防治，我国已经有了比较全面的法律问题，对于跨行政区的大气污染防治，法律虽然已有所涉及，但相对不太完善。2010年5月，环境保护部联合国家九部委共同制定了《关于推进大气污染联防联控工作改善区域空间质量的指导意见》，《意见》对重点污染物减排、机动车防治、能源清洁利用和优化区域产业结构方面作出重要部署，对完善区域空气质量监管体系、加强空气质量保障能力建设和组织协调做出具体规定。《意见》还规定了大气污染联防联控的工作目标，即到2015年，建立大气污染联防联控机制，形成区域大气环境管理的法规、标准和政策体系。2014年4月新修订的《中华人民共和国环境保护法》第20条确立了区域联防联控制度，2015年6月底修订的《中华人民共和国大气污染防治法》第五章专门就重点区域大气污染联合防治作了专门规定，这就为完善清洁空气区域联防法律制度指明了方向。在实践方面，相应地区为成功举办北京奥运会和上海世博会制定了一系列空气质量保障联防联控措施，这些临时措施已成为保障大型活动环境安全的一项重要举措，也是研究常态化管理机制的实践基础。

大气污染区域联防联控是指以解决区域性、复合型大气污染问题为目标，依靠区域内地方政府间对区域整体利益所达成的共识，运用组织和制度资源打破行政区域的界限，以大气功能区域为单位，让区内的省、市之间从区域整体的需要出发，共同规划和实施大气污染控制方案，统筹安排，互相监督，互相协调，最终达到控制复合型大气污染、改善区域空气质量 、共享治理成果与塑造区域整体优势的目的。通过前期研究我国空气污染联防联控的立法和实践现状，总结我国已有的空气污染联动管理经验，本课题将在有关法律法规原则性规定和大气污染治理的法经济学研究基础上，重点从以下方面研究大气污染区域联防联控法律对策：第一，大气污染联防联控专门立法研究；第二，大气污染联防联控立法协调研究；第三，大气重污染应急管理制度研究；第四，大气污染公益诉讼制度研究；第五，生态环境损害责任终身追究制法律研究。总之，我国大气污染具有区域性的特点，非常适合采取区域联防联控的方式。所以，我们可以以法律对策为突破口，在我国现有环境法体系的基础上，针对区域大气情况，对自然条件和保护目的相同的或相似的大气区域，制定和完善大气污染区域联防联控的法律制度体系。

本书是 2013 年度国家法治与法学理论研究项目一般项目（编号：13SFB2045）最终成果。主持人高桂林教授代表课题组感谢司法部研究室罗厚如主任、郑先红副主任和吴玲处长、任永安处长的关心和支持，感谢中国人民大学法学院周珂教授教授、国务院发展研究中心资源环境研究所副所长常纪文教授、中国政法大学环境法学科带头人曹明德教授、北京市环境保护局芦建茹处长长期对本课题的支持。同时，感谢首都经济贸易大学法学院喻中院长、张世君副院长和科研秘书刘影老师对课题研究工作的支持。最后，高桂林教授感谢首都经济贸易大学科研处祝合良处长和姜红副处长的支持，感谢我的研究生董强、毛婧、刘燚、庞越、黄山、李妹、周敏柠、郑远航为本课题整理了大量的相关资料。此外，感谢中国政法大学出版社丁春晖编辑对本书出版付出的辛苦劳动，感谢本书注释和参考文献中所列的各位专家学者，他们的研究成果开阔课题组的研究视野，启迪了我们对大气污染联防联治创新性的系统研究。

图书在版编目（CIP）数据

大气污染联防联控法制研究/高桂林，陈云俊，于钧泓著．—北京：中国政法大学出版社，2016.3

ISBN 978-7-5620-6699-6

Ⅰ．①大…　Ⅱ．①高…　②陈…　③于…　Ⅲ．①空气污染－污染防治－环境保护法－研究　Ⅳ．①D912.604

中国版本图书馆CIP数据核字(2016)第062893号

出 版 者　中国政法大学出版社

地　　址　北京市海淀区西土城路 25 号

邮寄地址　北京 100088 信箱 8034 分箱　邮编 100088

网　　址　http://www.cuplpress.com（网络实名：中国政法大学出版社）

电　　话　010-58908586(编辑部)　58908334(邮购部)

编辑邮箱　zhengfadch@126.com

承　　印　固安华明印业有限公司

开　　本　720mm × 960mm　1/16

印　　张　20.75

字　　数　340 千字

版　　次　2016 年 3 月第 1 版

印　　次　2016 年 3 月第 1 次印刷

定　　价　49.00 元